高等教育旅游管理专业“十三五”规划教材

旅行社经营管理

LÜ XINGSHE JINGYING GUANLI

刘 荣 主编

U0957361

郑州大学出版社

郑州

图书在版编目(CIP)数据

旅行社经营管理/刘荣主编. —郑州:郑州大学出版社,2020.1
ISBN 978-7-5645-6837-5

Ⅰ.①旅… Ⅱ.①刘… Ⅲ.①旅行社-经营管理-高等学校-教材 Ⅳ.①F590.654

中国版本图书馆 CIP 数据核字（2019）第 242363 号

郑州大学出版社出版发行
郑州市大学路 40 号　　邮政编码:450052
出版人:孙保营　　发行部电话:0371-66966070
全国新华书店经销
北京虎彩文化传播有限公司印制
开本:787 mm×1 092 mm　1/16
印张:17
字数:405 千字
版次:2020 年 1 月第 1 版　　印次:2020 年 1 月第 1 次印刷

书号:ISBN 978-7-5645-6837-5　　定价:42.00 元
本书如有印装质量问题,请向本社调换

高等教育旅游管理专业“十三五”规划教材

作者名单

主　编　刘　荣

副主编　沈志乾　吕连琴　张　苛　史世臻　韩　苗

编　委　（按姓氏笔画排序）

史世臻　冯　匀　吕连琴　刘　荣

李瑞杰　沈志乾　张　苛　韩　苗

内容提要

本书是高等教育旅游管理专业“十三五”规划系列教材之一，系统论述了旅行社经营管理的原理和方法、中外旅行社的产生与发展、旅行社的筹建、旅行社外联和计调业务、旅行社战略管理、旅行社产品开发与设计、旅行社各项业务的经营策略与方法、旅行社接待管理、旅行社质量管理、旅行社财务管理、旅行社人力资源管理、旅行社信息技术管理等方面内容。

本书为高等院校旅游管理专业用书，也可作为高等职业教育、旅游行业培训、自学考试的教材，以及供旅游企业管理人员参考和使用。

前言

随着国民经济水平不断提高，国民旅游热情持续高涨，大众旅游时代蓬勃兴起。2018 年国内旅游人数 55.39 亿人次，比上年同期增长 10.8%；出入境旅游总人数 2.91 亿人次，同比增长 7.8%；全年实现旅游总收入 5.97 万亿元，增长 15.1%。旅游业对 GDP 的综合贡献为9.94 万亿元，占 GDP 总量的11.04%。旅游直接就业 2 826 万人，旅游直接和间接就业人数达到7 991 万人，占全国就业总人口的 10.29%。随着旅行社行业规模不断扩大，经营环境不断改善，经营体制不断创新，旅行社转型升级步伐不断加快。为适应新形势下旅游业的发展和旅行社对经营管理人才需求的变化，为旅行社培养高素质、创新性的经营管理人才，我们组织编写了《旅行社经营管理》。

《旅行社经营管理》秉承理论联系实际的原则，强调理论性与实用性相结合，体现一般原理与典型实例相结合的特色，注重旅行社经营管理理论和方法的总结。该教材突出三个特点：①系统性。本教材系统阐述了旅行社管理的基本理论、旅行社的业务，并对旅行社各业务部门及职能部门进行了深入的阐述，涵盖内容广泛且系统。②应用性和实用性。本教材通过大量的案例帮助学生更好地领悟旅行社经营管理的理论，掌握旅行社经营管理的操作方法，培养旅行社经营管理的能力。同时，根据旅游专业的学科特点，结合旅行社一线业务岗位的职业要求，强化旅行社业务部门的学习和训练，注重学生职业素养的培养。③与时俱进。本教材力求反映近年来旅游业及旅行社行业出现的新特点、新变化、新的经营理念和方法，并将旅游业最新研究成果纳入书中。

全书共有12章，系统介绍了旅行社的产生与发展、旅行社的职能与业务、设立旅行社程序及旅行社组织机构设计、旅行社外联和计调业务的操作、旅行社战略管理、旅行社的产品开发与设计、旅行社的市场细分与市场定位、营销策略的运用、旅行社接待管理和质量管理、人力资源管理、财务管理等内容进行了阐述，系统地构建了旅行社经营管理的理论体系。本书参编人员均为旅游管理专业的专职教师，他们根据多年积累的教学和实践经验编撰而成。

本书由刘荣任主编，沈志乾、吕连琴、张苛、史世臻、韩苗任副主编。本书各章节的写作分工如下：郑州工业应用技术学院刘荣（第1章、第10章）、许昌学院史世臻（第2章、第6章）、河南财经政法大学吕连琴（第3章）、商丘职业技术学院韩苗（第4章、第11章）、郑州大学沈志乾（第5章、第12章）、郑州工业应用技术学院张苛（第7章、第8章）、河南财经政法大学李瑞杰（第9章）。全书由刘荣、沈志乾、吕连琴负责统稿和定稿，河南财经政法大学冯匀负责本教材资料的整理及相关课件资源的制作。在编写过程中，得到郑州大学出版社的大力支持和帮助，在此表示真诚的感谢。

本书在编写过程中，参阅和借鉴了一些版本的教材、著作和成果，由于篇幅所限难以一一注明，在此向作者表示诚挚的谢意。

由于编者水平有限加之时间仓促，书中难免出现错误和缺点，恳请专家及读者批评指正。

编　者

2019年10月

目录

高等教育旅游管理专业"十三五"规划教材

1 导论

学习目标→

通过本章的学习,熟悉旅行社产生的历史背景和条件,了解旅行社在不同发展时期的特点和发展规律,掌握旅行社的基本概念、旅行社的分类、旅行社的职能以及旅行社的基本业务,充分认识旅行社在现代旅游业中的地位和作用。

学习难点→

旅行社的定义与职能　旅行社的基本业务　旅行社的分类

旅行社的产生是商品经济的发展及社会分工的直接结果。18世纪的工业革命对人类旅游活动的产生和发展也产生了巨大的影响,随着世界范围内旅游业的发展,旅行社已成为旅游业三大支柱之一。旅行社不仅为人们的旅游活动提供了极大的方便,同时又促进了旅游业的蓬勃发展。

1.1 旅行社的产生与发展

1.1.1 旅行社产生的历史背景

18世纪60年代发生在英国的工业革命,使人类社会发生了巨大的变化,推动了世界经济的发展与繁荣,引起了社会关系的巨大变革,对人类旅游活动的产生和发展也产生了巨大的影响。旅行社并不是与人们的旅游活动共生的,它的产生是商品经济、科学技术及社会分工发展到一定阶段的产物,也是旅游活动长期发展的必然产物。

1.1.1.1 工业革命促进了经济迅速增长,财富增加

工业革命促进了社会生产力的发展,推动了世界经济的迅速增长,造就了一大批以工业资本家和商业资本家为代表的新兴资产阶级,他们具备了旅游的经济条件,度假、旅游逐渐成为他们日常生活的一项重要内

容。工业革命不仅伴随着新兴资产阶级的产生,还造就了以出卖劳动力为生的工人阶级。随着近代工资制度逐渐形成,生产力的提高和工人阶级的不懈斗争,资本家不得不考虑增加工人的工资并给予他们带薪假日,使得广大劳动者外出旅游成为可能,大众化旅游逐渐形成。

1.1.1.2 城市化进程,改变了人们的工作性质

工业革命促使社会产业结构发生重大变化。一方面加速了城市化的进程,改变了整个社会的经济结构,使人类社会由传统的农业社会向以工业化、技术化和城市化的近代工业社会转变,大量的农村人口涌入城市或工业区,改变了人们的工作性质和生活方式,紧张的工作生活节奏和嘈杂拥挤的社会环境,使许多人身心疲惫,渴望放松、休息和调整。另一方面工业革命在创造了巨大财富,建立起了现代大工业生产方式的同时,也给环境造成了严重的破坏,使人们产生了回归自然、追求宁静悠闲的乡村生活的愿望,于是旅游成为人们经常性的活动。

1.1.1.3 交通技术的进步,缩短了时空距离

科学技术的进步,蒸汽机技术在交通运输中广泛应用,轮船、火车等现代化交通工具相继问世。这些现代化交通工具不仅改变了人们的出行方式,而且大大提高了运行速度,缩短了时间和空间距离,扩大了人们旅游活动范围。同时,新型交通费用也更加低廉,使更多的人有能力支付旅行费用。轮船、火车的运载能力也远远高于公共马车,使大规模的外出旅行或旅游活动的开展成为可能。

1.1.1.4 相关服务业的发展使旅行更加便利

交通运输业的发展,降低了人们的出行成本,进一步促进了旅游需求的增长,与此同时,相关的旅游服务行业迅速发展。在欧美的一些主要城镇、交通枢纽和铁路沿线建起了许多客栈、餐馆和咖啡馆等,相关的旅游基础设施和服务机构的建立,使人们的旅行更加便利。

虽然社会经济高速发展,旅行条件也发生了巨大变化,外出旅游的人数大大增加。但是,由于绝大多数人,包括新兴资产阶级在内,都缺乏丰富的旅行经验,对异国他乡的情况了解甚少,也不知道如何办理旅行手续,加之语言及货币方面的障碍,使得当时人们实际出游受到限制。

1.1.2 国外旅行社的产生与发展

1.1.2.1 国外旅行社的产生

1841 年 7 月 5 日,身为传教士的托马斯·库克利用面对机器化大生产中人们产生的心理危机,以参加禁酒为号召,创造性地组织了世界上第一次团体包价旅游,包租了一列往返列车,运载 570 人的游行者从英国中部地区的莱斯特送往拉巴夫勒参加禁酒大会,全程往返 24 英里,每人交一先令,包括交通费用、乐队演奏赞歌、一次野外午餐和午后茶点。这次活动为托马斯·库克创办专门旅行代理机构,进行商业性的旅游经营活动奠定了基础。1842—1844 年,托马斯·库克多次应邀帮助公司、社会团体以及学校组织旅游活动,每次他都全程陪同。由于他组织的这些活动价格低廉,深受广大普通劳动者的欢迎。于是,他与英格兰米德兰铁路公司订立合同,由他负责组织客源,铁路公司为他安排火车,这

样他成为一名真正的火车旅行代理人。几年的火车旅行代理业务,使托马斯·库克对这项新的工作产生浓厚兴趣。同时,他预见到,专门为旅行提供服务的机构前途将是光明的。经过多年的准备,于1845年正式成立托马斯·库克旅行社,总部设在莱斯特。这便是世界上公认的第一家以旅行业务为主要经营内容的商业旅行社。

1845年夏季,托马斯·库克旅行社与铁路公司合作,首次组织了一次纯消费性的火车旅行,此次旅行从莱斯特出发,途径诺丁汉德贝市到利物浦后返回。托马斯·库克对这次旅行做了周密计划,亲自考察旅游线路,确定沿途游览地点及游客食宿等具体事宜。并编写出版了世界上第一本旅游指南《利物浦旅行手册》。托马斯·库克本人不仅亲自担任旅行团的陪同和导游,还在沿途一些地方聘请了地方导游。1846年,他又成功地组织了350人到苏格兰的集体旅游,并配有旅游向导。1855年他组织了从莱斯特到法国巴黎的旅游,使旅游活动首次打破国界,走向世界。1862年,托马斯·库克把团体旅游者的交通和酒店住宿等服务项目捆绑在一起形成了系统化的旅游中介。1865年,库克与儿子约翰·梅森·库克联合在原有公司的基础上创办了托马斯·库克父子公司(中文翻译为"通济隆旅行社"),并将营业地点迁往伦敦。以后他们又相继在美洲、非洲和亚洲设立分公司,组织的旅游人数达到100多万。1872年库克公司利用船舶成功进行了9人222天的环球旅行,托马斯·库克卓越的组织能力和管理能力,使得他的公司业务经营非常成功,规模日益扩大。

1.1.2.2 国外旅行社的发展

世界旅行社的发展大致经历了以下四个阶段,即19世纪中晚期、20世纪初中期、20世纪中晚期以及自20世纪90年代开始,至今仍处于发展时期。

(1)旅行社的诞生期(19世纪中晚期) 伴随着以托马斯·库克为代表的近代旅行社的产生,旅行社在欧美等其他国家相继出现,然而因受到当时交通、住宿以及旅游业自身发展条件的限制,当时的旅行社在旅游经营业务中多扮演旅游经营商的角色,其主要业务是自行购买各个部分的旅游产品,并将其组成一个旅游项目,以包价旅行的方式出售给旅游者。

(2)旅行社的初步发展期(20世纪初中期) 这一时期,旅行社除数量上出现较大增幅外,其经营方式也发生了变化。一些旅行社根据旅游市场条件的变化,调整了经营方式,开始由原来旅游经营商的市场功能,向具有旅游经营商和零售商的市场角色转变。"一战"前后,托马斯·库克公司和美国运通公司开始经营旅游零售业务。因旅行活动对火车、轮船、长途汽车、航空等交通部门的依赖性较大,使得这些部门也成了旅游产品的销售部门,极大地推动了旅行社零售业务的发展。到20世纪二三十年代,世界上已有50多个国家开展了出入境旅游业务。

(3)大众旅游时代的旅行社(20世纪中晚期) 20世纪50—90年代,航海技术的突破、计算机技术的运用、大型民用客机普遍用于旅行活动、汽车进入家庭以及闲暇时间的大幅增加,尤其是西方发达国家不同程度地实行了带薪假期,旅游活动逐渐向着规模化、大众化方向发展,形成了"大众旅游"的时代,旅游度假成了大多数城市居民的选择,人们旅行的目标也从喧闹拥挤的城市转移到乡村、海滨等大自然中。正是在这一市场环境的影响下,旅行社开始按照标准化、批量化和规模化的方式形成了度假旅游、购物旅游、观光旅游、探险旅游、寻根旅游等全新的旅游产品系列，以满足人们日益旺盛的旅游需求。各国的旅行社也得到飞速发展，旅行社的数量、营业额、业务覆盖区域大幅增加，逐步形成了全球性的国际销售网络。

这一时期的另一特点是旅行社的零售业务得到突飞猛进的发展，这得益于大型航空客机在国际旅游活动中的广泛运用，甚至有些国家，为国际航空公司出售机票已成为旅游零售商的主要谋生手段。20 世纪 80 年代初期美国旅行社总数达到 2 万家，仅仅相隔 10 年，到 90 年代初期就达到了 32 446 家的最高水平，并且航空代理业务收入要占旅行社全部经营收入的 60% 左右。从全球范围看，航空公司绝大多数的机票，以及 80% 的团体包价旅游的游客都是通过承担零售业务的旅行社购买的。但这种过于单一的旅游零售模式到了 90 年代末期因为航空票据销售系统的调整而遭到了前所未有的挑战。

20 世纪 80 年代末期至 90 年代初，伴随世界经济形势的变化，国际旅游市场的格局也发生了相应的调整，从而在全球范围内出现了新一轮的旅行社行业的大重组高潮，形成了一批左右世界旅游市场发展的“超级巨无霸”旅行社行业。

(4) 新经济时代的旅行社（自 20 世纪 90 年代开始） 进入 20 世纪 90 年代以来，世界旅行社业的发展出现了一些新的变化，一是欧美发达国家的旅行社出现两极分化的趋势，即以超大型旅行社和小型旅行社为主共同构成旅行社业，行业规模扩大的同时，行业集中度也不断提高，在欧美排名前十位的超大型旅行社，其营业收入已占到所在国旅行社营业收入总额的 40% 以上，企业竞争力大大增强。二是国际企业集团通过并购旅行社集团进入旅行社行业，逐步形成了一批实力雄厚、市场占有率高、经营业务广泛、能够对整个市场产生重要影响的旅行社行业巨头。三是网络信息技术的发展使得网上推广、网络预订、网上结算、无票旅游迅速推广，行业内逐步采用电脑全球联网、办公自动化的操作手段，使旅行社管理水平跃上新台阶，网络化经营已成为发达国家旅行社经营的主流。

1.1.3 中国旅行社的产生与发展

1.1.3.1 中国旅行社的产生

西方旅行社是在商品经济充分发展的条件下产生的，而中国的旅行社则是在半封建半殖民地的历史条件下产生的。19 世纪中期爆发的鸦片战争，帝国主义列强迫使中国签订了一系列不平等条约，在中国开辟通商口岸、建铁路、开工厂，使外国商人、传教士、学者和冒险家怀着不同的目的纷纷登陆中国，继而要求提供相应的交通、住宿及娱乐设施。为了迎合这种需求，一些外国旅行社便趁机到我国设立代办机构。如英国的托马斯·库克旅游公司、美国的运通旅行社、日本观光局等，它们是专门为本国公民来中国旅行提供服务的。与此同时，国内民族资产阶级为了实业的发展，经常往来于内陆各地，一些有识之士为寻求救国真理，纷纷出国考察和学习，需要提供方便和服务。当时我国著名的爱国民族资本家和金融家陈光甫，在国内旅行受到外国旅行社的冷落后，随即产生了自办旅行社的创意，我国的旅行社便是在这种背景下诞生的。1923 年我国第一家旅行社成立，最初为上海商业储蓄银行下设的一个旅行部，1927 年 6 月正式命名为中国旅行社。

1.1.3.2 中国旅行社的发展

中国旅行社的发展进程可以划分为新中国成立前、新中国成立后、中国旅行社行业初创阶段和中国旅行社行业增长阶段四个时期。

(1)新中国成立前时期(1923—1948年) 这一时期中国的旅行社从无到有,发展缓慢。其中最著名的就是陈光甫先生创办的旅行部。1927年6月1日,旅行部与银行分离,正式成立中国第一家旅行社,名称为“中国旅行社”。到20世纪30年代中期,中国旅行社分别在苏州、无锡、杭州、青岛、北京等15个城市设立分社或支社,并在美国纽约、英国伦敦、越南河内设立了海外分社。到1937年,“中国旅行社”已发展成为一个具有87个分支单位和招待所、近千名员工、业务范围遍及海内外的综合性连锁旅游企业,并成为当时国内外知名的大型旅行社之一。40年代末期总部迁往香港,现为香港中国旅行社股份有限公司。之后相继出现了如铁路旅游经理处、公路旅游服务社、航空讯美空游、浙江名胜团等,这些都是中国最早的旅游中介公司。

(2)新中国成立后(1949—1978年) 这一阶段是旅游的政治接待时期。1949年11月新中国第一家旅行社厦门华侨旅行服务社在厦门成立。1957年,由各地的华侨服务社组建而成的华侨旅行社总社(1974年更名为中国旅行社)正式成立,随后其分、支社相继建立,该旅行社专门负责接待海外华侨、外籍华人、香港、澳门和台湾同胞等,属于政府侨务系统。1954年在周恩来总理的倡议下,成立了中国国际旅行总社,并同时成立了15家分社,主要负责接待外国旅游者,归属国务院及地方政府的外事办公室领导。

1949—1978年这一时期,全国只有两家旅行社,并且是以政治接待为主,属于政府管辖的行政事业单位,不具备企业的性质。较强的政治属性,在很大程度上限制了旅行社行业的发展。

(3)中国旅行社行业初创阶段(1979—1989年) 1978年我国实施改革开放政策,为适应国家改革开放发展的需要,1979年在北京成立了中国青年旅行社。根据国家有关规定,中国国际旅行社主要接待外国来华的旅游者,中国旅行社主要接待港澳同胞和来华旅游的海外华人,中国青年旅行社主要接待来华旅游的青年旅游者,而且只有国旅、中旅和青旅三家总社才能拥有旅游外联的权利,各地的国、中、青只负责旅游接待,这三家旅行社接待的来华旅游者占全国组织接待人数的80%,中国旅行社行业形成了三足鼎立、寡头垄断的局面。

1984年体制改革,旅行社由行政事业单位转变为企业,并且允许各旅行社之间进行竞争。此时,旅行社向着统一领导、分散经营、政企分开的管理体制迈进。1985年《旅行社管理暂行条例》颁布,将旅行社分为一类社、二类社和三类社,其中一类社和二类社为国际旅行社,但是只有一类社享有外联权。同时,鼓励符合条件的中央或地方各部门均可开办旅行社,这些措施的实施极大地促进了旅行社行业的发展。

(4)中国旅行社的增长发展阶段 这个阶段又可以细分为快速增长、行业调整、全面开放、转型升级。

①快速增长:1990年我国开始允许中国公民出国探亲和旅游,这意味着中国的旅游市场将由入境、国内二元市场转向出境、入境和国内三元市场,旅行社客源市场将更加广阔,这是我国旅游业发展中的又一重大突破。此时,我国经济的迅速发展,人民生活水平不断提高,国内旅游呈现出更加迅猛发展的势头,由此吸引了更多的投资者纷纷进入旅行社行业,1990—1994年,旅行社由1 603家增加到4 382家。

②行业调整:中国旅行社行业蓬勃发展的同时,也出现了许多问题,突出表现为市场秩序混乱。为推动我国旅行社行业向规范化、法制化方向发展,1995 年以来国家旅游局相继出台了《旅行社质量保证金暂行规定》、《旅行社质量保证金暂行规定实施细则》、《旅行社质量保证金赔偿暂行办法》等一系列旅游法规。

1996 年《旅行社管理条例》和《旅行社管理条例实施细则》出台,将旅行社划分为国际和国内两类,取消了一类社和二类社的界限,外联权得以充分下放,我国旅行社业开始由垄断走向竞争,一些规模小,经济效益差,服务水平低的旅行社在市场竞争中被淘汰。这一阶段也是我国旅行社行业管理从起步迈向法制化的过程,行业管理不断法制化和成熟化。

③全面开放:我国加入 WTO 以后,旅行社业进一步向国际市场开放,2003 年国家发布《设立外商控股、外商独资旅行社暂行规定》,国际上一些知名旅行商开始进入中国旅行社行业,以中外合资和外商独资的形式开展旅游业务。这一时期中国的旅行社行业规模和数量得到飞速发展。

④转型升级:2008 年全国旅游工作会议将"转型升级""转型增效"上升为国家的旅游发展战略。2009 年国务院颁布了《旅行社条例》和《旅行社条例实施细则》,对我国旅行社业体系分工、经营服务做出重大调整,取消旅行社类别划分,全面规范旅行社的经营行为。随着旅游市场竞争的加剧,行业并购整合加速,线下旅行社通过投资、并购、重组、融资等资本活动,提升发展活力。2016 年、2017 年对《旅行社条例》进行了两次修改,旅游法制建设进一步完善。

1.2 旅行社的职能与基本业务

1.2.1 旅行社的定义

旅行社是为人们旅行提供服务的专门机构,它在不同的国家和地区具有不同的含义,有些国家和地区还以法律的形式对旅行社的性质做出了明确的规定。

1.2.1.1 西方国家关于旅行社的定义

世界旅游组织(WTO)给旅行社下的定义是:零售代理机构向公众提供关于可能的旅行、居住和服务,包括服务酬金和条件的信息。旅行组织者或批发商在旅游需求提出前,以组织交通运输,预定不同方式的住宿和提出所有其他服务为旅行和旅居做准备。①

欧洲是现代意义的旅行社的发源地,在欧洲人看来,"旅行社是一个以持久盈利为目标,为旅客和游客提供有关旅行及居留服务的企业。这些服务主要是出售或发放运输票证;租用公共车辆,如出租车、公共汽车;办理行李托运和车辆托运;提供旅馆服务,预订房间,发放旅馆凭证或牌证;组织参观游览,提供导游、翻译和陪同服务以及提供邮递服务。它还提供租用剧场、影院服务;出售体育盛会、商业集会、艺术表演等活动的入场券;提供

---

①

旅客在旅行逗留期间的保险服务;代表其他驻国外旅行社或旅游组织者提供服务”。①

1.2.1.2 日本关于旅行社的定义

在日本,旅行社被称为旅行业,根据日本《旅行业法》第二条规定:旅行业系指收取报酬经营下列事业之一者(专门提供运输服务,即对旅客提供运输服务而代理签约者除外):

(1)为旅客提供运输或住宿服务,代理签约、媒介或介绍之行为。

(2)代理提供运输或住宿之服务业与旅客签约提供服务或从事媒介之行为。

(3)利用他人经营之运输机构或住宿设备,为旅客提供运输或住宿服务。

(4)附随于前三款行为,为旅客提供运输及住宿以外之旅行有关服务,代理签约、媒介或介绍之行为。

(5)附随于第一款至第三款之行为,代理提供运输及住宿以外有关服务,为旅客提供服务而代理签约或媒介之行为。

(6)附随于第一款至第三款之行为,引导旅客,代办申领护照及其他手续,以及其他为旅客提供服务之行为。

(7)有关旅行之一切咨询行为。

(8)对于第一款至第六款所列之行为代理签约之行为。

1.2.1.3 我国关于旅行社的定义

我国《旅行社条例》规定,旅行社是指“从事招徕、组织、接待旅游者等活动,为旅游者提供相关旅游服务,开展国内旅游业务、入境旅游业务或者出境旅游业务的企业法人。”

旅行社为旅游者提供的相关旅游服务包括:安排交通服务、住宿服务、餐饮服务、观光游览、休闲度假等服务、导游及领队服务、旅游咨询、旅游活动设计服务。旅行社还可以接受委托,提供的旅游服务:①接受旅游者的委托,代订交通客票、代订住宿和代办出境、入境、签证手续等;②接受机关、事业单位和社会团体的委托,为其差旅、考察、会议、展览等公务活动,代办交通、住宿、餐饮、会务等事务;③接受企业委托,为其各类商务活动、奖励旅游等,代办交通、住宿、餐饮、会务、观光游览、休闲度假等事务;④其他旅游服务。

1.2.2 旅行社的职能

旅行社对整个旅游业的发展和各旅游企业的市场业务活动的开展起着连接作用,其职能贯穿于旅游客源的组织、旅游产品的设计、旅游产品的销售、旅游目的地活动的安排等旅游市场运作全过程。从旅游市场的角度出发,旅行社基本职能主要体现在五个方面。

1.2.2.1 生产职能

旅行社的生产职能是指旅行社设计开发包价旅游产品及组合旅游产品的功能。旅行社虽然不直接生产旅游者所需的单项旅游产品,但是可以将旅游供应商提供的旅游服务作为“生产原料”,经过加工组合,融入旅行社自身的服务内容,最终形成符合旅游者要求、具有不同特色和功能的旅游产品。

旅行社的生产职能体现在两个方面:一是为旅游者带来便利和享受。旅行社作为市

---

①

场的中介，将食、住、行等旅游产品进行整合，并设计出有吸引力的旅游路线，为旅游者提供一系列配套服务项目，既简化了各种繁杂的手续，又方便旅游者的出行。二是为旅游者带来了价格优惠。旅行社把旅游者的分散购买力集中起来向旅游供应商进行大批量的采购，从而得到优惠的市场价格，在进行包价旅游产品销售时，旅行社将部分折扣让利于旅游者，使得旅游者付给旅行社的费用要低于自己分别购买旅游单项产品的花费。

1.2.2.2 销售职能

旅游产品具有无形性和生产与消费同一性的特点，从而使旅游者在购买、使用产品时出现时间与空间的脱节，因此旅游产品的销售对销售渠道的依赖性更强。这就需要有一种组织专门从事旅游产品的组装与加工，并广泛存储各种有效的旅游信息，满足旅游者对旅游产品信息的需求，方便旅游者购买旅游产品。而旅行社的存在恰好扮演着沟通买卖双方的关系，实现市场交换任务的角色，因而成为旅游产品的重要销售渠道。

1.2.2.3 组织协调职能

旅行社将独立分散的旅游要素组装成为完整的旅游产品之后，还必须发挥其组织协调职能以保证旅游活动的顺利实现。由于旅行社产品的质量对其他旅游企业及相关部门产品质量的依赖程度很高，所以旅行社必须协调与有关企业和部门的关系，在保证各方面利益的前提下，确保整个旅游过程按照事先同旅游者达成的旅游协议顺利进行，以提高旅游者的满意度。甚至在许多情况下旅行社的产品质量和旅游者对旅行社及其产品是否满意，在很大程度上取决于该旅行社的组织协调能力。

1.2.2.4 分配职能

旅游活动涉及众多的服务部门。旅游者在购买旅游产品时（尤其是在包价旅游的情况下），往往是将全部或部分费用预付给旅行社。一方面旅行社要根据旅游者的要求，在不同的服务项目之间合理分配旅游者的支出，以最大限度满足旅游者的需求。另一方面，旅游活动结束之后，旅行社还要根据旅游服务部门提供的服务项目、服务质量和数量，按照事先签订的旅游合同合理分配旅游收入。旅行社的分配职能是对旅游收入的一种分配，是一兼顾旅游者、旅行社、相关旅游企业或部门各方面利益的基本职能，它对相关的旅游服务企业和部门的收入具有重要的影响。

1.2.2.5 信息咨询职能

旅行社的中介组织的性质，是供给者与需求者的桥梁，决定了旅行社所提供信息的流向是双向的。一方面作为旅游产品的重要销售渠道，旅行社始终处于旅游市场的最前沿，因此，最了解旅游者的出游动机、消费愿望及旅游市场需求信息等，旅行社将这些信息传递给旅游业各相关部门，有助于这些部门根据市场动态及时调整产品结构，满足市场需求。另一方面旅行社要将旅游目的地的游览、住宿、餐饮等信息传递给客源地的旅游消费者，为游客出游决策提供咨询；同样，旅游目的地各相关服务部门可将旅游产品最新的发展和变化通过旅行社快速、准确、全面地传递到旅游市场，从而帮助旅游者做出合理的出行选择。

1.2.3 旅行社的基本业务

旅行社的基本业务是在旅游者从产生旅游动机开始到旅游结束的全过程中，提供与旅游行程相应的服务。其运作过程是旅行社通过市场调研,及时了解旅游者的旅游动机,从而有针对性地设计旅游产品;而在旅游者搜集信息时,旅行社应适时地开展旅游促销活动,提供优质的咨询服务,使旅游者方便地获得旅行社信息,以质优价实的旅游产品吸引旅游者购买。旅行社的基本业务包括以下几个方面:

1.2.3.1 产品开发与设计业务

产品是旅行社赖以生存的基础,没有产品,旅行社的经营管理就无从谈起。设计和生产旅游产品,是旅行社的一项重要业务。旅行社产品设计是指在市场调研的基础上,根据旅游市场的需求,结合本旅行社的业务特点、经营实力,将旅游目的地的旅游资源与旅游活动所需要的各种服务组合起来,设计出消费者喜爱的旅游产品。

旅行社设计的产品是否合理,产品能否满足旅游者的需求,将会直接影响旅行社在市场上的竞争能力,最终影响到旅行社的生存与发展。因此,我国从事国际旅游业务的旅行社和国外的旅游经营商、批发商都将旅游产品的设计和开发业务,作为企业主要经营活动的重要工作。

1.2.3.2 旅游产品销售业务

首先,旅行社应在认真审视企业所处的内外部环境、确定企业面临的机遇和挑战、分析企业的优势和劣势的基础上,制定其产品销售策略。其次,旅行社需根据所制定的产品销售战略和确定的目标市场选择适当的产品销售渠道。再次,旅行社根据产品成本、市场需求、竞争状况等因素制定产品的价格。最后,旅行社根据其经营实力和目标市场的特点以确定旅行社的促销策略,并选择适当的促销手段以便将旅行社产品的信息传递到客源市场,引起旅游者的购买欲望,推销出更多的旅游产品。

1.2.3.3 旅游服务采购业务

旅游服务采购业务是旅行社为生产和组装旅游产品并以一定的价格向旅游服务供应部门或旅游企业购买各种服务项目的业务活动。旅行社采购的服务涉及旅游交通、住宿、餐饮、娱乐、旅游景点、娱乐和保险等部门。此外,组团社还需要向旅游线路沿途的各地接社采购接待服务。旅游服务采购直接影响到旅行社产品的质量、成本以及旅行社的信誉,因此,旅行社采购业务关系到旅行社经营活动的成败。

1.2.3.4 旅行社的接待业务

旅游接待业务是旅行社经营活动中的重要业务。它是指旅行社对已经预订旅游产品的旅游者在其到达后所提供的服务,即为旅游者安排、落实在目的地游览期间的食、宿、行、游等消费活动以及其他事项。旅行社的接待业务是一项繁杂的工作,它涉及面广、协调工作多、技能要求高、操作难度大。另外,接待工作又是旅行社对旅游者面对面的直接服务,因此它对旅游过程和结果有着重要的影响。旅行社接待工作的质量是旅行社产品质量的重要组成部分,它将直接影响到旅游者对旅游活动产生满意或不满意的感受,从而可以影响旅游者的流向与流量,影响旅游地的兴衰,影响旅行社的声誉。所以,旅游接待在旅游活动中发挥着重要作用。

1.2.3.5 旅行社委托代办业务

委托代办业务是旅行社经营中的另一项基本业务,又可称为单项服务业务,主要是指为旅游者代订各种票据及其他委托业务。自从旅行社问世以来,替旅游者代订机票、车船票、安排客房、代办出入境及签证手续等。旅行社的委托代办业务，简化了旅游者分别到不同的旅游服务供应部门购买的烦琐事务，大大地方便了旅游者。

1.2.4 旅行社分工体系及分类

分工体系是指不同类别的旅行社在各个市场区域和旅游产品流通环节中所扮演的角色及其相互之间的关系。由于不同国家和地区历史、文化以及传统习惯、社会制度不同，旅游业发展的状况也不相同，使得世界各国、各地区的旅行社在经营规模、经营范围、产品品种等方面存在着较大的差异。因此，旅行社的分工体系和分类制度也各不相同。从世界范围来看，旅行社的分工体系基本上分为三类，即水平分工、垂直分工和混合分工。

1.2.4.1 水平分工体系

所谓水平分工体系是按照市场经营业务范围的不同，人为地将旅行社进行类别划分的制度体系。2009 年我国颁布的《旅行社条例》是根据旅行社是否经营出境旅游业务进行分类的。这种分类属于典型的水平分工，是在政府的干预下，法律强制施行的。水平分工体系下各类旅行社的经营活动都涉及从生产、设计、旅游产品开发到旅游接待的各个环节，在经营内容和业务范围上没有实质上的差异。

目前，我国旅行社业正趋于成熟的分工体系的调整阶段，其分工体系呈现出不断分化的局面，既有少数规模较大、实力强的主要经营联团、组团等批发业务的旅行社，也有一部分小社和专门经营地接或代理其他旅行社收客等旅游零售业务，但大多数旅行社的定位不清晰、分工不明确。目前中国旅行社仍局限在较小的范围，还没有任何一家旅行社能够将经营范围扩展到广义的旅游活动上，究其原因，国内旅行社仍旧徘徊在本地旅游市场做旅游零售商，没有能在全国形成一个经营网络，由于经营规模小，从而导致没有足够的资源应对不同的细分市场。

1.2.4.2 垂直分工体系

欧美国家旅行社的分类是在市场经济主导下，按照其业务流程而自发形成的金字塔模型，这种分工体系称为垂直分工体系，又称批零体系。垂直分工体系层次分明，专业化分工明确，克服了因缺乏专业分工而导致的业务重复交叉等弊端，使旅行社行业有条不紊地运行。垂直分工体系有利于保障有序的市场竞争和规模经济的形成，从而实现更高的市场绩效。欧美国家旅行社按其业务范围划分为三类：

(1)旅游批发商　旅游批发商(tour wholesaler)是指从事批发业务的旅行社或旅游公司。旅游批发商根据市场需求，设计各种旅游产品，大批量地订购交通运输公司、饭店、旅游景点和目的地经营接待业务的旅行社等有关旅游企业的产品和服务，然后将这些单项产品或服务经过加工组合后成为各种不同的包价旅游产品进行经销。作为经销商，其利润来自包价旅游产品的成本加价。批发商不直接向旅游者出售产品，而是通过从事零售业务的中间商将产品出售给旅游者。这种旅行社要按照自己设计的旅游产品制定年度计划，然后进行各类促销活动，如印发旅游产品目录、刊登广告、参加旅游展销会等，并向中间商提供有关的咨询服务。

(2)旅游经营商　旅游经营商(tour operator)的业务同旅游批发商类似，在西方许多国家中，旅行社业内人士通常将旅游批发商和旅游经营商视为同一类型的旅行社或旅游公司,并将两者用于同义语。旅游经营商与旅游批发商的不同之处仅仅在于,旅游经营商除了通过从事零售业务的中间商销售自己的产品之外,还有自己设立的零售网络,也就是说旅游经营商也直接向旅游者销售各种包价旅游产品。

(3)旅游零售商　旅游零售商(tour retailer)是指向旅游批发商或旅游经营商购买旅游产品,出售给旅游者的旅行社,即从事零售业务的旅行社。旅游零售商扮演着双重角色,它一方面代表旅游者向旅游批发商或有关旅游企业购买旅游产品,另一方面又代表旅游批发商向旅游者销售产品。它的具体业务是:①向潜在的旅游消费者提供旅游咨询服务;②预订交通、食宿、游览和娱乐门票等;③销售旅行票据和证件;④散发旅游宣传品。旅游零售代理商免费向旅游者提供服务,其收入主要来自销售佣金。

1.2.4.3　混合分工体系

混合分工体系是将垂直分工体系和水平分工体系融合在一起,形成混合分工体系。混合分工体系既有批发、零售旅游产品的垂直分工,也有按照旅游市场划分的国际旅游业务、国内旅游业务的水平分工。混合分工体系,一方面由政府主导根据旅行社业务范围进行水平分工,另一方面相同业务的旅行社根据其在旅游市场的角色不同进行垂直分工。日本旅行社是典型的混合分工。根据日本的《旅行业法》规定,日本的旅行社业务经营范围分为一般旅行业、国内旅行业和旅行业代理店三类。它们的经营范围分别是:

(1)一般旅行业　可以从事国际旅游、国内旅游和出国旅游三种业务,主要开展对外旅游业务,如:招徕外国人来日本旅游观光;组织日本国民去海外旅游观光;组织日本居民及外国人在日本国内旅游观光。其规模一般较大。

(2)国内旅行业　主要从事国内旅行业务的旅行社。如组织日本国民和外国人在日本国内旅游观光。其规模比一般旅行业小得多。

(3)旅行业代理店　旅行业代理店又分一般旅行业代理店和国内旅行业代理店。代理店主要是代理住宿、交通、游览及相关旅行业委托的其他接待业务,并从中收取代理费。

1.3　旅行社在旅游业中的地位与作用

1.3.1　旅行社在旅游业中的地位

旅行社联系着旅游者及各种旅游服务供应部门和其他相关行业,旅行社通过其经营活动,不仅使自身得到发展,同时还带动了饭店、交通、旅游景点商店等行业的发展。因此,人们形象地将旅行社比喻为“旅游业的龙头产业”。旅行社在旅游业中的重要地位主要表现在以下两个方面:

1.3.1.1　旅行社是旅游产品的集散中心

旅行社在旅游供需中的特殊位置,使其逐渐发展成为各种旅游服务产品的集散中心。完整的旅游活动是由食、住、行、游、购、娱六要素所构成。它们分别由餐饮、住宿、交通、旅游景点、购物商店、娱乐等服务供应部门来满足旅游活动的基本需求。这些部门分别属于不同的行业,并且彼此间的联系比较松散,旅行社通过其自身的经营活动将各旅游部门的服务纳入到以旅行社为中心的服务系统里,使得原本松散、繁杂的旅游服务供应部门变得紧密有序，各种旅游活动要素正是通过旅行社穿针引线的市场中介行为，得以顺利完成。从旅游产业链的运转角度讲，旅行社的市场中介行为构成了旅游业循环发展的主要动力。

1.3.1.2 旅行社是供应商与消费者之间的桥梁

旅行社作为旅游产品供应商与消费者的中介，决定了其具有连接性的纽带作用。旅行社通过与航空、铁路、饭店、景区等旅游服务供应商的合作，将原本分散的旅游要素组合加工成为相对完整的旅游产品，同时以旅行社为中心密切了原本松散、繁杂的供应商之间的关系。旅行社业务的异域性决定了旅行社产品的销售，必须依靠客源市场的旅游供应商或者作为协作单位的旅行社，为保证在市场中的客源优势，旅行社通过构建国内外地区分布合理、数量充足、关系稳定的客户引进网络，促进了旅游客源网络的形成与发展。旅行社构建了旅游服务供应商与消费者之间联系的沟通平台，供应商可以获得相对稳定的旅游客源，消费者也可以更为便捷获取旅游产品信息和物美价廉的旅游服务。

1.3.2 旅行社在现代旅游业中的作用

旅行社的产生，使人类的旅游活动进入了一个崭新的阶段。它把原本分散的、个体的旅游活动进一步社会化、大众化。在现代社会中，旅行社把供应商与旅游者联系起来，促进旅游活动的活跃与繁荣，在旅游业的发展过程中发挥着重要作用。

旅行社业在旅游业中犹如一个桥梁和纽带，把旅游过程中的食、宿、行、游、购、娱等环节联结起来，并通过旅游客源的组织和旅游产品的生产，将旅游业各个部门之间紧密地联系在一起，从而使旅游业内部形成了一个相互依存、相互制约的有机的整体。旅行社在现代旅游业中有以下两个方面的作用：

1.3.2.1 为旅游活动的顺利进行提供服务

首先，旅行社为旅游者旅游活动的顺利进行提供方便。旅游活动主要是由食、住、行、游、购、娱六要素组成，它们分别由交通部门，饭店、餐馆、景点、商场、娱乐场所等旅游服务部门供应。由于旅行社汇集了各旅游服务供应部门的产品并与旅游者有着广泛的接触，因此，旅游者在购买产品时，无须亲自向众多分散的旅游服务供应部门购买所需的旅游产品，只需一次性地向旅行社购买即可。这样极大地方便了旅游者，为旅游者节省了时间和精力，从而为旅游活动的顺利进行提供了可靠保证。其次，旅行社能为旅游者提供更加准确的旅游信息，是旅游者出行的参谋。随着旅游业的大力发展，旅游产品及形式更加多样化，旅游宣传的力度也将大大加强，旅游信息也更为庞杂。为此，旅行社提供专业化的咨询服务及专业化的旅游行程的安排，使旅游活动得以顺利进行。

1.3.2.2 为旅游者提供优质价廉的旅游产品

旅行社开发设计的产品，是在市场调查的基础上，根据市场需求情况开发和设计的。旅行社安排的旅游活动都要经过试验、调整、试销直到旅游者认可，才会正式投放市场。而旅游线路的设计是在经济、合理的原则下，选择了旅游目的地的精华景点。此外，旅游者个人到旅游服务供应部门购买产品时，由于购买量小，很难获得优惠的价格。而旅行社则可以把旅游者的分散购买量集中起来，向供应商批量采购，得到优惠的价格。旅行社为了在竞争中获得优势，就要把所得的差价部分用于降低旅游产品的价格，这样，旅游者便可以用低于分散购买的价格购买到所需的旅游产品。

1.3.2.3 为旅游服务部门提供充足的客源

充足的客源是旅游企业生存和发展的前提，没有客源企业的经营活动就无法开展。旅行社作为旅游业的销售部门，其主要职能是生产和销售旅游产品。旅行社一方面可以把旅游服务供应部门的产品组合起来，以整体产品的形式销售给旅游者；另一方面还可凭借自己广泛的销售网络，深入客源市场进行推销，为各类旅游服务吸引和招徕大量的游客。因此，旅行社的经营活动可以为各类旅游服务部门提供众多的客源。

【本章小结】

旅行社的产生是社会经济、科学技术以及社会分工发展到一定阶段的直接结果，也是旅游活动长期发展的必然产物。英国人托马斯·库克于 1845 年创办世界上第一家旅行社，由此带动了旅行社在世界各国蓬勃发展。我国第一家旅行社始建于 1923 年，最初为上海商业储蓄银行下设的一个旅行部，1927 年 6 月正式命名为中国旅行社。我国旅行社经历了较长的导入期，直到改革开放后才步入成长发展时期。随着我国旅游业的发展和旅游市场的日益繁荣，我国旅行社无论是数量还是质量都发生了巨大变化。

旅行社是以营利为目的的企业，旅行社为旅游者代办出境、入境和签证手续，招徕、接待旅游者，为旅游者安排交通、食宿及游览活动。不同国家旅行社的分类不尽相同，欧美国家旅行社是由市场经济体制的内生力量驱动，经过市场自然演进的过程而逐渐形成的批发-零售垂直分工体。我国旅行社的分类是按其经营业务划分为国内旅游业务、入境旅游业务和出境旅游业务，不过，目前中国旅行社正处在趋于成熟的分工体系的调整阶段。旅行社的基本业务包括旅游产品开发与设计、旅游服务采购业务、旅行社产品销售业务、旅行社的接待业务、旅行社委托代办业务等。

旅行社不仅是旅游者与旅游对象的中介体，而且在不同旅游企业之间起着联络和协调作用，因此，旅行社在旅游业中所起的作用是其他行业无法替代的。

【重点概念】

旅行社 分工体系　旅游批发商　旅游经营商　旅游零售商　旅游代理商　出境旅游业务　国内旅游业务　入境旅游业务

【案例分析】

案例 1-1

日本 JTB 旅行社

JTB（日本交通公社）创立于 1963 年，其前身是成立于 1912 年的日本观光局。目前，是日本最大、世界排名第四的跨国旅游集团。该社从成立初期时的一间小屋，到如今拥有 187 家国内外分公司。

1915 年 JTB 在东京火车站开设服务所代理销售火车票业务。1925 年开始销售联票“游览券”，可根据游客需求确定旅游线路，并为游客提供车、船票及住宿就餐券。1927 年开始扩大旅游代理销售业务，获得的代理手续费收入逐渐赶超会员会费收入。1949 年

JTB被取消代理销售国铁车票资格，顿时失去了80%以上的收入，企业面临发展危机。面对困境，JTB积极拓展其他业务渠道，通过销售旅馆住宿券、景点游览券等项目，实现了经营业务的开拓和营业收入的逆转。1949年日本进入大众化旅游时代，公司除了单一的住宿券、游览券，还推出了可直接购买旅游打包产品及线路的旅游礼品券和旅游代金券。旅游代金券和旅游礼品券游客可以自己使用，也可以作为礼物送给别人。旅游券一售出，公司就可以回流资金，在很大程度上解决了企业经营过程中的现金流问题。1962年在东京开设了中央研修所；1973年在大阪成立关西研修所。

1982年，JTB推出"新JTB运动"，提出"JTB服务纲领"，明确规定，为了让客人说"这就是JTB"，我们以真挚的笑脸迎接客人；为了让客人感受到"不愧是JTB"，我们用丰富的知识和信息为客人提供专业的服务；为了让客人说"下次还要利用JTB"，公司站在客人的立场上，为客人提供诚心诚意的服务。

20世纪80年代，JTB又将经营范围向金融保险领域延伸。1983年公司发售JTB卡、1985年推出旅行券分期预付款计划、1987年11月发行百货商店通用商品券、1989年成立日本国际伤害火灾保险株式会社，此时，一个综合性旅游企业航母初具规模。

进入21世纪，面对日本国内长期低迷的经济形势，JTB积极寻求新的商业模式，将企业航母驶向新蓝海。2000年2月"JTB Benefit"在这一背景下成立，旨在为各公司员工提供外包的疗养及度假服务，同年4月JTB与日本最大的门户网站Yahoo Japan合资成立"Tavigator"，利用Yahoo的网络召集能力，结合JTB的旅游专业服务，成为日本网络旅游销售的领先企业。

2006年JTB集团开始分社化进程，即将一个大集团分成14家子公司。为了帮助子公司更加适应当地市场的发展，同时，也为了有利于公司快速地做出经营决策和判断，各子公司单独作业，目前共拥有上千家营业网点。

2011年JTB推出新的集团品牌理念，制定"The JTB Way"，确定了"行随感动"的品牌口号。如今JTB是全球旅游业内声名显赫的王者，公司员工逾26000名，业务涉及旅游观光、休闲度假、饭店餐饮、会议展览、金融保险、房屋地产、建筑装饰、教育卫生、技术情报、广告娱乐、印刷出版、运输物流、网络IT等多个领域。其中旅游业务比重达到88.5%，占据绝对份额。

（资料来源：http://www.xuexila.com/baikezhishi/3339312.html，2017-05-17）

案例思考题：

1. 日本JTB从成立初的一间小屋发展到世界知名的跨国旅游集团，有哪些创新举措？
2. 日本JTB发展历程对我国旅行社有何启示？

案例1-2

上海春秋旅行社

上海春秋旅行社成立于1981年，从中山公园一间两平方米的铁皮棚子，发展成为国内最大规模的民营旅行社，业务涉及旅游、航空、酒店预订、机票、会议、展览、商务、因私出入境、体育赛事等行业，年营业收入60亿元。

1987 年"春秋国旅"获准经营国际旅游业务,1992 年春秋国旅成为一类社。1993 年在美国洛杉矶成立了美国分公司,打入美国主流市场,打破"华资旅游公司在美没有成功的先例"的历史。经过多年的拼搏春秋国旅在美国洛杉矶地区站稳了脚跟,并在旧金山、纽约、休斯敦、西雅图、圣地亚哥等地设立了代售点,现已成为洛杉矶地区颇具规模的,招徕美国人到中国旅游的五大华人旅游公司之一。在春秋美国分公司成功开办的基础上,相继在加拿大、泰国和中国香港地区开设了分公司。

1997 年把原票务部门扩建成了春秋票务中心,成为国际航协会员,经营国内外几十家航空公司在全球各条航线的机票业务。票务中心设立了商务旅行管理部,为各类大中型企业提供全球饭店预订、国际国内机票预订等各项服务,取得了很好的效应。之后,又研制开发了 NOVEL 散客售票软件系统,告别了票板操作的传统,在国内首创科技兴旅先河。

1997 年春秋国旅建立了春秋会议展览服务有限责任公司,承办国内外各类会议、展览业务,为他们提供会议策划、订房订票、会展布置、礼仪接待、广告宣传、口笔翻译和会后组织旅游观光等各项活动。1998 年底加入了国际大会和协会联盟(ICCA),成为中国大陆同业中第一个正式成员。至今"春秋国旅"顺利地组织了 30 多个大型会议和展览活动,其中 2003 年 11 月举办了第 53 届世界小姐总决赛。

在信息技术的支持下在国内率先实现旅游产品的标准化和实时化分销,"春秋国旅"在江浙地区有四百余家、全国有三千余家网络成员,成为中国最具规模的旅游批发商。200 多家代理店中电脑联网近百家,营收比上年增长近 3 倍。

2004 年 5 月 26 日春秋航空以注册资本 8 000 万元人民币在上海正式筹建,就此全面打通旅游业上下游产业链,保障整个旅游业网络的全面铺陈和顺畅,形成独一无二的春秋模式。春秋航空定位廉价航空公司,与追求豪华消费和高票价的国内航空公司形成"异类",推出的商务经济座,让旅客真正享受到高性价比差旅服务。空铁快线是飞机加铁路的自由组合,满足了更多城市旅客的出行需求。2017 年春秋航空在飞航线共 162 条,其中国内航线 108 条(含港澳台地区航线 7 条),国际航线 54 条,2018 年实现营业收入 131.14亿元。

目前"春秋国旅"在全国各地拥有 35 家全资子公司,在境外拥有 8 家全资子公司,全国联网销售网络成员 4 000 多家,为全国最大规模的民营旅行社。

(资料来源:http://www.cctv.com/viponline/20090806/105868.shtml)

案例思考题:

上海春秋国旅在其发展中有哪些创新举措?

思考题

1. 旅行社是在什么历史背景下产生的?
2. 简要阐述我国旅行社产生的历史背景及发展历程。
3 旅行社有哪些基本职能和基本业务?
4. 欧美国家旅行社一般分为几类?采用的是什么分工体系?

5. 我国旅行社的分类制度与欧美国家有何不同？
6. 简要阐述旅行社在旅游业中的地位与作用。

2 旅行社的设立

学习目标→

通过本章的学习，掌握一般旅行社及其分社设立的条件和基本程序，熟悉外资旅行社的设立条件和程序。理解旅行社的各种组建形式，掌握旅行社组织结构设计的基本原则和旅行社组织结构的基本模式，并熟悉各种模式的优缺点。理解旅行社行业组织的性质和职能，熟悉我国及国际旅行社行业组织的主要形态和特点。

学习难点→

旅行社设立的条件和程序　旅行社的组建形式　旅行社组织设计的原则　旅行社组织结构设计

旅行社的设立是经营活动的起点，随着我国旅行社行业的全面对外开放，外国资本的大量涌入，旅行社的经营环境更加复杂，市场竞争也愈加激烈。旅行社的设立受市场环境、国家有关政策法规和企业自身实力等多方面因素的影响，因此，新设一家旅行社或已成立的旅行社设立分支机构既要满足相关法律规定，又要考虑适合自身发展的资源配置、组建形式、组织结构模式等。

2.1 旅行社设立的条件和程序

旅行社要维持其经营活动的正常运转，就必须具备一定的财力、物力和人力。要保证旅游者的合法权益，维护旅行社业务经营的正常秩序，旅行社的设立就必须符合国家的规章制度，接受国家及旅游管理部门的监督。世界各国根据本国旅游业发展的实际情况，对旅行社的设立规定了各种条件和程序。如美国旅行社开办者必须要有两年销售客运与相关事务的经历，或在其他旅行社有过两年销售经历等，同时还要求旅行社必须加入某个行业组织方可营业。

我国政府对旅行社的设立也有明确规定，国务院2009年5月1日起施行的《旅行社条例》(以下简称《条例》)、国家旅游局自2009年5月3日起施行的《旅行社条例实施细则》(以下简称《细则》)等都对我国旅行社的设立做了较为系统的规定。

2.1.1 旅行社设立的条件

我国《旅行社条例》规定，申请设立旅行社，经营国内旅游业务和入境旅游业务的，应当具备下列条件：

2.1.1.1 有固定的经营场所

营业场所是旅行社经营活动的基本条件。旅行社要为旅游者提供各种服务，如接待服务、咨询服务以及代办服务，没有营业场所，旅行社就无法正常进行。为了保证旅行社经营活动的正常运行及有关部门对企业的监督管理，旅行社就必须拥有固定的营业场所和足够的营业用房。细则中规定：

(1)申请者拥有产权的营业用房，或者申请者租用的、租期不少于1年的营业用房。

(2)营业用房应当满足申请者业务经营的需要。

2.1.1.2 有必要的营业设施

条例规定营业设施应当至少包括下列设施、设备：

(1)2部以上的直线固定电话。

(2)传真机、复印机。

(3)具备与旅游行政管理部门及其他旅游经营者联网条件的计算机。

2.1.1.3 不少于30万元的注册资本

注册资本是旅行社经营活动正常运行的物质保障，也是旅行社向有关行政管理部门申请营业的重要依据。条例明确规定设立经营国内和入境业务的旅行社应缴纳不少于30万元的注册资本。

2.1.2 旅行社设立的程序

旅行社属于一种综合性的服务行业，涉及面广，运作环节多，资金投入少，风险大，质量监控难度大，这就要求旅行社在设立之时要做好三个不可或缺的环节，即进行市场准入之前的调查酝酿、准备符合申请设立旅行社的相关文件、例行国家规定的申办程序。最后经申请、审批、核准和登记方可宣告成立。

2.1.2.1 酝酿阶段

(1)了解旅游业的发展状况　某个时期世界旅游业的发展水平和趋势，以及与之密切相关的某个地区旅游业的发展水平和发展趋势会对该地区旅行社的设立产生至关重要的影响。如果旅游业发展水平高，而且能稳定发展或不断增长，旅游客源就有保障，与此同时，为旅游者提供服务的各个部门也会全面发展，这就为旅行社建立服务协作网络提供了方便条件。相反，如果旅游业发展水平低，或者有不断衰退的趋势，那么设立旅行社的外部条件便极为不利，即使勉强设立，也会因客源、协作网络等因素的限制而无利可图，同时又丧失了在其他行业投资的机会，增大了经营旅行社的机会成本。

(2)调查国内旅行社、本地旅行社的经营状态　调查国内旅行社和本地旅行社的经营状态，是设立旅行社之初必须要进行的另一项任务。国内本地区旅行社的数量、分布情况、经营情况、销售渠道、产品特点、规模大小以及实力强弱等都对将来要设立的旅行社有一定的影响。所谓“知己知彼，百战不殆”，正是这个道理。

(3)建立协作网络　由于旅游产品的综合性特点，游客出行要涉及食、住、行、游、购、娱等多方面服务，所以旅行社必须联络各有关部门和行业形成为旅游者提供相关服务的协作网络，解决路线、客源、食宿、交通等各方面的问题。虽然旅行社设立之初，协作网络的组织形式和规模还不会很健全，但这是旅行社开展业务前的必要准备。以后会随着旅行社业务的开展，逐渐稳定和扩大。

2.1.2.2　准备阶段

《条例》规定，申请设立旅行社的单位，应按规定提交下列文件。

一是设立申请书。设立申请书是申办单位向旅游行政管理部门申请开办旅行社的必要文件。设立申请书的内容包括：申请设立的旅行社的中英文名称及英文缩写；设立地址；企业形式、出资人、出资额和出资方式；申请人、受理申请部门的全称、申请书名称和申请的时间。

二是法定代表人履历表及身份证明。

三是企业章程。旅行社章程是旅行社经营管理的基本制度。旅行社章程应阐明旅行社的经营宗旨、运行方式和经济实力，规定旅行社在各个方面所应遵循的原则。旅行社章程大致包括：旅行社的业务经营范围，旅行社的设立方式和经营方式，旅行社的经济性质、注册资本金来源，旅行社的组织机构，旅行社的财务管理制度和利润分配形式，设立旅行社的宗旨和目的。

四是依法设立的验资机构出具的验资证明。关于申请设立旅行社的单位，其注册资本和质量保证金是否真实，旅行社必须将开户银行出具的资金信用证明，以及依法设立的验资机构出具的验资报告，送交受理申请的旅游行政管理部门。

五是经营场所的证明。为确保旅行社业务经营活动顺利进行及便于旅游行政管理部门对其进行监管，旅行社应当拥有独立的经营场所，申请设立旅行社的单位应当按照条例的规定向旅游行政管理部门出具其经营场所的产权证明或使用证明。

六是营业设施、设备的证明或者说明。经营设备是旅行社开展业务活动的必备设施，因此，必须是旅行社的自有财产。申请设立旅行社的单位，必须购置旅行社经营设备，并向旅游行政管理部门出具商业部门开具的具有该旅行社名称的发票或收据。

七是工商行政管理部门出具的《企业名称预先核准通知书》。根据《企业名称登记管理规定》《企业名称登记管理实施办法》等规定，企业在设立之前，需要先向当地工商行政部门提出申请，包括出资人、注册资本、住所设在的企业名称、投资人、投资额和投资比例等，拿到工商行政管理部门出具的《企业名称预先核准通知书》之后才能去旅游行政主管部门申办经营许可证。

2.1.2.3　申办阶段

(1)申请营业许可证　申请经营许可证有以下几种情况。

1)国内旅游业务和入境旅游业务：申请设立旅行社，经营国内旅游业务和入境旅游业务的，应当向所在地省、自治区、直辖市旅游行政管理部门或者其委托的设区的市级旅游行政管理部门提出申请,并提交符合条例的上述相关证明文件。受理申请的旅游行政管理部门应当自受理申请之日起 20 个工作日内做出许可或者不予许可的决定。予以许可的,向申请人颁发旅行社业务经营许可证。旅行社因业务经营需要,可以向原许可的旅游行政管理部门申请核发旅行社业务经营许可证副本。

2)出境旅游业务:条例规定,旅行社取得经营许可满两年,且未因侵害旅游者合法权益受到行政机关罚款以上处罚的,可以申请经营出境旅游业务。申请经营出境旅游业务的,应当向国务院旅游行政主管部门或者其委托的省、自治区、直辖市旅游行政管理部门提出申请,受理申请的旅游行政管理部门应当自受理申请之日起 20 个工作日内做出许可或者不予许可的决定。予以许可的,向申请人换发旅行社业务经营许可证。

3)质量保证金:质量保证金是指由旅行社缴纳,旅游行政管理部门管理,用于保障旅游者权益的专用款项。质量保证金制度是对旅行社进行质量监督和管理的一项重要措施。旅行社应当自取得旅行社业务经营许可证之日起 3 个工作日内,在国务院旅游行政主管部门指定的银行开设专门的质量保证金账户,存入质量保证金,或者向做出许可的旅游行政管理部门提交依法取得的担保额度不低于相应质量保证金数额的银行担保。旅行社应缴纳的质量保证金数额规定:经营国内旅游业务和入境旅游业务的旅行社,应当存入质量保证金 20 万元;经营出境旅游业务的旅行社,应当增存质量保证金 120 万元。质量保证金的利息属于旅行社所有。

(2)办理注册登记　申请者应当持批准设立文件和许可证向有管辖权的工商行政管理部门申请领取营业执照,办理登记注册手续。旅行社取得经营许可满两年,申请经营出境旅游业务的,旅行社应当持换发的旅行社业务经营许可证到工商行政管理部门办理变更登记;不予许可的,书面通知申请人并说明理由。

旅行社名称、经营场所、出资人、法定代表人等登记事项变更的,应当在办理变更登记后,持已变更的《企业法人营业执照》向原许可的旅游行政管理部门备案。旅行社终止经营的,应当在办理注销手续后,持工商行政管理部门出具的注销文件,向原许可的旅游行政管理部门备案。

(3)办理税务登记　旅行社应当在领取营业执照的 30 个工作日内,向当地税务部门办理开业税务登记手续,在办理好银行账号后,申请税务执照,办理税务执照时向当地税务部门领取统一的税务登记表,认真填写各项内容,经税务机关审核后,发给税务登记证。税务登记结束后,旅行社就可以申领发票,刻制公章,旅行社正式成立,开始签订合同,经营旅游业务活动。

2.1.3　旅行社分支机构的设立

旅行社根据业务经营和发展的需要,可以设立分社和服务网点等分支机构。旅行社设立分社的,应当持旅行社业务经营许可证副本向分社所在地的工商行政管理部门办理设立登记,并自设立登记之日起 3 个工作日内向分社所在地的旅游行政管理部门备案。条例规定,旅行社分社的设立不受地域限制。分社的经营范围不得超出设立分社的旅行社的经营范围。

旅行社设立专门招徕旅游者、提供旅游咨询的服务网点,应当依法向工商行政管理部门办理设立登记手续,并向所在地的旅游行政管理部门备案。旅行社服务网点应当接受旅行社的统一管理,不得从事招徕、咨询以外的活动。

旅行社每设立一个经营国内旅游业务和入境旅游业务的分社,应当向其质量保证金账户增存 5 万元;每设立一个经营出境旅游业务的分社,应当向其质量保证金账户增存 30 万元。

2.1.4 外资旅行社的设立

在我国,外商投资旅行社包括外国旅游经营者同中国投资者依法共同投资设立的中外合资经营旅行社、中外合作经营旅行社和外资旅行社。

设立外商投资旅行社,由投资者向国务院旅游行政主管部门提出申请,并提交符合规定条件的相关证明文件。国务院旅游行政主管部门应当自受理申请之日起 30 个工作日内审查完毕。同意设立的,出具外商投资旅行社业务许可审定意见书;不同意设立的,书面通知申请人并说明理由。

申请人持外商投资旅行社业务许可审定意见书、章程,合资、合作双方签订的合同向国务院商务主管部门提出设立外商投资企业的申请。国务院商务主管部门应当依照有关法律、法规的规定,做出批准或者不予批准的决定。予以批准的,颁发外商投资企业批准证书,并通知申请人向国务院旅游行政主管部门领取旅行社业务经营许可证,申请人持旅行社业务经营许可证和外商投资企业批准证书向工商行政管理部门办理设立登记;不予批准的,书面通知申请人并说明理由。

由于中国加入世贸组织,逐渐兑现当初入世的承诺,现行《旅行社条例》不再对外商旅行社设立的注册资本做特殊要求,但规定外商投资旅行社不得经营中国内地居民出国旅游业务以及赴香港特别行政区、澳门特别行政区和台湾地区旅游的业务,但是国务院决定或者我国签署的自由贸易协定和内地与香港、澳门关于建立更紧密经贸关系的安排另有规定的除外。

2.2 旅行社的组建形式

目前,可供我国旅行社选择的组建形式是多种多样的,但旅行社无论采取何种组建形式,都应力求做到产权明晰。我国旅行社行业经过四十年的不断改革,现已形成了由国有独资制、股份有限制、有限责任制、股份合作制、外商制公司五种形式并存的格局。

2.2.1 国有独资制

国有独资制的旅行社,是指全部资产为国家或全民所有的一种企业形式,亦称为全民所有制旅行社。国有独资制旅行社的资产实置于国家部、局、委、办和各省、市、自治区政府部门,其资产的委托代理关系为全民→全国人民代表大会→国家各部门→旅行社领导集体→总经理。国有独资制旅行社不存在股权、股份、股票。不设董事会,总经理由主管部门任命,职工为国家聘用的工作人员。

根据我国《公司法》规定,经国家授权的部门可以设立独资旅行社。国有独资公司可以不冠"公司"字样,但一般都从原先意义上的国家所有转变为所有权和经营权相分离的企业。国有独资制旅行社一般为我国经营历史较长,企业规模较大的旅行社或旅行社集团,在企业规模、资金、人才、市场份额、管理经验、发展的潜力等方面拥有巨大的优势。

但是,由于我国的多数国有独资制旅行社成立于计划经济时代,产权结构和管理体制中存在着较浓厚的计划经济色彩,使其在目前的市场经济环境中面临着严重的挑战。国有独资制旅行社存在的弱点主要是:①企业产权在个人之间完全不可分,产权活动的全部成本不是由某个人来承担,因而每个人在旅行社的经营中就可能产生机会主义倾向,并导致对旅行社资产使用的"拥挤"现象;②产权的全体所有者均能分享集体的劳动成果,在旅行社资产不断增值的情况下,容易造成"搭便车""少劳多获""不劳而获"等问题;③旅行社的所有权和经营权分离后,"经营权"中所含有的使用权、收益权、转让权等一般来说是不完全的。因此,国有独资制旅行社必须加大改革的力度,克服计划经济时代所形成的弊端,使其能够在市场经济体制下顺利发展。

2.2.2 股份有限制

股份有限制是指旅行社通过把全部资本划分为等额股份,并以股票的形式上市自由交易的一种企业形式。这是我国《公司法》所规定的基本企业形式之一。旅行社的股东可以是自然人,也可以是法人,数目不限。股东入股的资产,以货币为主,但也有以实物、知识产权等作价的。股东一旦认购了股票,就不能向旅行社退股,但可以通过股票市场出售股票。未上市旅行社的股票原则上可以在企业内部有规则地进行交易。

股份有限制旅行社既可以采用发起设立的方式,通过认购旅行社应发行的全部股份方式来建立企业,也可以采取募集设立的方式,通过认购旅行社应发行股份的一部分,并向社会公开募集其余部分的方式设立企业。由于股份有限制企业可以发行股票,旅行社可以大规模地向社会筹集资金,所以,它们拥有较强的筹资能力,这是股份有限制旅行社所具有的重要优势之一。

股份有限制旅行社的价值形态资产为股东所有,而实物形态资产为产权运行的行为主体所有,即实置于旅行社。旅行社资产的委托代理关系为股东→董事会→总经理。旅行社对股东担负有限责任,法人(法人代表)的责、权、利等全部到位,经营管理上实现了独立自主。另外,上市的旅行社,必须按法定规则向社会公众公开披露财务状况。

旅行社实行董事会领导下的总经理负责制,由董事会选择聘任总经理,而职工成为旅行社聘用的工作人员。总经理通过董事会对全体股东负资本经营的有限责任,并对聘用的所有员工的劳动、管理和各类报酬负责。

股份有限制旅行社也存在着一些不利因素,如企业创办和歇业的程序比较复杂,股东和法人代表间的协调有不少矛盾,企业的业务、财务秘密较难保守等。

2.2.3 有限责任制

有限责任制是指旅行社不通过发行股票,而由为数不多的股东集资组成的一种企业形式。有限责任制与股份有限制一起,成为我国的两种基本企业形式。

根据《公司法》的规定,实行有限责任制的旅行社由两个以上五十个以下股东共同出资设立，股东入股的资产可以是货币，也可以是实物、土地使用权作价、知识产权及其他无形资产。有限责任制旅行社的资产委托代理关系与股份有限制旅行社一样，为股东→董事会→总经理。但是，与股份有限制旅行社不同的是，有限责任制旅行社无须资本划分为等额的股份，也不发行股票。

股东确定出资金额并交付后，即由旅行社出具股权证明，作为股东在旅行社中应享有权益的凭证。股东以其出资额为限对旅行社承担责任，并按照出资比例分取红利，旅行社则以其全部资产对企业的债务承担责任。

有限责任制对股权的限制比较严格。旅行社经工商部门登记后，股东不得抽回出资，股权证明亦不能自由买卖。股东之间可以相互转让其全部出资或者部分出资。如股东欲将其股权转让给非社内股东，须经全体股东的过半数同意。不同意转让的股东应当购买该转让的出资。如果不购买该转让的出资，视为同意转让。另外，旅行社新增资本时，股东可以优先认缴出资。

有限责任旅行社的股权和法人财产权的分离程度比较低，其成立、歇业、解散的程序和管理机构也比较简单。旅行社的章程由股东共同制定，董事会成员和高层经理人员往往具有股东身份，并多由大股东亲自实施旅行社的经营和管理。旅行社不必向社会公开其财务状况，但股东有权查阅股东会的会议记录和旅行社的财务会议报告。

然而，由于有限责任制旅行社不能像股份有限制旅行社那样公开向社会募集资金，使其筹集资金的渠道和能力均受到一定的限制，从而可能限制其企业规模和发展速度。这是有限责任制的不利之处。

2.2.4 股份合作制

股份合作制是指全部资产归股份持有者所有，同时股权持有者具有股东和员工双重身份的一种旅行社企业形式。股份合作制旅行社不发行股票，一般也不开股权证明，其财产关系由合同规定。旅行社的资产表现为价值形态和实物形态，产权的构成要素较为统一，其资产的委托代理关系十分简单，为股份持有者→总经理。总经理由股份持有者选聘或自任，职工则由旅行社招聘。

由于股权持有者具有双重身份，所以他们的收益由工资和分红两部分所构成。股份合作制旅行社的产权规模一般较小，从业人员也较少，便于管理。但是，它们的筹集资金能力十分有限，抗风险能力也较弱，在激烈的旅行社行业竞争环境中往往处境艰难。

2.2.5 外商投资制

所谓外商投资旅行社包括中外合资经营旅行社、中外合作经营旅行社和外资旅行社等三种形式，它实际上是吸收了境外资本的股份有限制或责任有限制旅行社，其产权形态及特点与股份有限公司、有限责任公司形式的旅行社相同。目前，我国的外商投资制旅行社主要存在一些旅游业较发达地区，如北京、广东、云南等省、市，且数量较少。但是，在我国已经加入世界贸易组织的新形势下，此类旅行社的数量将会进一步增长，成为我国旅行社行业的一种重要企业形式。

2.3 旅行社组织结构设计

组织结构设计，就是对构成组织的各个要素、各个部门进行总体规划，以保证这些要素和部门所组成的组织是一个有机的整体，能够协调地运作。组织结构设计是组织实体的建构过程，主要集中在对组织结构的设计、调整和安排上。现代旅行社是一个高度专业化的组织，要搞好旅行社企业的经营管理，使旅行社业务经营活动能够顺利进行，就必须建立一个合理的组织结构体系。从纵的方面看，要形成一个自上而下指挥业务经营活动指挥系统；从横的方面看，要使各部门相互协调配合，使旅行社形成一个有机的整体，从而更好地调动全体员工的积极性，确保旅行社目标的顺利实现。

2.3.1 影响旅行社组织结构设计的因素

2.3.1.1 企业的战略目标

一般而言，企业战略的发展要经历四个阶段，即数量扩大、地区开拓、纵向或横向联合发展和产品多样化，在不同的战略发展阶段具有不同的战略目标。旅行社的企业战略目标与组织结构之间是作用与反作用的关系，有什么样的企业战略目标就有什么样的组织结构，同时企业的组织结构又在很大程度上影响企业的战略目标和政策。因此，旅行社在进行组织结构设计和调整时，只有对本企业的战略目标及其特点进行深入的了解和分析，才能正确选择适合本旅行社组织结构的类型。

2.3.1.2 经营所处的环境

旅行社经营面临的环境特点，对组织结构中职权的划分和组织结构的稳定有较大的影响。如果企业面临的环境复杂多变，有较大的不确定性，就要求在划分权力时给中下层管理人员较多的经营决策权和随机处理权，以增强企业对环境变动的适应能力；如果企业面临的环境是稳定的、可把握的，对生产经营的影响不太显著，则可以把管理权较多地集中在企业决策者手里，设计比较稳定的组织结构，实行程序化管理。

2.3.1.3 企业规模

一般而言，企业规模小，管理工作量小，为管理服务的组织结构也相应简单；相反，企业规模大，管理工作量大，需要设置的管理机构多，各机构间的关系也相对复杂。可以说，组织结构的复杂性是随着旅行社规模的扩大而相应增长的。

2.3.1.4 企业人员和文化

如果旅行社员工的专业素养较高，而且企业也具有良好的企业文化，强调共同的价值观，通过分权可以调动员工的生产经营积极性，达到改善企业生产经营管理的目的。反之，如果企业人员不普遍具有较高的专业素养与管理能力，则应更多强调员工的执行能力，企业适合采取集权较高的组织结构模式。

2.3.2 旅行社组织结构设计的原则

2.3.2.1 目标任务原则

旅行社作为经济组织，其目标是为获取经济效益和社会效益。旅行社的任务是销售旅游产品，并为旅游者提供旅游服务，帮助旅游者顺利完成旅游活动。因此，旅行社组织结构的设计必须有利于组织目标的实现，组织中的每一部分都应该与既定的组织目标有关，旅行社组织结构的设置、调整、裁并，都应以有利于企业总目标的实现为宗旨。该原则还要求旅行社在组织结构设计中，以事为中心，因事立机构、设职务、配人员。

2.3.2.2 分工协作原则

分工就是按照提高管理专业化程度和工作效率的要求，把组织的目标分解为各级、各部门以至个人的目标和任务，并使之了解各自的职责和职权。分工协作是社会化大生产的客观要求，通过分工可以使旅行社员工专心从事某项工作或任务。分工引起专业化，分工越细，专业化程度越高；反之，分工越粗，专业化程度越低。专业化有利于提高员工的业务熟练程度，有利于提高工作效率和经营管理水平。但是高度专业化分工有可能导致协调困难和协调工作量增加。为有利于实现企业目标，分工就必须有协作，协作包括部门间和部门内的协作。由于旅行社工作的繁杂性，分工与协作非常重要。

2.3.2.3 权责利统一原则

旅行社在进行组织结构设计时，既要明确规定每一个管理层次和各个部门的职责范围，又要赋予其完成任务所必需的管理权限，并确保其获得合理的利益，使责任、权利和利益三者相匹配。三者的协调一致，是组织有效性得以充分发挥的前提；而"有权无责""有责无利""有责无权"等任何责、权、利不匹配的情形，都会使各个部门在履行职责时困难重重，从而挫伤各部门员工完成任务的主动性和积极性，最终限制和阻碍组织职能的发挥。

2.3.2.4 精干高效原则

旅行社组织机构设计应围绕企业目标，根据企业规模、任务大小和难度，来设计合理适当的管理跨度与管理层次，以体现高效原则。管理跨度，又称管理宽度和管理幅度，是指一个管理人员所拥有的直接下属的数量。旅行社管理跨度越大，管理层次越少，反之越多。管理层次决定组织的纵向结构，管理跨度则体现组织的横向结构，组织设计体现的高效原则必须遵循管理跨度和管理层次适当原则，避免出现机构臃肿、人浮于事而增加经营成本。

2.3.2.5 集权与分权结合、执行与监督分设原则

组织目标并不等于组织成员个人目标的简单叠加，各级管理者的管理职责也不尽相同，集权与分权都是有必要的，并应相互结合；集权的程度应以该组织的决策是否有效率为标准；而权力的分散程度则应以既不失控又能充分发挥下级工作积极性和职权与职责对等为尺度。为了有效地防范过度集权和过度分权的弊端，充分发挥组织的职能，在组织结构设计中还应坚持执行机构与监督机构分离的原则。

2.3.3 旅行社组织结构模式

相对于其他企业而言，我国旅行社的组织层级结构一般都比较简单，管理跨度方面则差别较大，有些旅行社的某些部门人员较多，多数旅行社管理人员的管理跨度较小。我国旅行社采用的组织结构模式主要有直线职能制、事业部制和超事业部制等。

2.3.3.1 直线职能制组织结构模式

我国旅行社传统的组织结构模式是按照旅行社内部业务分工进行部门设置的，即在总经理之下平行设立“一室六部”，直属总经理管辖（图2-1）。除了办公室、人事部和财务部等职能部门以外，各业务部门的分工情况大致如下：

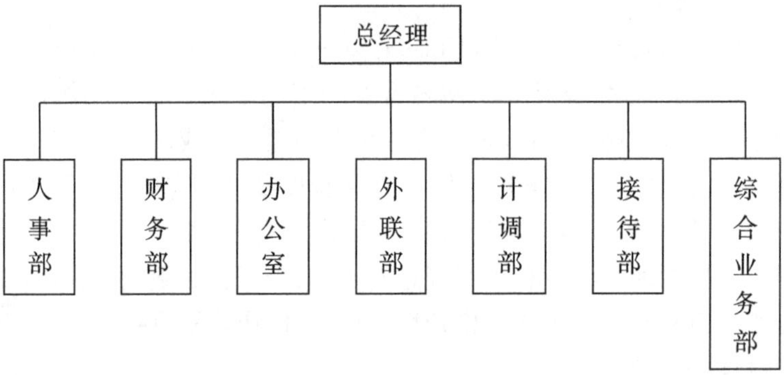

图2-1 旅行社直线制组织结构模式

（1）外联部　旅行社的外联部也称市场部、销售部或市场营销部，其主要业务是设计和销售旅行社产品、对外联络和招徕客源，为此，该部门需要进行必要的市场调研与预测、产品开发与设计、促销与销售等工作，其工作在旅行社经营管理中起着举足轻重的作用。

（2）计调部　计调部的全称为计划调度部，是旅行社接待业务的调度中心，其主要职责是负责接待服务的计划与调度，即按照旅游者（团）的各种接待要求，制定和落实其在当地的旅游接待计划。为此，它需要进行旅游者（团）接待计划的编制及调度变更工作，还要与当地各旅游企业联络，落实房、餐、交通等。不设综合业务部的旅行社，一般将票务组也设在计调部。计调工作是旅行社接待工作的保障。

（3）接待部　接待部主要由不同语种的导游人员组成，主要负责具体接待计划的制定和落实，为旅游者（团）提供导游和陪同服务。

（4）综合业务部　综合业务部是旅行社多功能的、带有拓展业务性质的综合部门。主要负责散客旅游业务和整个旅行社（包括团体旅游者、散客、领队、全陪及其他旅行社差旅人员）的票务工作。

直线职能制组织结构在我国旅行社行业中是一种比较传统的结构模式，在这种结构中，各职能部门有本部门的工作目标，互不干涉，领导权力高度集中，上下级之间实行直线式管理，各部门按事务集中方式划分。这种模式的优点是：①部门之间分工明确，有利于提高工作效率；②组织稳定性较高，在外部环境变化不大的情况下，易于发挥组织的集团效率；③提高了管理者的权威，有利于统一领导；④符合专业化协作原则，最大限度减少员工错误。但是，由于旅行社业务本身具有连续性和不可分割性，因此，这种人为的划分也表现出如下缺点：①部门之间的协作难度加大，缺乏信息交流，不利于集思广益做出决策；②职能部门之间横向联系较差，信息传递路线较长，矛盾较多，上层主管的协调工作量大；③难以从组织内部培养熟悉全面情况的管理人才；④系统刚性大，适应性差，容易因循守旧，对新情况不易及时做出反应，削弱旅行社实现整体目标的能力。因此，直线职能制组织结构模式仅适用于部门较少的小型旅行社。

近年来,一些旅行社的部门设置也发生了一些变化,如旅游团接待计划的编制和调度变更工作,在业务量不大的旅行社多转入接待部;由于集中的大量采购已成为旅行社利润与竞争优势的重要来源,所以采购业务已上升为计调部业务的核心,一些旅行社干脆不再设置计调部,而代之以采购部等。

2.3.3.2　事业部制组织结构模式

事业部制组织结构即设立一系列业务单位为某一个细分市场的旅游者提供某种旅行社产品,每一个事业部都是多种职能或多个部门的一个组合,各事业部都有各自独立的产品与市场,独立经营、独立核算,是旅行社独立的利润中心,在旅行社的统一指导下分散经营。

设立事业部制结构的目的是在组织内部创立一个更小、更好管理的单位。旅行社通过对不同地区或产品的利润中心,实行旅行社集中指导下的分散经营。但事业部不是一个独立的法人实体,不具有投资决策权。目前,旅行社有产品结构、地域结构、市场结构等常见的事业部形式,如按市场集中方式,与经理办公室、人事部、财务部并列设立各市场部,欧美部、日本部、东南亚部等,在各市场部下均分设销售、采购和接待等二级部门(亚部门)。(图 2-2)。

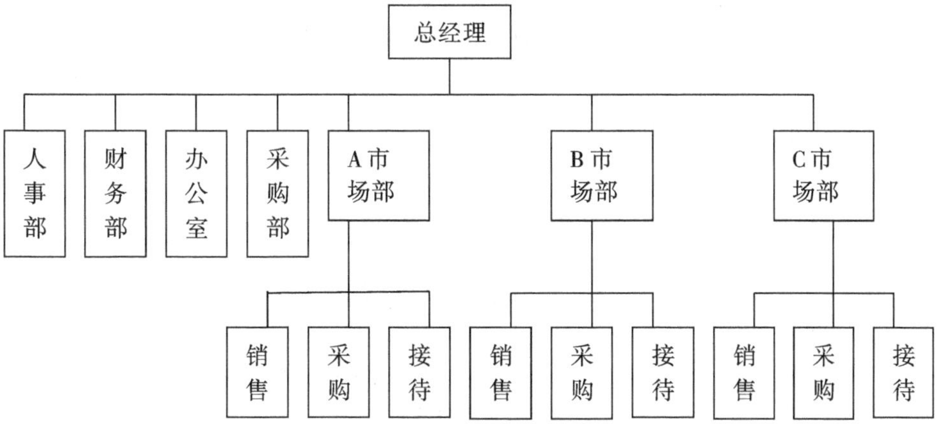

图 2-2　旅行社事业部制组织结构模式

这种模式也有其自身的优缺点。优点是:①使最高管理部门摆脱日常行政事务,成为坚强有力的决策机构;②较好地解决和缓解了"一室六部"组织结构下突出的部门间、员工间利益分配不均的弊端,有利于各个部门的业务衔接和利益分配;③扩大了有效控制的跨度;④是锻炼和培养旅行社管理人才的最好组织形式之一。缺点是:①划分事业部,造成了采购业务的分散,导致旅行社各部门都分别到要素企业去采购,一方面对企业形象产生一定的不良影响;另一方面因为采购量小,无法获得更大的批量采购优惠;②事业部拥有自己独立的人事权和财务管理人员,总部难以对事业部的人和财进行有效制约;③对管理人才的要求更高,一方面,要求部门经理需要有较高的管理水平和知识水平;另一方面,又需要旅行社要有强有力的总部,否则管理手段单一,可能会对事业部的管理失控。事业部制组织结构模式适合于经营规模较大或跨地区经营的旅行社。

2.3.3.3 **超事业部制组织结构模式**

超事业部制是一种以资产为契约关系为基础的结构模式，包括旅行社在内的多法人的经济联合体组织结构模式。与事业部制不同，这里的成员不再是企业自身的部门，而是与母公司平等的企业。超事业部制的组织结构是多层次的，包括核心旅行社企业、控股成员企业、参股成员企业和协作成员企业。契约型联合体多形成于旅行社间的横向联系中，这种联合有利于获得服务采购和联合促销优势；资产型联合体多形成于旅行社的纵向联系中，如核心旅行社企业通过投资持有上游景区景点、饭店、交通公司，下游旅游网站等的股份，此外，还可以购买房地产等公司的股份。通过资产联合可以获得良好的范围经济效益（指因经营领域跨行业、跨部门、跨地区，使企业可获得更广泛的盈利空间和机会）。超事业部制模式适合于旅行社集团化、多元化发展要求。

在此，还应指出，我国现阶段有不少规模较小的私营旅行社组织结构简单，仅设总经理一名，会计人员一名，业务人员若干名。业务人员每人都兼外联、计调、接待于一身，甚至总经理也兼会计和业务人员的工作，从而最大限度地节省了组织成本，提高了旅行社的经营效益。但随着企业的发展，这种旅行社发展初期的组织结构将逐渐向产品、市场等集中模式过渡；或进一步集中职能、精简机构，向大中型旅行社的专业代理商方向发展，即基本不从事产品开发、计划调度、旅游接待等工作，只是代销大中型旅行社的旅游产品；或向旅游咨询商方向发展，为旅游者提供专业化的旅游咨询服务。

2.4 旅行社行业组织

2.4.1 旅行社行业组织的性质和功能

旅行社行业组织又称行业协会，是指旅行社为实现本行业共同的利益和目标而在自愿基础上组成的民间组织。行业组织是介于政府、企业之间，商品生产者与经营者之间，并为其服务、咨询、沟通、监督、公正、自律、协调的社会中介组织，因此，行业协会不属于政府的管理机构系列，而是政府与企业的桥梁和纽带。

2.4.1.1 **旅行社行业组织的性质**

旅行社的行业组织又称行业协会，是指旅行社为实现本行业共同的利益和目标而在自愿基础上组成的民间组织。它具有以下几个特征：①是民间性组织，而非官方机构或行政组织；②是旅行社为实现单个企业无力达到的目标而组成的共同利益集团；③是否加入行业协会完全出于自愿，而且可以随时退出。

2.4.1.2 **旅行社行业组织的功能**

（1）服务功能　行业协会可以作为协会成员的代表，与政府机构或其他行业组织商谈有关事宜；加强协会成员间的信息沟通，定期发布统计分析资料；调查研究协会成员感兴趣的问题，向协会成员提交前研究报告；定期出版刊物，向协会成员提供有效信息；开展联合推销和联合培训等活动。

（2）管理功能　拟定协会成员共同遵循的经营标准，制定行规会约，进行仲裁和调解。但需要指出的是,行业协会的管理职能不同于政府旅游管理机构的职能,首先,它不带有任何行政指令性与法规性,其有效性取决于协会本身的权威性和凝聚力;其次,旅行社的行业协会管理的范围取决于自愿加入该协会的旅行社数量,只要有一家旅行社不愿入会,行业协会便不可能实现全行业管理,而政府旅游管理机构则始终具有全行业管理的功能。

2.4.1.3 旅行社行业组织的组织结构形式

旅行社行业协会一般采取直线职能式的组织结构形式,具体机构设置如图 2-3 所示。

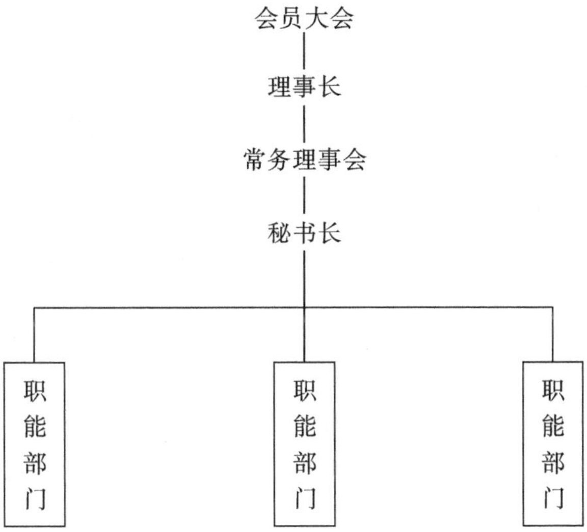

图 2-3 旅行社行业组织机构图

作为民间团体,旅行社行业组织的经费主要来自成员的会费,政府拨款或各种捐助不是协会经常性的经费来源。

旅行社行业组织的章程应符合国家有关的法律和政策,其解释权在协会理事会。

2.4.2 中国旅行社协会(CATS)

中国旅行社协会(China Association of Travel Services)成立于 1997 年 10 月 24 日,是由中国境内的旅行社、各地区性旅行社协会或其他同类协会等单位,按照平等自愿的原则结成的全国旅行社行业的专业性协会。协会接受文化和旅游部的领导、民政部的监督管理和中国旅游协会的业务指导。中国旅行社协会是中国现有的最主要的旅行社行业组织,协会会址设在首都北京。

中国旅行社协会宗旨是:遵守国家的宪法、法律、法规和有关政策,遵守社会道德风尚,代表和维护旅行社行业的共同利益和会员的合法权益,努力为会员服务,为行业服务,在政府和会员之间发挥桥梁和纽带作用,为我国旅行社行业的健康发展做出积极贡献。

主要任务是:①宣传贯彻国家旅游业的发展方针和旅行社行业的政策法规;②总结交流旅行社的工作经验,开展与旅行社行业相关的调研,为旅行社行业的发展提出积极并切实可行的建议;③向主管单位及有关单位反映会员的愿望和要求,为会员提供法律咨询服务,保护会员的共同利益,维护会员的合法权益;④制订行规行约,发挥行业自律作用,督促会员单位提高经营管理水平和接待服务质量,维护旅游行业的市场经营秩序;⑤加强会员之间的交流与合作,组织开展各项培训、学习、研讨、交流和考察等活动;⑥加强与行业内外的有关组织、社团的联系、协调与合作;⑦开展与海外旅行社协会及相关行业组织之间的交流与合作;⑧编印会刊和信息资料,为会员提供信息服务;⑨承办主管单位委托的其他工作。

2.4.3 旅行社的国际性组织

2.4.3.1 世界旅行社协会(WATA)

世界旅行社协会(World Association of Travel Agencies)经瑞士法律批准,于1949年正式成立,总部设在日内瓦。它是一个由私人旅行社组织而成的世界性非营利组织,其宗旨是将各国可靠的旅行社建成一个世界性的协作网络。

设在日内瓦的常设秘书处向会员提供各种帮助和一些服务性项目,如提供旅游信息、文件和统计资料等。协会每两年举行一次大会,把世界分成15个区,各区每年举行一次会员社会议,研究本区旅游业务中的问题。

协会每年出版一期综合性的世界旅游指南《万能钥匙》,内容包括6000家饭店的价格和设施介绍,70多个国家旅行游览圣地的介绍和价格情况,并免费提供给各旅行社。

世界旅行社协会宗旨是推动旅游业的发展,收集和传播信息,参与有关发展旅游业的商业和财物工作。

2.4.3.2 世界旅行社协会联合会(UFTAA)

世界旅行社协会联合会(Universal Federation of Travel Agents' Association)于1966年11月22日成立于意大利的罗马。它由1919年在巴黎成立的欧洲旅行社组织和1964年在纽约成立的美洲旅行社组织合并而成,共有102个国家级会员,总部设在比利时的布鲁塞尔。

世界旅行社协会联合会是一个专业性和技术性组织,其会员是世界各国的全国性旅行社协会,每个国家只能有一个全国性的旅行社协会代表该国参加。

其宗旨是:①团结各国全国性的旅行社协会和组织,并协助解决会员间在专业问题上可能发生的纠纷;②在国际上代表旅行社成员同旅游业有关的各种组织与企业建立联系,进行合作;③确保旅行社业务在经济、法律和社会领域内最大限度地得到协调、赢得信誉、受到保护并得到发展;④向会员提供所必要的物质、业务、技术方面的指导和帮助,使其能在世界旅游业中占有适当的地位。

【本章小结】

旅行社的设立必须符合国家的规章制度,接受国家及旅游管理部门的监督。世界各国根据本国旅游业发展的实际情况,对旅行社的设立规定了各种条件和程序。我国《旅行社条例》对设立旅行社的经营场所、营业设施、注册资本、质量保证金做出了具体规定。我国申办旅行社是双重注册制度,首先要到旅游行政管理部门申请营业许可证,然后到工商行政管理部门办理注册登记,方可领取营业执照。

目前,我国旅行社的组建形式有国有独资制、股份有限公司、有限责任公司、股份合作公司、外商投资公司等五大类。旅行社常见组织结构基本模式分为直线职能制、事业部制和超事业部制三大类。

旅行社的行业组织又称行业协会,是指旅行社为实现本行业共同的利益和目标而在自愿基础上组成的民间组织。它具有服务和管理双重功能。我国旅行社行业组织的主要中国旅行社协会(CATS)和地方旅行社协会;国际性行业组织有世界旅行社协会(WATA)和世界旅行社协会联合会(UFTAA)。

【重点概念】

注册资本　质量保证金　国有独资企业　股份有限公司　有限责任公司　股份合作公司　外商投资公司　直线职能制　事业部制　超事业部制　旅行社行业协会

【案例分析】

案例 2-1

中青旅:门店与遨游网从独立到融合,实现"线下+线上"经营

随着"互联网+旅游"的合作越来越深入,旅游业也成为互联网最活跃、消费者感受最直接、应用最前沿的产业之一。旅行社作为旅游形式的载体,在传统模式的基础上,互联网为旅游业插上强劲的翅膀,旅游业则让互联网落地生根。

不少消费者发现中青旅的几家门店上的店名都改变了,门店上赫然写着"中青旅遨游网"六个字,特别凸显了"遨游网"。中青旅北京销售公司总经理周晓夏说,我们曾认为极具优势的线下渠道地位受到互联网的极大冲击。特别是当这种冲击来自于内部,来自于我们自己的网站,线下的运营和管理真的彷徨了。"如今,门店和自己的网站正在逐渐实现同步、打通了线上线下。"我们的门店打的也是遨游网概念。在门店里,店内工作人员可以帮助客人在遨游网平台上下单、进行网上支付,享受遨游网的优惠。现在最大的改变是客人在线上下了订单,线上的客服,会进一步询问客人,了解客人更喜欢哪种方式?或者,在网页上直接弹出对话框,客人可以在线交易,也可以去门店交易。

中青旅遨游网最大的特点是,线上进行产品选择和支付交易,线下进行消费体验服务。消费者购买旅游产品是相对复杂的决策过程,前期的信息收集和产品筛选,对目的地和产品的详细咨询沟通,购买时的支付、签约和证照材料交接等,在购买旅游产品过程中,既需要线上的效率化和标准化服务体系,也需要面对面服务的人际体验服务。消费者可以在遨游网查询筛选产品,前往就近连锁店进行线上签约,现金或刷卡支付,证照交接等服务;也可以在连锁店咨询旅游产品详细信息,在家通过遨游网进行在线签约、在线支付。

目前,中青旅旗下已初步形成旅游服务平台、整合营销平台、景区投资平台、酒店运营平台,分别形成了中青旅遨游网、中青旅会展(中青博联)、乌镇、古北水镇、山水时尚等品牌。其中,旅游服务平台,以中青旅遨游网为抓手,中青旅遨游网曾提出旅游行业首个互联网+的解决方案,以"正品行货、创意主题、中高端定制"为主打,无论是在自营和开放、

线上和线下、研发和营销，都以产业互联网为方向，稳扎稳打，注重产品和服务品质升级，也取得了显著的成效。未来，遨游网将成为中青旅旅游主业全面互联网化的龙头和枢纽，实现旅游产业与互联网的融合创新与提效。

案例思考题：

1. 为更好地贴近消费者，中青旅遨游网有哪些创新举措？
2. 谈谈新的互联网时代，传统旅行社如何探寻实体经营新模式？

案例 2-2

携程旅游线下门店战果，一年拓展超 1 000 家

结合互联网优势落地的携程旅游门店目前开业也已一年左右。近日，携程旅游正式宣布，其线下第 1 000 家门店正式完成签约，花落上海，即将开门迎客。据携程旅游数据，目前携程旅游门店销售额近 10 亿，在 23 个省（直辖市）落地超过 135 个一、二、三、四线城市。

一年左右的时间，携程旅游门店从 0 到 1000，目前已完全覆盖北上广深四个超一线城市，同时也陆续在四川、重庆、湖南、湖北、山东、辽宁等省市开门迎客，店面类型涵盖了旗舰店、商超店、社区店、旅游目的地店等多种模式。

数据显示，目前携程旅游门店仅在北京市区布局就超过 90 家；广深两地则有 120 家分布；上海进驻较晚，但也有 50 多家门店落地，这对于原计划到 2018 年底实现 1 500 家的目标已然是遥遥在望。据悉，携程系线下门店包括去哪儿、携程旅游、旅游百事通门店，目前已合计超过 7 500 家。

旅游百事通 CEO 张力表示：携程旅游门店与传统旅行社的不同主要体现在品牌、差异化产品、服务、大数据等方面的优势。携程旅游门店不仅背后有中国最大旅游集团携程的品牌，而且打破传统门店产品品类单一、以中低端产品为主、客户年龄层也很单一的局限，在产品品类、丰富度、消费者售后保障服务等方面优势突出。

近日，携程还针对服务体系进行了升级，并推出更为全面的"全程 X 计划"，全方位提升一站式联动服务保障，包括了携程的机票、酒店、旅游、用车、门票、火车票等诸多业务，这也是携程集团首次各事业部协同制定的最高等级的服务保障，通过"全程 X 计划"的全面升级，将有效地全方位升级用户服务体系，提升旗下各大业务线的服务水平，保障每一位用户的顺利出行。

再比如，新近上海区域的携程旅游门店将正式上线"外汇兑换业务"，就有效解决了去银行换汇的过程中，"排队时间长""需要提前预约""不提供小额面额的外币"等麻烦。

自 2016 年携程战略投资旅游百事通以来，对于线下的动作就日益频繁：先是整合双方的产品库、渠道互通。随即，又开启了在全国范围内的门店拓展工作。

短短一年的时间就实现 1 000 家门店的拓展工作，其速度可见一斑，这也显现出携程布局线下的决心：通过覆盖线下渠道的客户群体，对于品牌知名度以及低线城市的获客能力的提升有着非常大的助推力。

背靠携程用户的体验和使用产生的大量数据，携程旅游门店具备了一个天然的优势：

通过数据的分析和处理，可以帮助门店实现越来越强的与消费者实现交易的能力，也会进一步促进门店用户圈的消费体验和活跃度。

比如，依靠庞大的数据平台，门店会了解哪一类产品的销售占比低于同城的平均水平；通过数据能够了解客户上门的频次、订单单价，从而会给门店提出建议，最近的推广活动重点是会销、拉新还是知名度宣传，偏重客户教育还是产品推广；甚至数据可以告诉门店，依据你的客源结构，门店布置该如何做，产品宣传重点优势是什么等。

案例思考题：

面对目前竞争激烈的众多旅行社实体店，分析携程线下门店开业的优势在哪里？

思考题

1. 我国旅行社的设立要符合哪些条件？
2. 我国旅行社的设立程序是怎样的？
3. 目前，我国旅行社有哪些组建形式？
4. 旅行社组织设计应符合什么原则？
5. 我国旅行社组织结构的基本模式有哪些？
6. 什么是旅行社行业组织？目前国内外主要的旅行社行业协会有哪些？

高等教育旅游管理专业"十三五"规划教材

3 旅行社外联与计调业务管理

学习目标→

通过本章的学习，要求学生对旅行社外联和计调业务有一个全面的了解，熟悉计调部和外联部的工作特点、工作职责、素质要求及业务流程，理解旅行社旅游服务采购的内涵，掌握旅行社采购的内容、任务以及采购策略，了解票务中心的业务运作，能按照旅行社主要业务部门的工作流程，完成旅行社接待业务。

学习难点→

外联业务特点　计调业务特点　计调业务流程　旅行社票务管理

外联业务负责寻找销售渠道、招徕旅游者，是旅行社最直接的赢利部门，在旅行社各业务中居于龙头地位。计调业务承担着旅游相关服务采购、业务调度以及为旅行社决策部门提供信息等工作，关系到旅行社产品的质量以及旅游活动能否顺利进行。因此，外联和计调是旅行社十分重要的业务。

3.1 旅行社外联业务

外联业务也称销售业务，是旅行社三大业务部门之一。外联主要承担旅行社的生产和销售工作，旅行社外联通过市场分析，设计、开发旅游产品，并与旅游客户（包括旅游者、旅游中间商）联络，将产品销售出去。其具体业务包括与客户进行业务联系、产品推荐、洽谈、出售产品、达成旅游协议。

3.1.1 外联业务的特点

3.1.1.1 综合性

旅行社外联业务的综合性主要体现在工作内容和工作对象上。工作内容涉及许多方面,如收集资料、设计产品、对外报价、进行洽谈、销售产品、草拟协议书和意向书等,这些业务都有不同的要求。工作对象也比较复杂,对外要与海内外的旅游客户接洽,对内要与计调部、接待部、财务部等部门频繁产生联系。所以,外联业务是一项综合性的业务。

3.1.1.2 超前性

外联业务是旅行社其他业务的基础,因此每项工作都必须有一定的超前性。为销售更多的旅游产品,招徕更多的客源,必须事先对市场进行调查,收集信息,了解市场的需求;还须根据市场的需求,预先设计出适销对路的旅游产品,采用恰当的方式宣传促销。没有超前理念和意识的外联人员,很难做好旅游产品销售工作。

3.1.1.3 经济性

外联业务是旅行社利润的重要来源,其业务的每一环节都会影响旅行社的收益。因此,外联部门的工作必须注意以下三点:①价格的制定必须合理,既要保证效益又要有竞争力,二者缺一不可;②报价必须仔细,稍有疏忽,就会造成较大的经济损失;③签订合同必须认真,各项条款都要仔细斟酌,避免主客双方的权益受到损害。

3.1.1.4 动态性

由于旅行社外联工作的着眼点在市场,而影响旅游活动的可变因素又比较多,因此外联工作具有较大的动态性。一方面,我国旅游市场日益成熟,企业间的竞争更加激烈,外联业务要时刻关注旅游市场供求变化;另一方面,旅游供应商产品价格的波动,国内旅游综合配套设施在地域上的不平衡也会影响旅行社外联人员对产品价格和质量的把握。

3.1.1.5 创造性

旅游产品必须独特新颖,方可吸引游客。只有采用富有创意的促销手段,才能不断扩大市场。吸引游客和扩大市场的关键在于外联工作的创造性程度。在旅游市场竞争激烈的状况下,旅行社外联部门必须突破传统的思维定式,创造性地推出旅游产品,开展促销活动,才能享受到旅游市场丰厚的利益回报。

3.1.2 外联人员的岗位职责

3.1.2.1 提供信息

外联人员要做好旅游市场调查工作,研究国内外旅游市场的发展动态,及时向旅行社经营决策者提供通过调查和预测得出的结论,如产品质量、客户情况、发展趋势等市场信息,以便决策者做出正确的经营决策。

3.1.2.2 设计产品

外联人员根据目标市场的特点,认真研究旅游消费者的旅游动机和消费心理,设计有吸引力的旅游产品。同时还要加强与各地接待社的合作,经常与其保持联系,搜集当地最新的旅游市场信息,使本社的旅游产品不断更新、完善。

3.1.2.3 销售产品

外联人员最重要的职责就是与旅游客户进行业务洽谈,签订旅游合同,同时还要负责国内外旅游团体或旅游中间商的委托代办业务,并且积极参加旅游展销、促销活动,做好对外旅游宣传工作,树立良好形象,招徕更多的客源。

如果说提供信息、设计产品是外联人员的基础性工作，那么销售产品则是对外联人员实力的集中考验。外联人员在销售产品的过程中，其自身形象、服务态度的好坏、推销技巧、谈判技巧是否高超在此时就显得尤为重要。

3.1.3 外联人员应具备的素质和能力

3.1.3.1 良好的职业道德

旅行社外联人员要热爱本职工作，爱岗敬业、遵纪守法，坚决执行党的方针政策，遵守国家相关法律法规；不畏辛苦、热心服务，外联人员开发新客户或为旅游消费者提供咨询服务需要不厌其烦地与客户沟通或上门服务。因此，外联人员必须以高度的事业心和责任感，满腔的热情投入工作中。

3.1.3.2 合理的知识结构

旅行社属于知识密集性行业，作为旅行社的销售人员不仅要具备一定的专业知识，还要懂得市场营销、礼仪礼节、消费行为、公共关系、价格、外汇、保险、国家的政策法规等相关知识，掌握本国或本地区旅游供给情况，了解国内外旅游市场发展趋势以及行业发展态势，而且，外联销售人员还必须能够将这些知识娴熟地运用到销售工作中。

3.1.3.3 较强的工作能力

旅游市场瞬息万变，外联人员应主动培养自己的学习习惯，通过不断获取新知识，提高自己的工作能力。外联人员应具备的工作能力主要有以下几个方面：

(1)良好的组织协调能力　外联人员需要与旅游中间商或游客签订协议或旅游合同，协调或处理好与旅游中间商或游客的关系，这就要求外联人员必须具备良好的组织协调能力。

(2)敏锐的思维和洞察能力　外联人员必须掌握市场状况，负责市场资料的调查和反馈，负责客户资料的建立和运用，负责新市场和新客户的开发，为此，外联人员只有具备敏锐的思维能力和洞察市场的能力，才能分析出市场的盈利点和增收点。

(3)良好的沟通、交际能力　外联工作人员负责旅行社业务联系和公关工作，因此要求业务人员必须具备良好的人际沟通和交往能力。

(4)良好的团队合作能力　外联人员在工作过程中，对内需要和本旅行社办公室、计调部、财务部等部门沟通协作，做好配合衔接工作，对外需要掌握本行业和竞争对手的情况。

3.1.3.4 良好的气质与修养

旅行社属于服务性行业，其生产的产品属于文化产品，因此良好的修养和气质显得尤为重要。外联人员在推销旅游产品时，也在推销着自己，推销着旅行社的形象，在与客户接触中应做到仪表端庄，礼貌待客，态度从容，遇事沉稳。只有表现出良好的素质与修养，方能赢得客户的信任，达到推销产品的目的。

3.1.4 旅行社外联业务流程

3.1.4.1 对外报价

(1)突出产品优势　为更好地吸引消费者，对外报价应重点介绍该线路的地理概况、风土人情和意义价值，推出自己的优势线路，具体说明与其他同类产品相比所具有的特色。

(2)报价内容翔实　根据文化和旅游部的价格规定，旅行社对外报价应按日程、旅游线路包含的服务项目及服务等级分项报价，报价内容包括住宿费（等级、单间差价）、餐费（早、中、晚，特色餐）、交通费、景点门票、导游服务费、娱乐活动费用等。

(3)价格合理准确　旅行社主要靠外联招徕游客，因此外联是旅行社最直接的盈利部门，价格是否合理，报价是否准确，不仅影响旅行社经济收益，还会影响旅行社的声誉。

3.1.4.2　销售产品

销售产品分以下四种情况：

(1)旅行社外联销售人员通过不同方式向旅游者或旅游中间商推出其产品，或者或接受旅行社的产品及价格，或对旅行社的产品和价格提出修改意见，或提出自己对产品的具体要求。

(2)旅行社外联销售人员根据旅游者或旅游中间商的实际反应和具体要求，对产品做出必要的修订，编制旅行日程表，核定产品价格，并将修订结果反馈给旅游者或中间商。在客人确认购买后，向旅行社提供游客名单，通知到达时间和抵达的交通工具。这一步骤有时需要反复多次才能完成。

(3)在向国外旅游者或中间商销售旅游产品时，旅行社在获得客人的最终确认后，将向我国驻外使领馆发出签证通知，客人凭此办理入境签证，并根据旅行社的要求按期付款。

(4)旅行社外联销售人员将旅行日程表和相关资料移交接待人员，由接待人员落实具体接待事宜。

3.1.4.3　签订合同

外联人员与旅游客户经过业务洽谈后，双方都有了建立业务关系的诚意，并就共同关心的问题，如合作开拓市场，打开销路，旅游产品的内容、价格、付款方式和优惠条件等项目达成一致意见后，便可签订合作意向书、合同书或委托书等书面协议，明确双方的关系，从而在此基础上进行平等、有偿的业务合作。

(1)意向书　意向书一般是指旅行社与旅游客户（主要是海外中间商）在进行初步业务洽谈后，在未达成实质性交易前，就某项旅游业务有意愿进行合作的一种备忘录形式，其意向旨在待双方进一步了解后，或者时机成熟时，就涉及的项目继续进行合作。

(2)合同书　合同书是当事人之间为了实现一定的经济目的，明确相互权利和义务关系的契约，是确定经济关系的一种法律形式，具有法律约束力。因此在签订合同时，需按照法律程序办理，签约应当谨慎行事，除需要详细了解对方以外，还必须了解相关的法律法规，避免出现与其冲突的条款，如对某些条款一方无法给予完全保证，则应在条款中加以说明，避免到时因为不能履行合同而负法律责任。

(3)委托书　委托是指我国旅行社与旅游客户（主要是旅游中间商）之间的“委托代理”或“意向代理”关系，即旅游客户（受托人）依照我方旅行社（委托人）的委托行使代理权的代理行为。

3.2 旅行社计调业务

3.2.1 计调业务的含义

计调是计划、调度的简称,英文是 operator,缩写 OP。计调是整个旅行社业务正常运作的灵魂和核心,其好坏决定着整个旅行社经营状况的好坏。计调业务有广义和狭义之分。

从广义上讲,旅行社计调业务,既包括为旅行社业务决策而进行的信息提供、调查研究、统计分析、计划编排等参谋工作,也包括为实现计划目标而进行的统筹安排、协调联络、组织落实、业务签约、监督检查等业务类工作。

从狭义上讲,计调业务主要是指旅行社在接待业务工作中,为旅游团的正常旅游提供双方约定的服务接待内容,包括安排游客的食、住、行、游、购、娱等项目,编排设计市场需求的合理旅游线路,采购成行旅游团所需的相关服务接待内容等业务型工作。①

3.2.2 计调业务的特点

3.2.2.1 具体性

计调工作无论是收集本地区的接待情况向其他旅行社预报,还是接受组团社的业务接待要约而编制接待计划,都是非常具体的事务性工作,是解决和处理采购、联络、安排接待计划等具体问题。

3.2.2.2 繁杂性

计调业务的繁杂性主要表现在三个方面:首先,种类繁杂,计调业务涉及采购、接待、票务、交通以及安排旅游者食宿等工作;其次,计调业务的程序繁杂,从接到组团社的接待计划到旅游团接待工作结束后的结算,无不与计调人员发生联系;最后,计调业务涉及的关系繁杂,计调人员几乎与所有的旅游接待部门都有业务上的联系,协调处理这些关系贯穿计调业务的全过程。

3.2.2.3 多变性

旅游团人数和旅行计划的多变性使得计调业务具有多变性的特点。旅游团的人数一旦发生变化,几乎影响到计调人员的所有工作,可谓“牵一发而动全身”。此外,旅游需求的波动性和旅游供给的刚性,决定了旅游要素难以始终保证正常供给,也给计调工作带来诸多的不确定性。

3.2.3 计调业务职能

3.2.3.1 计划职能

计划工作是旅行社计调部的基本业务,外联部销售成功之后,计调部根据外联部或组

① 余志勇主编:《旅行社经营管理》,北京大学出版社 2015 年版,第 128 页。

团社发来的游客的信息,根据与客户签订的旅游合同制定接待计划,进行用车的调配、行程的安排、饭店的落实、票务的预订、景点的确认等,并将接待计划发送至相关部门及人员去执行。

3.2.3.2 联络职能

旅游活动关联度高,涉及面广,因此旅行社完成一个旅游团的服务过程是非常复杂的一项工作。作为接待计划的制定者,计调部门与供应商联系广泛,最了解旅游市场供求状况及供应商的情况,为确保旅游活动顺利进行,旅行社必须建立 24 小时不间断的联络中心,以便及时、准确、无误地转达、解决旅游途中可能发生的突发事件。计调部是各供应商和地接社的联络站。

3.2.3.3 参谋职能

计调部最了解旅游市场供求情况,是旅行社最高决策层搞好计划管理的参谋。旅行社决策层编制计划,必须要有全面科学的统计资料,而这些资料来自于旅行社计调部门日常工作的积累。计调部门既有客户的全部资料又有与供应商交往、合作的资料(旅游团流量、住房、交通等方面的业务统计和分析报告),这些资料为旅行社管理层的决策提供了有力的依据。

3.2.3.4 结算职能

旅行社和饭店、餐厅、交通部门等接待单位的经济结算是通过接待计划和合同来完成的,由于接待计划往往会因为一些主观或者客观的疏忽产生差错,或因各种因素影响而发生变化,所以财务结算要注意保留原始凭证,严格实行/执行签字制度。

3.2.4 计调人员应具备的素质和能力

3.2.4.1 遵纪守法,爱岗敬业

计调人员要遵纪守法,严格遵守财务制度和合作单位的各项规定,自觉维护国家和集体利益,不得牟取私利。同时,计调人员要热爱旅游事业,热爱本职工作。计调业务比较枯燥,业务涉及面广,操作程序繁杂琐碎,没有敬业精神,无法胜任此工作。因此,计调人员要爱岗敬业,要有高度的责任心、一丝不苟的工作态度以及吃苦耐劳、全心全意服务的精神。此外计调人员要发扬团结合作的精神方能使工作得以顺利进行。

3.2.4.2 态度认真,业务熟练

计调人员必须要有认真负责的工作态度。计调工作繁杂琐碎,稍有疏忽,就有可能铸成大错,周密细致严谨的工作作风、一丝不苟的工作态度以及吃苦耐劳、全心全意服务的精神。一个出色的计调不仅要有相应的文化程度,还应以主动勤奋的态度,认真钻研业务,旅游是国际化、大型化、网络化的发展,对旅行社计调人员素质的要求越来越高。旅行社计调人员能否跟得上时代潮流熟悉各旅游产品(包价旅游、散客旅游、委托代办、会展等)和业务知识,熟练使用电脑软件、地图册,掌握各类旅游要素服务质量的评价,了解各类旅游交通工具,掌握最新的旅游信息。

3.2.4.3 较强的公关能力和谈判技巧

计调人员需要有较强的沟通技能、公关能力和人际交往才能与酒店、交通、景区、购物点等单位建立良好的关系和往来。计调人员在工作时一定要注意礼貌,给客户留下良好

的印象,增加客户对本公司的好感和认同感。计调人员要有一定的交谈技巧、谈判技巧,要善于同别人交流,同合作单位建立良好的合作关系,这样才能更好地完成工作。

3.2.4.4 精确的预算能力和市场意识

计调人员精确的预算能力是指必须要做到成本控制与团队运作效果相兼顾。也就是说必须在保证团队有良好的运作效果的前提下,在不同行程安排中编制出一条最经济、成本控制最好的线路。面对旅游市场的变化,计调人员要有强烈的市场意识,按季节及时掌握各线路的成本及报价,确保对外报价的可靠性、可行性和准确性。

3.2.5 计调业务流程

3.2.5.1 报价

根据对方询价编排线路,以"报价单"提供相应价格信息(报价)。

3.2.5.2 计划登录

组团社书面预报计划,将团号、人数、国籍、抵/离机(车)、时间等相关信息登录在当月团队动态表中。如遇对方口头预报,必须请求对方以书面方式补发计划,或在我方确认书上加盖对方业务专用章并由经手人签名,回传作为确认件。

3.2.5.3 编制团队动态表

编制接待计划,将人数、陪同数、抵/离航班(车)、时间、住宿酒店、餐厅、参观景点、地接旅行社、接团时间及地点、其他特殊要求等逐一登记在"团队动态表"中。

3.2.5.4 计划发送

向各有关单位发送计划书,逐一落实旅行社承诺的各项服务。

(1)用房　根据团队人数、要求,以传真方式向协议酒店或指定酒店发送"订房计划书"并要求对方书面确认。如遇人数变更,及时做出"更改件",以传真方式向协议酒店或指定酒店发送,并要求对方书面确认;如遇酒店无法接待,应及时通知组团社,经同意后调整至同级酒店。

(2)用车　根据人数、要求安排用车,以传真方式向协议车队发送"订车计划书"并要求对方书面确认。如遇变更,及时做出"更改件",以传真方式向协议车队发送,并要求对方书面确认。

(3)用餐　根据团队人数、要求,以传真或电话通知向协议餐厅发送"订餐计划书"。如遇变更,及时做出"更改件",以传真方式向协议餐厅发送,并要求对方书面确认。

(4)地接社　以传真方式向协议地接社发送"团队接待通知书"并要求对方书面确认。如遇变更,及时做出"更改件",以传真方式向协议地接社发送,并要求对方书面确认。

(5)返程交通　仔细落实并核对计划,向票务人员下达"订票通知单",注明团号、人数、航班(车次)、用票时间、票别、票量,并由经手人签字。如遇变更,及时通知票务人员。

3.2.5.5 计划确认

逐一落实完毕后(或同时),编制接待"确认书",加盖确认章,以传真方式发送至组团社并确认组团社收到。

3.2.5.6 编制概算

编制团队“概算单”须注明现付费用、用途。送财务部经理审核,填写“借款单”,与“概算单”一并交部门经理审核签字,报总经理签字后,凭“概算单”“接待计划”“借款单”向财务部领取借款。

3.2.5.7 下达计划编制“接待计划”及附件

由计调人员签字并加盖团队计划专用章。通知导游人员领取计划及附件。附件包括:名单表、向协议单位提供的加盖作业章的公司结算单、导游人员填写的“陪同报告书”、游客(全陪)填写的“质量反馈单”、需要现付的现金等,票款当面点清并由导游人员签收。

3.2.5.8 编制结算

填制公司“团队结算单”,经审核后加盖公司财务专用章。于团队抵达前将结算单传真至组团社,催收。

3.2.5.9 报账

团队行程结束,通知导游员凭“接待计划”“陪同报告书”“质量反馈单”、原始票据等及时向部门计调人员报账。计调人员详细审核导游填写的“陪同报告书”,以此为据填制该“团费用小结单”及“决算单”,交部门经理审核签字后,交财务部并由财务部经理审核签字,总经理签字,向财务部报账。

3.3 旅游服务采购业务

旅行社产品的综合性决定了旅行社要根据与旅游者或旅游中间商达成的旅游合同或协议,分别向各个饭店、交通部门、餐馆、旅游景点、旅游目的地的接待旅行社等旅游企业采购各种旅游服务。因此,对于旅行社来说,旅游服务的采购是其产品开发中不可缺少的业务。

3.3.1 旅游服务采购的概念与内涵

3.3.1.1 旅游服务采购的概念

旅行社服务采购是指旅行社计调人员为组合产品,以一定的价格向相关产品供应商购买单项旅游服务产品的行为。

3.3.1.2 旅游服务采购的内涵

旅行社采购的服务项目是旅行社产品必要的组成部分。从采购业务的实质来看,旅行社的采购行为和其他企业的采购行为一样,也是一种交换关系。饭店等其他旅游企业主要采购有形的商品或实物,在采购过程中发生商品所有权的转移,而旅行社只采购旅游设施在特定时间内的使用权,属于无形的服务产品,并不发生所有权的转移。

3.3.2 旅游服务采购的内容

3.3.2.1 陆海空交通工具的采购

交通服务是旅行社产品的重要组成部分,在旅游费用中往往占有很大的比重,特别是长途旅行，有时占到旅游者旅行总支出的30% ~40%。按照旅游活动所利用的交通工具，旅游交通服务分为航空交通服务、铁路交通服务、公路交通服务和水运交通服务四个类型。

（1）航空交通服务　航空交通服务是指旅行社向有关的航空交通部门或企业的定期航班购买飞机票或者组织包机等，为旅游者提供旅行过程中所需的交通服务。航空交通是世界上远程旅游活动中最主要的交通方式，具有快速省时、安全舒适的优点。旅行社产品中的航空服务主要分为定期航班和旅游包机两种形式。

①定期航班。定期航班是指民航公司按照对外公布的航班时刻表飞行的民航服务。世界上绝大多数的航空公司提供定期航空服务，飞机严格地按照航班时刻表中规定的时间起飞、飞行和降落。定期航班所提供的服务又可分为单程旅行、往返旅行、环球旅行和不完全来回程旅行四个类型。

第一类，单程旅行。单程旅行是指民航公司向旅游者提供从旅游出发地开始，至旅游目的地为止的一种旅行服务。例如，旅游者乘飞机从北京前往洛杉矶旅行，就是一种单程旅行。有时，单程旅行还可以在途中的某个或某几个地方做短暂的停留，如旅游者乘飞机前往洛杉矶的途中，在夏威夷停留两个小时。

第二类，往返旅行。往返旅行是指旅游者乘同一航空公司的班机从旅游出发地起程，前往旅游目的地，然后返回旅游出发地的旅行。旅行的往返线路必须相同，不得随意改变。例如，某旅游团一行17人乘中国国际航空公司的班机从北京出发，前往美国的洛杉矶地区旅游，并在旅游活动结束后乘该航空公司的班机返回北京。这种旅行就是典型的往返旅行。

第三类，环球旅行。类似往返旅行，二者之间的主要区别在于，环球旅行的出发路线不同于返回线路，乘客可以选择不同的舱位。例如，某旅游者乘坐中国国际航空公司的民航班机从北京出发，途经日本的东京，前往美国的纽约旅游。回国时，该旅游者乘坐同一航空公司的民航班机从纽约出发，途经香港返回北京。赴美时，该旅游者乘坐的是一等舱，而回国时，他改乘普通舱，这种旅行就是环球旅行。

第四类，不完全来回程旅行。不完全来回程旅行是指旅游者在旅行过程中先是乘坐一段飞机，然后改乘火车、汽车或轮船等交通工具，最后又乘坐飞机的旅行方式。例如，一对新婚夫妇到外地去度蜜月，他们先从上海乘飞机前往北京，然后坐汽车从北京到天津，又从天津乘飞机前往广州，再坐火车前往南昌，最后乘飞机从南昌返回上海。

②旅游包机。旅游包机是指旅行社与航空公司达成协议，以旅游目的地为终点，开辟特殊航线的一种航空交通服务。旅游热点地区包机，是由于前往该地区的旅客多，对航空交通服务需求量大，旅游包机不仅可以满足市场需求，同时还能降低成本。旅游冷点地区包机，是由于种种原因，前往该地区的游客少，定期航班少或没有定期航班，为了满足小众市场的需求，旅行社往往也采用包机的方式。

（2）铁路交通运输服务　在许多旅行社设计的旅游线路中，特别是面向国内旅游团队的旅游线路中，往返于旅游客源地和旅游目的地之间和各旅游景区之间的交通方式主要是铁路交通。铁路交通服务是旅行社在其产品中向旅游者提供的又一种重要交通服务方式。铁路客运交通具有载客多、价格低、污染少、安全系数大、受季节和气候变化的影响小等优点。

铁路交通的不足之处是速度较慢，长时间旅行容易使乘客感到疲劳。目前一些国家已经成功研制出高速火车，近年来我国高铁技术飞速发展，目前已处世界领先地位。

(3)公路交通服务　公路交通服务是指旅行社为旅游者提供的以汽车为交通工具的旅游交通服务方式，主要用于市内游览和近距离旅游目的地之间的旅行。另外，在一些民航交通和铁路交通欠发达的内陆地区，公路客运交通则成为主要的旅游交通方式。

公路交通的最大优点是方便。旅游者能够乘汽车前往任何有公路的旅游景点参观游览。另外，旅游者乘坐汽车旅行可以随时在途中下车，游览当地的景点，并且较少受到出发时间的限制。然而，公路交通的缺点也比较明显：①乘坐汽车旅行的速度和活动范围受到一定的限制，不适应长时间、远距离的旅行；②汽车运载的旅客人数有限，使每个旅游者的单位能源消耗比其他交通工具大；③在各种交通工具中，汽车的安全性能最差；④公路交通因汽车在行驶过程中排放废气及使用喇叭等，造成空气污染和噪音污染。

(4)水运交通服务　水运交通是指旅行社为了满足旅游者在各种水域中旅行游览的需求而向内河航运、沿海航运和国际航海等水上客运部门或企业购买的交通服务。水运交通服务所提供的交通工具包括普通客轮、豪华客轮、客货混装船和气垫船等。每种轮船分别设有各种不同等级的舱位，供不同类型的乘客选用。水运交通服务具有运载力大、价格相对便宜、悠闲舒适的优点，船上多设有娱乐室、酒吧、餐厅健身房或健身器械、舞厅等设施。旅游者在船上既能够观赏湖光美景、两岸风光或海上日出等景色，又可在疲倦时随时回船休息，免去了搬运行李和寻找旅馆的麻烦。因此，游船被人们誉为“流动的旅馆”。虽然现在旅游者在长途旅行时多选择飞机、火车等交通工具，但是沿海和内河的水上客运仍然颇受旅游者的青睐。

3.3.2.2　旅游住宿服务的采购

旅游住宿服务是旅行社产品中的又一个重要组成部分。在各类旅游者中，探亲访友的旅游者往往住在被探望的亲戚朋友家里，而其他的旅游者则需要在旅游目的地寻找适当的饭店、宾馆等下榻。旅行社在这方面经常充当“中间人”的角色。例如，旅行社在其包价旅游产品中包含饭店或旅馆住宿的服务，通过向旅游者提供住宿服务而获得经济收入。

旅游住宿设施包括饭店(宾馆)、露宿营地、度假村、共管公寓及活动预制住宅等辅助性旅游住宿设施。其中，饭店是接待前来本地的旅游者及其他宾客下榻的基本住宿设施之一，根据其硬件(设备设施)和软件(服务和管理)的差异可分为不同的等级。不同等级的饭店，其豪华程度、设施设备水平、服务范围和服务质量也各不相同。

3.3.2.3　旅游餐饮服务的采购

旅游餐饮服务在旅行社产品中占有重要的地位。旅游者在旅游过程中享受到质量上乘、环境幽雅的餐饮服务，会使他们对旅游目的地和提供旅游服务的旅行社留下美好的印象并给予高度的评价。旅游者通常从餐饮质量、服务水平、卫生条件、价格与价值、就餐环境等方面来评价旅游餐饮服务质量。在旅游目的地，向旅游者提供餐饮服务的部门和企业很多，旅行社能否选择到适当的旅游餐饮设施，对于旅游者的满意程度和旅行社产品的推销具有重要意义。因此，在选择餐馆时，餐点不宜过多，而且要注意地理位置的合理性，尽可能靠近机场(车站)、游览地,以避免因用餐频繁往返而浪费时间;在订餐时,采购人员应及时把旅游者的宗教信仰和个别游客的特殊要求转告餐馆,以避免不愉快的场面。

3.3.2.4 旅游吸引物及娱乐服务的采购

旅游吸引物是指各种能够吸引旅游者前来欣赏的自然旅游吸引物和人文旅游吸引物。旅游吸引物中包括了游览参观、娱乐和购物三个旅游活动的基本要素,是旅行社产品的核心。旅行社的产品多数为自然旅游吸引物和人文旅游吸引物的组合体。计调部门在采购景点吸引物的时候,主要考虑以下因素:景点的品质及吸引力、到达景点的交通是否安全、景点的管理是否严格。计调部采购游览景点应签订书面协议或合同书,明确旅游团门票结账方法、景点各处票款的折算价格、车辆在景点收取的费用、付款的期限等。

旅行社通过组织旅游者到旅游景点参观、游览,欣赏各种文娱节目和参加各种文娱活动以及到商店购物满足旅游者的需求,增加旅行社收入,同时也为相关部门和企业带来一定的经济效益。

3.3.2.5 地接服务的采购

旅游目的地的接待服务是旅行社采购的主要内容之一。旅行社产品质量在很大程度上取决于旅行社的接待服务是否令旅游者感到满意。旅行社的接待服务包括的内容很多,主要是:接送站服务、导游服务、代订当地的住宿与餐饮设施、代订或代为确认交通票据、安排文娱活动、提供行李运送和托运服务、帮助旅游者在当地商店购物等。

在采购地接服务时应考虑到:①接待社的资质、实力、信誉;②接待社的体制、管理;③接待社的报价;④接待社的作业质量;⑤接待社的接待质量;⑥接待社的结算(垫付)周期;⑦接待社的合作意愿。

3.3.2.6 保险服务的采购

根据《旅行社条例》及相关法律,旅行社应该为旅游者提供规定的保险服务。由计调部门负责采购保险服务,为旅游者购买旅行社责任险。旅游保险的主要险种有以下几种:

(1)旅行社责任保险　是指以旅行社因其组织的旅游活动对旅游者和受其委派并为旅游者提供服务的导游或者领队人员依法应当承担的赔偿责任的险种。

(2)旅游意外保险　是指旅游者个人向保险公司支付保险费,一旦旅游者在旅游期间发生意外事故,由承保的保险公司按合同约定,向旅游者支付保险金的保险行为。

(3)航空旅客意外伤害保险(交通)　航空旅客意外伤害保险,简称"航意险",属自愿保险的个人意外伤害保险。

(4)中国境外旅行救援意外伤害保险　中国境外旅行救援意外伤害保险,属附加性保险,即附加在主保险合同上的保险品种。

3.3.3 旅游服务采购的原则

3.3.3.1 保证供应

保证供应是旅行社在其采购业务中必须遵循的首要原则。由于旅行社销售的产品大多数是预约式销售,所以一旦旅行社不能从有关的部门或企业购买到已经预售出去产品所包含的服务内容,就会造成无法履约的恶果,引起旅游者的不满或投诉,不仅影响旅行社的声誉和形象,同时还会给旅行社带来经济损失。旅行社在采购各项目旅游服务时,既要保证所需的各种服务项目,还要保证所需要的数量。

3.3.3.2 保证质量

旅行社在采购各项旅游服务时,不仅要保证能够买到产品所需的全部内容的数量,而且要保证其所购买的旅游服务全部符合产品所规定的质量。如果旅行社只是关心所购买的旅游服务项目的数量,而忽视服务项目的质量,同样会造成旅游者的不满和投诉。所以,旅行社在采购旅游服务项目时,必须按照保证质量的原则,为旅游者购买到符合旅游合同中规定的产品质量。

3.3.3.3 降低成本

旅行社作为一个盈利的部门,首先要考虑的就是成本问题。旅行社不能做到低成本的采购,就会大大降低旅行社的竞争力。旅行社在采购时,应尽量在提供同等服务的供应商中选取价格较低的,来进行成本比较;然后商定一个彼此都满意的价格,最后确定价格。

3.3.4 旅行社采购策略

旅行社与其他旅游服务供应部门或企业之间的关系是一种商品交换的关系。因此,旅行社在其旅游服务采购活动中,应该根据具体情况,采用不同的采购策略,设法以最小的采购成本,从其他旅游服务供应部门或企业采购到所需要的各种旅游服务。所以,旅行社的采购人员必须了解旅游市场的行情,采取各种切实可行的采购策略,以使旅行社获得最大的经济效益。在旅行社旅游服务采购中,常采用以下策略。

3.3.4.1 集中采购

旅行社的集中采购策略包括两个含义:①旅行社将所有的采购行为都集中起来,即渠道集中,统一由一个部门对外采购;②旅行社把要采购的服务项目,相对集中到某个或某几个少数旅游服务供应部门或企业,即供应商相对集中,便于旅行社以最大的购买量获得最优惠的价格和供应条件。

旅行社采用集中采购策略的主要目的是,通过扩大采购批量,减少采购批次,获得较好的交易条件,从而降低采购的价格和采购成本。一般来说,集中采购策略主要适用于旅游淡季和旅游的温、冷地区。

3.3.4.2 分散采购

旅行社分散采购策略主要适用于两种情况。

(1)旅游市场供过于求　在旅游市场供过于求的情况下,由于旅游服务供应部门或企业的产品大多数是不可贮存的,会出现大量闲置的情况,如客房、自然景观、交通等,而这些企业又急于出售旅游服务项目以获得继续的资金,旅行社通常会采取一团一购的方式,尽量压低采购价格。

(2)旅游市场供不应求　在旅游市场供不应求的情况下,旅行社无法从一个或少数几个旅游服务供应部门或企业获得其所需大量旅游服务供应。采用此种策略,旅行社可以设法从许多同类型旅游服务供应部门或企业获得所需的旅游服务。

3.3.5 旅行社采购管理

3.3.5.1 建立广泛的采购协作网络

由于旅行社的产品绝大部分是采购于其他提供旅游服务项目的部门或企业，因此，旅行社为了达到保证供应和降低采购价格及采购成本的目的，应该通过各种方式与旅游服务供应部门或企业加强联系，建立广泛而且相对稳定的协作网络。旅行社与协作单位建立采购协作网络必须坚持以下原则。

(1)协作网络覆盖广泛性原则　旅行社应根据本企业的具体情况，如企业规模、经营实力等，尽可能与多种旅游服务供应部门或企业加强联络，使旅行社对旅游服务供应部门有较为充分的挑选余地，寻找到价格合理、服务质量优良的供应渠道。

(2)坚持互惠互利的原则　旅行社建立采购协作网络的目的是同相关部门和企业建立长期稳固的合作关系。所以，旅行社在与旅游服务供应部门或企业的交往中，应坚持互惠互利的原则。因为只有建立在双方互惠互利基础上的合作，其关系才能保持稳固长久。

(3)加强公关活动，建立良好的人际关系　旅行社的产品采购是通过采购人员与协作单位的销售人员的通力合作才能够完成的。因此，旅行社应加强公关活动，与协作单位建立起良好的人际关系，巩固和发展协作网络。

3.3.5.2 正确处理保证供应与降低成本的关系

保证供应与降低成本是旅行社采购工作同等重要的两大任务，但在实际工作中，这两者常常是矛盾的，因此应有所侧重。在旅游市场供过于求的情况下，保证供应已不成问题，作为营利性质的旅行社首先要考虑的就是成本问题，此时应以降低采购成本为主；在旅游市场供不应求的情况下，为了保证旅行社业务的正常运行，旅行社应以保证供应为前提。

3.3.5.3 正确处理集中采购与分散采购的关系

旅行社是旅游中介组织，它把旅游者的需求集中起来向旅游服务供应企业采购，这是典型的批发行为，因此，旅行社应集中自己的购买力，以增强自己在采购方面的议价能力。所谓集中购买力有两个方面的含义：一是把本旅行社各部门和全体销售人员接到的全部订单集中起来，通过一个渠道对外采购；二是把集中起来的订单投向一家或尽可能少的供应商进行采购，用最大的购买力获得最优惠的价格。

在供不应求的情况下，分散采购可能更容易获得旅游者所需的服务；在供过于求十分严重的情况下，分散采购又反而能够得到便宜的价格。对于这个问题，旅行社可以采取两种策略：一是和卖方商定适当的数量折扣；二是如果旅行社判定来年将出现严重的供过于求，则也可以用分散采购的策略。

3.3.5.4 正确处理预订和退订的关系

旅行社产品的销售是一种预约性的交易，增订或退订对旅行社都有损失。旅行社一般在年底根据其计划采购量，与旅游供应商洽谈其第二年的业务合作。计划采购量一般是由旅行社参照前几年的实际客流量，并根据对来年的市场预测确定的。计划数额与实际需求之间总会有差距，这就要求旅行社有良好的预测、约定和应急能力，处理好预订和退订、预订和增订的关系。另外，旅行社还应设法通过友好的协商尽量使对方降低提价的服务幅度或减少退订损失费用。

3.3.5.5 正确处理计划变更的采购

旅游计划的变更及突发事件的发生，都会影响到旅游活动的进程，并影响到原先的采购，这就需要对采购工作进行调整。一般来讲，计划变更后的采购工作，应遵循以下三条原则：变更最小原则、宾客至上原则、同级变通原则。

3.3.5.6 加强对采购合同的管理

旅行社为购买各种旅游服务项目，而与旅游企业或相关部门定力的各种购买契约，通称为旅游采购服务合同。它以一定价格向其他旅游企业及与旅游相关的其他行业和部门购买相关的服务行为是一种预约性的批发交易，通过多次成交完成，这种采购特点决定了旅行社同采购单位签订经济合同的重要性，以避免或正确处理可能发生的各种纠纷。

3.4 旅行社航空票务管理

随着旅行社散客业务的发展，代客订购交通票据已成为旅行社的一项重要业务。在市场经济背景下，由于交通运输业内部和旅游业内部竞争加剧，使得许多具有实力的旅行社成为交通运输企业的代理商，如成为某航空公司的代售点、铁路客运部门的代售处、轮船公司及长途客运交通部门的指定代理点。现在旅行社的票务部门不仅对内解决本社旅游团队、散客旅游的交通票据问题，而且对外设立窗口，吸引客源，面向社会服务，通过销售交通票据，直接为旅行社创收。

3.4.1 航空票务的含义

旅行社航空票务是指票务人员按照旅游团队的计划或旅游者的要求，通过一定的方式与程序，使旅游者取得航空旅行的权利，即票证，使游客按时顺利到达目的地。

旅行社航空票务业务分为对内和对外两种，对内业务是为旅行社招来的旅游团队提供航空客票服务；对外业务是旅行社凭借航空客票代理资质设立的销售窗口，满足社会需要并为旅行社创造经济效益。

3.4.2 航空票务的作用

3.4.2.1 票务工作是顺利完成旅行活动的首要保证

旅行社票务部门的出票能力直接影响着旅行社业务能否顺利开展。旅行社如果不能落实旅游团或旅游者“行”的需要，已组织的旅游团队不能成行，或在行程中由于票务问题，未能按计划到达目的地，打乱了旅游行程计划和各项配套服务，不仅影响旅行社的声誉，还会给旅行社带来经济损失，影响旅行社的生存和发展。

3.4.2.2 票务工作为旅行社创造更多的经济效益

随着我国旅游业的发展，旅游产品多样化，出游形式多样化，旅行社的业务也由原来单一的组团、接团，向更多的旅游服务及业务发展，票务工作也逐渐由旅行社后勤保障服务，发展到为满足社会上各行各业人们的出行以及休闲需要的服务。为此，许多旅行社纷纷建立了票务中心，代理各类票务（航空机票等），成为旅行社直接的盈利部门，为旅行社创造了可观的经济效益。

3.4.3 航空票务销售代理人的设立

3.4.3.1 航空票务销售代理的类型

旅行社的民航机票代售点,是根据旅行社与某航空公司签订的代理合同,经主管部门批准,代理指定航空公司客票的销售点。旅行社利用自身的客源市场,为航空公司代售机票,航空公司支付旅行社一定的佣金,并根据旅行社的客票销售量,给予旅行社一定比例的票价优惠折扣。旅行社与航空公司的这种协作,既方便了旅客,又推动了航空公司的客票销售量及旅行社的业务发展。

根据国家的有关规定,我国航空票务代理分为一类航空票务代理和二类航空票务代理两种。

(1)一类航空票务代理　一类航空票务代理,是指具有经营代售国际航线和国内航线飞机票业务资格的旅行社票务中心。按照民航部门的有关规定,一类航空票务代理代售国际航线航空客票,可从经营该航线的航空公司处获得票额9%的佣金;代售国内航线航空客票,可获得票额3%的佣金。

(2)二类航空票务代理　二类航空票务代理,是指具有经营代售除港、澳、台地区航线以外的国内航空客票资格的旅行社票务中心。按照民航部门的有关规定,二类航空票务代理代售国内航空客票,可获得票额3%的佣金。

3.4.3.2 设立航空票务销售代理人的条件

根据国家的有关规定,我国旅行社设立航空票务中心需要具备以下条件:

(1)具有独立的营业场所。

(2)拥有适当的通信器材,如计算机、电话、传真机等。

(3)拥有3名以上经过专业培训并获得航空运输销售代理业务岗位合格证书、销售代理人员证书或岗位培训证书的专职销售人员。

(4)具有一类航空票务代理资格的旅行社票务中心,须拥有注册资金为人民币150万元以上;二类航空票务代理资格的旅行社票务中心,拥有注册资金不低于人民币50万元。

3.4.3.3 设立航空票务销售代理人的程序

(1)建筑、购买或租赁独立的营业场所。

(2)购置通信器材,如电话、传真机、计算机等。

(3)招聘拥有销售航空客票代理资格的人员或选择适当人员参加民航部门的专业培训。

(4)由会计师事务所出具注册资金的验资证明。

(5)申请设立一类航空票务代理资格的旅行社,用于经营航空票务代理业务的营业场所产权证明通信器材的购买发票,上岗人员资格证书会计师事务所出具的验资证明,设立票务中心的申请报告,向中国民航总局提出申请。

(6)申请设立二类航空票务代理资格的旅行社只用于经营航空票务代理业务的营业场所产权证明或租赁证明,通信器材的购买发票,上岗人员的资格证书会计师事务所出具的验资证明和设立票务中心的申请报告，向中国民用航空地区管理局，如华东地区管理局、东北地区管理局等提出申请。

(7)经民航管理部门审核批准后，领取经营证书是民航管理部门颁发的经营证书，到当地工商行政管理部门登记申请营业执照。

(8)到所在地银行开立账户。

3.4.4 旅行社航空票务操作

3.4.4.1 航空票务代理人销售操作程序

航空票务销售程序包括预订客票、填开客票、收款及出票、退票、补票五项内容。

(1)预订航空客票 航空客票的预订有电话预订、门市预定和网络预订三种方式。

1)电话预订：电话预订是指旅游者通过电话向旅行社票务中心预订某次航班飞机票。

2)门市预订：门市预订是指旅游者本人或者委托他人前往票务中心预订航空客票。

3)网上预订：网上预订是指旅游者通过线上票务服务平台或窗口预订航空客票。票务人员接待游客时，首先要以文明服务规范的语言为游客提供询问服务，详细了解游客需求，耐心解答游客的疑问；票务人员为旅客建立订座记录时，务必认真详细记录游客信息，如核对游客的身份证、详细记录游客姓名、年龄、性别、家庭住址、联系电话和身份证号；准确记录所乘坐航班的班次、座位数、等级、日期等。

(2)填开客票 代理人以中性的标准运输凭证为各 BSP 航空是进行销售。中国 BSP 目前使用的标准运输凭证主要有四种，即国际手工客票、国际自动客票、国内手工客票和国内自动客票。这些凭证代理人，不带任何航空公司的标志，即所谓中性票证，旅行社开票全部采用计算机自动客票，自动客票是代理人在订票的计算机中建立好游客订票信息后，按照事先规定的格式，用自动出票机将信息打印在标准运输凭证上。

(3)收款及出票 票务人员将航空票填开完毕，即可向游客收取票款。旅游者购买飞机票付款形式可以是现金、网上银行支付、手机支付等。之后，游客便可在机场自助打印登机牌。

(4)退票 旅游者购票后因某些原因要退票，旅行社票务人员在办理退票时应注意：

1)因航班延误或取消而导致旅游者退票时，应免收退票手续费，详细说明退票原因。

2)自身方面原因要求退票时，票务人员应查验乘机人身份证件，核对客票上乘机人姓名、航班、乘机日期及票号。确认无误后，请客人在退款单上签名后退款。

3)根据民航规定：在规定飞机离站时间 24 小时前申请退票，应收取客票价格 5% 的退票手续费；在规定飞机离站 24 小时申请退票，收取客票价格 10% 的退票手续费；在规定飞机离站时间前 2 小时内申请退票，收取客票价格 20% 的退票手续费；飞机离站后退票，收取客票价格 50% 的退票手续费。

(5)补票 旅游者不慎将航空客票丢失要求补票时，票务人员协助其挂失并开具遗失证明，旅游者凭证明在飞机离站的前一天到航空公司售票处取票并交补票费。

3.4.4.2 旅行社内部航空票务操作程序

旅行社内部航空票务工作可以由销售代理点负责，没有设立销售代理点的航空票务工作一般由旅行社票务部门承担，旅行社内部航空票务的主要职责是为旅行社组织招来的旅游团队提供后勤票务保障，解决旅游团队的航空票证需求。为避免出现差错，确保旅游团所需的航空票证，旅行社内部航空票务人员必须严格按照一定的程序进行操作。

（1）登记票务需求　旅行社外联销售成功后，根据旅游团以及散客接待情况，向票务部提交预订票务计划，票务部对票务预订计划进行登记，详细记录所需票证的数量、类型、时间等。

（2）填写购票通知单，办理票务预定手续　票务部收到各业务部门的订票通知单后，按照交通工具类别、搭乘日期分别记录在购票登记本里归档。购票登记本的内容与订票通知单的内容相一致。票务员根据票务预定计划和预订信息联系机票销售机构，填写团体票的预订单。

（3）购票　票务人员依照交通运输部门的订票规定，填写购票预订单，在订票截止日期前送交航空部门。票务人员在规定的出票日期内，按预订计划购票，并把所购交通票据与订票记录单核对。确认无误后，通知有关业务部门取票。

（4）填写购票清单，上交财务部门　购得预订票据后，票务人员要填写购票清单，票据交给有关业务部门，并由业务部门订票人在购票清单上签字，并向财务部门清账。

（5）旅游计划变更　遇到团队旅游计划变更时，有关部门应及时将变更情况，用通知单的形式通知票务中心。

（6）及时将订票数量通知航空部门　遇到大型旅游团队，票务人员应尽早将旅游计划和订票数量通知航空部门，取得他们的协作和支持，包机或加班，以保证大型团队顺利成行。

（7）做好票源调剂　对于临时预订的团队和散客订票，票务人员应努力争取票源，及时与交通部门、兄弟旅行社调剂剩余票据。

【本章小结】

外联业务指旅行社与旅游中间商或客户联系、洽谈、出售旅游产品的整个过程，其实质是生产和销售旅行社产品。外联业务的特点决定了从事该工作的人员，必须具有良好的职业道德、合理的知识结构、较强的组织协调和沟通能力等素质和能力。计调业务是指为落实接待计划所进行的服务采购，以及为业务决策提供信息服务的总和。计调业务的特点决定了从事该工作的人员，必须要有一丝不苟的工作态度、娴熟的业务技能、较强的公关能力和谈判技巧、精确的预算能力和市场意识。

旅游服务采购是旅行社为组合产品，以一定的价格向相关产品供应商购买单项旅游服务产品的行为。根据市场具体情况采取不同的采购策略，在确保满足游客的需要前提下，降低采购成本获取最大的经济效益。

随着散客业务的发展，代客订购交通票据已成为旅行社的一项重要业务。票务工作不仅是顺利完成旅行活动的首要保证，还为旅行社创造更多的经济效益。

【重点概念】

外联业务　计调业务　旅游服务采购　　票务管理

【案例分析】

案例 3-1

签订旅游合同,要严谨周密

暑假期间,一对夫妇携带自己的孩子,报名参加旅行社组织的北京之旅。报名时门市前台已经声明,孩子需要独立床位,客人说到了酒店现补(心存侥幸),旅行社销售人员依了客人,顺利办妥报名手续。

一家三口,如期踏上了北京之旅。到北京入住酒店时,酒店告知,孩子身高超过 1.5 米需要独立床位,而该客人的孩子已经超过了 1.6 米,酒店依照规定,要求客人补一床位费,客人不愿意,在酒店大堂大闹,理论。无奈,旅行社为安抚客人,由旅行社支付了费用,补了一个三人间。由于客人的喧闹,影响了酒店正常业务,次日该酒店拒绝了客人的续住。正值暑假旅游旺季,旅行社计调只好全力协调,为客人换了一家酒店(同档次酒店,只是酒店装修老了一点)。客人游玩结束后,回到了出发地,找到了当初报名的旅行社要求索赔,理由是更换的酒店标准不够。门店为了消除影响,与供应商沟通后答应给予客人 200 元补偿并与客人签署了和解书。客人拿了钱,签了和解书,然而事情并没有到此结束,客人转身又到了旅游局投诉,并要求赔钱。

案例思考题:

1. 外联人员在销售中犯了什么错误?
2. 旅行社应该怎么处理以避免游客投诉或索赔?

案例 3-2

旅行社向不合格供应商订购产品

游客报名参加某旅行社组织的草原风情 5 日游,当游客到达旅游目的地入住酒店时因为房间马桶漏水等设施问题,向酒店前台提出要求换房,前台服务人员以房间住满为由拒绝客换房要求。后来,游客发现有自驾游的游客到酒店开房,酒店却给了房,由此证明,房间并未如前台服务人员说的房间住满,而是酒店不愿意给他们换房间。游客非常生气,于是投诉旅游局。旅游局接到投诉后,对游客反映的问题进行了认真详细调查,发现了许多问题:其一,合同里明确说明,此次旅行入住的酒店标准为“准四”,而游客实际入住的酒店远没达到“准四”酒店的标准,为此属于虚假宣传,行政处罚 1.2 万元;其二,在对该酒店经营手续核查时发现,这家酒店的经营证照不齐全,缺少一份行业资质,属于不合格供应商,旅行社订购不合格供应商的产品或服务,行政处罚 1 万元。并对旅行社和供应商负责人分别处以 4 000 元罚款。此次事件共计行政处罚 3 万元整。

案例思考题:

1. 旅行社在采购产品时,应注意哪些问题?
2. 计调人员应具备哪些能力,才能使其在采购过程中得心应手?

思考题

1. 旅行社外联业务有哪些特点？旅行社外联人员应具备哪些素质和能力？
2. 旅行社计调业务有哪些特点？计调人员应具备哪些素质和能力？
3. 何谓旅游服务采购？旅游服务采购的原则有哪些？
4. 如何处理集中采购与分散采购的关系？
5. 如何处理正确处理保证供应与降低成本的关系？
6. 如何处理正确处理计划变更的采购？
7. 什么是旅行社票务管理？旅行社票务管理的作用是什么？

4 旅行社战略管理

学习目标→

通过本章的学习，理解和掌握战略和战略管理的概念，熟悉旅行社战略管理的特点和层次，理解战略管理的意义和作用，掌握旅行社战略环境分析的方法，了解战略规划过程，熟悉旅行社战略的主要类型。

学习难点→

战略管理的制定过程　总体战略　旅行社竞争战略

在风云变幻的市场竞争中，旅行社的管理者要时刻把握企业前进的方向，保证旅行社的发展导向符合时代与行业的要求。企业经营战略的正确与否，对企业的经营成功是至关重要的。只有在正确战略决策的基础上，旅行社的各项内部管理、职能管理才能实现预期目标。当前旅行社业发展中存在结构不合理、规模小、服务质量低等问题。旅行社战略的制定和实施是迫切需要研究、学习、掌握的重点内容。

4.1 战略管理的基本理论

4.1.1 战略管理的定义

20 世纪 60 年代，战略思想开始运用于商业领域，并与达尔文"物竞天择"的生物进化思想共同成为战略管理学科的两大思想源流。从企业未来发展的角度来看，战略表现为一种计划（Plan），而从企业过去发展历程的角度来看，战略则表现为一种模式（Pattern）。如果从产业层次来看，战略表现为一种定位（Position），而从企业层次来看，战略则表现为一种观念（Perspective）。此外，战略也表现为企业在竞争中采用的一种计谋（Ploy）。战略并不是"空的东西"，也不是"虚无"，而是直接左右企业能否持续发展和持续盈利最重要的决策参照系。战略管理是依据企业的战略规划,对企业的战略实施加以监督、分析与控制,特别是对企业的资源配置与事业方向加以约束,最终促使企业顺利达成企业目标的过程管理。安索夫最初在其 1976 年出版的《从战略规划到战略管理》一书中提出了"企业战略管理"。他认为:企业的战略管理是指将企业的日常业务决策同长期计划决策相结合而形成的一系列经营管理业务。斯坦纳在他 1982 年出版的《企业政策与战略》一书中则认为:企业战略管理是确定企业使命,根据企业外部环境和内部经营要素确定企业目标,保证目标的正确落实并使企业使命最终得以实现的一个动态过程。

综观不同学者和企业家的不同见解,本书对旅行社战略管理做如下定义:战略管理是旅行社为了求得长远发展,在对企业内部条件和外部环境进行有效分析的基础上,根据旅行社的总体目标,所确定的旅行社在一定时间内的总体设想和谋划。

4.1.2 战略管理的特征

4.1.2.1 系统性

从战略管理内容看可以包括三大阶段,即战略设计、战略实施和战略评估。战略设计将为企业提供一个长远的目标,如何有效地利用企业的战略实现利润最大化,是进入新的市场还是开拓新的产品,对盈利不好的产品线是否出售,这些将贯穿于战略实施的过程之中。优秀的战略目标需要一个强有力的团队加以实施,否则一流的目标三流的执行,还不如三流的目标一流的执行,这就要求企业全员的积极参与。同时,战略评估是一个改进和调整的过程,随着外界环境变化,企业相应的做出反应,这三个阶段是一个循环往复的过程,在动态的战略实施和改进的过程中,企业不断调整经营方式,才能适应环境实现目标,所以战略管理是一个系统的过程,既有组织内部的沟通和协调、资源交换又有外部的信息和交流、反馈。旅行社战略系统包括了旅行社所有经营活动,人力资源的调配、资金的投入、业务关系的整合。

4.1.2.2 全局性

企业战略考虑的是旅行社的全局发展,是根据企业总体发展的需要而制定的,是企业发展的蓝图。它所管理的是旅行社的总体经营活动,追求的是旅行社的总体发展效果。尽管战略管理也包含旅行社各业务部门的局部活动,但是这些局部活动是旅行社总体经营活动的有机组成在战略管理中出现的。

4.1.2.3 长远性

企业战略着眼于旅行社未来的发展,战略管理是对企业未来 5 年乃至更长远的生存和发展所进行的规划。战略决策是以企业外部环境和目前自身所拥有的条件为出发点,同时对企业当前的经营活动具有指导和限制作用,这一切是为了更长远的发展,所以战略管理是面向未来的管理。企业要想在动荡多变和竞争激烈的环境中发展壮大就必须做出长期性的战略计划,以明确企业的发展方向。

4.1.2.4 竞争性

旅行社制定战略的目的是为了克敌制胜,赢得市场竞争的胜利。随着旅游市场环境不确定性的急剧增加,旅行社保持持续的竞争优势更加艰难,这就迫使企业战略需要进行内外环境分析,发现市场机会,明确自身优势,形成特色经营,增强企业的竞争力,推动企业不断发展壮大。

4.1.2.5 相对稳定性

战略管理具有一定的超前性，包括对未来的预测和资源的配置方向，组织的战略投入较多资金和人力，因此企业战略一经确定，必须保持相对的稳定性，不能随意更改，否则会造成组织的混乱，人心浮躁。

4.1.3 旅行社战略管理的作用

随着世界经济一体化的发展，企业所面对的国内外竞争日趋激烈，内外部环境更加复杂。旅行社企业面临着严峻的市场竞争的考验。战略管理作为现代企业管理发展的高级阶段，是运用战略对企业进行的整体性管理，使企业在竞争激烈和动荡多变的现代市场条件下，准确判断经济大潮，识长短扬长避短趋利避害，持续地建立竞争优势，持续地满足利益相关者群体的各种需求，从而实现企业的持续发展。

4.1.3.1 增强企业对环境适应性

战略管理是将企业的生存和发展纳入动态的环境之中，其管理工作是以未来的环境变化趋势作为战略制定的基础，这就使企业管理者必须重视对经营环境的研究，正确地确定公司的发展方向，选择公司合适的经营领域或产品—市场领域，从而能更好地把握外部环境所提供的机会，增强企业经营活动对外部环境的适应性，从而使二者达成最佳的结合。

4.1.3.2 指导旅行社管理实践

由于战略管理不只是停留在战略分析及战略制定上，而是将战略的实施作为其管理的一部分，这就使企业的战略在日常生产经营活动中，根据环境的变化对战略不断地评价和修改，使企业战略得到不断完善，也使战略管理本身得到不断地完善。这种循环往复的过程，更加突出了战略在管理实践中的指导作用。日常的经营与计划控制，近期目标与长远目标结合在一起。

4.1.3.3 协同旅行社各部门资源

由于战略管理把规划出的战略付诸实施，而战略的实施又同日常的经营计划控制结合在一起，这就把近期目标（或作业性目标）与长远目标（或战略性目标）结合了起来，把总体战略目标同局部的战术目标统一了起来，从而可以调动各级管理人员参与战略管理的积极性，有利于充分利用企业的各种资源并提高协同效果。

4.1.3.4 增强旅行社管理创新意识

由于战略管理不只是计划“我们正走向何处”，而且也计划如何淘汰陈旧过时的东西，以“计划是否继续有效”为指导重视战略的评价与更新，这就使企业管理者能不断地在新的起点上对外界环境和企业战略进行连续性探索，增强创新意识。

4.1.4 战略管理的层次

战略层次是企业根据对未来经营环境的判断，在选择的目标层面上确定战略意图和战略行动。按照这些战略行动活动的领域，旅行社战略可以划分为三个层次：公司战略、业务单位（竞争）战略和职能战略。一般而言，在竞争领域的三个层面上，公司战略指导和影响业务战略,业务战略则统领和整合职能战略。

4.1.4.1 **公司战略**

公司战略是指公司层面的战略,也称为总体战略。它是指针对企业整体的,是由最高管理层制定的,用于指导企业一切行为的纲领。公司战略是由公司层管理者制定的战略。公司层管理者包括公司总经理、其他高层管理者、董事会,以及有关的专业人员。公司董事会是公司战略的设计者,承担总体战略成效的责任。公司层战略应当决定每一种事业在组织中的地位。如果公司拥有一种以上的业务就需要一种公司层战略(Corporate level strategy)。其关心的问题是:公司的事业(业务)是什么?公司应拥有什么样的事业(业务)组合?其战略行为一般涉及拓展新的业务,如事业单元、产品系列(product lines)的增加(或剥离),以及在新的领域与其他企业组建合资企业(Joint venture)等。

4.1.4.2 **业务单位战略**

业务单位战略关注的是在特定市场、行业或产品中的竞争力。业务单位不是按企业的组织结构划分的,而是按市场划分的。业务单位可能是一个事业部,也可能不是一个事业部。一个事业部内,由于面向不同市场,也需要不同的战略。当一个组织从事多种不同事业时,建立战略事业单元(Strategic business unit)更便于计划和控制。战略事业单元代表一种单一的事业或相关的业务组合,每一个事业单元应当有自己独特的使命和竞争对手。这使得每一个战略事业单元应该有自己独立于公司其他事业单元的战略。因此,公司的经营可以看作是一种事业组合,每一个事业单元都有其明确定义的产品和细分市场,并具有明确定义的战略。事业组合中的每一个事业单元按照自身能力和竞争的需要开发自己的战略,同时还必须与整体的组织能力和竞争需要保持一致。

业务单位战略(Business-level strategy)关心的问题是:在我们的事业领域里如何进行竞争?业务单位战略规定该事业单元提供的产品或服务,以及向哪些顾客提供产品或服务。其战略行为包括广告宣传、研究与开发(研究是指通过发明新技术来创造一种新产品或新工艺,或改进现有产品;发展则是将已有发明推广于生产过程或其他产品)、设备条件的改善以及产品系列拓展、收缩的方向和程度。全部事业单元必须符合作为一个整体公司的利益,在可接受和控制的风险水平下,使销售、收益和资产结构获得均衡发展。

4.1.4.3 **职能战略**

职能战略是为贯彻、实施和支持总体战略与业务单位战略而在企业特定职能管理领域内制定的战略,包括人力资源战略、财务战略、信息战略和技术战略等。职能战略由职能管理的负责人领导制定,应与总体战略和业务单位战略保持一致。职能战略在促进公司战略成功方面具有关键作用。

职能层战略(Functional-level strategy)回答这样的问题:我们如何支持事业层战略。职能部门如研发、制造、市场营销、人力资源和财务部门,应当与事业层战略保持一致。

以上三个层次的战略适应了企业的事业部制组织结构,各管理层充分协商,密切配合,共同构成了企业的战略管理层级系统。

4.2 旅行社战略制定过程

旅行社的经营战略，是旅行社在激烈竞争中根据企业内外环境及可获得资源的情况，为企业生存和发展做出的总体谋略，战略制定是一个复杂的过程。主要包括，分析外部环境，评估自身的能力；确定企业使命与目标；准备战略方案；评价和确定战略方案。图 4-1 显示了旅行社制定企业经营战略步骤。

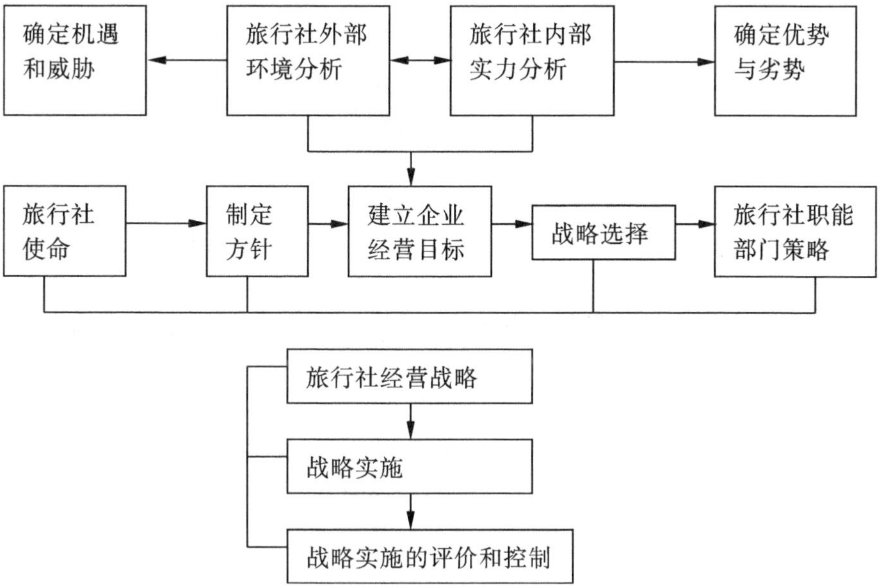

图 4-1　旅行社经营战略制定过程

（资料来源：黎洁、赵文红，旅游企业经营战略管理[M]，中国旅游出版社，1999. 第 47 页）

4.2.1 旅行社战略环境分析

战略环境分析是战略管理过程的第一个环节，也是制定战略的基础和前提，旅行社战略环境分析是为完成旅行社企业使命服务，也为战略选择服务。战略环境分析的目的是展望企业的未来，这是制定战略的基础，战略是根据环境制定的，是为了使企业的发展目标与环境变化和企业能力实现动态的平衡。

4.2.1.1 外部环境分析

企业外部环境是对企业外部的政治环境、社会环境、技术环境、经济环境、市场环境等的总称。从外部环境对企业的影响是否直接来区分又可分为宏观环境和微观环境两大类。

（1）宏观环境分析　宏观环境指对旅行社的经营活动造成机会和威胁的主要社会力量。分析宏观经营环境的目的在于更好地认识环境，并通过努力来适应社会环境及变化，从而达到旅行社经营目标。宏观环境分析主要包括政治法律环境、经济环境、技术环境、社会文化环境四个因素(图 4-2)。

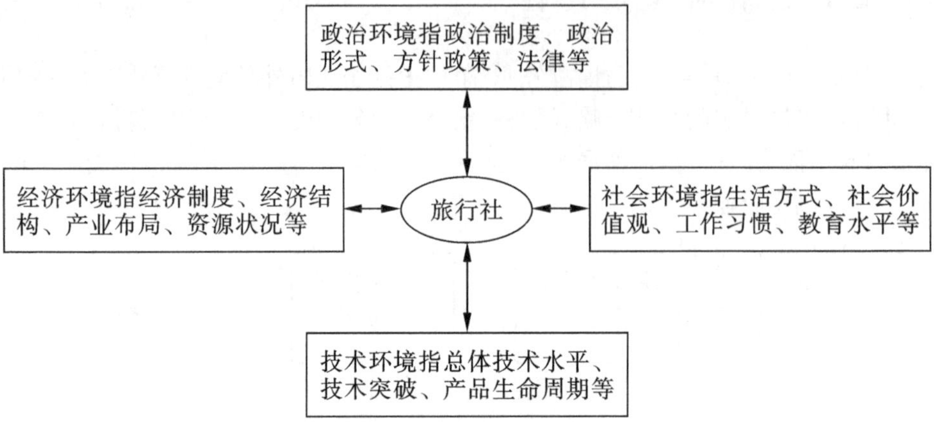

图 4-2　PEST 分析模型

(资料来源:董正秀、朱烨,旅行社管理实务[M],东南大学出版社,2007. 第 177 页)

1)政治法律环境:政治法律环境是指一个国家或地区的政治制度、体制、政治形势、方针政策、法律环境等。旅行社在制定战略时应充分考虑政府政策的长期性和短期性,有效运用国家、行业的政策法律以及相关规定等。

旅行社业相关法律体系:国家立法机关颁布的法律如《民法》《合同法》《消费者权益保护法》《反不正当竞争法》《环境法》《导游人员管理条例》等,旅游行政管理机关颁发的部门法规如《旅行社管理条例实施细则》《旅行社管理质量保证金暂行规定实施细则》等,各地方性法规等。

旅行社业重要政治法律变量:政府管制和解除、产业政策、出口退税、劳动保护法、公司法、合同法、财政和货币政策变化,外交状况、特殊的地方和行业规定等。

2)经济环境:经济环境是指旅行社经营过程中所面临的各种经济条件、经济特征、经济联系等客观因素,包括国民生产总值的变化、人均收入、消费品购买力、人口总数量、人口结构、价格、经济基础设施等。

旅行社业重要经济变量:经济转型和经济体制改革、可支配收入水平、贷款难易程度、居民消费倾向、利率规模经济、通货膨胀率、消费模式、货币市场率等。

3)技术环境:技术环境是指一个国家或地区的技术水平,技术政策、新产品开发能力以及技术发展的动向等。旅行社应关注所在行业的技术发展动态,竞争者技术开发、新产品开发方面的动向。

旅行社业重要的技术变量:影响消费者行为方式的技术手段、最新技术动态、技术成本变化、产品技术应用、技术投资增长速度、技术持续性应用等。

4)社会文化环境:社会文化环境是指一个国家或地区的民族特征、文化传统、价值观、宗教信仰、教育水平、社会结构、风俗习惯等。旅行社要充分考虑尊重社会文化传统中较为稳定和难以改变的部分,同时对于可以变化的部分尽力将其向对自己有利的方向引导。

旅行社业的重要性社会文化变量：旅行社或行业的特殊利益集团、人均收入、国家和旅行社市场人口的变化、人均收入、国家和旅行社市场人口的变化、生活方式、对休闲的态度、购买习惯和购买方式、对外国人的态度、性别状况、社会收入差距等。

（2）微观环境分析　微观环境是指旅行社生存和发展的具体环境，是直接制约和影响旅行社经营活动的重要因素，也是旅行社日常经营中最为关心的外部客观因素与条件。微观环境的分析包括行业竞争状况、消费者、供应商、潜在进入者和替代品等方面的分析。

1）对供应商的分析：供应商是向旅行社即其竞争对手提供所需的各种资源的组织机构或个人。主要包括景点景区业、交通部门、住宿接待业以及相关产业，旅行社既要设法与一些供应商尽力建立长期关系以获得稳定的供应渠道和某些优惠条件，同时也要避免对某个供应商的过分依赖。

2）对购买者的分析：旅行社面对的市场主要是现有的及潜在的购买者，旅行社要充分认识和了解购买者的需求内容、趋势和消费规律、特点，掌握购买者的规模结构、消费心理、消费习惯和消费层次，采取正确策略，实现旅行社的战略目标。

3）对潜在进入者的分析：潜在对手是指那些目前尚未进入旅行社行业却拥有开展旅行社业务实力并有可能在将来进入旅行社行业的其他行业的企业和个人。旅行社应构建市场禁入壁垒，阻止新的旅行社进入。美国哈佛商学院的迈克尔波特认为有规模经济、产品差异化、投资要求、转移成本、分销渠道、与规模无关的成本劣势、政府政策等资源方面的进入壁垒。

4）对替代品的分析：替代品是指不同的企业制造的功能和用途相同或相近、能够相互替代的产品。狭义的旅游替代品主要至其他旅游目的地旅行社推出的与本地旅行社产品相似的产品；广义的旅游替代品是指除了前述产品外，还包括本地区内可以为购买者提供同样满足感和愉悦感的其他性质产品，主要指休闲产品，如运动产品、演出活动等。旅行社应充分考虑产品的替代程度、顾客转向替代品的能力、为防止顾客转换品牌和产品类型所提供额外服务的成本等。

5）对行业竞争程度的分析：对行业竞争程度的分析主要表现为对竞争者的描述，是一个有关领先竞争者的目标、资源、市场力量和当前战略的基本描述。旅行社主要是对主要竞争对手的市场类型、财务、投资、人力资源管理、市场份额、降低成本、产品范围、定价和品牌等进行分析，现有旅行社的数量、规模及竞争的程度是制约旅行社生存和发展的重要因素。

4.2.1.2　内部条件分析

随着旅游行业的发展，要想在行业中生存就要不断在竞争中获取利润，因此确定竞争优势便是企业能够生存的自然过程。因此，从旅行社内部环境分析来确定其优势与弱势，能够使企业认识自身竞争力，合理制定战略目标及方案，因此对其内部环境分析主要分为以下几个方面：

（1）内部资源系统分析　对旅行社的人力资源、物质资源、财务资源、生产资源、网络资源、隐性资源（企业文化、员工意识）等方面进行全面系统分析，将之对战略的支持度和可转移性进行分析，财务、销售、成本方面须定量，隐性、网络等方面须定性，资源分析在于清楚了解旅行社现有资源状况，为战略制定和执行打下资源基础。

（2）企业能力分析　对旅行社生产、营销、盈利、财务收益、营运等各部分的关键要素进行评价，并与行业中的先进企业、本区域内的先进企业对比，明晰企业的竞争优势所在，明确自己的核心竞争力，并着力构建自己的核心竞争力，同时要评估企业现有能力状况。

（3）优势劣势分析　对于任何一家旅行社来说，资源和能力难以达到全部优秀，且拥有程度也会有不同，认真评估本旅行社的优势和劣势，扬长避短，以此确定资源对企业战略规划的支持，为下一步的企业战略规划做准备。

企业环境分析通常采用 SWOT 分析方法，即根据企业自身的既定内在条件进行分析，找出企业的优势、劣势及核心竞争力之所在。其中，S 代表 strength（优势），W 代表 weakness（弱势），O 代表 opportunity（机会），T 代表 threat（威胁），其中，S、W 是内部因素，O、T 是外部因素。按照企业竞争战略的完整概念，战略应是一个企业“能够做的”（即组织的强项和弱项）和“可能做的”（即环境的机会和威胁）之间的有机组合。进行 SWOT 分析时，主要有以下几个方面的内容：

1）分析环境因素：运用各种调查研究方法，分析出公司所处的各种环境因素。外部环境因素包括机会因素和威胁因素，它们是外部环境对公司的发展直接有影响的有利和不利因素，属于客观因素，内部环境因素包括优势因素和弱点因素，它们是公司在其发展中自身存在的积极和消极因素，属主动因素，在调查分析这些因素时，不仅要考虑到历史与现状，而且更要考虑未来发展问题。

2）构造 SWOT 矩阵：将调查得出的各种因素根据轻重缓急或影响程度等排序方式，构造 SWOT 矩阵。在此过程中，将那些对公司发展有直接的、重要的、大量的、迫切的、久远的影响因素优先排列出来，而将那些间接的、次要的、少许的、不急的、短暂的影响因素排列在后面。

3）制订行动计划：在完成环境因素分析和 SWOT 矩阵的构造后，便可以制定出相应的行动计划。制定计划的基本思路是：发挥优势因素，克服弱点因素，利用机会因素，化解威胁因素；考虑过去，立足当前，着眼未来。运用系统分析的综合分析方法，将排列与考虑的各种环境因素相互匹配起来加以组合，得出一系列公司未来发展的可选择对策。

4.2.1.3　内外部分析整合

通过对企业内部环境和外部环境的分析，明确了旅行社所处的经营环境之后，还要对外部环境的变化影响以及内部的资源能力支持评估，进行综合比较，从而确定企业的战略规划。对企业外部环境中的关键影响因素、内部资源中的关键驱动因素和内部能力中的关键成功因素进行评分比对，并与行业中优秀企业进行对比，参照行业成功关键因素和竞争成功要素，选择出本旅行社的战略方向。因而，需要对旅行社的发展要做出必要的战略假设，对旅行社所有的可能发展路径进行剖析，并与本旅行社现有的资源和能力进行匹配对比，评估战略假设的可行性，进行效果预测和发展探讨，从而确定企业的发展方向及路径。

4.2.2　明确旅行社愿景、使命、价值观

4.2.2.1　明确旅行社愿景

“现在是什么、未来是什么”企业要真正明白自己所需所求，看清现实状况和发展前

景,目标是明确了,发展也会更加有动力。企业愿景应是具体的,明确的,经过努力进取可以实现的。

4.2.2.2 明确旅行社使命

企业使命是企业自己在商业环境中所选择的定位,企业终究是从事商业活动的,企业使命是企业明确其商业价值的重要一步,也是企业需要清晰的,其直接关系到企业战略规划的目标设定。

4.2.2.3 明确旅行社价值观

企业价值观是企业做事的根本,是旅行社从事经营活动的准则,是企业经营的一贯方针,其决定了企业战略规划的可行性、保障性,也是企业发展的根基。

上述四方面,现实中的企业往往是都已经提前确定的,或许是在潜意识中遵循的,我们在制定企业战略规划时要挖掘并遵循这些既定的规则,以保证战略的正确制定,当然,随着商业环境的变化,上述方面也会进行必要的调整,战略规划随之也要发生相应变化。云南华夏国际旅行社有限公司秉持着“打造中国旅游知名品牌”的愿景,华夏国旅将游子对家乡建设的热情、将实业家对事业的激情、将炎黄子孙对祖国的奉献融入其中。企业愿景以使命为基础,使命传承愿景。企业使命是培养一流人才、提供一流服务、创造一流企业。企业的精神:开拓创新、追求卓越。企业的核心价值观是:客户——质量第一、客户至上;员工——打造旅游发展平台、成就员工创业梦想;感恩——以感恩为荣、以忘恩为耻;团队——协调沟通、团结一致、顾全大局;责任——成就员工、发展企业、感恩社会。企业的经营理念:诚信和谐、融合发展;管理理念:以文化为导向,建立制度化管理,用激励机制提升效率;执行理念:言必行、行必果;用人理念:以德为本、优胜劣汰;服务理念:让旅游者满意、让合作者放心;发展理念:高标准起步、跨越式发展。

4.2.3 旅行社战略制定

基于旅行社经营环境和资源能力的洞察,同时服务服从于企业愿景、使命和价值观,旅行社的经营者制定企业发展的战略规划应注重以下几个方面。

4.2.3.1 战略要和经营环境结合

战略规划在很大程度上受到了经营环境和竞争状况、未来发展目标的影响;经营环境分析以外部环境分析和预测为重,内部盘点侧重资料分析和能力洞察。

4.2.3.2 区域局势

区域局势随时影响旅行社的发展,如 2011 年利比亚战争的爆发对中东欧洲的影响,韩国和朝鲜的关系等区域的局势很大程度上也在影响着企业发展,影响着企业的战略规划制定。战略规划要兼顾这些方面,考虑到区域局势的可能性演变。

4.2.3.3 企业资源

量力而行是企业战略的重要基础,战略的制定和规划要基于公司现有资源和业务基础,不能盲目地扩张,否则不仅不会带来规模效益,反而因为成本的增加、新业务的低效导致发展困难。旅行社的竞争战略中首先按部门进行制定,确定其具体要求操作策略;其次是差异化操作以实现利润最大化,对核心区域、重点区域竞争战略进行重点关注;最后确保其资源能力得到充分发挥。旅行社发展战略是公司业务战略制定的基调,竞争战略是业务战略制定的方向，侧重于业务层面的结构优化、发展提升。为了执行公司战略需要对职能部门战略做出清晰界定，明确各部门职能。

4.2.4 旅行社战略推进与控制

战略制定很重要，战略执行更重要，对战略的推进与控制是重中之重。具体分为以下几个环节：

4.2.4.1 关键环节控制

对企业战略规划中的关键环节长期跟踪监控，推进执行，保证其运行及时、有效，并对整体战略规划起到推动作用。

4.2.4.2 关键结点控制

对企业战略规划设置若干个关键结点，对其推进时间、空间给予清晰界定，并及时跟进，实现关键节点掌控，推进战略规划的良性实施。

4.2.4.3 财务控制

对战略规划设置的业务目标、保障支持目标进行必要的财务控制，战略执行推进所需钱款按时、有计划支付，适时动态监控有序调整，保证战略执行有序推进，伺机推动战略的动态管理。

4.2.4.4 组织控制

必要时可成立“战略管理委员会”，推进战略的制定、督导和监控，保证战略的科学制定和有效执行。

4.3 旅行社的战略类型

4.3.1 旅行社发展战略

发展战略指企业如何实现发展的战略理论。发展战略包括四个部分：愿景、战略目标、业务战略和职能战略。愿景为企业指明了发展方向，战略目标明确了企业的发展速度与发展质量，业务战略明确了企业的战略发展点，职能战略确定了企业的发展能力，通过四个上下相互支撑的组成部分，形成了能够解决企业发展问题的发展战略理论体系。

4.3.1.1 密集型发展战略

密集型发展战略又称加强型战略，是指在原有产品与市场客源的基础上，充分利用在产品和市场方面的潜力来求获得成长的战略。密集型发展战略主要有三种类型：市场渗透战略、市场开发战略和产品开发战略。

(1)市场渗透战略　市场渗透战略是指旅行社不改变旅游产品的形式和客源市场类型，只在现有客源市场上通过扩大市场占有率实现发展目标。采取的主要措施有：提高顾客回头率、增加旅游天数、争取竞争对手的客源、吸引新客源以及潜在客源。该战略可以通过扩大生产规模、提高生产能力、增加产品功能、改进产品用途、拓宽销售渠道、开发新市场、降低产品成本、集中资源优势等单一策略或组合策略来开展，其战略核心体现在两个方面，一是利用现有产品开辟新市场实现渗透，二是向现有市场提供新产品实现渗透。

由于市场渗透战略是由现有产品和现有市场组合而形成的,所以企业战略管理人员应当有系统地考虑市场、产品及营销组合的策略,以达到促进市场渗透的目的。市场渗透战略主要适用于以下几种情况:①企业产品或服务在现有市场中还未达到饱和;②现有用户对产品的使用率还可以显著提高;③整个产业的销售在增长,但主要竞争者的市场份额在下降;④历史上销售额与营销费用高度相关;⑤规模扩大能够带来明显的竞争优势。

(2)市场开发战略　市场开发战略是指旅行社不改变现有的旅游产品形式,用现有的旅游产品推向新的客源市场的战略。实施市场开发战略采取的措施是,在现有客源市场中发展新的细分市场或开发其他地区的客源市场。此战略的动因是市场上本企业现有的产品已经没有进一步渗透的余地时,企业要想成长就必须设法开辟新的市场,从而扩大产品销量,如将产品由城市推向农村,由本地区推向外地区等。

市场开发战略适用于以下几种情形:①可得到新的、可靠的、经济的和高质量的销售渠道 ;②企业在所经营的领域非常成功;③存在未开发或未饱和的市场;④企业拥有扩大经营所需要的资金和人力资源;⑤企业存在过剩的生产能力;⑥企业的主业属于区域扩张型或正在迅速全球化的产业。

(3)产品开发战略　产品开发战略是指旅行社不改变现有的客源市场,向现有的客源市场提供新的产品或经过改进的产品,即对企业现有市场投放新产品或利用新技术增加产品的种类,以扩大市场占有率和增加销售额的企业发展战略。主要措施有:提供新产品、提供改进产品。产品开发战略是建立在市场观念的基础上,企业向现有市场提供新产品,以满足顾客需求,增加销售的一种战略。这种战略的核心内容是激发顾客的新的需求,以高质量的新产品引导消费潮流。产品开发战略是企业对市场机遇与挑战、内部资源能力的优势和劣势所进行的全面的、前瞻性的思考和认识,也是做出的深思熟虑的选择和决定。产品开发战略能避免企业临时地、随意地、盲目地开发和进入一些没有市场价值的产品,而忽视了那些真正能够提升市场竞争力的产品机会。产品开发战略是企业产品开发的军事路线图,指引产品开发的方向和路标。

此战略适用于以下几种情形:①企业产品具有较高的市场信誉度和顾客满意度;②企业所在产业属于适宜创新的高速发展的高新技术产业;③企业所在产业正处于高速增长阶段;④企业具有较强的研究和开发能力;⑤主要竞争对手以类似价格提供更高质量的产品。

密集型发展战略是将企业的经营目标集中到某一特定细分市场,这一特定的细分市场可以是特定的顾客群,可以是特定的地区,也可以是特定用途的产品等。这种战略的重点是加强对原有市场的开发或对原有产品的开发。

4.3.1.2　一体化发展战略

一体化发展战略是指由若干业务联系密切的经营单位组合在一起而形成的经营联合体,它包括纵向一体化和横向一体化两种类型。

旅行社一体化战略动因在于,一是降低交易费用。通过交易内部化而回避了交易成本、缩短供应链、减少中间环节、节省交易费用、降低了经营成本。二是实现规模经济效应。同种产品的企业横向联合,共同使用有形资产和无形资产,包括品牌、商誉、技术、销售渠道等,不仅提高了这些资源的生产能力,也使企业的开发经费、一般管理费用、营销费用等投入可以分摊到大量产出上，有助于降低成本、提高单位投入效益、实现规模经济，同时企业规模的扩大还可以提高企业形象，获得更多的融资与商业机会。三是稳定关系。企业间存在着生产要素和企业职能的互补性，两个或两个以上的企业合并为一家企业，共同利用对方优势产生“1+1>2”的效应。四是生产新产品，扩大市场份额。当企业的主导产品步入衰退期，建立的成本比一体化的成本还高时，一体化就成了企业的最佳选择。企业选择一体化道路生产新产品，企业平均的市场份额不断扩大，可以使企业获得某种形式的垄断，这种垄断能带来垄断利润，占据新市场份额。

（1）纵向一体化　纵向一体化又叫垂直一体化，是指企业将生产与原料供应，或者生产与产品销售联合在一起的战略形式，是企业在两个可能的方向上扩展现有经营业务的一种发展战略，是将公司的经营活动向后扩展到原材料供应或向前扩展到销售终端的一种战略体系。纵向一体化又包括后向一体化和前向一体化，也就是将经营领域向深度发展的战略。

1）后向一体化：旅行社以原有经营的业务为基础，将其业务经营范围的扩大沿其生产经营链条向后延伸，发展企业原来生产经营业务所需要的各种旅游服务产品，如饭店、交通、娱乐场所、旅游景点和各种娱乐场所等。旅行社可以通过收购、兼并与旅行社业务有关联的旅游企业，形成旅游产品的供产一体化实现本企业拥有或控制旅游产品要素的供应系统。旅行社通过后向一体化可以减少旅行社在服务质量、经营成本方面，受制于旅游供应商的危险，从而降低交易成本。

2）前向一体化：以旅行社原有经营的业务为基础，旅行社业务经营范围的扩大沿其生产经营链条向前延伸，使企业的业务活动更接近旅游消费者或涉足零售环节。旅行社通过收购或兼并旅游客源地的旅游零售商、中间商等形式来实现的。前向一体化是通过其产品向旅游客源地延伸，以增加产品的销售能力来谋求发展。前向一体化更多地被看成是一种出于扩展市场的进攻型战略。

纵向一体化可以使企业能在市场竞争中掌握主动，是为加强核心企业对产品到销售全过程的控制，从而达到增加各环节的利润。纵向一体化是企业经常选择的战略体系，但是任何战略都不可避免存在风险和不足，纵向一体化的通过扩大的规模延长产业链来得更高的回报，并通过面向销售终端的方略获得来自于市场各种信息的直接反馈，来取得竞争优势的一种方法，但并不是所有的领域都适合纵向一体化。

纵向一体化的优势在于：①规模经济，提高回报。根据西方经济学理论，技术条件不变的情况下当企业规模达到一定的阶段就可以实现成本最低利润最高，实现管理成本的经济性；信息的经济性；节约交易成本的经济性；节约成本增加资本回报率。②确保供给和需求。纵向一体化能够确保企业内部的供给和需求，对于延长企业产业链条，是产品紧缺的部件或者原料得到有效的供给。③有利于技术创新。纵向一体化是企业对上下游行业的技术有了更多的了解，这对促进产业技术的革新提供了更多机遇。④提高谈判地位。因为一体化削弱了对手的价格谈判能力，这不仅会降低采购成本（后向一体化），或者提高价格（前向一体化），还可以通过减少谈判的投入而提高效益。⑤差异化。纵向一体化可以通过差异化的产品，提高核心竞争力，保障核心产品的优势。⑥提高进入壁垒。企业实行一体化战略，可以使关键的投入资源和销售渠道控制在自己的手中防止竞争对手进入本企业的经营领域。通过有限制的垄断,获得较大的利润。

(2)横向一体化　横向一体化又称水平一体化,是旅行社通过争取对同类型企业的所有权或业务控制权,或者通过某种形式的联合经营体来扩大经营规模,降低成本,提高企业市场竞争优势。20 世纪 60 年代,欧美地区旅行社为应对激烈的市场竞争,通过水平一体化扩大自身实力。在欧美地区旅行社水平一体化的进程中有旅行代理商之间的水平一体化和旅游批发经营商之间的水平一体化,前者主要表现为大型旅行社的连锁经营和中小型旅行社的联合经营,后者主要表现为企业之间的并购。例如,德国的"国际旅游联盟"(Turistik Union International)使 4 家旅游经营商(Tourapa, Scharnow, Hnmmel, Dr. Tigges)进行了完全的一体化,发展成为德国最大的旅游经营商。

旅行社横向一体化的实质是资本在同一产业和部门内的集中,通过横向扩张可以获得规模经济效益,巩固市场地位、增加了讨价还价的能力,从而降低了产品成本,扩大企业的利润来源。横向一体化的动因,包括企业对市场份额、效率、定价力量、更大规模的经济收益的追求、经济全球化的趋势、反垄断的限制减少、电子商务的发展等。对于进行横向联合经营的旅行社来说,市场上由规模较大的旅行社所造成的竞争压力是这些中小规模的旅行社走上联合经营道路的主要原因。

旅行社通过横向一体化可以有效地实现规模经济,快速获得互补性的资源和能力。此外,通过收购或合作的方式,企业可以有效地建立与客户之间的固定关系,遏制竞争对手的扩张意图,维持自身的竞争地位和竞争优势。

横向一体化战略也存在一定的风险,如扩张所产生的巨大生产能力对市场需求规模和企业销售能力都提出了较高的要求,技术扩散的风险以及组织机构臃肿会导致组织运转低效等。同时过度的扩张可能会造成一定程度的垄断,遭到政府的限制。

4.3.1.3 多元化发展战略

多元化战略又称多角化战略,是指一个企业同时经营两个或两个以上行业的发展战略,旅行社为了避免经营单一事业的风险或谋求企业稳步发展,通过扩展企业的经营范围和市场范围,充分发挥企业特长,充分利用企业的各种资源,提高经营效益,保证企业的长期生存与发展。多元化战略的实质是拓展进入新的领域,强调培植新的竞争优势和现有领域的壮大。多角化经营的形式多种多样,但主要有以下三种类型。

(1)同心多元化　同心多元化也叫作集中多元化,是指旅行社对新市场、新顾客以原有的技术、特长和经验为基础,开发与原产品服务技术相似但用途不同的服务产品。如旅行社经营票务代理,信息传播、咨询服务等。同心多元化经营强调企业从内外搜寻、获得稀缺资源以支撑其核心竞争力。根据内部化理论,企业通过集中多元化经营不但获得了稀缺资源,而且降低了交易成本,减少了不确定性,保证了核心竞争策略的实施。同心多元化可以带来战略协同进而产生竞争优势,相关多元化是企业在各业务之间保持了一定的统一度,从而产生战略协同性,取得比执行单个战略更大、更稳固的绩效,成为竞争优势的基础。战略协同性产生的利益越大,相关多元化的经营优势也就越大。战略协同转化为竞争优势主要依靠两个方面:一是不同业务的成本分摊产生较低的成本;二是关键的技术开发和管理效率得到有效的转移。

同心多元化比较适合五种情况:一是企业参与竞争的产业增长较慢;二是企业有较强

的管理队伍；三是企业能够较有竞争力的价格提供新的相关产品；四是新产品能够带动现有产品的销售；五是企业现有产品处于生命周期的衰退阶段。

（2）水平多元化　水平多元化是指旅行社针对现有的市场和现有的顾客，采取不同的专业技术增加新业务。如生产旅游商品和旅游用品等。水平多元化经营的特点是，原产品与新产品的基本用途不同，但它们之间有密切的销售关联性。这种战略由于是在原有的市场、产品基础上进行变革，因而产品内聚力强，开发、生产、销售技术关联度大，因此，战略实施风险较小。

（3）综合多元化　综合多元化也称作复合多元化，是指与现有的事业领域没有明显关系的产品、市场中寻求成长机会的策略，即企业所开拓的新事业与原有的产品、市场毫无相关之处，技术、经营方法、销售渠道等必须重新取得。同心多元化和水平多元化经营点主要区别在于前者是基于市场、产品、和技术等方面的共性，后者是处于盈利方面的考虑。主要动因是加速企业成长、充分利用现有的资源和优势、加强核心竞争力、调整产业结构、培育企业新的利润增长点。这不仅是企业混合多元化的动因，也是企业多元化经营的战略目标。

多元化战略的优势：①有效的规避风险。当面临外部经济负面干扰较大时，较专业化经营企业而言，多元化经营企业具备更强的规避风险的能力。实行多元化经营，避免“将鸡蛋放在同一个篮子里”，能够避免企业过于依赖某一市场从而容易产生波动的弱点，使企业在遭受某一产品或经营领域的挫折时，通过在其他产品或行业的经营成功而弥补亏损，从而提高企业的抗风险能力。②产生协同效应，获得范围经济效益。实现技术共享设备的有效利用，在相关行业多样化可以充分利用现有的人力资源，在生产、销售、技术方面各部门可以有效地结合。③开拓新的利润增长点。企业的联合集团可以抓到更多的机会和资源，提高了集团的竞争实力，企业间可以相互提供资金和资源形成内部市场，有利于开拓新的利润增长点。④巩固企业核心竞争力。通过多元化战略，企业收入来源较多，可以在核心产品市场上打压竞争对手，迫使对方退出竞争市场。⑤避免政府垄断限制。单一产品和市场的规模扩大容易造成垄断，会受到政府限制，多元化的战略在多种产品和市场共同发展，避免政府的垄断限制，同时扩大了企业规模。

多元化战略的缺点：①分散企业资源，加大企业整体风险；作为一个企业，其所具有的资源毕竟是有限的，不可能同时满足所有消费者的需求。许多上市公司在选择扩张领域时带有投机性和盲目性，忽略了一些新兴行业不仅需要管理技术，更需要投入大量的资金，而资金的使用必然要分散企业的经营资源，很可能会因此而丧失竞争优势甚至被淘汰出局。不同行业面临着不同的风险，再分散企业风险的同时，也加大了企业整体风险。②增加管理成本；多元化战略，会导致企业管理层要处理多个行业和产品，还要协调不同生产部门间的关系，这样造成管理人员增加，管理成本加大。③多元化经营不利于企业集中精力提高核心竞争力。核心竞争力表现在先进的技术以及服务理念上，通过销售到市场上的产品、劳务或服务体现出来。相反，如果公司在经营范围和投资领域盲目进行扩张，则极有可能使企业主业不主，整体优势不优，最终导致经营危机。④多元化经营会造成管理质量下降多元化经营是企业谋求发展规模化、快速化的一种策略。但也正是在谋求做大做强的过程中，整合程度和发展质量会出现一些问题。

4.3.2 旅行社竞争战略

面对空前竞争激烈的市场环境,旅行社如何在竞争中求发展,是每个经营管理者都在思考的课题。根据迈克尔·波特教授的竞争战略理论,企业的利润将取决于同行业之间的竞争,行业与替代行业的竞争,供应方与客户的讨价还价以及潜在竞争者共同作用的结果。企业竞争战略要解决的核心问题是如何通过确定顾客需求、竞争者产品及本企业产品这三者之间的关系,来奠定本企业产品在市场上的特定地位并维持这一地位。基本竞争战略有三种:成本领先战略、差异化战略、集中战略,企业必须从这三种战略中选择一种,作为其主导战略。

4.3.2.1 成本领先战略

成本领先战略是指企业在内部加强成本控制,在较长的时间内,保持产品成本处于行业领先水平,获得高于平均利润的战略。最大努力降低成本,通过低成本降低商品价格,维持竞争优势。要做到成本领先,就必须在管理方面对成本严格控制,尽可能将降低费用的指标落实在人头上,处于低成本地位的公司可以获得高于产业平均水平的利润。

(1)成本领先战略实施的基本条件

1)最大可能地吸引更多的消费者,获得规模经济,从而降低单位产品成本。

2)具有较高的销售增长率和市场占有率。

3)具有较高的管理水平和控制成本的能力。如严格控制原材料成本,生产过程的高效率、降低销售及广告方面的费用。实施该战略潜在的前提是:消费者对某种产品和服务的需求是同一的,没有严格按照消费者的偏好等因素来细分市场,产品和服务被标准化。成本优势的战略价值取决于持久性,如果企业成本优势的来源相对于竞争者来说是难以复制或模仿的,持久性就会存在,如具有科技优势或资源优势等。一般情况下企业都不具有绝对的成本优势,所以企业在价格竞争中,应该很谨慎,以防止价格战,破坏长期的行业结构,较好的策略是行业内企业都采用成本加成法,以确保合理利润。

(2)成本领先战略实施的途径

1)规模经济,产出扩大而生产成本并没有上涨,因此规模较大的酒店往往可以在固定成本、直接劳动成本以及供应价格等方面比规模小的酒店节约单位成本。

2)高生产能力利用率,当需求充分并且现有的生产能力被充分利用时,企业的固定成本将被更多地分摊,单位成本就会降低,这就可以解释在旅行淡季的时候,旅游企业纷纷打折。

3)资源共享与协作协同,在公司内部同其他组织或业务单元最大限度共享资源、分享机会,也将降低总成本。大型酒店集团往往根据目标顾客划分出很多类型的酒店,虽然产品线有所差异,但是共同享有一个订单处理和客户账单处理系统,节约了管理成本。

4.3.2.2 差异化战略

差异化战略又称差别化战略与低成本战略形成鲜明对比,它是指旅行社提供的产品或服务与竞争对手的产品形成多种鲜明的特征,巩固产品的市场定位,避免价格竞争。差异化战略更直接地强调企业与顾客的关系,通过向顾客提供不同的产品或服务,为顾客创造价值。在差异化战略的指导下,企业力求在满足客户某一方面的需求是独树一帜。

对于实施差异化战略的旅行社企业来说,其产品类型、产品质量、产品价格、服务方式等方面都应创造出独特的、与竞争者不同特点和优势,不仅满足消费者的需要,而且在一定时期内,同行业竞争是难以取代的。公司提供的产品或服务别具一格或功能多。如果差异化战略可以实现,它就成为在行业中赢得超常收益的可行战略,因为它能建立起对付五种竞争作用力的防御地位,利用客户对品牌的忠诚而处于竞争优势。产品差异化战略可以使旅游企业获得持续长久的优势,可以很好地抵制竞争,获得高额的利润,当顾客对产品忠诚度提高以后,会忽视价格的变动。旅游企业可以在两个或者更多的细分市场中,使用不同的市场经营策略,通过差异化战略,达到较高的品牌忠诚度,建立其优势地位。

(1)差异化战略的特点　差异化战略一般要付出更高的成本,企业为了其独特性,要在产品附加值上提供更多的价值和服务,以吸引消费者的注意,如旅游业中顾客对舒适、新奇、刺激、环境、服务上有不同的要求,企业要针对客户的需要,进行研发和设计,但并不是每一个消费者都愿意为之付出更高的价格。

(2)差异化的战略实施

1)研究客户,客户是上帝,满足客户的需求是差异化服务的核心,差异化程度越高,越容易满足高端客户的需求。

2)研究竞争对手,企业要随时注意竞争对手的变化,凸显自己的优势和定位,对竞争对手模仿和打击。

3)旅游企业要注意服务环节中的差异性,如特色的口味、特殊的品牌、方便、快捷的服务、特殊的纪念品等。

4.3.2.3　集中化战略

集中化战略又称集中战略、目标集中战略、专一化战略,它是指企业在详细分析外部环境和内部条件的基础上,将自己的生产和经营活动集中在某一个产品线和细分市场上,主攻某个特定的客户群、某产品系列的一个细分区段或某一个地区市场。通过集中化战略企业可以集中自己的优势资源划分一定的产品势力范围,占有稳定是市场份额,更好地为该市场的客户服务。集中战略可以分为:产品线集中、顾客集中和地区集中战略。实施集中化战略的前提是:公司能够以更高的效率、更好的效果为某一狭窄的战略对象服务,从而超过在更广阔范围内竞争对手,可知该战略具有赢得超过行业平均水平收益的潜力。

集中竞争战略是在旅行社总体经营战略的导向下,为创建相对于竞争对手的战略优势而开展活动的规律体系。旅行社创建集中战略优势可从以下几个方面进行打造:

(1)科学制定战略目标　科学制定战略目标是集中战略的挂件,企业要尽可能地选择那些竞争对手忽视的目标和最不容易受到冲击的市场空白。如拉昆塔饭店集团就充分重视了“仅住一夜”的商务游客,这些客户需求简单、不适用酒吧、会议室、餐厅等设施,可以减少这些项目的投入,由于成本降低,经营费用也下降,通过返利让更多的顾客到本酒店来住宿。

(2)明确定位　产品和服务的定位,是集中战略的核心,定位是一个让消费者和竞争对手识别自己的过程,也是一个利用优势资源的过程,如快捷酒店的定位和五星级酒店的定位就有明显的差异。

(3)目标是细分市场的主导优势　集中战略会导致目标市场相对狭小,企业在市场份额总体相对较低,集中战略要考虑细分市场的潜在回报率,一旦确定需要在这个细分市场占领绝对的主导优势。

(4)为客户创造价值　客户是上帝,集中战略目标客户有一定集中性,因此维护客户的关键就是为客户创造价值,提高客户的忠诚度。

【本章小结】

战略管理是旅行社在相当长的一段时间内发展的根本性规划,是对旅行社未来发展的一种规划和指导。旅行社的未来具有很大的不确定性,管理决策者无法对未来进行十分准确的预测,旅行社的战略管理必然受到科学技术发展、市场需求的改变、竞争条件的变化以及各种突发事件等的综合影响。因此旅行社在制定战略计划时考虑到综合性、长远性特征。

旅行社战略分析应建立在充分掌握信息的基础上,确定战略目标、整合旅游资源、选择战略方案。旅行社的外部环境分析包括对政治法律、经济、技术、社会文化等宏观环境和行业性质、竞争者状况、消费者、供应商、中间商等微观环境的分析;之后还要评估自身的能力;确定企业使命与目标;准备战略方案;评价和确定战略方案。

旅行社战略具体战略有发展战略、竞争战略等,这些战略要综合运用才能实现总战略的目标。其中发展战略包括:密集型战略;一体化战略;多元化战略;基本竞争战略有三种:成本领先战略、差异化战略、集中战略,企业必须从这三种战略中选择一种,作为其主导战略。

【重点概念】

战略　战略管理　密集型战略　一体化战略　多元化战略　竞争战略　成本领先战略　差异化战略　集中化战略

【案例分析】

案例 4-1

中青旅发布三大战略布局,解密传统旅行社跨界转型之路

2017 年 4 月,中青旅三生万物发布会在北京举行,亿欧受邀参加。在发布会上,中青旅宣布除原有的旅游业务之外,未来将把“旅游+教育”“旅游+体育”“旅游+康养”作为中青旅拓展多元化业务的重点举措。此外,中青旅遨游网 CEO 骆海菁从 B2C 的角度结合了以上三个战略,介绍了“遨游+”最新业务的发展情况。同时,中青旅在现场还举行了围绕上述三大战略展开的多个战略合作签约仪式。在现场举行的中青旅三生万物战略发布会上,中青旅依次发布了“旅游+教育”“旅游+体育”“旅游+康养”三大发展战略。

中青旅“旅游+教育”版块负责人高志权在现场表示,中青旅未来在“旅游+教育”方向上的发展理念并不单单是做旅游产品的操作者,而是要成为策划并提供全方位研学旅行的综合服务商。高志权还透露,中青旅目前成立了主打 B2B 模式的研学旅行事业部、以 B2C 模式为主的中青旅遨游网游学旅行俱乐部。通过强化教育思维和教育逻辑、弱化

旅游思维和旅游逻辑、重视课程设计内涵的打造,中青旅希望通过推出符合研学市场需求的产品,能够让更多的学生和家庭享受到集"游"与"学"于一体的综合性旅行服务。同样,中青旅在"旅游+体育"方向也做出了相应的战略布局。中青旅控股副总裁袁浩在现场表示,从行业发展的角度上看,旅游与体育产业是国家的大产业。目前,国家的旅游、体育产业分别有着4万亿和1万亿的想象空间,而到2020年,由两个产业延伸而来的"旅游+体育"产业将拥有1万亿的市场容量。因此,中青旅认为目前是旅游+体育产业发展的最好时代,公司在未来将推出自主IP赛事与赛事接待服务,并将通过搭建体育小镇和体育综合体,从而形成体育整合服务解决方案,进一步激发体育旅游新动能。而在"旅游+康养"方面,中青旅副总裁李京表示,目前中青旅的康养旅游涵盖了老年旅游市场的养、护、学、乐四大方面,而45岁以上以及50~75岁具有旅游需求的中老年人将是平台的主要目标客群,其产品定位为中高端。未来,中青旅康养旅游希望通过能够提供包括高科技诊疗服务在内的医疗旅游服务,以及旅游开发、康养市场衍生服务等方面,进而打造多平台控股型的旅游生态圈。

在三大战略发布后,中青旅遨游网CEO骆海菁从新的旅游战略方向上介绍了平台已推出的多项B2C旅游业务,同时宣布遨游网已从"遨游+"往"旅游+"的新格局发展。目前,国内旅游行业已出现了新的消费业态,人们的关注点从"消费什么"转变为"为了什么",即从以往的"吃住行游购娱"发展至现在的"商养学闲娱奇",这将为旅游行业的整体发展带来新引擎和新动力。遨游旅行APP已经推出了针对旅游+教育版块的研学旅行产品、针对旅游+体育版块的芦狮户外以及更多融合了观赛、参赛和户外的体育旅游产品,而在康养方面,遨游网已建立了让中老年人"老有所乐、老有所学"的产品体系。在未来,遨游网将不再只是传统意义上的旅行社,而是往平台化方向发展,以期形成一家自营的、具有开放性并拥有新的格局的旅游企业,为数千万家庭提供服务。随后,中青旅控股股份有限公司还在发布会现场与河南安阳市人民政府、湖南韶山市人民政府举行了战略合作签约仪式。与本次战略发布会相契合的"旅游+教育""旅游+体育"和"旅游+康养"三大方向上,中青旅还分别与中国网球公开赛体育推广中心、北京大学中国体育产业研究中心、雅达养老产业股份有限公司以及石家庄以岭健康城均进行了现场签约。

据亿欧此前了解,中青旅控股股份有限公司是国内旅游业第一家具有完整概念的旅游上市公司,它由共青团中央直属企业中国青旅集团公司于1997年组建而成,并于同年12月在上交所上市。2005年,中国青年旅行社成立了旅游电子商务平台遨游网。遨游网是一家以出境旅游为主要业务、国内旅游为重要补充的专业度假网站,它立足于搭建标准化产品体系,并建立了在线预订、在线签约、在线支付的平台。

据亿欧了解,中青旅遨游网在2015年3月宣布打造在线旅游从O2O平台到"遨游+"的旅游新生态,将中青旅在旅游版块的线上与线下业务整合在一起,设立了中青遨游总部。据遨游网CEO骆海菁现场表示,目前遨游已进行了旅游服务升级,正式从主打渠道品牌转变为主推旅行品牌的旅企。

(资料来源:https://www.iyiou.com/p/42591,2017年4月6日)

案例思考题:

1. 中青旅提出的"旅游+教育""旅游+体育""旅游+康养"三大战略对拓展多元化业

务有何意义?

2. 三大战略发布后,中青旅如何具体实施规划?

案例 4-2

驴妈妈旅游 IP 战略

近两年,家庭出游常态化趋势显著,前景可观,加之《爸爸回来了》《爸爸去哪儿》等亲子类真人秀的热播,引发了亲子游的热潮。为了满足广大消费者的需求,驴妈妈旅游网在 2014 年底就成立了驴悦亲子游 IP 项目,成为国内第一个使用专属品牌“驴悦亲子”设计开发亲子游产品的在线旅游服务商。

据驴妈妈亲子游负责人樊强介绍,“驴悦亲子”是以 3 ~ 12 岁儿童的家庭群体为目标客户,注重游玩途中的亲子互动体验,主打超高性价比的亲子主题线路产品,比如手工 DIY、博物馆探秘、探索自然、儿童剧演出等。借特别赞助东方卫视《妈妈咪呀》这一契机,“驴悦亲子游”顺势推出“辣妈萌宝去旅游”专题,精选百余条亲子旅游线路。2015 年,驴妈妈独家冠名东方卫视《报告! 教练》《我爱挑战》和广东卫视《丹独约见》,还与东方卫视《笑傲江湖》《跟着贝尔去冒险》《中国之星》有着积极合作。2016 年,驴妈妈继续“霸屏”热门综艺节目,从《欢乐喜剧人》到《妈妈咪呀》,在综艺娱乐营销上火力全开。驴妈妈希望与更多的内容生产方和平台达成更为深入的合作,在品牌营销方面进行更多有益尝试,把驴妈妈品牌打造成强大的、具有鲜明性格的独立 IP,印在用户心里。

“细节创新”与“主题化”打造驴悦亲子游 IP 的两大抓手。在操作亲子游产品时驴妈妈考量了孩子年龄、生理、智力的发展阶段,并从酒店选择、活动设计、互动时间与场所等细节入手,既保证了特色,也让适龄的孩子能够乐在其中,学在其中。同时,“驴悦亲子”每个月都会定期开展线下亲子主题活动,如 Running family、踏青季、避暑季等,辐射城市范围涵盖华北、华东、华南热门亲子游目的地。除亲子 IP 之外,驴妈妈还打造了其他个性化品牌旅游 IP 产品。比如开心驴行、驴色飞扬自驾游等,都是针对用户细分市场设计,深受用户喜爱。驴妈妈从 2014 年即开始打造高品质自驾游平台,专门针对自驾用户需求,勘察了全国诸多风景优美的公路以及沿线的著名景区、酒店乃至特色美食,为游客提供包含特色目的地的优质景区的高品质自驾游线路产品。目前已举办了明星自驾、万人自驾、温泉自驾、房车自驾等多场大型主题自驾活动,吸引数十万人参与。其中,驴妈妈去年 11 月份推出全新的“开心驴行”品牌,主打品质跟团游,推出近 20 款经典长线,首次提出“若不满意就重玩”“1 人报名就成行”“突发情况随时退”“航班延误可理赔”“管家服务全程伴”五大旅游服务保障,意在给游客带来“高品质”又“有趣”的旅行。目前已有近千人体验了开心驴行品牌产品,好评如潮。

谈及旅游 IP 市场前景,驴妈妈旅游网创始人洪清华表示:“今天讲 IP,不是标新立异,不是哗众取宠不是故作玄虚。而是找到了一个很好的词来形容旅游发展趋势和旅游最核心追求。目前我们旅游行业仅仅处在通过 IP 营销阶段,处于最开始的状态,IP 一定会逐渐深入到产品、服务,甚至旅游的每一个环节,包括导游、景区、酒店、商店购物、餐饮等等。”为此,驴妈妈在今年还将重点打造一些重点项目。2016 年驴妈妈将在华北、华东、华南、西南四大区域中心基础上，组建100多个分公司、子公司和2 000家门店，实现全国省会城市和地级市出发地产品全覆盖和服务落地。在目的地战略上，周边游要在全国100个度假区和出境重点目的地做大做强，做到人次领先。

2016年驴妈妈在邮轮品类上通过直采战略要做到行业第一。在门票品类上通过直采战略深化和景区的互动关系，同时借助景域集团的产业链优势构建门票品类行业领先的防火墙，确保从生产到服务为游客提供自在游天下的满意度。光有钱不行，还得有好的体验。有效供给不足问题在中国旅游行业尤为突出。中国中产阶层崛起，旅游产品供给侧无法满足其多样化、个性化的产品需求。事实上，多年来困扰旅游行业的服务质量问题多与此相关。供给与需求不匹配，游客花钱买不愉快。市场只要有好的产品、线路，稍微有一点创新，游客就会追捧。对旅游企业来说，这是一个巨大的红利，以旅游业为代表的服务业将迎来黄金时代。

（资料来源：https://www.toutiao.com/i6272950401436221953/　2016年4月13日）

案例思考题：

1. 新形势下，驴妈妈的旅游是如何抢占市场先机建立IP战略的？
2. 针对高品质旅游线路的打造，驴妈妈如何做好阶段性战略规划？

思考题

1. 战略管理对旅行社的发展有何意义？
2. 战略环境分析包括哪些方面？
3. 旅行社的战略类型主要有哪些？
4. 何谓密集型发展战略，密集型战略形式有哪些？
5. 一体化战略的形式有哪些？旅行社实施一体化战略的动因是什么？
6. 何谓多元化战略，多元化战略的形式有哪些？
7. 旅行社品牌战略由哪几个方面构成？
8. 何谓竞争战略？

高等教育旅游管理专业"十三五"规划教材

5 旅行社目标市场营销

学习目标→

通过对本章的学习，了解旅行社市场调查类别和旅行社市场调查程序，熟悉旅行社市场调研的内容；掌握访谈法、问卷调研法等几种旅行社市场调查方法，能够根据旅行社市场营销要求，确定市场调查的内容和计划，并能够应用市场预测方法进行市场预测；掌握目标市场细分变量、细分原则和细分市场选择标准，能对旅行社市场进行细分和选择；掌握旅游市场定位方法，并能够熟练运用。

学习难点→

旅行社市场预测　旅行社目标市场选择　旅行社目标市场定位

5.1 旅行社市场营销调查

旅行社市场营销调查是指系统地、客观地收集、整理和分析市场营销活动的各种资料或数据，用以帮助旅行社营销管理人员制定有效的市场营销决策。

所谓"系统"指的是市场调查是一个系统化工程，在做市场营销调查时必须有周密的计划和安排，这样才能使调查工作有条理地开展下去。"客观"是指对所有信息资料，调查人员必须以公正和中立的态度进行记录、整理和分析处理，应尽量减少偏见和错误。"帮助"是指调查所得的信息以及根据信息分析后所得出的结论，只能作为市场营销管理人员制定决策的参考，而不能代替他们去做出决策。

5.1.1 旅行社市场营销调查内容

5.1.1.1 宏观营销环境调查

宏观营销环境是指对企业营销活动造成市场机会和环境威胁的主要

社会力量。分析宏观营销环境的目的在于更好地认识环境,通过旅行社营销努力来适应社会环境及变化,达到企业营销目标。宏观营销环境调查主要包括人口环境、经济环境、政治法律环境、社会文化环境、自然环境、科技环境。

(1)人口环境　人口数量直接决定市场规模和潜在容量,人口的性别、年龄、民族、婚姻状况、职业、居住分布等也对市场格局产生着深刻影响,从而会影响着旅行社的营销活动。

(2)经济环境　经济环境是影响企业营销活动的主要环境因素,它包括收入因素、消费支出、产业结构、经济增长率、货币供应量、银行利率、政府支出、国际货币汇率等因素,其中收入因素、消费结构、国际货币汇率对旅行社营销活动影响较大。

(3)政治法律环境　政治环境是指企业市场营销活动的外部政治形势,它引导着企业营销活动的方向。旅游产品脆弱性强,敏感度高,一个国家或地区的政局稳定与否,会给旅行社营销活动带来重大的影响。法律环境是指国家或地方政府所颁布的各项法规、法令和条例等,它是企业营销活动的准则,企业只有依法进行各种营销活动,才能受到国家法律的有效保护。

(4)社会文化环境　社会文化环境是指在一种社会形态下已经形成价值观念、宗教信仰、风俗习惯、道德规范等的总和。旅行社作为一个企业组织,处于一定的社会文化环境中,营销活动必然受到所在社会文化环境的影响和制约,另外一些独特的社会文化环境要素还构成了旅游吸引物。为此,应了解和分析社会文化环境,针对不同的文化环境制定不同的营销策略,组织不同的营销活动。

(5)自然环境　自然环境是指自然界提供给人类各种形式的物质资料,它会影响到这一地区企业的特色和竞争力。旅游资源中有很多是自然赋予的,对旅行社营销管理者来说,应该关注自然地理环境,并从中分析企业营销的机会和威胁,制定相应的对策。

(6)科技环境　科学技术是社会生产力中最活跃的因素,它影响着人类社会的历史进程和社会生活的方方面面,对旅行社营销活动的影响更是显而易见。如随着多媒体和网络技术的发展,消费者购买行为也发生改变,人们还可以在家中通过"网络系统"订购酒店、飞机票。为此,要求企业不断分析科技新发展,创新营销组合策略,适应市场营销的新变化。

5.1.1.2　微观营销环境调查

企业的微观营销环境主要由旅行社的供应商、营销中间商、顾客、竞争对手、社会公众以及企业内部参与营销决策的各部门组成。旅行社微观营销环境调查主要有以下几个方面:

(1)旅游者需求状况调查　对旅游者需求的调查就是要了解旅游者需求的特点和变化规律,以更好地为满足其需求提供产品和服务。

1)市场规模:调查对某一产品市场需求有多大,包括现实需求和潜在需求;调查市场总体出游比率有多大,每年旅游花费是多少。

2)旅游动机:调查旅游者的旅游动机或目的。

3)出游方式:参团旅行还是自助旅行?独自出游还是经常和朋友家人一起出游?

(2)旅行社产品和服务调查　进行旅行社产品和服务调查,明确自己的产品线及其生命周期,以及消费者对我们产品认知,以便更好地开发更有竞争力产品。

1)产品效用调查:旅行社能提供哪些服务?旅行社产品档次?旅行社产品类别?

2)顾客对产品态度:消费者对我们提供的服务满意程度如何?消费者对我们品牌的忠诚度有多高?

3)产品生命周期:产品处于生命周期哪个阶段?销售额和销售增长率发生了哪些变化?老产品如何改进?

4)新产品调查:市场需要何种新产品?新产品如何发展?

5)产品品牌调查:产品品牌是否引人注意?主题性是否明确?

(3)旅行社产品销售调查　旅行社提供的产品和服务,会以一定价格通过一定渠道传递给消费者,这就需要对这些要素进行调查。

1)产品价格:产品价格在市场上是否有竞争力?淡旺季差价如何,旅游者能否接受?

2)信息传播:消费者如何获取产品信息?广告设计内容如何?怎样做好销售服务咨询?

3)销售渠道:是直销好还是通过代理商销售好?代理商实力、信誉、市场覆盖率如何?如何方便消费者购买?

(4)竞争对手情况调查　只有充分掌握竞争对手信息,才能"知彼知己,百战不殆",因此需要对竞争对手进行调查。

1)竞争对手数量与实力:在全国或同一地区有多少家旅行社?具有相同细分市场的旅行社有哪些?他们的实力如何?

2)市场营销策略:主要竞争对手采取了什么样的市场营销策略?对本旅行社的经营会产生什么样的影响?

3)产品结构:主要竞争对手产品结构如何?各产品市场占有率有多大?产品品牌知名度如何?

4)发展目标:竞争对手发展战略和目标是什么?

5)运作模式:竞争对手运作模式是什么样?与我们的模式比较竞争力如何?

(5)与社会公众关系调查　公众就是对一个组织完成其目标的能力有着实际或潜在兴趣或影响的群体。公众可能有助于增强一个企业实现自己目标的能力,也可能妨碍这种能力。大的旅行社公司专门设置有公共关系部门,负责收集与企业有关的公众的意见和态度,发布消息、沟通信息,以建立信誉。旅行社公众调查主要有以下内容:

1)股东与旅行社管理层关系如何?旅行社金融信用怎么样?

2)媒介公众(报纸、杂志、电台、电视台)与旅行社关系如何?

3)政府对行业政策与措施有什么发展变化?对我们旅行社有什么态度?

4)公民行动团体(消费者组织、环境保护组织、少数民族团体、当地公众团体)对旅行社产品和营销计划有什么态度和看法?

5)一般公众对旅行社产品和营销计划有什么样的态度和看法?

6)旅行社雇员对旅行社感到满意度如何?

5.1.2 旅行社营销调查类型

5.1.2.1 探测性调查

探测性调查用于探询企业所要研究的问题的一般性质。研究者在研究之初对所欲研究的问题或范围还不很清楚,不能确定到底要研究些什么问题。这时就需要应用探测性研究去发现问题、形成假设。如,某旅行社机票和酒店预订市场份额去年下降了,为什么?公司方面也不能确定。是经济衰退所影响?广告支出的减少?还是消费者的习惯改变了?显然,可能的原因很多,公司无法一一查知,只好用探索性调查来寻求最可能的原因。调查经验表明,二手资料调查、经验调查、小组座谈和选择性案例分析在探索性调查中特别有用。

5.1.2.2 描述性调查

与探测性调查相比,描述性调查的目的更加明确,研究的问题更加具体。描述性调查是通过详细的调查和分析,对市场营销活动的某个方面进行客观的描述。描述性调查寻求对“谁”“ 什么”“ 什么时候”“ 哪里”和“怎样”这样一些问题的回答。例如,某旅行社计划推出欧洲游产品,就需要调查有谁会购买我们产品?会是在什么时候购买我们的产品,愿意花多少钱购买我们产品,等等。

我们在生活中接触到的营销调查,大多数都属于描述性调查,在旅行社营销调查中,常见的描述性调查有:

1)市场分析:对旅行社市场结构、市场规模、市场供求及其行为、市场竞争等的调查。

2)销售分析:是对旅行社产品市场份额、不同产品线的销售、产品销售变化趋势、在不同地区的销售情况等问题进行调查。

3)产品分析:对旅行社产品的品质、特征、生命周期、使用功能和发展趋势、消费模式等调查。

4)广告分析:对各种广告媒体的特征、受众以及受众对媒体的反应等调查。

5)价格分析:对旅行社产品价格水平、价格变动、定价方法等调查。

6)销售渠道:对旅行社中间商类型、数量、地理分布、流通环节等调查。

7)形象分析:对社会公众对旅行社总体形象、人员形象产品形象调查。

5.1.2.3 因果性调查

描述性调查可以说明某些现象或变量之间相互关联,但要说明某个变量是否引起或决定着其他变量的变化,就用到因果关系调查。因果关系调查的目的是找出关联现象或变量之间的因果关系。因果性调查的目的有两个:一是了解哪些变量是原因性因素,即自变量;哪些因素是结果性因素,即因变量。二是确定原因和结果,即自变量和因变量之间相互关系特征。如要弄清楚“旅行社的品牌对产品销售的影响有多大?产品价格与销售量关系如何?顾客满意度与顾客忠诚之间关系如何?”等问题,就需要进行因果性调查。

一般来说,应先进行探索性调查,然后再进行描述性调查或因果分析调查。

5.1.3 旅行社市场营销调查程序

旅行社市场调查的全过程大体上可以分为预备调查、调查实施和调查总结三个工作阶段。

5.1.3.1 预备调查阶段

这一阶段主要是确定调查目的、要求及范围并据此制订调查方案。在这阶段中包括三个步骤。

(1)调查问题的提出　营销调查人员根据决策者的要求或由市场营销调查活动中所发现的新情况和新问题,提出需要调查的问题。对调查问题定义不能太宽泛,否则会得到许多不重要的信息,增加调查成本甚至影响调查效果。因此,需要反复推敲:为什么要进行这次市场调查(目的)?通过市场调查要了解什么问题(主题)?市场调查边界(范围)有多大?调查结果有何用处(价值)?

(2)初步调查　许多情况下,营销调查人员对所需调查的问题尚不清楚或者对调查问题的关键和范围不能抓住要点而无法确定调查的内容,这就需要先收集一些有关资料进行分析,找出症结,为进一步调查打下基础,通常称这种调查方式为探测性调查。探测性调查所收集的资料来源有:现有的资料,向专家或有关人员做调查所取得的资料。

(3)制订调查方案　调查方案包括确定调查目的、具体的调查对象、调查方法、调查过程的步骤与时间等,在这个方案中还必须明确规定调查样本的选择、调查资料的收集方式和处理方法等内容。

5.1.3.2 调查实施阶段

在这一阶段的主要任务是根据调查方案,组织调查人员深入实际收集资料,它又包括两个工作步骤:

(1)组织并培训调查人员　企业往往缺乏有经验的调查人员,要开展营销调查首先必须对调查人员进行一定的培训,目的是使他们对调查方案、调查技术、调查目标及与此项调查有关的经济、法律等知识有一明确的了解。

(2)收集资料　旅行社市场调查资料来源有第一手资料和第二手资料。第一手资料(原始资料)需要通过实地调查来收集,应根据调查方案中已确定的调查方法和调查方式,确定好的选择调查单位的方法,先一一确定每一被调查者,再利用设计好的调查方法与方式来取得所需的资料。第一手资料调查工作比较多,一般花费较大。第二手资料来源通常为国家机关、金融服务部门、行业机构、市场调查与信息咨询机构等发表的统计数据,也有些发表于科研机构的研究报告或著作、论文上。对这些资料的收集方法比较容易,而且花费也较少,但二手资料的采集必须认定它的准确性与客观性以及与本次调查目标的联系的密切程度。

5.1.3.3 调查总结阶段

营销调查的作用能否充分发挥,它和做好调查总结的三项具体工作密切相关。

(1)资料的整理和分析　通过营销调查取得的资料往往是相当零乱,有些只是反映问题的某个侧面,带有很大的片面性或虚假性,所以对这些资料必须做审核、分类、制表工作。审核即是去伪存真,不仅要审核资料的正确与否,还要审核资料的全面性和可比性。分类是为了便于资料的进一步利用。制表的目的是使各种具有相关关系或因果关系的经济因素更为清晰地显示出来,便于做深入的分析研究。

(2)编写调查报告　它是调查活动的结论性意见的书面报告。编写原则应该是客观、公正、全面地反映事实，以求最大限度地减少营销活动管理者在决策前的不确定性。调查报告主要包括的内容有：调查对象的基本情况、对所调查问题的事实所做的分析和说明、调查者的结论和建议。

(3)追踪反馈　旅行社在花费客观的精力和资金开展市场营销调查后，重要是付诸实施，营销活动的管理者应该决定是否实施所提出的建议。追踪反馈就是根据实践检验调查建议可行性和执行效果，可帮助总结经验教训，不断提高市场调查的工作能力和认知水平。

5.1.4　旅行社市场营销调查方法

旅行社市场调查方法可分为实地调查和案头调查二种。实地调查是指由调查人员亲自搜集第一手资料的过程。案头调查对已经存在并已为某种目的而收集起来的信息进行的调查活动，也就是对二手资料进行搜集、筛选。下面主要对旅行社实地调查方法进行介绍，包括观察法、焦点小组访谈法、实验法、问卷调查法等。

5.1.4.1　观察法

观察法是指调查者在现场从侧面对被调查者的情况进行观察、记录，以收集市场情况的一种方法。观察法直观性强、可靠性高，更接近真实，不受被观察者的意愿和回答能力影响，可以观察到消费者的真实行为特征。但是通过观察法只能观察到外部现象，无法观察到调查对象的一些动机、意向及态度等内在因素。

为了尽可能地避免调查偏差，市场调查人员在采用观察法收集资料时应注意以下几点：

①调查人员要努力做到采取不偏不倚的态度，即不带有任何看法或偏见进行调查。

②注意选择具有代表性的调查对象和最合适的调查时间和地点，尽量使观察环境保持平常自然的状态。

③在观察过程中，调查人员应随时做记录，并尽量做较详细的记录。

④注意被调查者的隐私权问题。

5.1.4.2　焦点小组访谈法

焦点小组访谈法是由一个训练有素的主持人以一种无结构的自然形式与被调查者交谈，通过倾听一组从目标市场中选来的被调查者，从中获取对一些有关问题的深度信息。这种方法为互动式讨论，有利于多方面多角度听取建议，常常可以从自由进行的小组讨论中得到一些意想不到的发现，在旅行社产品创意设计以及服务改善中经常会用到。但如果参加者不具备代表性，就会影响调查结果。焦点小组访谈参与者应该尽量"普通"些，如果没有必要，应该把有"专家"行为倾向的人排除在外，因为他们很容易凭借自己的健谈过多占用发言时间，并且影响其他参与者，同时增加了主持人的控制难度。

为了使焦点小组访谈更有效，主持人在座谈开始时就应该亲切热情地感谢大家的参与，使参与者尽量放松，并向大家解释焦点小组座谈是怎么一回事，应该注意哪些问题。

①为了能在预定时间内完成所有问题，请原谅主持人可能会打断您的发言。

②访谈不存在不正确的意见，您怎么认为就怎么说，只要您说出真心话。

③您的意见代表着其他很多像您一样的消费者的意见，所以很重要。

④应该认真听取别人意见,不允许嘲笑贬低。

⑤互相之间不要议论,应该依次大声说出。

⑥不要关心主持人的观点,主持人不是专家。

⑦如果您对某个话题不了解,或没有见解,不要勉强地临时编撰。

5.1.4.3 实验法

实验法是指在控制的条件下,对所研究的对象从一个或多个因素进行控制,以测定这些因素间的关系,它的目的是通过排除观察结果中的带有竞争性的解释来捕捉因果关系,在因果性的调查中,实验法是一种非常重要的工具。如对旅行社设计的新产品试销就是实验法。

5.1.4.4 问卷调查法

在市场调查中,以事先准备好的询问提纲或调查表作为调查的依据进行调查,称之为问卷调查。问卷进行调查是国际通行的一种调查方式,也是我国近年来推行最快,应用最广的一种调查手段。

问卷调查中,很重要一项工作就是问卷设计,优秀的问卷设计是成功问卷调查的基础。所谓问卷设计,它是根据调查目的,将所需调查的问题具体化,使调查者能顺利地获取必要的信息资料,并便于统计分析。

(1)调查问卷的结构和内容　一份较好的专项调查问卷,通常是以下结构和内容:

1)问卷的名称:问卷的名称应简明扼要,概括专项调查的主题,以使被调查者明确主要的调查内容和调查目的。

2)被调查者的基本情况:所谓被调查者的基本情况,主要是指被调查者的一些主要特征,如性别、年龄、职业、收入、民族等。

3)调查问卷的内容:所谓调查问卷的内容,就是调查者所要调查的基本内容,这是调查问卷中最重要的部分。由于采用问卷的形式,所以调查问卷的主体内容应主要是根据调查目的,提出调查的问题和可供选择的答案。设计调查问卷的主体内容应注意不宜过多、过繁,应根据需要而确定。

4)编码:编码一般应用于大规模的问卷调查中。因为在大规模问卷调查中,调查资料的统计汇总工作十分繁重,借助于编码技术和计算机,则可大大简化这一工作。编码是将调查问卷中的调查项目以及备选答案给予统一设计的代码。编码既可以在问卷设计的同时就设计好,也可以等调查工作完成以后再进行。前者称为预编码,后者称为后编码。在实际调查中,通常采用预编码这种编码方式。

5)问卷说明:一份完整的专项调查问卷,还应包括必要的问卷说明,通常包括:①调查的目的和意义;②指标解释、调查须知及其他事项说明等;③如涉及需为被调查者保密的内容,必须指明予以保密,不对外提供等,以消除被调查者的顾虑。

6)作业证明的记载:所谓作业证明的记载,是指要在调查问卷的最后注明调查员的姓名、访问日期、访问时间等。如有必要,还需注明被调查者的姓名、单位或家庭住址、电话等,以便于审核和进一步追踪调查。当然对于涉及被调查者隐私的问卷,则视情况可以考虑上述内容是否不列入。

7)结束语:结束语一般放在问卷的最后面,用来简短地对被调查者的合作表示感谢,也可征询一下被调查者对问卷设计和问卷调查本身的看法和感受。

(2)问卷设计应注意事项

1)重视问卷开场白:开场白应包括调查的目的、意义、主要内容、调查的组织单位、调查结果的使用者、保密措施等。其目的在于引起受访者对填答问卷的重视和兴趣,使其对调查给予积极支持和合作。

2)问题的选择及顺序适当:

①要注意问题的逻辑顺序,按时间顺序、类别顺序等合理排列。

②容易回答的问题放前面,较难回答的问题放稍后,困窘性问题放后面,个人资料的事实性问题放卷尾。

③封闭式问题放前面,自由式问题放后面。由于自由式问题往往需要时间来考虑答案和语言的组织,放在前面会引起应答者的厌烦情绪。

3)问题语言尽量口语化,符合交谈习惯:问卷的语言要口语化,符合人们交谈的习惯,避免书面化和文人腔调。多用普通用语、语法,对专门术语必须加以解释。

4)防止诱导、暗示:如果提出的问题不是"中立"的,而是暗示出调查者的观点和见解,力求使回答者跟着这种倾向回答,这种提问就是"引导性提问"。例如:"很多旅客普遍认为××旅行社的服务好,你的印象如何?"引导性提问会导致两个不良后果:一是被调查者不加思考就同意所引导问题中暗示的结论;二是由于引导性提问大多是引用权威或大多数人的态度,被调查者考虑到这个结论既然已经是普遍的结论,就会产生心理上的顺向反应。此外,对于一些敏感性问题,在引导性提问下,被调研者不敢表达其他想法等。

5)避免对问题认知标准不一:如设计"你是否经常出外旅行?"这样的问题,回答者不知经常是指一周、一个月还是一年,影响调研准确性,如果改问:"你上个月共出外旅行几次?",被调研者回答就有一个统一的标准。

6)问题简明,准确:问卷中的问句表达要简明、生动,注意概念的准确性。避免一般性问题,避免把多个问题放到一个问题中提问。例如,某旅行社想了解旅客对推出的某一旅游产品价格与服务是否满意,因而做以下询问:"你对本旅游产品是否感到满意?这样的问题,显然有欠具体。由于所需资料牵涉到价格与服务两个问题,故应分别询问,以免混乱,如:你对本旅游产品价格是否满意?你对本旅游产品服务是否满意?"

7)避免提令被调查者难堪的问题:如果有些问题非问不可,也不能只顾自己的需要,穷追不舍,应考虑回答者的自尊心。例如直接询问女士年龄也是不太礼貌的,可列出年龄段,20 岁以下,20~30 岁,30~40 岁,40 岁以上,由被调查者挑选。

8)控制问卷的长度:一般情况下,问卷回答时间控制在 10 分钟以内比较适宜,问卷中既不浪费一个问句,也不遗漏一个问句。

9)便于资料的校验、整理和统计:在规模较大又需要运用电子计算机统计分析的调查,要求所有的资料数量化,与此相适应,问卷就需要增加一项编码号内容。

5.2 旅行社市场预测

5.2.1 旅行社市场预测内涵

市场预测就是运用科学的方法,对影响市场供求变化的诸因素进行调查研究,分析和预见其发展趋势,掌握市场供求变化的规律,为经营决策提供可靠的依据。

旅行社市场预测的内容十分广泛丰富,从宏观到微观,旅游市场总的变化和分布,旅游需求类型的变化,旅游市场未来的竞争趋势,本地区旅游业对市场需求变化的适应能力,某一旅游产品价格对销售额影响的变化趋势等。

5.2.2 旅行社市场预测方法

20 世纪 60 年代以来,预测技术的发展极为迅速,专家和学者提出了百余种方法,常用的也有十几种。不同的预测方法有其特定的预测范围,有时为了提高精确度,可以使用多种方法预测同一对象。下面就旅行社营销管理中几种常用预测方法做一介绍。

5.2.2.1 个人经验预测法

经验判断预测法是依赖于预测人员的经验和知识以及综合分析能力,对预测对象的未来发展前景做出性质和程度上的估计和推测的预测方法。个人经验预测的优点是注重于事物发展在性质方面的预测,具有较大的灵活性,易于充分发挥人的主观能动作用,且简单、迅速,省时省费用。个人经验预测也存在很多缺点,具体表现在:易受主观因素的影响,比较注重于人的经验和主观判断能力,从而易受人的知识、经验和能力的多少大小的束缚和限制。

(1)相关推断法　相关推断法是根据因果性原理,从已知的相关经济现象和经济指标,去推断预测目标的未来发展趋向。运用相关推断法,应先根据理论分析和实践经验,找出影响预测目标的主要因素;再根据因果性原理,进行具体的推断。

(2)对比类推法　对比类推法是依据类比性原理,从已知的相类似经济事件去推断预测目标的将来发展趋向。例如,根据 20 世纪 90 年代末的亚洲金融危机、2003 年的“非典”疫情,“5 · 12”四川汶川特大地震灾害等事件对旅游业的影响研究,发现旅游业均在事件过后迅速恢复,可以预测 2008 金融危机对旅游业的影响及前景。在应用对比类推法时,应注意相似事物之间的差异。因相似不等于相等,在进行类推时,根据相似事物的差异往往要做一定的修正,才能提高类推预测法的精度。

5.2.2.2 集体经验预测法

集体经验判断法是利用集体的经验、智慧,通过思考分析、判断综合,对事物未来的发展变化趋势做出估计和判断的一种方法。企业集体经验判断法,相对于个人经验判断法有十分明显的优点,它利用了集体的经验和智慧,避免了个人掌握的信息量有限和看问题片面的缺点。

在组织运用集体经验预测法进行市场预测时,可以按照下面步骤操作:

①组成一个预测小组,并向小组人员提出预测问题和预测的期限要求,并尽可能地向

他们提供有关资料。

②小组人员根据预测要求,凭其个人经验和分析判断能力提出各自的预测方案。同时每个人说明其分析理由,并允许大家在经过充分讨论后,重新调整其预测方案,力求在方案中有质的分析,也有量的分析,有充分的定性分析,又有较准确的定量描述。在方案中要确定三个重点:一是确定未来市场的可能状况;二是确定各种可能状态出现的概率;三是确定每种状态下市场可能达到的水平。

③预测组织者计算有关人员的预测方案的方案期望值,即各项主观概率与状态值乘积之和。

④将参与预测的有关人员分类,并赋予不同的权数。由于预测参加者对市场了解的程度以及经验等因素不同,因而他们每个人的预测结果对最终预测结果的影响作用也不同。所以要对每个人员分别给予不同的权数表示这种差异,最后采用加权平均法获得最终结果。

⑤计算确定最终预测值。

5.2.2.3 德尔菲预测法

德尔菲法也称专家调查法,是一种采用通讯方式分别将所需解决的问题单独发送到各个专家手中,征询意见,然后回收汇总全部专家的意见,并整理出综合意见。随后将该综合意见和预测问题再分别反馈给专家,再次征询意见,各专家依据综合意见修改自己原有的意见,然后再汇总。这样多次反复,逐步取得比较一致的预测结果的决策方法。德尔菲法依据系统的程序,采用匿名发表意见的方式,即专家之间不得互相讨论,不发生横向联系,只能与调查人员发生关系,通过多轮次调查专家对问卷所提问题的看法,经过反复征询、归纳、修改,最后汇总成专家基本一致的看法,作为预测的结果。这种方法具有广泛的代表性,较为可靠。

在组织运用德尔菲预测法进行市场预测时,可以按照下面步骤操作:

①组成专家小组。按照课题所需要的知识范围,确定专家。专家人数的多少,可根据预测课题的大小和涉及面的宽窄而定,一般不超过 20 人。

②向所有专家提出所要预测的问题及有关要求,并附上有关这个问题的所有背景材料,同时请专家提出还需要什么材料。然后,由专家做书面答复。

③各个专家根据他们所收到的材料,提出自己的预测意见,并说明自己是怎样利用这些材料并提出预测值的。

④将各位专家第一次判断意见汇总,列成图表,进行对比,再分发给各位专家,让专家比较自己同他人的不同意见,修改自己的意见和判断。也可以把各位专家的意见加以整理,或请身份更高的其他专家加以评论,然后把这些意见再分送给各位专家,以便他们参考后修改自己的意见。

⑤将所有专家的修改意见收集起来,汇总,再次分发给各位专家,以便做第二次修改。收集意见和信息反馈一般要经过三、四轮。在向专家进行反馈的时候,只给出各种意见,但并不说明发表各种意见的专家的具体姓名。这一过程重复进行,直到每一个专家不再改变自己的意见为止。

⑥对专家的意见进行综合处理。

5.2.2.4 时间序列预测法

时间序列预测法就是通过编制和分析时间序列,根据时间序列所反映出来的发展过程、方向和趋势,进行类推或延伸,借以预测下一段时间或以后若干年内可能达到的水平。时间序列分析通常是把各种可能发生作用的因素进行分类,传统的分类方法是按各种因素的特点或影响效果分为四大类:

①长期趋势(用 T 表示)。是指人口、资本构成、技术等的发展趋势。可以将以前的销售情况拟合成直线或曲线。

②周期变化(用 C 表示)。是指销售的波浪形变化。许多销售会受到周期性宏观经济活动有规律的影响,这对中期预测非常有用。

③季节因素(用 S 表示)。是指一年中销售变化的固定模式。季节可以广泛描述成以小时、星期、月和季为单位的循环往复的销售模式。它可作为短期销售预测的基准。

④不规则变化(用 R 表示)。包括罢工、洪水、动乱、火灾、战乱或其他变故。由于这种成分是无法预计的,应将其从以前的资料中剔除,以便能确定正常的销售变化规律。

在组织运用集体经验预测法进行市场预测时,可以按照下面步骤操作:

第一步:收集历史资料,加以整理,编成时间序列,并根据时间序列绘成统计图。

第二步:求时间序列的长期趋势(T)周期变化(C)季节变动(R)和不规则变动(I)的值,并选定近似的数学模式来代表它们。对于数学模式中的诸未知参数,使用合适的技术方法求出其值。

第三步:利用时间序列资料求出长期趋势、季节变动和不规则变动的数学模型后,就可以利用它来预测未来的长期趋势值 T 和季节变动值 S,在可能的情况下预测不规则变动值 I。然后用以下模式计算出未来的时间序列的预测值 Y。

加法模式:$Y = T+C+S+I$

乘法模式:$Y = T\times C\times S\times I$

混合模式:

①$Y = T\times C+S+I$

②$Y = T\times S+C+I$

对于一个具体的时间序列,应该采取哪种组合形式,要根据掌握的资料,时间序列的性质及研究目的等具体情况来灵活确定。

在使用时间序列分析法进行市场预测时,最简单的方式是采用求一定观察期的时间数列的平均数,以平均数为基础确定预测值的方法统称为平均法。包含算术平均法、几何平均法、加权平均法等。

5.3 旅行社市场细分、选择与定位

5.3.1 旅行社市场细分

5.3.1.1 旅行社市场细分定义

市场细分的概念是美国市场学家温德尔 · 史密斯(Wendell R. Smith)于 20 世纪 50

年代中期提出来的。旅行社市场细分就是指旅行社将市场上的旅游者或潜在旅游者，依据其需求特点、购买行为和消费习惯特征进行分类，把一个总体旅游市场划分成若干个具有共同特征的子市场的过程。分属于同一细分市场的消费者，他们的需要和欲望极为相似；分属于不同细分市场的消费者的需要和欲望存在着明显的差别。

5.3.1.2 旅行社市场细分作用

旅行社市场细分是旅行社开拓旅游市场的有力武器，作用表现如下：

首先，通过市场细分，有利于旅行社营销人员分析各细分市场上旅游消费需求的满足程度，从而能更好地识别和发掘旅游市场机会，开发旅游新产品，开拓旅游新市场(表5-1)。

其次，通过市场细分，有利于旅行社营销人员分析和深入了解各细分市场的基本特征，可专门针对不同细分市场制定不同的市场营销组合策略，同时也比较容易考察旅游者对各种营销因素的反应及市场需求特征变化，从而及时调整市场营销组合策略，迎合目标市场，使旅行社产品更能满足目标细分市场上旅游者需求。

另外，通过市场细分，旅行社营销人员对市场中各个细分市场结构特征的全面把握，可以根据自身条件，扬长避短，选定某一个或某些细分市场作为自己的目标市场，然后集中有限的人、财、物等资源加以开发经营，发挥营销资源的最大效用。

5.3.1.3 旅游市场细分标准

由于旅游目的、年龄、性别、受教育程度、收入、生活方式等因素的影响，不同消费者具有不同的需求，这些不同的因素成为旅游市场细分的依据。综合起来，在对旅行社市场的细分中，可以运用五种不同的变量为标准，将消费者划分为不同群体。

表5-1 市场细分标准

细分标准	细分因素
地理环境变量	综合地理区域、旅行距离、气候、自然地理环境、人口密度、经济地理环境等
人口特征变量	年龄、性别、职业、收入、家庭、文化程度等
心理特征变量	社会阶层、价值观、个性、生活方式、兴趣、态度等
行为特征变量	使用频率、使用潜力、品牌忠诚度、购买时机、使用目的、利益等

(1)地理环境细分变量　地理环境是旅行社进行市场细分的一个重要基本变量，不同地理环境下的旅游需求者，由于自然条件，文化传统和经济发展水平的差异(表5-2)，对旅游需求的偏好和消费习惯具有明显的差异。因此，旅行社营销人员可以把综合地理区域、旅行距离、气候与自然地理环境、聚落与人文地理环境等作为变量进行市场细分。

表 5-2 地理环境市场细分变量

细分标准	典型细分变量因素	细分变量列举
地理环境变量	综合地理区域	洲别、国别、地区、城市等
	旅行距离	近程、中程、远程
	气候	热带、温带、寒带
	自然地理环境	山区、平原;内地、滨海
	人口密度	都市、郊区、乡村
	经济地理环境	发达地区、欠发达地区

(2)人口特征细分变量 主要是依据人口统计因素对市场进行细分。具有不同社会人口特征的群体对产品和服务有着不同的需求和期望。为了更好地集中目标市场,人口细分通常会几个变量结合来进行。

1)年龄:按照人口年龄阶段划分,旅游市场可细分为老年市场、中年市场、青少年市场(表 5-3)。不同年龄消费群体具有不同的消费特征。

表 5-3 各年龄结构细分市场旅游需求特征

细分市场	消费特征	旅游产品选择
青少年市场	年轻,活泼,喜欢刺激新颖的产品,消费水平低,发展前景好	探险旅游、修学旅游
中年市场	比较理智,人数多,潜力大,消费水平高,逗留时间较短	会议商务旅游、观光、度假
老年市场	怀旧,喜静,收入稳定,要求舒适,时间充裕	度假旅游、观光、探亲访友

2)性别:旅游需求的性别差异也很明显。一般而言,男性独立性较强,倾向知识性、运动性、刺激性较强的旅游活动,公务、体育旅游者较多,喜欢康乐活动。女性喜欢结伴旅游,注重人身和财产安全,喜好购物,对价格较为敏感。

3)收入:旅游花费也与收入相关,一般来说,家庭收入越多,旅游支出也越多。高收入者一般选择专项旅游、度假旅游产品,不喜欢参加旅游团旅游;低收入者一般选择观光旅游产品,选择参加旅游团旅游。

4)家庭:家庭细分变量主要有家庭结构和家庭生命周期。

根据家庭规模可细分为多子女家庭(两个及以上子女)、三代同堂大家庭、核心家庭(双亲和独生子女,三口之家)、新婚或无子女家庭、单亲家庭(成年子女独立生活或老年丧偶形成的家庭)。

根据家庭生命周期可以分为:

新婚期:从夫妻双方组成家庭开始,到第一个孩子出生。

生育期：指从第一个孩子出生开始，到最后一个孩子出生。

满巢期：指从最后一个孩子出生开始，到第一个孩子离家。

离巢期：指从第一个孩子离家开始，到最后一个孩子离家。

空巢期：指从最后一个孩子离家开始，到夫妻一方死亡。

鳏寡期：指从夫妻一方死亡开始，到夫妻另一方死亡为止。

处在家庭周期的不同阶段，旅游行为有很大不同。例如，生育期阶段家庭很少外出旅游；空巢期阶段家庭可自由支配收入多，休闲时间多，喜欢外出度假旅游。

5）文化程度：一般来说，人们受的教育程度越高就越可能去旅游。另外教育水平与从事旅游活动类型也有紧密联系。具有重要文化的景区或节事活动的旅游目的地，会把相对受过良好教育的群体作为目标市场。

6）职业：职业细分使得营销人员能够深入了解目标群体收入、闲暇时间和兴趣等，可以根据特定职业群体的需求特点，开发出具有针对性的旅游产品。

7）其他人口统计细分变量：在旅游市场细分中，还常常使用宗教、民族、国籍等统计变量。如到麦加进行朝圣旅游的一般都是伊斯兰教信仰者。

（3）心理特征细分变量　利用对购买者行为有直接影响的“心理状态”变量进行细分。包括社会阶层、价值观、个性、生活方式、兴趣、态度等变量。运用 AIO 调查法（态度 Attitude；兴趣 Interest；观点 Opinion）和 VALS（Values And Life Styles 价值观和生活方式）法可对消费者的心理特征进行洞悉。

例如，SRI 国际机构运用 VALS 法把人分成 9 类：

求生者：很穷

维持者：在贫困的边缘

归属者：上了年纪，传统，稳定

竞争者：年轻，炫耀，想做大事情

有成就者：中年，富有，自信，现实主义

自我主义者：年轻，冲动，个人主义

体验者：年轻，有主见

有社会意识者：成熟，成功，关心环境

集大成者：心理成熟，理解深刻，有开阔眼界

以上分类，对旅游来说，求生者和维持者是不可行的细分市场。另外，心理细分可以帮助营销人员确定一个旅游产品对哪类心理特性的群体特别有吸引力。如运动旅游属于富裕而现实的有成就者这一群体。滑雪旅游度假区和高尔夫度假区就可以利用这一信息制造特别吸引这类群体的促销活动。

（4）行为特征细分变量　行为细分是利用使用频率、使用潜力、品牌忠诚度、购买时机等变量把整个市场分成具有特别购买习惯、偏好或目的的不同群体。例如，周末旅游者、回头客、头等舱乘客等就是根据行为变量细分来确定的目标群体。

1）使用频率：使用频率细分是根据某种服务被购买的次数或在总需求中各细分市场所占的份额来划分整个市场。企业 80% 的利润往往是由 20% 的消费者所创造，运用使用频率细分将总人口中倾向于较频繁地购买某种特定的服务或产品的人群与其他人群划分

开,并针对该细分市场实行高强度营销手段非常必要。

2)使用潜力:对于旅行社潜在旅游市场来说,可以其根据出游能力分为高潜力、中潜力和低潜力旅游者,旅行社然后可选择高潜力细分市场展开深度营销。

3)品牌忠诚度:根据顾客对某一品牌的忠诚度和他们使用其他竞争品牌的情况划分顾客群体。可划分为四类细分市场:铁杆忠实者、大致忠实者、变化忠实者和品牌转化者。品牌忠诚度细分在旅行社市场细分中使用广泛。如,铁杆忠实者是指外出旅游时总是选择某一家旅行社服务;大致忠实者总使用两三家旅行社服务;变化忠实者是指周期性在两家旅行社之间转移忠诚度的顾客;品牌转化者是对任何一家旅行社都没有忠诚度的顾客。

4)使用时机:使用时机是根据顾客旅游的时间来划分旅游市场。如蜜月旅游市场就是根据使用时机细分出的一个细分市场。

5)使用目的:根据游客主要旅游目的划分旅游市场,这是行为变量中使用最广泛的一种市场细分方法。如度假旅游市场、商务旅游市场、观光旅游市场等。

6)利益:利益细分是根据旅游者对某一特定旅游产品消费时寻求的利益对市场进行细分。如休闲旅游寻求利益是放松、美食、娱乐、气候等,商务旅游者寻求利益是便捷、灵活、特殊服务,等等。

利益细分方法是建立在因果关系变量而非描述性变量基础之上的一种市场细分方法,它能使旅游营销者更有效地接近顾客,用他们所使用的语言与之沟通,并进而向他们提供其所喜爱的产品。比从人口特征或其他细分变量对其行为所起的决定性作用要更直接、更精确和更具可预测性。

需要注意的是,成功的市场细分往往不能仅依赖一种市场细分变量,要合理使用不同细分变量的组合,在不同的场合使用不同的变量。

5.3.1.4 旅行社市场细分原则

要使市场细分能真正有效发挥其作用,旅行社在对市场进行细分时,要遵从以下几个原则。

(1)可测性 指各个细分市场的购买力和规模能被衡量的程度。如果细分变数很难衡量的话,就无法界定市场。

(2)可营利性 一个细分市场容量必须足够大才能确保投资的有效性,才有可能创造出大于投资成本的额外利润。当细分市场的顾客人数和购买力一定时候,开发成本至关重要,如果成果过高,就变得无利可图。

(3)可进入性 市场细分的本质就是选择和接近特定的客户群体。可进入性具体表现在信息可进入、产品可进入两个方面。信息可进入是指营销者要有与客源市场进行有效信息沟通的可能,产品可进入指要具有畅通的销售渠道。如果旅游营销信息无法让细分市场旅游者接收,或细分市场的旅游者受其他限制根本不可能到达旅游目的地,这样的细分市场及时开发潜力再大,目前来说也是没有任何价值。

(4)差异性 将一个市场划分为若干细分市场时,应该确定不同细分市场的消费者需求有明显差异。

(5)统一性 每个细分市场中的消费者需求应该尽可能相似。

(6)稳定性 市场细分是一项繁杂细致的工作,因此要求细分后的市场具有相对的稳定性。如果变化太快、太大，会使制定的营销组合很快失效，造成营销资源的浪费。更为严重的是，使市场营销活动前后脱节，陷入被动局面。

5.3.2 旅行社目标市场选择

5.3.2.1 影响旅行社目标市场选择因素

选定目标市场是旅行社市场营销中一项重要的战略性工作，其任务是在营销调研和市场细分的基础上，通过对各细分市场的规模、发展潜力和需求特点以及对本旅行社的生产和经营能力进行评价，确定其业务组合或顾客组合。旅行社在选择目标市场时，需要考虑以下几个方面要素：

(1)旅行社的经营目标和资源　某些细分市场虽然有较大吸引力，但不能推动旅行社实现发展目标，甚至分散旅行社的精力，使之无法完成其主要目标，这样的市场应考虑放弃。另一方面，还应考虑旅行社的资源条件是否适合在某一细分市场经营。只有选择那些旅行社有条件进入、能充分发挥其资源优势的市场作为目标市场，企业才会立于不败之地。

(2)细分市场的规模和发展潜力　旅行社进入某一细分市场要考虑细分市场的规模和发展潜力，也就是各细分市场现实市场容量与未来市场容量。如果市场规模狭小或者趋于萎缩状态，旅行社进入后难以获得发展，此时，应审慎考虑，不宜草率进入。

当然，旅行社也不宜以市场规模作为唯一取舍，特别是应力求避免“多数谬误”，即与竞争企业遵循同一思维逻辑，将规模最大、吸引力最大的市场作为目标市场。这样，大家共同争夺同一个顾客群的结果是造成过度竞争和社会资源的无端浪费，同时使消费者的一些本应得到满足的需求遭受冷落和忽视。

(3)细分市场结构　细分市场可能具备理想的规模和发展特征，然而从赢利的观点来看，它未必有吸引力。波特认为有五种力量决定整个市场或其中任何一个细分市场的长期的内在吸引力。这五个群体是：同行业竞争者、潜在的新参加的竞争者、替代产品、购买者和供应商。

1)细分市场内同行业竞争的威胁：如果某个细分市场已经有了众多的、强大的或者竞争意识强烈的竞争者，那么该细分市场就会失去吸引力。如果出现该细分市场处于稳定或者衰退，生产能力不断大幅度扩大，固定成本过高，撤出市场的壁垒过高，竞争者投资很大，那么情况就会更糟。这些情况常常会导致价格战、广告争夺战，新产品推出，旅行社要参与竞争，就必须付出高昂的代价。

2)新竞争者进入的威胁：如果某个旅行社细分市场有森严的壁垒，对进入者要求条件很高，并且还会遭受到细分市场内原来的公司的强烈报复，他们便很难进入，这个细分市场就越有吸引力。根据行业利润的观点，最有吸引力的细分市场应该是进入的壁垒高、退出的壁垒低。在这样的细分市场里，新的旅行社很难打入，但经营不善的旅行社可以安然撤退。如果某个旅行社细分市场进入和退出的壁垒都高，那里的利润潜量大，但也往往伴随较大的风险，因为旅行社如果经营不善的就面临难以撤退的困境。最坏的情况是进入细分市场的壁垒较低，而退出的壁垒却很高。造成在行业经济良好时，大家蜂拥而入，但在行业经济萧条时，却很难退出。其结果是大家都生产能力过剩，收入下降。

3)替代产品的威胁:如果旅行社某个细分市场存在着替代产品或者有潜在替代产品,那么该细分市场就会吸引力不足。替代产品会限制细分市场内价格和利润的增长,甚至会蚕食掉这一细分市场。

4)购买者讨价还价能力加强的威胁:如果某个细分市场中购买者的讨价还价能力很强或正在加强,该细分市场吸引力就会下降。购买者便会设法压低价格,对产品质量和服务提出更高的要求,并且使竞争者互相斗争,所有这些都会使销售商的利润受到损失。

5)供应商讨价还价能力加强的威胁:如果旅行社的某个细分市场中供应商议价能力很强,那么该细分市场就会没有吸引力。旅行社进入这样细分市场,就会面临比较大的风险,如供应商抬价、提供质量不合格产品,等等。

5.3.2.2 旅行社目标市场营销策略选择

旅行社有三种目标分市场营销策略可以选择:无差异化营销策略、差异性营销策略和集中化营销策略。

(1)无差异化市场营销策略　无差异化市场营销策略就是旅行社把整体性大市场作为目标市场,运用统一的旅游营销组合,试图吸引尽可能多的旅游者。这种策略的核心是针对需求的共同点,舍去其中的差异点。旅行社采用这种策略,关注的是如何推出旅游者普遍需求的产品,而不是提供他们所需的不同产品;并通过大众化分销和大规模促销,使产品在市场上树立鲜明形象。

旅行社采用无差异目标市场营销策略突出特点是规模效应显著,成本较低。它可以大大降低产品开发、广告促销、市场调研以及市场管理的费用,有利于形成规模经济。

旅行社无差异目标市场营销策略适合在旅行社竞争程度比较低,客源市场需求比较高的环境下应用,一般在某种旅行社新产品的导入期和成长期阶段可使用这种策略。

(2)差异化目标市场营销策略　差异化目标市场营销策略是指旅行社在旅游市场细分基础上,同时选择整体市场中的数个或全部细分市场作为自己的目标市场,针对不同细分市场的需求特点,提供不同的旅游产品,制定不同的营销组合。

差异化目标市场营销策略有利于更好地满足消费者市场需求,有利于提高旅游产品的竞争力和扩大旅游企业的总销售额。企业采用差异化目标市场营销策略,由于面对多个细分市场,某一细分市场发生剧变,也不会使企业全盘陷入困境,大大减少了经营风险。但也存在经营成本增加、摊子太大、矛盾因素多等问题。所以旅行社在采取这种营销策略时,必须保证选定的目标市场在实施此策略后,总销售量扩大带来的收益大于营销总成本的增加。差异化目标市场营销策略比较适合大型旅行社集团公司采用。

(3)集中化市场营销策略　集中化目标市场营销策略是指旅行社在市场细分的基础上,只选择其中一个或少数细分市场作为目标市场,集中全部营销力量实行高度专业化经营。这种策略力图在一个或少数几个细分市场内占有较大的市场占有率。这种策略在较小范围的市场上活动,占用资金相对较少,成本费用相对较低,并且容易形成产品与经营特色,有利于促进旅行社在特定市场上的知名度和美誉度。旅行社采用这种策略,细分市场选择恰当的话,可获得较高的投资收益率。但是,这种模式也存在较大的风险,由于目标市场范围狭窄,一旦市场环境突变,消费者偏好发生转移,或者出现强有力的竞争者,企业就会陷入困境。这种模式比较适合中小型旅行社。

选择什么样的细分市场策略,受旅行社的产品与市场特点影响(表5-4)。

表5-4 与产品/市场特点相关的细分市场策略

产品/市场特点	细分市场战略		
	无差异化营销策略	集中化营销策略	差异化营销策略
产品同质性	同质	可以是差异化	异质
市场竞争程度	缺乏竞争	有竞争	竞争激烈
生命周期阶段	导入期、成长期	成熟期、衰退期	成熟期、衰退期

5.3.3 旅行社目标市场定位

选择目标市场后,旅行社要为自己或产品、品牌在市场上树立某种特色,塑造预定的形象,并争取目标消费者的认同。旅行社目标市场定位指旅行社根据目标市场上竞争者状况和自身情况相比较的差异,针对顾客对该类产品某些特征或属性的重视程度,为旅行社产品塑造与众不同的,给人印象鲜明的形象,并将这种形象生动地传递给顾客,从而使该产品在市场上确定适当的位置。旅行社目标市场定位任务就是使旅行社产品在目标顾客心目中树立和造就某一与众不同的形象或突出的地位。

5.3.3.1 定位步骤

关于怎样进行市场定位,美国营销专家曾提出5D模型。

(1)纪录(documenting) 识别出购买你服务或产品的顾客最重要的利益。

(2)决定(deciding) 决定旅行社产品的形象。

(3)区分(differentiating) 明确你要与之区别的竞争者和自己的优势。

(4)设计(designing) 区别产品或服务的特性,并使其表现在定位陈述和其他营销组合中。

(5)实现(delivering) 采取一定的方式实现。

5.3.3.2 定位方法

旅行社目标市场定位可采用产品差异化和服务差异化。其定位方法可有下面5种选择。

(1)根据产品特色进行定位 即根据自己产品的某种或某些优点,或者说是根据目标顾客所看重的某种或某些利益去进行定位。这些优点或利益的基础可以是这一旅行社产品所提供的服务项目特色、旅游目的地特色、服务质量、服务保证等,或者这些方面产品特色的任何组合。

(2)根据价格和质量进行定位 在价格和质量谱系的不同点,都有相对应旅行社产品。在谱系的高端,是高质量、豪华、高品位、能提供很细致周到服务的产品,价格相对较高;在谱系的低端,是经济性产品,乘坐经济性交通工具,入住经济型旅店,价格相对低廉。价格质量定位通常比较容易实现,并且通常在两端显得更有效——高价位豪华型和低价位经济型。

(3)根据产品使用者进行定位　这种方法是要识别并与特殊顾客群体联系起来。例如,深圳国旅开发“深圳情旅”产品,专门为单身者提供旅游交友服务。

(4)改变产品的类别进行定位　这一方法是指企业可通过变换自己产品类别,把自己产品与竞争者区别开来的一种定位方法。例如,有些乡村旅游度假地饭店可不必将自己定位为饭店,而是定位于例如温泉疗养中心、度假村之类的场所,通过诸如此类的做法,企业可扩大或控制自己的目标市场范围。

(5)借助竞争者进行定位　这种方法所指的是一个形象模糊旅行社产品品牌可通过将自己同市场声望较高、具有相似特色的旅行社产品品牌进行比较,借助竞争者的知名度来实现自己的形象定位,其通常做法是通过推出比较性广告,说明本旅行社产品特色与竞争者产品在某一或某些性能特点方面的相同之处,从而达到引起消费者注意并在其心目中形成印象的目的。

【本章小结】

(1)旅行社市场营销调查可分为探测性调查、描述性调查和因果性调查三种。

(2)旅行社市场营销调查内容包含宏观营销环境调查和企业的微观营销环境调查。

(3)旅行社市场调查的步骤大体上可以分为预备调查、调查实施和调查总结三个工作阶段。

(4)旅行社市场调查方法可分为实地调查和案头调查二种。

(5)目前应用的市场预测方法主要有个人经验预测法、集体经验预测法、德尔菲预测法、时间序列预测法等几种。

(6)旅游市场细分标准涵盖地理环境变量、人口特征变量、心理特征变量和行为特征变量四大部分。旅行社在对市场进行细分时,要遵从可测性、可赢利性、可进入性、差异性、统一性、稳定性等几个原则。

(7)在进行旅行社目标市场选择时,需要考虑到的要素有:旅行社的经营目标和资源、细分市场的规模和发展潜力、细分市场结构。

(8)旅行社目标市场定位任务就是使旅行社产品在目标顾客心目中树立和造就某一与众不同的形象或突出的地位。旅行社市场定位,可分为纪录、决定、区分、设计、实现五个步骤。在定位方法上有:根据产品特色进行定位、根据价格和质量进行定位、根据产品使用者进行定位、改变产品的类别进行定位、借助竞争者进行定位。

【重点概念】

旅行社市场调查　市场细分　目标市场定位

【案例分析】

案例 5-1

中美贸易战愈演愈烈,赴美旅游影响几何?

最近十年,中美双向旅游交流人数累计超过了 3 000 万人次。2016 年赴美旅游的

297万人次中国人,为美国带去了330亿美元的旅游消费,在美国各个旅游客源国中位居第一。2017年,美国对中国服务贸易顺差522.6亿美元,其中,旅游业占了很大的比例。

但在2018年3月份,美国总统特朗普签订了一份总统备忘录,将对所谓中国的"经济侵略行为"展开经济上的制裁,打响了中美贸易战的第一枪,对中国实施极限施压。2018年9月18日,美国政府宣布实施对从中国进口的约2 000亿美元商品加征关税的措施,自2018年9月24日起加征关税税率为10%,2019年1月1日起加征关税税率提高到25%。2019年8月15日,美国贸易代表办公室宣布将对另外约3 000亿美元自华进口商品加征10%关税。美国总统特朗普还决定,未来会限制中国公民赴美留学和工作的签证数量,并预备停发美国10年多次往返签证,包括提高学生签的拒签率、增高旅游签的门槛、收紧工作签政策等措施。

案例思考题:

中美贸易战对中国赴美旅游市场会有什么样的影响?

案例5-2

长宁区另辟蹊径,做火"小主人生日游"

对于生日,孩子们总是有很多美好的梦,想象着自己的出生纪念与众不同,别具一格。而诞生于1998年10月的"小主人生日游"活动以鲜明的主题、丰富的内容、新颖的形式、深远的意义,赋予"生日"更多的内涵,使孩子们梦想成真。

"小主人生日游"的"发祥地"长宁区,与申城其他区县相比,旅游资源并不丰富,既缺乏历史人文的特色,又鲜有生态自然的优势。但从"以人为本,发展旅游"的角度出发,在逐渐细分化的市场中度身定制的旅游产品。上海有140万15岁以下的少年儿童,每天有约4 000名孩子过生日。1998年,上海《小主人报》和上海市长宁区旅游部门推出"小主人生日游"。自推出以来,参加人数越来越多,从每年一次的节庆活动正逐渐演变为节假日的常规项目。对于"小主人生日游"的运作,主办单位专门成立公司负责对这个专题产品进行策划、组织和运作,市场化运作。有多家旅行社参与其系列产品的推介活动,无锡、湖州等地旅行社纷纷与上海主办方联系,组织"孩子团队"到上海参加"小主人生日游"。

1998年,11名抗洪功臣的子女来到浦江畔,与千名上海儿童共同度过了一个欢乐的生日之夜;1999年,精心安排的中华之最游,串起了沪上的著名景观,精致美味的生日蛋糕也被载入中华吉尼斯成为一绝;2000年,2000余条"小龙"欢聚在汇龙潭,参加了千载难逢的"祥龙"聚会,许下最真挚的心愿;2001年,万余名少年儿童在上海影视乐园栽下了一棵希望之树,共同筑起"小主人生日纪念苗圃";2002年,九万余名小主人来到中山公园,畅游在"小主人生日游欢乐世界"中,看童话、学知识、玩游戏、比技能、不亦乐乎……

多彩的活动吸引了广大青少年的目光,也使"小主人生日游"获得"上海旅游节优秀旅游产品"的殊荣。2003年,经国家商标局注册的专营青少年旅游项目的"小主人"品牌策划了全新的"小主人生日游主题活动",打破了往年生日游的操作模式,使"生日游"从历年的单一活动,发展为一个系列化、过程化的,具有更深内涵、更多新意的"生日游主题活动"。

案例思考题：

1. 儿童细分市场有什么特征？围绕这个细分市场开发出来“小主人生日游”产品对你有什么启发？

2. “小主人生日游”特色是什么？

3. “小主人生日游”产品是如何定位的？

思考题

1. 什么是旅行社市场营销调研，有哪些类型？
2. 旅行社市场营销调查的内容有哪些？
3. 谈谈在旅行社调研中，如何应用焦点小组访谈法？
4. 谈谈在旅行社调研中，如何应用问卷调研法？
5. 旅行社市场预测常用的方法有哪几种？
6. 旅行社市场细分一般应遵循哪些原则？
7. 影响旅行社目标市场选择因素有哪些？
8. 旅行社目标市场的程序一般包括哪些步骤？
9. 旅行社市场定位的含义和作用是什么？
10. 旅行社市场定位的主要方法有哪些？

高等教育旅游管理专业"十三五"规划教材

6 旅行社产品开发与设计

学习目标→

通过本章的学习，理解并掌握旅行社产品的概念和内涵；熟悉旅行社产品的构成与分类；熟悉旅游线路的含义与特点，掌握旅游线路设计的原则、理念与内容；了解旅行社新产品开发的影响因素，熟悉旅行社新产品的类型与开发程序；掌握旅行社产品开发策略。

学习难点→

旅行社产品的内涵　旅游线路设计原则和理念　旅行社产品开发的策略　旅游产品开发的程序

随着社会经济的发展和人们生活水平的不断提高，旅游者的需求也在不断变化。当代的旅游市场需求总体呈现出差异化、复杂化和个性化的特征。企业是以顾客为中心进行经营的，而没有出色的产品就不会有满意的顾客。因此，如何设计与生产出令旅游者满意的产品，是任何一家旅行社都十分关心的问题。旅行社产品的质量、特点、设计、品牌等共同构成其外包装，用以传递产品的信息，形成不同产品的差异性，同时，也有助于旅行社进行单个产品决策。对旅行社的产品进行管理，应当从旅行社产品的概念、构成出发，认识到旅行社产品的本质是为旅游者的空间转移提供的服务，旅游者在消费旅行社产品的过程中获得的核心利益仅仅是一次经历与享受，旅游者无法预先看到产品。所以，作为旅行社，如何适应旅游者的个性化需求，如何在激烈的市场竞争中立于不败之地，关键就在于旅行社要根据市场需求，开发设计出适销对路的旅游产品，才能赢得旅游者，赢得市场。

6.1 旅行社产品概述

6.1.1 旅行社产品的概念

产品是一种向市场提供的能满足买方某种需求和利益的物质实体或

非物质形态的服务,它包括有形和无形两种形态。从广义上讲,凡是旅行社向旅游者销售的能满足旅游者需求的任何有形的产品和无形的服务都属于旅行社产品。旅行社产品的类型是多种多样的,有的简单,有的复杂。前者如旅行社向旅游者提供的一张火车票、机票、旅游景点门票等;后者如旅行社为旅游者提供的某一项产品或服务,还可以是在一次旅游活动中由一系列单项产品和服务有机组合而成的综合产品,这些单项产品和服务之间相互关联,紧密配合,并不是简单地相加。因此,旅行社产品是一个综合的概念,单项的产品如旅行社提供的一项饮食、住宿、交通等方面的服务都可以看作是旅行社产品的特殊形式。由于旅行社产品提供的主要是服务形态的产品,因此,我们可以从两个角度来理解它的概念:

从旅游经营者的角度,旅行社产品是指旅行社为满足旅游者在旅游过程中的需要,而凭借一定的旅游吸引物和旅游设施向旅游者提供的各种有偿服务。这种服务具有不可感知的特性,也不涉及所有权的转移,但可以满足旅游者的需求。

从旅游者的角度,旅行社产品是指旅游者花费一定的时间、费用和精力所获得的一段旅游经历。这段经历包括旅游者从离开居住地到旅游结束返回原出发地的全部过程中所接触的事物、事件和所接触的各种服务的综合感受。

旅行社生产的旅游产品可分为两大类:

第一类,单项旅游产品,旅行社为游客预订交通、预订住宿、预订游览、预订娱乐,代办旅游签证、提供导游服务、交通集散地接送服务等,是满足游客某一具体需要的产品。

第二类,综合性旅游产品,是旅行社为满足旅游者旅行活动中(食、住、行、游、购、娱)的全部需要,并融入旅行社自身服务的产品。

6.1.2 旅行社产品的构成

旅行社产品同其他产品一样,也是由三部分构成,即核心产品、有形产品和附加产品。

6.1.2.1 核心产品

核心产品是旅行社产品最基本的部分。当消费者购买某一产品时,其核心部分就是真正能满足旅游者需要的服务和带给消费者的核心利益。例如,对于洗衣机,消费者要购买的是“方便、快捷、干净”;对于化妆品,消费者要购买的则是肤白貌美。产品的核心部分为消费者带来的利益远远超出了产品本身。对于旅行社产品而言,核心部分是指向旅游者提供的一种印象深刻、愉悦身心的旅行经历,即借助餐饮、住宿、交通、游览、购物、娱乐等基本物质保证手段,满足旅游者求乐、求新、求异的基本需要的产品。例如,旅游者到云南为期7天的度假,产品的核心部分就是旅游者通过度假获得的充分放松和休息。核心产品只是一个抽象的概念,要卖给游客必须通过一定的具体形式。

6.1.2.2 有形产品

有形产品是指核心产品的载体,即向市场提供的实体和服务的形象,包括价格、质量、品牌、特色、包装、安全、方便等,是旅行社产品可以为旅游者识别的外观形式。这些因素组合在一起传递出产品的核心利益。旅行社产品属于服务产品,因此更需要用有形的部分来传递产品信息。如上云南度假旅游产品,产品的有形部分就体现在这次度假的主题名称、赴云南的飞行、提供7天住宿的酒店、机场的接送服务以及宣传手册等。

6.1.2.3 附加产品

产品附加部分是指旅行社向旅游者提供的超出基本服务之外的各种额外服务和利益,如旅行社售后服务、信誉与保证、付款方式等,这些附加服务虽不是核心产品,但对核心产品所提供的利益和效用起到了补充和完善的作用,可以进一步提升顾客的满意度。再如上述例子,附加部分可以是旅行社门市安排登记的人员、旅行社的电脑预订系统、旅行社负责处理问讯与投诉的顾客服务部门等,这些都可以是旅行社产品的附加部分。如今越来越多的旅行社竞争都体现在产品的附加部分,它不仅能满足顾客的需求,而且能使顾客获得愉悦的心情。

所以,旅行社在开发产品时,要充分考虑产品的上述三个因素,它们构成了旅行社产品的整体效能,可以帮助旅行社在顾客的心目中建立起自己独特的风格与形象,使旅行社与其竞争者明显区别开来。更重要的是,它们构成了顾客对旅行社产品感受的一部分。

6.2 旅行社产品的类型

6.2.1 按旅游者组织形式划分

按旅游者组织形式划分,旅行社产品可分为团体旅游和散客旅游两种形式。

6.2.1.1 团体旅游

团体旅游是指 10 人以上(含 10 人)的旅游者组成的旅游集体,一般按旅游批发商制订的日程、路线、交通工具、收费标准等做出抉择后事先登记、付款后到时成行的一种旅游方式。团体旅游通常以包价的形式出现,可以全包价,也可以部分包价,其优点是日程、线路、住宿、参观节目都按计划进行,游客省心,收费比单独出游低,尤其去某些语言有隔阂的国家和地区,团队派有导游,是颇受旅游者欢迎的旅游形式。

6.2.1.2 散客旅游

散客旅游也称"个别旅游",是指 9 人或 9 人以下,没达到成团人数标准,其旅游日程、线路、旅游时间,及各项旅游活动等由旅游者自己选定,然后再由旅行社做某些安排,如机票、旅馆等。散客旅游灵活、自由,可选择性强,因此为很多旅游者所喜爱。

6.2.2 按旅行社产品的档次划分

6.2.2.1 豪华等

豪华等旅游产品费用较高,此类产品住宿和餐饮安排在四星或五星级酒店,旅游者享用高档豪华客车、中高级导游提供服务、观赏高水平的娱乐节目等,如遨游太空或在有着显赫历史的古堡中品味红酒。虽然豪华等旅游产品在整个旅行社产品中占的比重不是最多,却有着相对较高的经济效益。

6.2.2.2 标准等

标准等旅游产品费用适中,此类产品对住宿和餐饮无特别要求,住宿和餐饮安排在三星或准四星级酒店,享用国产空调车。标准等旅行社产品,常采用 15 人以上的团体实行领队或导游减免办法(即 16 人减免 1 人的综合服务费)给予优惠。

6.2.2.3 经济等

经济等旅游产品价格低廉,此类产品的特点是,成团人数要求高,大多规定要在15人以上甚至26人方能成团,住宿和餐饮安排在快捷酒店或招待所,使用符合规定的大巴车,经济等旅游产品大交通一般使用汽车、火车和普通轮船。经济等产品有薄利多销的优势,能够满足消费水平比较低的旅游者的需求,可给旅行社带来一定的经济效益。

6.2.3 按旅行社产品包含的内容划分

根据产品具体形态不同,旅行社产品可划分为包价旅游、组合旅游和单项服务几种产品类型。

6.2.3.1 包价旅游产品

包价旅游是指在旅游活动开始前,旅游者将全部或部分旅游费用预付给旅行社,由旅行社根据同旅游者签订的合同,为旅游者安排旅游途中的食、住、行、游、购、娱等活动的旅游产品。根据包价旅游所包含的服务内容不同,可分为全包价、半包价、小包价和零包价等。

(1)全包价旅游　全包价旅游(inclusive tour)是指旅游者一次性预付旅游活动所需的全部费用,它等于各项产品单价(含有一定数量折扣)之和、综合服务费(包括城市内车费、杂费、旅行社手续费等)加上专项附加费(含汽车超公里费、特殊门票费、风味餐费、出入境费、行李费、保险费及不可预见费等)。

一般而言,旅游者参加全包价旅游可以获得较优惠的价格,预知旅游费用,方便省心,而且旅行社提供全部旅游安排和全陪服务,使旅游者具有安全感。但是,包价旅游,尤其是团体包价旅游也意味着旅游者不得不放弃自己的个性而适应团体的共性,旅游团内的旅游者共同进餐、共同游览、共同住宿、共同乘坐交通工具,相对缺少了空间和时间上的自由,如果不幸选择了一家服务低劣的旅行社,则整个旅程会变得让人无法忍受。

(2)半包价旅游　半包价旅游(half package tour)是在全包价旅游产品基础上发展起来的不含午餐和晚餐等正餐服务的旅游产品。半包价旅游产品的优点是直观价格低,有利于吸引消费者,同时可以满足游客自主品尝旅游目的地风味餐品的需要。团体旅游和散客旅游均可采用半包价旅游形式。

(3)小包价旅游　小包价旅游(mini-package tour)又称为可选择性旅游产品(Optional tour),由非选择性部分和可选择性部分组成。非选择性部分包括住房(含早餐)、长时间交通费和机场(车站、码头)至饭店的接送费等。这部分费用由旅游者在旅游活动开始前预付。可选择性部分包括导游服务费、游览参观内容、正餐、文艺节目欣赏等内容。这部分费用可以由旅游者预付,也可以现付。小包价旅游具有经济实惠和灵活方便的特点。

(4)零包价旅游　旅游者参加这种形式的旅游,由旅行社代办旅游签证等手续,享受团体机票的优惠,但必须随团前往和离开旅游目的地。在旅游目的地,旅游者可以自由活动,不受旅游团的束缚,形同散客。

6.2.3.2 组合旅游产品

组合旅游产品俗称“拼团”旅游,是围绕固定的旅游线路,主要由旅游目的地旅行社经营的旅游产品。它产生于20世纪80年代,多流行于饭店、交通等旅游服务相对过剩的地区。旅游目的地旅行社根据对旅游客源市场需求的了解,设计出一批固定的旅游线路,并将这些线路的具体内容广泛通知客源市场的旅行社,由后者负责向旅游者推销并按时将游客送到目的地。旅游者在指定日期到达旅游线路的起点后,由目的地旅行社将其集中起来,组团旅游,每团人数不限,只要语言相同即可。旅游者既可随团活动,也可自由活动。旅游活动结束后,旅游团解散,游客各自返回居住地。

组合旅游产品是一种灵活性较强,成本较低的产品。旅行社把来自不同客源地的旅客集中起来,避免了客源地旅行社因当地游客稀少,不能单独成团的弊病。同时,组合旅游的组团时间较短,有利于旅行社在较短的时间内招徕大量游客,降低边际成本,获取较多利润。

6.2.3.3 单项服务产品

单项服务指旅行社根据旅游者的具体要求而提供的各种非综合性的有偿服务。常规性的服务项目有:导游服务、交通集散地接送服务、代办交通票据和文娱票据、代订饭店、代客联系参观游览项目、代办签证、代办旅游保险服务等。旅行社单项服务的对象十分广泛,但主要是零散的旅游者,单项服务是适应全球性散客旅游发展的趋势,满足旅客追求个性化旅游产品要求的一项新型服务产品。

从以上的几种产品形态中我们可以发现,从包价旅游到单项服务,旅行社产品的构成要素逐步减少,服务要素的构成方式也各不相同。随着旅游业的发展,游客需求的多样化,新的旅游产品层出不穷。2016年,众信旅游推出了“自由伴”新产品,它结合了团队游与自由行两方面优势,通过“国际机票+境外参团+自由行”三者的自由组合,为崇尚自由的年轻出游群体、商旅人士、境外探亲人士等全球华人客户提供了贴心的“第三种”选择。

6.3 旅游线路设计

6.3.1 旅游线路的概念

研究的角度不同,对旅游线路(touting of travel)会有不同的理解。目前,我国学术界还没有统一的规范性定义。关于什么是旅游线路,学者们分别从旅游景区规划与管理的角度、旅游产品的角度,给出了一些不同的解释。如,许晓春(2001)、朱国兴(2001)、马勇(1992)、林南枝、陶汉军(2000)、吴为廉(1996)等都曾对旅游线路下过定义。

本书从旅行社产品设计的角度,采用徐明、谢彦君(1995)的观点,即旅游线路是指旅行社或其他旅游经营部门以旅游点或旅游城市为节点,以交通路线为线索,为旅游者设计、串联或组合而成的旅游过程的具体走向。

6.3.2 旅游线路的特点

6.3.2.1 综合性

作为一种以无形服务为主的特殊产品,旅游线路的综合性首先表现在它是由多种旅游吸引物、交通设施、住宿餐饮设施、娱乐场地、各项活动以及相关服务构成的复合型产品，能够同时满足旅游者在食、住、行、游、购、娱等方面的综合需求，它既是物质产品和服务产品的综合，又是旅游资源、基础设施和接待设施的综合；其次，旅游线路的综合性还表现在组成旅游线路所涉及的部门和行业众多，其中包括直接向游客提供产品和服务的饭店业、交通运输部门、娱乐场所、通信部门、海关部门等，还包括间接向旅游者提供产品和服务的农业、林业、牧业、渔业、纺织业、建筑业、钢铁业、公安、卫生、消防、教育等企业和部门，可以说涉及了国民经济的方方面面。

6.3.2.2 不可贮存性

由于旅游服务和旅游消费在时空上的统一性，旅游线路自然是一种不可贮存的特殊产品，旅游产品的这种不可贮存性加深了旅游线路产品供需之间的矛盾，这就需要旅行社采取相应的措施来改变不利局面。首先，要设法使旅游线路产品的开发能力具有一定的弹性，在具体安排上加以调节，例如，旅游淡季可以调整甚至停掉一些线路；其次，可根据某一时期游客对产品需求量的大小调节价格，刺激需求，力求使损失降到最低。

6.3.2.3 不可分割性

由于旅游线路是经过深度加工的高附加值产品，原来分散存在于各个行业的不同产品，经过旅游经营者的设计、开发、组合，形成旅游线路并进行销售，大大提高了其原有的价值，且其所含的价值内容有相当大部分是由即时劳务所构成，所以决定了旅游线路的设计、开发和销售获利具有高度的一致性。因此，旅游线路产品的销售与旅游者的旅游活动是同步的，一旦旅游者做出购买选择，他就同时拥有了旅游线路的使用权，当其消费行为结束时，这种使用权也就自然消失了。

6.3.2.4 分权性

在旅游消费活动中，旅游线路的所有权、经营权和使用权是分开的。一般而言，旅游目的地拥有旅游线路各要素的所有权，旅行社只拥有旅游线路的经营权，当旅行社销售旅游线路时，旅游者获得的是对旅游线路一定时间段内的使用权。旅游者购买获得这种暂时性的使用权后，必须承诺在使用过程中保持旅游产品的物质和非物质构成的完好无损。由于旅游产品的分权性这一特点，很容易造成旅游线路在促销宣传和销售上的困难，因为旅游者对购买某一旅游线路产品可能怀有较高的风险预期，如何帮助顾客克服消极的心理预期，是旅游市场营销成功与否的关键。

6.3.2.5 可替代性

旅游消费是一种建立在游客基本生活消费基础上的高层次消费，会受到社会政治、经济、文化、环境状况等各方面复杂因素的影响而表现出较大的需求弹性和可替代性。不同的旅游线路之间的替代性很强，层出不穷的旅游线路的数量和类型使旅游者有了更多的选择余地，从而增加了其选择的随机性。实践证明，旅游线路的需求价格弹性、需求收入弹性和交叉弹性都比较高，因而使旅游线路的销售具有很大风险，竞争也随之激烈。

6.3.2.6 敏感性

第一，旅游线路中“食、住、行、游、购、娱”各部分的安排会因旅游者的规模、需求不同而有不同的组合方式，它决定食宿设施的规模及档次，交通的运载能力和舒适程度，娱乐空间的舒适及多寡，以及旅游吸引物的层次等，在旅游接待过程中，任何一部分的超前或滞后都会影响旅游活动的正常运转，进而影响到旅游线路整体效能的发挥。

第二,旅游线路往往受到季节和假日等外部因素的制约,表现出明显的季节性特点,例如四季温差造成旅游市场淡旺季需求的差异,传统节假日休闲时间的增多,会引起旅游需求量的变化。

第三,旅游是一种社会性活动,诸如战争、社会动乱、安全事故、自然灾害和国际关系、政府政策、经济状况、汇率等许多因素都会引起旅游需求的变化,继而影响旅游线路的销售状况。例如,2014 年马来西亚航空 MH370 飞机失联事件,使得各旅行社推出的马来西亚旅游线路受到严重影响。

6.3.3 旅游线路设计理念

旅游线路设计(planning of tourist route),又可称旅程设计(planning of tourist itineray),是根据现有旅游资源的分布状况以及整个区域旅游发展的整体布局,采用科学的方法,确定最合适的路线,是旅游者获得最丰富的旅游经历的过程。旅游线路设计主要从两个方面来考虑,一是尽可能满足旅游者的旅游愿望,使旅游者获得最佳的游览效果;二是便于旅游活动的组织与管理。旅游线路设计是一项技术性与经验性非常强的工作,其意义是便于旅游者有目的地选择、安排自己的旅游活动,有计划地支配旅游费用,避免“漫游”;有利于发挥各旅游点的功能和便于旅游服务部门组织接待等。

6.3.3.1 以人为本

由于游客是旅游经济活动的主体,旅游线路作为旅行社面向游客促销的主要产品,既包含了物质方面,又包含了精神方面,其设计应最大限度地满足游客的需要,体现以人为本的思想,重视游客的心理和生理感受,满足游客个性化需求。

(1)注重游客心理感受　第一,在旅游线路设计时,应考虑到各景点参观游览的先后顺序,使游客有“渐入佳境”的感觉;第二,要尽量避免游客走回头路,满足其希望在有限的旅游时间里尽量感知更为丰富的环境信息的心理需求;第三,注意人体生物节律性对游客心理的影响,对于游客来说,一般上午的猎奇、感知欲最旺盛,心理上希望,并且在实际上能够收集和感知的环境信息最大。因此,在日程安排上,上午的游览最好是安排在沿途及景点上的景物比较丰富的景区,以满足此时游客想多感知信息的心理需求,下午要安排一些节奏缓慢、放松的项目,调节大家的身心感受。

(2)注重游客的生理需求　旅游活动的安排要富于节奏和韵律,动静适当交错。因为游客的精力是有限的,如果旅游的运动强度超出身体所能承受的限度,不但不能放松心情,还容易出现多种事故。相反,游览的节奏太松,游客觉得时间没有充分利用而不满意。另外,旅游线路上各景点的游览,游客所需付出的体力也不一样。如通过乘游船、坐缆车等活动,体力消耗甚少,而游客自己行走、划船、登山等项目,体能消耗较大。在进行线路设计时,应尽量使两者交错安排,不至于使游客过于劳累或过于闲静。

6.3.3.2 创新精神

旅游线路的设计应在适应市场需求不断变化的情况下,对传统路线有所改进和突破,对旅游资源、交通等要素进行创新组合。

(1)新的旅游资源不断涌现促使旅游线路设计不断创新　当今社会科技创新,经济飞速发展的同时,新的旅游资源不断涌现,也为旅游业带来无限生机。如一些人造景点、人工科技场馆、现代科技园区、大型博览会场馆、各种体育赛事场馆等，随着这些新的旅游资源的出现，旅行社必须洞察局势，创新思路，及时设计新的线路满足游客对新生旅游资源的需求。

（2）市场竞争迫使旅行社线路设计不断创新　我国旅行社绝大多数是中小旅行社，其经营能力、产品生产能力较低，在面临激烈的市场竞争时，容易陷入价格战的怪圈。大多数旅行社也就直观地认为一切都是价格惹的祸，而忽视了线路设计本身问题，致使价格战越来越激烈，服务质量不断降低，旅游投诉不断增多。旅行社业要摆脱以往恶性竞争的困境，就必须从自身的产品方面下功夫，创新旅游线路设计，形成自身的特色，增强市场的号召力。

（3）旅游需求不断变化促使旅游线路设计必须创新　随着旅游业的发展，新的消费行为与消费习惯的出现，个性化的体验式旅游逐渐成为旅游市场的主体消费形式。个性化消费的兴起，要求旅游市场针对不同的顾客提供不同的个性化的产品，走出传统的拉练式观光旅游的误区。因此，旅行社必须创新旅游线路的设计以满足当前旅游市场的需求。

6.3.4　旅游线路设计原则

6.3.4.1　市场原则

市场原则是指旅行社在产品的设计与开发中，始终坚持以旅游者需要为出发点，了解旅游者现实需求和潜在需求，以为旅游者服务为宗旨来设计产品。旅行社产品设计的市场原则具体体现在以下三个方面。

（1）根据市场需求变化开发产品

尽管旅游者的需求千变万化、差异较大，但是，对于大多数旅游者来说，有些需求是相对稳定和具有代表性的，如：

1）去未曾去过的地方增长见识。

2）希望从紧张烦琐的工作中解脱出来。

3）能有效地利用时间又不是很劳累。

4）能有效地利用预算，物美价廉。

5）舒适身心，陶冶情趣。

根据市场需求的规律性来设计开发旅游产品，能保证产品的普适性和相对稳定性，从而基本保证这些产品为消费者所接纳。

（2）根据旅游者或旅游中间商的要求开发产品　旅行社可以根据从旅游者或旅游中间商那里获得的意见或要求，设计专门的旅游产品以满足他们的需要。

（3）创造性地引导旅游消费　旅行社通过构思创新，创造性地开发出新产品，引导旅游消费。例如，当国人出境旅游成为常态，简单的团队游与自由行已难以满足日益变化的出游需求，“私家微团”逐渐走入国人视野。2016 年，凯撒旅游全新研发，首度推出“幸福私家团”系列产品，以“精致小团”“高私密度”“个性化”及“深度体验”为特色，受到当下出境旅游市场的广泛关注，产品爆满。“幸福私家团”配备的是 2 ~7 人的精致小团，旅游安排自由个性，让游客获得专属于他们的特别时刻，而全程专业的司陪服务则充分保障了旅游体验的深入。

6.3.4.2 特色原则

特色原则是指旅行社生产的产品应具有鲜明的独特风格和特点,与市场同类产品有明显的区别。特色是旅游产品的灵魂,突出特色是旅行社设计产品的核心目标,特色鲜明的旅游产品能够在市场上对旅游者产生强烈的吸引力。随着旅游业的快速发展,常规产品已不能满足游客日益增长的需求,更无法适应当今国际旅游业的激烈竞争。旅行社只有开发出具有自身特色的旅游产品,才能吸引更多的旅游者。

6.3.4.3 经济原则

经济原则是指以相对低的消耗,获取相对高的效益。旅行社产品同其他产品一样,也有各种成本支出,如交通费、住宿费和餐饮费等。这就要求产品开发人员在设计线路产品时加强成本控制,通过批量采购和协作网络的作用,降低采购价格,获得最大利润。旅行社产品的总体结构要合理,保证接待能力与实际接待量之间的均衡,避免因接待能力闲置造成的经济损失。

6.3.4.4 旅游线路结构合理,布局得当原则

(1)避免重复　在设计旅游线路时,尽量避免游客体验重复,降低旅游质量。一方面,最佳旅游线路是由一些旅游依托地和不同性质的旅游点串联而成的环形线路,力避景点类型重复,往返旅途重复;另一方面,线路设计中,交通工具也要尽量多样化,避免单一的交通工具给旅行带来乏味。

(2)择点适量　对旅游者来说,由于旅游产品是旅游者花费一定的时间、金钱和精力来享受的一种特殊经历,所以旅游线路要有一定数量的景点,丰富、充实行程,使游客感到“物有所值”。景点太少,增加旅游成本,会让游客感到失望和不值。景点太多会使旅游者感到疲惫不堪,无法对旅游地有深入的了解,造成生理和心理的双重疲劳。

(3)点间距适中　旅游线路的设计要考虑各个景点之间的距离要适中,如果两个相邻的景点之间距离太长,既浪费游客的时间又使之精力消耗太大,则会影响游客的旅游兴致,造成旅游体验质量下降。

(4)顺序科学　一条好的旅游线路就好比一首成功的交响乐,有时是激昂跌宕的旋律,有时是平缓地过渡,但都应当有序幕——发展——高潮——尾声。在旅游线路的设计中,应充分考虑旅游者的心理与精力,将游客的心理、兴致与景观特色分布结合起来,注意高潮景点在线路上的分布。旅游线路的结构顺序与节奏不同,产生的效果也不同。

(5)特色各异　设计旅游线路不仅要考虑各个景点的特色,还要考虑旅游线路的整体效果,不能把景色相近或性质相同的景点安排在同一条旅游线路中。只有组合科学的旅游线路才会受消费者的欢迎。

6.3.4.5 内容丰富多彩原则

旅游线路设计应围绕主题安排丰富多彩的旅游项目,形成完整的主题游线路。让游客通过丰富的主题活动,从不同的侧面感受旅游目的地的文化和风景,增加旅游乐趣,加深游客印象,扩大影响力。单一的活动内容,就会使旅游单调乏味,削弱游客的猎奇心,降低整体旅游效果。

6.3.4.6 旅游交通安排合理原则

交通安排以安全、快捷、舒适、方便为基本原则,同时还要考虑与旅程的主题结合,减

少候车时间。一次完整的旅游活动,其空间移动可分三个阶段,从常住地到旅游地,在旅游地各景区旅行游览,再从旅游地返回常住地,只有"进得去、散得开、出得来"才能保证旅游活动顺利进行。选择合适的交通工具,才能为游客带来更舒适的旅游体验。

6.3.4.7 服务设施确有保障原则

设计旅游线路时,各种服务设施必须确有保障,既要保障服务设施符合一定的质量和标准,还要保障游客的人身安全,同时还要考虑旅游目的地的接待能力,确保旅游活动顺利开展。否则,不仅会影响旅游者的兴致与心境,还会影响到旅行社的信誉。

6.3.5 旅游线路设计的主要内容

旅游线路设计需考虑四类因子:旅游资源(旅游价值)、与旅游可达性密切相关的基础设施、旅游专用设施和旅游成本因子(费用、时间或距离)。旅游线路是构成旅游产品的主体,包括景点、参观项目、饭店、交通、餐饮、购物和娱乐活动等多种要素。旅游线路设计应包含以下内容。

6.3.5.1 确定旅游线路名称

线路名称是对线路性质、内容和设计思路的高度概括,直接反映了旅游产品的功能及特色。为了引发市场关注,激发人们的购买欲望和出游兴趣,线路名称要简单概括,主题突出,富有吸引力。

6.3.5.2 策划旅游线路

旅游线路的策划是通过创意,整合、连接与旅游活动相关的各种因素而形成的旅游产品的初级形态。线路的策划,①选择符合旅游线路主题的目的地,确定旅游资源的类型、级别,主要游览景区、景点的特色等;②游览顺序的安排应体现时间最短、费用最少、交通便利、合理搭配的原则。

6.3.5.3 计划活动日程

活动日程是指整个旅游线路具体的游览地点和内容的时间安排。旅游线路的游览顺序确定之后,接下来就要计划旅游行程中每天的具体活动,如抵离时间、游览时间、娱乐时间、购物时间等。日程安排要充分考虑游客的生理和心理需求,体现劳逸结合、丰富多彩、高潮迭起的原则。

6.3.5.4 选择交通工具

旅游交通是构成旅游线路的要素之一。旅游交通可分为长途交通和短途交通,前者指城市间交通(区间交通),后者指市内接送(区内交通)。交通工具有:民航客机、旅客列车、客运巴士、轮船(或游轮、游船)。交通工具的选择,包括从旅游客源地到旅游目的地的交通方式和等级、旅游目的地内部的交通方式和等级、某些特种交通工具的使用等。旅游交通工具应在安全、舒适、快捷的基础上充分考虑游览效果。

6.3.5.5 安排食宿

食宿是旅游活动顺利进行的保障,包括旅游住宿的酒店或宾馆的等级和客房标准、旅游餐饮的种类和标准等。住宿一般占旅游者旅游时间的 1/3,是体现旅游线路品质的重要因素。旅行社安排住宿,要根据目标市场的消费水平安排不同等级的酒店,旅游食宿安排要做到卫生整洁、经济实惠、服务周到、位置便利,还要安排当地的特色餐饮,使游客从不同的侧面了解旅游目的地的文化。

6.3.5.6 策划娱乐活动

旅游娱乐是指旅游者在旅游活动中所观赏和参与的文娱活动,它是构成旅游活动的六大要素之一,是旅游活动中不可缺少的内容。娱乐活动必须突出民族特色和地方特色,雅俗共赏,寓教于乐,使游客在观赏、休憩、娱乐的同时,深入了解旅游目的地的历史文化、风土人情和科技知识,受到社会文明的熏陶。

6.4 旅行社产品开发程序

6.4.1 影响旅行社产品开发的因素

影响旅行社产品开发的因素主要有资源禀赋、设施配置、旅游需求、旅行社自身条件等。

6.4.1.1 资源禀赋

资源禀赋是指一个国家或地区拥有的旅游资源的状况。与旅行社产品开发相关的资源因素包括自然资源、人文资源、社会资源、人力资源。

(1)自然资源　自然资源是指没有经过人类加工改造就能给旅游者带来美的享受的自然环境的物象组合。它是构成旅游活动的重要条件,但并不是所有的自然资源都可以开发成为旅游产品。一般意义上,只有具备交通的可进入性、资源的可观赏性、环境的可承载性的自然资源才可以开发成旅游产品。如,我国青海省著名的"三江源"(长江、黄河、澜沧江的发源地)属于世界级旅游品牌,但却很难开发成旅游产品,原因就在于它的可进入性太差。

另外,可开发成旅游产品的旅游资源,其美感度、奇特度、知名度等固有的自然特点,对旅行社产品的开发也具有决定性的影响,因为这一切构成了潜在的自然资源转化成旅游经济资源的基础。例如,四川阿坝藏族羌族自治州九寨沟国家级自然保护区,以它神奇而美丽的自然风光每年都能吸引成千上万的旅游者前来观光游览。

(2)人文资源　人文资源包括人类在各种活动中创造的、把动态的历史用静态的实物表现出来的,能够激起人们的旅游动机的所有物质财富和精神财富的总和,如语言文字、文化传统、历史遗存、现代建筑成就和艺术资源等。人文资源的富裕程度决定一个国家或地区旅游开发的潜力,它对游客的吸引正充分体现旅游活动文化性的特点。

(3)社会资源　指在特定社会文化区域内,对旅游者产生吸引力的人群以及与其生活有紧密联系的各种社会事件、现象、事物和活动。包括传统文化、民族风情、节庆、表演和保健等。如青岛国际啤酒节、大连海上婚庆旅游节、西安丝绸之路国际旅游节、扬州烟花三月国际经贸旅游节等,它是对人文资源的深层开发。

(4)人力资源　人力资源是旅游业开发与经营的基本要素,包括人口数量、人口特点、人员素质、当地人员对旅游业的支持程度等方面,旅行社在产品开发时必须考虑这些因素。

6.4.1.2 设施配置

仅仅有旅游资源是不够的,旅游地旅游设施的数量、规模和质量也直接制约和影响着旅行社产品的质量。旅游设施主要包括旅游住宿设施、旅游交通设施、旅游景区景点设施和各项文体活动设施四大部分,它们集中体现了旅游目的地的接待能力。旅游设施相对健全的旅游地往往吸引了更多的旅行社,并推出更丰富的旅行社产品,旅游市场的繁荣反过来也会促进政府和企业加大对旅游设施的投入。

6.4.1.3 旅游需求

旅游需求是指消费者在一定时期内愿意以一定的价格购买旅游产品的数量。旅游需求不仅与人们消费水平有直接关系,而且也反映出旅游者的消费兴趣。因此,在某种意义上讲,旅游者的需求决定了旅行社产品开发的基本方向,在开发产品的过程中,不仅要通过市场调查及时了解旅游市场需求变化趋势,还要根据消费者的闲暇时间和消费水平,开发出适销对路的产品。

6.4.1.4 旅行社自身条件

在开发产品时,旅行社还应立足自身实力,企业的经营目标、人力、财力、在市场上的知名度和美誉度等都是要考虑的因素。

6.4.2 旅行社新产品的类型

旅行社新产品是相对于未被满足的需求而言的,这与科技领域所指的新产品在含义上有所不同。凡是对原有产品整体概念中的任何一部分进行创新和改革,并能满足潜在消费者需求的产品都属于新产品的范畴。

6.4.2.1 全新产品

指本旅行社以前从未生产和销售过的新产品,如新开辟的旅游线路、新开发的旅游景点、新建成的旅游饭店等。因为投资和风险较大,开发周期较长,所以这些产品不可能经常出现。当然,一旦有完全创新产品投放市场,会有较强的竞争优势,它在一定时间内不容易被模仿。

6.4.2.2 换代产品

指在现有产品基础上进行较大改革后生成的产品。例如,旅行社原来经营纯观光旅游产品,这是第一代产品;第二代产品以文化性资源为主,将纯观光旅游改成文化观光旅游;第三代产品除了考虑对资源的全面利用之外,其重要特征是突出了旅游者的全面参与和个性体验。例如,特种旅游产品(如冒险旅游)、专题旅游(如赛马)都必须亲自参与,获得体验。

6.4.2.3 改进产品

指对原有产品不进行重大改革,只对它进行局部形式上的改进的产品。这是旅行社吸引旅游者、保持和拓展市场的一种重要手段。例如,在原来的标准旅游线路中,旅游者入住的是三星级饭店,如果调整为豪华游线路,则相应地将饭店星级提升。

6.4.2.4 仿制产品

是指市场上已经存在,本企业对其进行模仿后经营的产品。这种仿制产品还应该包括国际市场上已出现过的新产品,但国内市场尚属首次问世的。对旅行社产品来说,模仿其他旅行社的旅游线路进行经营是最典型的仿制产品。

6.4.3 旅行社新产品开发的程序

旅行社产品开发是一个复杂的过程,需要做大量细致的工作(图6-1),具体来说,旅行社产品的开发过程主要有以下几个阶段。

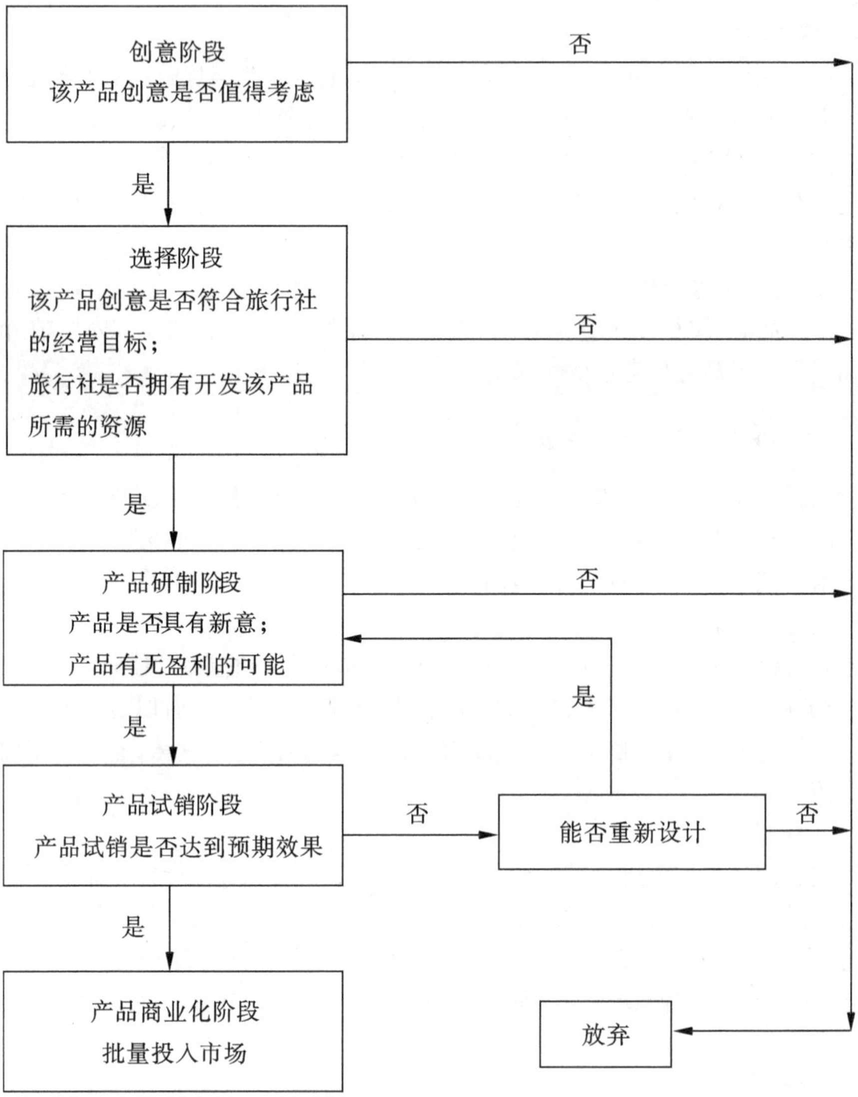

图6-1 旅行社新产品开发过程

6.4.3.1 寻求创意

任何产品的出现都是从创意开始的,旅行社产品也是一样。一个地区在一定的时期内,旅游资源、旅游服务设施和其他客观条件是相对稳定的。关键在于旅行社如何根据市场需求,经过科学精密的分析和巧妙的构思设计出各种吸引旅游者的产品。

创意的来源十分广泛,可以是旅行社的管理人员、研究人员或推销员,也可以是旅游者和中间商。此外,还可以从旅游经销商、咨询公司、旅行社高层管理人员、有关报刊媒体甚至与其竞争的旅行社同行那里获得创意。例如,在中国游学市场快速发展,国家层面积极倡导研学旅行的背景下,中青旅遨游网认识到青少年教育与旅游市场潜力巨大,2016年强势挺进"教育+旅游"领域,积极开拓和培育新的增长点,携手青少年博物馆公共教育机构忆空间,联合发布博物馆研学品牌"瑞米游学"。博物馆记录着人类文明的珍宝,珍藏着民族创新的灵魂,是青少年去了解和认识一座城市、一个国家、一个民族最好的窗口。瑞米研学立足于青少年和博物馆,将博物馆学习和教育深入融入旅游行程,不仅教会孩子欣赏博物馆的文物本身,更启发他们了解历史、思考世界。随着我国一带一路倡议的提出和建设,瑞米游学又重点推出了埃及文明探索 10 日游、乌兹别克斯坦丝绸之路 8 日游、西安兵马俑 3 日深度游等别具匠心的一带一路研学旅游产品,受到了家长和孩子们的热烈欢迎。

6.4.3.2 创意选择

旅行社产品开发人员在收集到一定数量的新产品创意之后,便开始根据旅行社的经营目标和产品创新的可行性着手对这些创意进行分析和筛选,从中挑选可行性较大的产品创意。这既是一个淘汰的过程,也是一个优化的过程。选择创意时,要考虑如下因素:旅游吸引物条件、市场需求及竞争对手情况、旅行社自身能力及利润收益情况,然后将这些因素具体为产品创意评价表(表 6-1),根据评价表对有关产品打分评判,划分等级,从中选择最可行或较为可行的创意。

表 6-1 旅行社产品创意评价表

产品成功条件	(A)权数	(B)旅行社能力水平											得分(A×B)
		0.0	0.1	0.2	0.3	0.4	0.5	0.6	0.7	0.8	0.9	1.0	
1. 旅行社信誉	0.20							√					0.120
2. 市场需求	0.20										√		0.180
3. 研究开发能力	0.20								√				0.140
4. 竞争能力	0.15							√					0.090
5. 盈利能力	0.10										√		0.090
6. 人员安排	0.05									√			0.040
7. 财务状况	0.05				√								0.015
8. 采购与供应	0.05										√		0.045
合计	1.0												0.720

6.4.3.3 形成产品概念

经过选择后保留下来的创意还要进一步发展成为产品概念。产品创意是旅行社从市场需求的角度考虑能够向市场提供的可能新产品的设想,新产品创意只是为新产品开发指明了方向，只有把新产品构思转化为新产品概念才能真正指导新产品的开发。产品概念是旅行社从旅游者的角度考虑对其创意进行的详尽描述，即将新产品构思具体化，描述出旅游产品的性能、用途、服务、优点、价格、名称及提供给消费者的利益等，让消费者能一目了然地识别出新产品的特征。如旅行社要设计一条“三国文化专题游”线路，这是一种创意，为了让旅游者能够识别出这一专题游线路的特征，产品研发人员还要对该线路的文化内涵、功能、活动内容、行程安排、服务、价格以及带给消费者的核心利益等进行详尽的描述。

6.4.3.4 制定市场营销方案

形成产品概念之后，需要制定市场营销方案，旅行社的有关营销人员要拟定一个将产品投放市场的市场营销计划报告书。营销方案由三部分组成：

(1)描述新产品所进入的目标市场的规模、结构、消费者行为；产品在目标市场上的定位；前几年的销售额、市场占有率、利润目标等。

(2)简述旅行社产品的计划价格、原有分销渠道的利用、核心渠道的开发以及第一年的市场营销预算。

(3)阐述计划长期销售额和目标利润以及不同时间的市场营销组合。

6.4.3.5 营业分析

产品开发的第五个阶段是进行营业分析。在这一阶段，旅行社和市场营销管理者要预测产品将来的销售额、成本和利润，据此评价新产品是否符合旅行社的经营目标。如若符合，就可以进行产品的试产和试销。

6.4.3.6 试产与试销

产品研制出之后，旅行社便可与有关部门或行业达成暂时性协议，将产品的设计方案付诸实施，进行试验性销售。一般试销时先选择一个较小的市场，做一次甚至一次以上的试销，试销的结果可作为是否投放市场的参考。产品试产与试销的目的主要有三个：一是了解产品的销路；二是检验市场经营组合策略的优劣；三是发现问题，解决问题，优化产品。

在试产与试销阶段，旅行社应特别注意四个问题：一是规模要适中；二是要保证产品质量；三是充分估计各种可能，有备无患；四是经试销证明无销路的产品，切忌勉强投放市场。

6.4.3.7 投放市场

经过一段时间的试销，如果市场反应良好，旅行社就应该及时将该产品全面投放市场。此时，旅行社应恰当地运用销售渠道策略、促销策略和价格策略等市场营销手段，尽量扩大产品市场占有率，提高产品的销售率和利润率。

6.4.3.8 投放市场后的评估

旅行社产品完全投放市场后，并不代表设计过程的终结，还要对其进行检查和评估筛选，掌握发展动态，使旅行社产品时刻处于竞争优势。市场销售方面，要了解哪一个层次的旅游者首先购买本产品，旅游者对价格和产品的反映，影响其购买行为的因素是什么，销售量的变化趋势等；新产品预测方面，根据产品在投放期的变化情况，根据生命周期理论，预测进入成熟期的时间，研究采取何种方法延长及维持其生命周期；市场竞争方面，及时了解有多少旅行社介入此市场竞争，对本旅行社的影响，对新战略的影响等；经济效益方面，进行跟踪评估，预测投资回收期的长短以及具体成本情况。

6.5 旅行社产品开发策略

6.5.1 产品差异化策略

所谓产品差异化，是指旅行社通过各种方法足以引发顾客对自己产品偏好行为，使消费者能够把它同其他竞争对手提供的同类产品有效地区别开来，从而使旅行社产品在市场竞争中占据有利地位。尽管旅行社产品具有易于模仿性，但旅行社仍然可以从品牌、渠道、服务和市场等方面来体现本企业产品与竞争对手的产品存在的差异，实现差异化战略，分别构成品牌差异化、市场差异化、渠道差异化和服务差异化。当这四个方面的差异形成竞争优势时，企业的产品便具有不易模仿性，从而也就成为其他竞争企业的进入壁垒。

品牌差别化旨在树立企业形象和品牌个性，以唤起消费者对品牌的注意，强化消费者的态度，促成消费者的购买行为并重复消费，直至建立品牌忠诚。可见性要素包括品牌的名称、标志、颜色、设备等。品牌在顾客心目中的形象越统一，品牌地位就越强。

市场差别化是指按照人口、地理、心理和消费行为等特征对旅游者进行细分，以创造出更适合目标客户的产品、服务，使分销渠道和传播渠道的选择更加方便，面临的竞争对手也较少。

渠道差别化是指从广度和深度上拓展渠道，即在广度上增加市场覆盖面，在深度上实现供应商、批发商、零售商和旅游者的多渠道销售。

服务差别化是指旅行社对顾客提供服务的方式、种类和质量因各种因素的影响而有所差别。因为旅行社产品是无形产品，与有形产品最大的区别就体现在服务上，服务是旅行社产品的核心价值，这是旅行社产品差别化的关键因素。

6.5.2 产品品牌策略

品牌对旅行社产品尤为重要，因为旅行社产品赋予旅游者的核心利益是一种经历，既看不到也摸不到，旅游者对产品的信赖以及产品给予旅游者的一次性承诺只能通过有形的因素来传递。旅游消费品市场是一个信息高度不对称市场。对旅游者来说，由于旅行社产品的无形性，旅游者无法像使用有形产品那样事先检测消费对象，而且旅行社产品的综合性，也导致了旅游者搜寻旅游产品信息的成本较高。因此，旅行社有可能形成对旅游者的信息优势，造成信息不对称的格局，这就是经济学里的“柠檬原理”。这一原理的结论是，如果消费者不能分辨正品和次品，那么他将按照以前的消费经验给这一组商品定一个“平均价格”，也就是按照他们平均的服务质量定价。显然，这将导致“劣币驱逐良币”，甚至整个市场的消失。为了防止这种现象的发生，学术研究的结果提供了两种选择：一是政府部门强制旅行社向市场上公布其经营产品的质量信息，如每年国家旅游局进行的旅行社质量年检通报；二是那些真正的优质产品的生产者向旅游者发出一些信号——让旅游者相信他们的产品质量是高的,或者说是"物有所值"的。

旅行社的产品品牌策略主要包括以下几个方面:

第一,确立适当的品牌名称。品牌名称是品牌的核心,旅行社的名称应具有独特性、恰当性、可记性和灵活性。

第二,在综合考虑各种因素的基础上赋予品牌独特的内涵。一般来说,旅行社在确定其独特性品牌的内涵时应遵循企业目标——企业所拥有的机遇与资源——企业战略——目标市场——产品或服务——产品或服务特征——产品形象的基本思路。

第三,设计与品牌名称和内涵相一致的品牌标志,并连同品牌名称一并注册,取得合法的排他性使用权。

第四,通过品牌内涵的营销沟通唤起消费者对品牌的注意,强化消费者的态度,促成消费者的购买行为。确定品牌内涵并不是最终目标,最终目的在于将创造出来的品牌内涵传递给消费者,使消费者认识、认同,并最终建立起对促销产品的品牌忠诚。所以说,品牌内涵的营销沟通,就是将企业精心设计的品牌内涵传递给消费者,并力争取得消费者的认同。但需要指出的是沟通是双方面的,要创造共识,就必须吸引消费者积极参与沟通。此外,消费者对信息具有选择的权利和倾向。

第五,通过优良的服务和售后服务不断吸引回头客,培育顾客的品牌忠诚。"最佳服务是最佳宣传"的原理告诉我们,服务产品的无形性决定了对既有顾客的优良服务无论是对吸引回头客还是对口碑宣传都具有至关重要的作用。售后服务的目的则在于保持与老顾客的关系,这对于服务企业来说尤为重要,因为吸引新顾客较稳定老顾客的成本要高得多。旅行社可以通过以下途径不断提高品牌资本的价值:不断提高服务的质量;不断检测自有品牌和竞争对手品牌的市场含义或形象;为品牌内涵创造独具特色的、适当的品牌联想;选择适当的竞争优势;保持品牌内涵的相对稳定性。

但是要注意的是旅行社产品的品牌不适合以旅游线路的名称命名,如"丝绸之路游""长江三峡游""欧洲风情游""夏威夷游"等。因为以上线路名称是旅行社产品的通用名称,其他旅行社有权经营类似的旅游活动,使用这样的名称作为产品品牌,将很难使本旅行社的产品与其他旅行社的产品区分开来,因而起不到品牌区分产品的作用。一般来说,旅行社的产品名称用一个概念性的名字比较合适,如台湾专门针对生态旅游产品的"苹果旅游",国旅总社针对中国公民推出的"环球行"品牌,中青旅遨游网针对青少年博物馆游推出的"瑞米游学"、广之旅针对年轻女性推出的新加坡"闺蜜游"等特色旅游产品。

【本章小结】

旅行社产品是指旅行社为满足旅游者在旅游过程中的需要,而凭借一定的旅游吸引物和旅游设施向旅游者提供的各种有偿服务。旅行社产品同其他产品一样,也是由核心产品、有形产品和附加产品三部分构成。旅行社产品按不同的标准,可分为不同类型,按旅游者组织形式划分有团体旅游和散客旅游;按产品档次可分有豪华等、标准等和经济等;按旅行社产品包含的内容划分有包价旅游、组合旅游产品、单项服务;按旅游动机分有观光旅游、度假旅游、商务旅游等。

旅游线路是指旅行社或其他旅游经营部门以旅游点或旅游城市为节点,以交通路线为线索，为旅游者设计、串联或组合而成的旅游过程的具体走向。它具有综合性、不可贮存性、不可分割性、分权性、可替代性、脆弱性、后效性等特点。旅游线路设计在以人为本和创新精神理念指导下，坚持市场原则、特色原则和经济原则，设计出富有吸引力的旅游产品。

旅行社产品开发的过程包含八个步骤：寻求创意、创意选择、形成产品概念、制定市场营销战略、营业分析、试产与试销、投放市场和投放市场后的评估。旅行社产品开发策略包括旅行社产品差别化策略、旅行社产品创新策略和旅行社产品品牌策略。

【重点概念】

旅行社产品　旅游线路　包价旅游　组合旅游　单项服务　差异化策略　品牌策略　创新策略

【案例分析】

案例6-1

凯撒旅游：布局“定制旅游+知识付费”新玩法

符合心意的线路设计，满足需求的旅程体验，专车专导，独立成团这便是定制游的魅力所在。2018年1月，国内领先的综合旅游服务商凯撒旅游宣布推出旗下子品牌——明智优选，瞄准定制旅游市场，开启“专属定制路线”“1对1定制师服务”“发现旅行灵感”等多种玩法，并率先尝试“定制旅游+知识付费”。

定制游不同于标准化旅游产品，比拼的是旅游企业的资源整合能力，及服务人员的专业素养。要真正留住定制游客户，定制师的水平尤为重要，他们需要洞悉客户需求，并能够快速响应需求，需要对目的地旅游知识非常了解，并具有专业的产品定制能力。定制游的从业人员的年资和经验，成为占领这一市场的关键因素。凯撒作为以“定制型旅游”起家的公司，定制思维根植于其发展基因。发展至今，凯撒旅游一直在进行“定制旅游”服务的优化与升级，覆盖不同类型的定制旅游项目。随着旅游消费的升级，定制旅游主力军正从企业转向个人和家庭，凯撒旅游的定制服务也在同步升级。早期，在官网上线定制频道，可填写需求并有专人服务；此前，凯撒旅游推出了“幸福私家团”的小包团轻定制产品；当下，凯撒旅游正式推出“明智优选”子品牌，聚焦私人定制市场。多年累积的上游资源以及优质旅游供应商，正成为凯撒旅游的定制资源“宝库”。

“明智优选”以“1人出行，4人服务”为服务理念，致力于提供个性化的旅行体验。凯撒旅游的“4人”服务，涵盖以专业素养协助客人设计及规划线路行程的“定制师”，贯穿整个服务流程的“旅游顾问”，根据线路设计甄选优秀供应商，提供高性价比方案的“计调”，以及查缺补漏、确保整体服务体验的“客服”。凯撒旅游从各个维度全面护航定制旅程，确保定制旅游体验品质。旅游始终是体验经济，旅游服务需要经验的沉淀以及专业技能的供给，由“专人”提供有温度的、个性化、人性化的服务，正是凯撒旅游定制服务的魅力。“定制游通过满足个性需求，拓展了旅游的广度和深度，而专业人士的服务，则可进一步提升定制体验。”

定制游是"知识经济"密集的业务板块,客户的个性化需求,不仅需要企业的资源支持,更是需要旅游知识丰富、懂得及时变通的定制师来服务,定制师的从业经验和旅游的经验,会极大影响定制旅游服务的质量和定制旅游体验。为此,凯撒"1 对 1"专属定制师,有在全国范围内遴选出的综合素养高的专业人士担纲"明星定制师""资深定制师",他们深谙旅游目的地的风土人情,了解不同旅游需求所适用的行程,能围绕客人需求提供恰当的、到位的搭配选择,其中,"明星定制师"在旅游行业的平均从业年限更是超过 10 年。如果要享受他们的服务,则需要支付不同级别的"预约费"。在信息爆炸的时代,内容付费遍地开花,但在旅游领域,知识变现并不常见,而在定制旅游线路的操作过程中,他们所需要的专业积累并不能等闲视之。凯撒旅游依据定制师的技能不同,推出不同级别的付费预约服务,其目的是引导行业理性对待定制师的专业成果。

覆盖全球上百个国家和地区的旅游资源,搭配 5～10 年专业经验的旅游定制师,使得凯撒旅游的定制游可以满足个性化需求,提供快速的定制旅游方案,以及优化的定制旅程。目前,随着"明智优选"的推出,凯撒旅游在定制端的发力,不仅有助力市场繁荣,更是有助于推动旅游服务咨询行业的规范与升级。

案例思考题:

1. 试分析定制旅游产品与普通旅行社产品有何区别。
2. 在竞争激烈的今天,旅行社应如何创新产品,提高企业的竞争力?

案例 6-2

"研学旅行"异军突起 2 亿学生市场整体爆发

2018 年 7 月 18 日下午,放了假的清华大学并不冷清,一队又一队来自各地的中小学生在老师的带领下穿行参观校园。其中包括一批赤峰市田家炳中学刚入学的高一学生,在三名老师的带领下来到北京研学旅行,清华大学是他们此次研学旅行中的重要一站。

热衷清华、北大的研学机构很多,清北附近的街道经常被各种研学机构的大巴车占领。由于进入校园需要事先预约,还需要排队等待,据悉,最火爆的时候前来清华研学旅游的学生队伍长达两公里,从清华西门一直延续到成府路。强劲的需求和 2016 年国家研学发展政策的出台,研学旅游机构如雨后春笋蓬勃发展,仅 2017 年,研学旅游机构就增加 5 000 余家。随着生育政策改革,加上成年人和老年研学旅游需求的增长,总体市场规模有望进一步扩大。"教育+旅游"新融合,研学的火爆盛宴,似乎才刚刚启幕。

研学旅行是一种历史悠久的旅行形式,由我国古代游学、近代修学旅行逐步演变发展而来。国外研学亦风行悠久,1980 年被美国政府列为基础教育改革的重要原则之一,促进了美国科技创新的发展。如今游学、夏令营等都可统称为研学旅行,并随着国家政策的支持发展壮大。

2016 年 11 月,教育部等 11 个部门联合出台《关于推进中小学生研学旅行的意见》,《意见》强调了素质教育功能,肯定了研学旅行的意义,并将研学旅行纳入中小学教育教学计划、加强研学旅行基地建设、规范研学旅行组织管理、健全经费筹措机制、建立安全责任体系。这一政策发布之后,不少省市积极响应,出台实施细则,大大利好了研学旅行的发展,也刺激了众多机构涌入研学市场。目前,我国从事研学旅行服务的机构大体可分为学校、专业研学旅行机构、培训机构、留学中介、旅行类企业。2017年专项调查显示,接近70%左右的研学通过学校和教育机构参加,其余主要通过旅行社组团方式。如中青旅、凯撒旅游等都参与了研学市场的竞争,并且成立了专门的研学部门。除此之外,还有不少文化传媒类和地产体育等企业介入研学市场。一些大型文旅项目也开始设置研学营地板块,交由研学机构来运营。由于大型文旅项目投资金额较大,靠传统文旅、度假或者景区门票经济不足以支撑一个大型文旅项目,因此会将研学营地作为其中的一个主题或板块内容来打造,是来增加客源及收入。所有新入场机构所期待的,是研学市场整体的爆发。

相关资料显示,我国游学人次自2014年后迅速增长,境内游学人数由最初的140万增长至2017年的340万,境外游学人数则由2014年的35万增长至85万。游学收入自2015年来已经翻倍增长,境内游学由40亿增长到101亿,而境外则从120亿增长至273亿。预计,随着中小学生的研学由选修课变为必修课,要求学校集体参与等强制性要求陆续落实,全国2亿中小学生即使只有45%参与率,也有约8800万中小学生的客群需求,且这是个多频次的购买,要求每个学年至少要有两次研学旅行,可见市场增长空间极大。

2017年底才成立不久的研学机构萤火世纪,在今年学生刚放假两周的时间里已经接待了八个来自山东的小学研学旅游团,预计整个暑假能接待三十个以上的中小学研学旅游团,其中有中小学单独研学项目的,也游同是山东的几个小学“拼团”来参加的。山东是全国各省市中对研学发展最为积极的省份,2017年山东省教育厅等12部门联合制定方案,规定各地中小学每学年安排集体研学旅行不少于两次。山东还积极响应政策推出过“行走齐鲁”项目。教育部在2017年评选了14家综合实践营地,204家研学示范基地。其中14家综合实践营地山东省就占了2家。广东、陕西等地也积极响应。

案例思考题:

1. 请结合案例分析,为什么“研学旅行”如此火爆?
2. 如何才能更好地开发研学旅游产品?

思考题

1. 什么是旅行社产品?如何理解其内涵?
2. 旅行社线路产品主要由哪些要素构成?
3. 按产品所包含的内容,旅行社产品可分为哪些类型?
4. 按旅游者的组织形式,旅行社产品可以分为哪些类型?
5. 旅游线路设计应坚持的原则有哪些?
6. 旅行社产品开发应考虑哪些因素?
7. 旅行社产品开发需经过哪些程序?
8. 什么是产品品牌策略?旅行社实施品牌策略的途径有哪些?

高等教育旅游管理专业“十三五”规划教材

7 旅行社销售管理

学习目标→

通过本章的学习，熟悉旅行社产品价格的影响因素，掌握旅行社产品的定价方法及定价策略；了解旅行社的销售渠道模式，掌握旅行社销售渠道策略及其管理办法；理解和掌握旅行社常用的促销方法及促销组合策略。

学习难点→

旅行社价格策略　旅行社销售渠道策略　旅行社促销策略　旅行社促销组合

销售管理是旅行社经营管理中非常重要的内容，现代企业都很重视销售管理，其根本目的是提高销售额，增加企业盈利。销售管理对旅行社能否制定出符合市场需求的策略具有重要的意义。为实现营销目标，旅行社必须在分析客源市场的基础上，认真把握企业自身的特长与实力，形成特色鲜明、地位突出的旅行社产品，并综合运用产品、价格、渠道和促销及促销组合策略。只有这样，旅行社才能够更好地满足旅游消费者的需求，最终在市场竞争中得以生存和发展。

7.1 旅行社价格管理

价格是影响顾客购买行为发生的最敏感、最直接因素。在市场经济条件下，旅行社产品价格是产品构成中重要的组成部分，各类产品都必须以一定的价格推向市场；同时，由于旅行社产品需求弹性较大，产品价格会直接影响到旅游消费者的购买行为，因此旅行社价格策略成为市场营销组合中最重要的内容之一。在经营过程中，旅行社产品价格策略不仅关系到企业经营效率和市场竞争力，更关系到旅行社市场营销目标能否实现，旅行社必须采取科学的方法制定出符合市场规律要求的价格。旅行社价格策略主要包括旅行社产品的定价策略和定价方法等。

7.1.1 旅行社产品价格的构成

旅行社产品价格是旅游者参加旅行社组织的旅游活动或委托旅行社为其提供某项服务所支付的一定数量的货币。旅行社产品价格主要由成本、税金和利润三部分构成。成本包括旅行社组织接待旅游者所发生的直接成本和经营管理活动所发生的各项费用;税金是旅行社按国家规定的百分比例进行的纳税;利润是销售产品的收入扣除成本价格和税金以后的余额。旅行社产品价格公式表达如下:

旅行社产品价格=成本+税金+利润

7.1.2 影响旅行社产品价格的因素

旅行社产品价格同其他商品的价格一样,是以生产旅游产品或提供服务的社会必要劳动时间即所包含价值量的大小为依据的,但由于旅游市场供求关系变化较大,在旅行社产品定价过程中应综合考虑多种因素。

7.1.2.1 产品的成本

成本是构成旅行社产品价格的基本因素。旅行社产品的成本是由产品的生产过程和流通过程所花费的物质消耗和人力资本所组成的,它是定价的基础,是影响旅行社产品价格的最基本、最直接因素。旅行社的产品成本由固定成本和变动成本两部分构成,一般来说旅行社产品的变动成本较大,对产品的总成本影响也比较明显。因此旅行社对成本变化规律应有充分的认识,并力图降低成本。

7.1.2.2 旅行社定价目标

旅行社定价目标主要指的是营销目标及市场目标,旅行社应根据这两项目标确定定价目标并合理定价。价格决策是旅行社营销决策的重要组成部分,营销目标直接决定着产品定价目标,同时为适应市场的需求变化,也必然会引发产品价格的调整。针对目标市场开发旅游产品,制定合适的产品价格,是能否满足旅游者生理和心理需要的前提条件。因此旅行社在制定价格时,必须考虑旅行社的营销目标能否实现以及价格对目标市场是否具备足够的吸引力等因素。

7.1.2.3 供求关系

供求关系指在商品经济条件下,商品供给和需求之间的相互联系、相互制约的关系,它是生产和消费之间的关系在市场上的反映。市场供求是决定旅行社产品价格的直接因素。旅游市场供求关系是不断变化的,旅行社产品的价格应随供求关系的变化不断地进行调整。由于受到供求关系的影响,旅行社产品的价格与其价值保持一致的可能性较小,一般都会围绕着价值上下波动。在一定时期内旅游产品供给规模一定的情况下,需求量的增加导致市场供给的短缺,产品价格就会上涨;如果市场需求减少就会导致产品供过于求,价格就会下降。

7.1.2.4 竞争对手的价格

在制定产品价格时,除了要考虑产品的价值形成和市场的供求关系外,旅行社竞争对手的价格对旅行社产品的定价也有很大的影响。在开放和完全竞争的市场中,旅行社经营者要被迫接受市场竞争中形成的价格,而没有自己定价的主动权,一旦市场有新的产品推出,多家旅行社竞相模仿、压低价格,在不断竞争的过程中会逐渐形成一个各方都较为满意的价格。只有对竞争对手的价格变化能够做出及时反应、适时进行价格调整的旅行社才能够占据优势。因此,竞争对手的价格是旅行社制定产品价格时必须考虑的因素。

7.1.2.5 需求弹性

需求弹性是指需求量对价格变动做出反应的敏感程度。旅游是一种高级消费方式,是非基本生活必需品,因此旅行社产品的需求弹性较大,需求弹性系数大于1,也就是说旅行产品的价格变动对需求量的影响较大。不同的旅游产品需求量对价格变动的反应程度不一样,旅行社制定的价格要接近价值,在利用旅游价格调节市场供求时,必须考虑和计算需求弹性大小,尽量避免价格决策失误。

7.1.2.6 汇率变动

汇率是指两国货币之间的比价,即用一国货币单位来表示对另一国货币单位的价格。我国的汇率变动主要指人民币对美元、日元等的比价变动趋势,这一变动直接影响旅行社产品的外汇收入水平。汇率变动对价格的影响,主要表现在旅行社对外报价无论用本国货币还是用客源国的货币报价,其报价之时与结算之时的汇率会发生变动,导致旅行社实际收入与报价时的价格总会产生一定的差额。在实际经营过程中,旅行社往往会根据汇率变动具体情况采取相应的措施:当人民币升值时,为避免因价格的实际上涨而失去客源,旅行社应当降低产品的售价,此时,如果需求的汇率弹性小于1,以人民币或其他坚挺货币报价;若需求的汇率弹性大于1,旅行社应以疲软货币报价。当人民币贬值时,如果需求弹性小于1,应以坚挺货币报价,如果需求弹性大于1,应以人民币或其他疲软货币报价。我国旅行社对外汇保值所采取的措施主要是利用固定汇率法,就是事先确定汇率,它不受政策性外汇调整的影响。

除上述因素外,诸如通货膨胀、信贷利率、产品特性、国家的价格策略和法律法规等,都是制定旅行社产品价格时需要考虑的因素。

7.1.3 旅行社产品的定价程序

价格是调节经济利益、传递经济信息、影响经济形象的重要因素。旅行社产品的定价程序主要包括下面几个步骤:

7.1.3.1 收集有关信息

收集市场信息是旅行社定价前首先要做的工作。旅行社应充分收集有关市场需求、竞争状况、经济变化等方面的资料和信息,并对此加以分析、判断、处理,为制定合理而且有竞争力的产品价格提供依据。

7.1.3.2 确定定价目标

定价目标是旅行社定价的指导思想,因此也是旅行社定价工作中首先要考虑的问题。旅行社应根据企业的规模、经营状况等内部条件及收集到的市场需求、竞争状况等信息,综合考虑来确定合适的定价目标。同时,确定各种定价目标时,要从全局考虑,有所侧重,综合决策。

7.1.3.3 估算产品成本

产品成本是旅行社定价的最低限度,价格高于成本才会有盈利。旅行社应对产品进行成本估算,进行保本分析,关注成本变化,确定市场营销的最低价格即保本价格。

7.1.3.4 分析竞争状况

旅行社在确定产品价格的时候,要充分了解竞争对手的产品价格、质量、竞争能力等情况,作为定价参考。

7.1.3.5 测定市场需求

市场需求的测定,通常是对需求的价格弹性进行分析,测定目标市场的需求数量及需求强度,分析旅游者对产品价格的接受度,以作为制定价格的参考。

7.1.3.6 选定定价方法

旅行社通过以上几个步骤的准备工作后,要结合产品的特点,结合企业的实力状况,选定最有利于实现企业定价目标的定价方法,最终确定产品的销售价格。

7.1.3.7 确定最后价格

价格制定后,还要考虑它是否符合国家相关的政策法令,是否符合消费者的心理需求,根据市场竞争环境的不同,进行适时的调整,让价格更具吸引力,最终实现定价目标,提高产品竞争力。

7.1.4 旅行社产品的定价目标

旅行社在定价之前必须首先确定定价目标。旅行社的定价目标是旅行社营销目标的基础,是旅行社选择定价方法和制定价格策略的依据。一般情况下旅行社定价目标有如下几种:

7.1.4.1 以利润最大化为定价目标

此种定价目标就是通过制定高价格,以期望在较短的时间内获取最大利润。采取这种定价目标的旅行社,其产品在市场上必须处于绝对有利的地位。在此种定价目标下,旅行社往往要采取高价策略,但是如果价格过高,超过了市场可以容忍的价格,企业就可能失去拓宽市场的机会,并为竞争者提供有利的市场进入机会。

7.1.4.2 以收回成本为定价目标

这是企业最低的定价目标。采取这一目标,企业的目的是达到收支平衡,价格定在可以支付企业在经营中的固定成本和可变成本的位置上。在旅游产品供大于求的情况下和旅游淡季,许多旅行社定价时多采取这种目标,另外负债经营的旅行社也经常采取这种定价目标。

7.1.4.3 以保持和扩大市场占有率为定价目标

市场占有率又称市场份额,是指企业的销售额占整个行业销售额的百分比。对于旅行社而言,这种定价目标是指其从占领市场角度考虑而进行的定价。市场占有率的高低对旅行社产品的价格有很大的影响。一般来说,在市场占有率一定的情况下,旅行社要运用低价格策略,即在一定时期内把自己产品的价格定得相对低一些,以扩大销售量和提高市场占有率。另外,旅行社为了扩大市场占有率,必须把产品的价格定得灵活多样,满足不同旅游者的需要。如在旅游线路设计上,可以根据旅游时间的长短,分成长线路和短线路;同一条线路可以设计出不同的旅游项目和活动日程;即使旅游项目和日程相同,在交通、住宿方面也可根据不同的档次和等级制定出不同的价格。

7.1.4.4 以应对竞争为定价目标

在市场竞争中,企业对竞争对手的价格十分敏感。这种定价目标就是以在市场上有影响力的竞争者的价格为定价依据所定的价格,依据企业自身的状况,采用相同的或低于竞争对手的价格策略。如果旅行社实力较弱,产品的价格应与竞争对手相同或低于竞争对手;如果行旅社实力较强,又想扩大市场占有率,产品的价格应略低于竞争对手;如果旅行社实力雄厚,又拥有品质优良的产品,或能为旅游者提供优质服务,可采用高于竞争对手的价格策略出售产品。

7.1.5 旅行社产品的定价方法

旅行社需依据企业自身的市场目标及地位采取合适的定价方法。常见的旅行社产品定价方法有三种类型,主要包括成本导向定价法、需求导向定价法、竞争导向定价法。

7.1.5.1 成本导向定价法

成本导向定价法是指在旅行社产品成本的基础上加上一定比例的利润来确定该产品价格的方法,售价与成本之间的差额就是利润。这种方法是许多旅行社企业目前最基本、最常用的一种定价方法。成本导向定价法又可分为成本加成定价法和目标收益定价法等。

(1)成本加成定价法　成本加成定价法也称“成本计数法”。这种定价法就是单位产品加上一定比例的利润来确定产品的价格,它是最简单的一种定价方法。其计算公式为:

$$P=C(1+R)$$

式中,P 表示单位产品价格,C 表示单位产品总成本,R 是成本加成率。

采用这种定价法的前提条件是能够准确估算成本和加成率,特别是要确定合理的加成率,因为加成率的高低直接影响着价格的高低。

成本加成定价法操作比较简便。在成本容易确定且对旅行社和旅游者双方都公平的情况下,成本导向型定价是较受欢迎的定价策略。在使用这种定价策略的时候,旅行社不会在需求量增加的时候提升价格,而是始终坚持与成本相关的价格,一般不会造成恶性的价格竞争。这种定价策略只注重产品的生产成本和预期利润,没有充分考虑企业竞争和市场需求变化情况,因此在市场环境变动较大的情况下难以适用。

(2)目标利润定价法　目标利润定价法又称目标收益定价法、目标回报定价法。目标利润定价法是根据旅行社预期的总销售量与总成本,确定目标利润率的定价方法。其计算公式为:

$$产品价格=(总成本+目标利润)/预计产品销售量$$

此时产品的价格以目标收益率为基础。采用这种定价法应先确定目标利润,然后确定实现其目标利润的销售量,最后推算出产品价格。这种定价方法的优点是可以保证企业既定目标利润的实现。由于这种定价法没有考虑竞争因素和市场需求的情况,在实际操作中会因目标利润的不实际而造成定价失误,因此存在一定的市场风险。目标收益率定价法的缺点是只从卖方的利益出发,没有考虑竞争因素和市场需求的情况。

7.1.5.2 需求导向定价法

需求导向定价法是旅行社根据市场需求状况和消费者的不同反应分别确定产品价格

的一种定价策略，即以购买者对产品的理解程度和需求强度为依据的定价方法。需求导向定价法的前提是价格能够反映旅行社产品在游客心目中的价值，它是市场观念发展的产物，会随着市场需求的变化情况在一定幅度内变化价格。需求导向定价法一般包括理解价值定价法和需求差异定价法。

（1）理解价值定价法　理解价值定价法也称觉察定价法，是指旅行社根据顾客对产品"价值"的理解，制定相应产品价格的一种方法。运用这种方法所定出的价格不是产品的实际价值，而是消费者综合了多种因素，在感觉上对产品的质量所认可的价值。采用这种方法的关键是旅行社对产品的定价和旅游者的认识价值是否一致，这就要求旅行社善于识别和创造企业所能给予旅游者的区别于竞争对手的独特利益，并通过各种市场调研手段，运用营销组合中的非价格因素影响旅游者，把握他们对本企业产品和服务的评价，提升旅游者对产品价值的认同感，提高本企业产品在其心目中地位，形成有利的价值观念，从而达到对旅行社产品现行价格的认可。

（2）需求差异定价法　需求差异定价法是指产品价格的确定以需求为依据，首先强调适应消费者需求的不同特性，而将成本补偿放在次要的地位。这种定价方法，对同一商品在同一市场上制订两个或两个以上的价格，或使不同商品价格之间的差额大于其成本之间的差额。其优点是可以使企业定价最大限度地符合市场需求，促进商品销售，有利于企业获取最佳的经济效益。

需求差异定价法有多种形式，以目标市场细分为基础的定价有学生价、老年人价和一般游客价格等；以时间为基础的定价有淡季价格、旺季价格、寒假价格和暑期价格等；以购买方式为基础的定价有散客价格和团队价格等。

7.1.5.3　竞争导向定价法

竞争导向定价法是旅行社通过研究竞争对手的生产条件、服务状况、价格水平等因素，依据企业自身的竞争实力、产品成本及市场供求状况等来确定产品价格，一般会以市场上竞争状况和竞争对手的产品价格作为定价的基本依据。旅行社采用这种定价法不一定在价格上与竞争者完全一致，可以高于或低于竞争者某一百分比。竞争导向定价法具体包括如下两种：

（1）随行就市定价法　这是一种常见的以竞争为中心的定价法，采用这种定价法的原则就是使本企业的产品价格与竞争者产品的平均价格保持一致，即以竞争对手旅行社产品的平均价格水平作为定价依据。这种定价法对本旅行社成本和市场需求的考虑较少，认为市场价格在一定程度上反映了行业的集体智慧，随行就市定价能使旅行社获得稳定的利润。在旅行社行业中，随行就市是普遍采用的一种定价法，特别是在竞争激烈，价格之间存在差别时，随行就市定价往往成为中小旅行社的定价指导，帮助他们获得较为稳妥的收益率，减少了定价风险。

（2）主动定价法　主动定价法也称"率先定价法"，其与随行就市定价法相反，这种定价方法不以竞争者的价格为定价依据，而是综合市场竞争环境、本旅行社的特色优势、企业实力和品牌率先定价，所制定的价格可能高于、低于或与市场价格一致。主动定价法主要适用于实力雄厚或产品独具特色的旅行社，若制定的价格能够符合市场的实际需要，即使是在激烈的竞争环境中也可获得较大的收益。

7.1.6 旅行社定价策略

旅行社产品定价策略就是根据旅游市场的具体情况，从定价目标出发，灵活运用价格手段，使其适应市场的不同情况，实现旅行社的营销目标。

7.1.6.1 新产品定价策略

任何产品都有一定的生命周期。旅行社经营者应该根据旅行社产品的生命周期阶段，制定有针对性的价格。

(1)取脂定价策略　取脂定价策略是将旅行社产品以高价格投放于市场的策略，一般用在新产品上市初期，旅行社为了能够在短时间内尽快获取高额利润而采取的一种定价策略。运用取脂定价策略，需要旅行社具备相应的条件，特别是在市场上存在高消费或流行性需求，或新产品具有不易仿制的特点时，运用此种定价策略比较适用；同时若目前市场需求较高，制定高价格不会刺激更多的竞争者加入，有助于形成旅行社高质高价的产品形象。

(2)渗透定价策略　渗透定价策略是与取脂定价策略恰好相反的一种低价格策略，即在新产品投放市场时，以较低的价格吸引游客，从而达到快速打开市场、提高市场占有率的目的。这种定价策略的运用可能会因为定价较低而导致投资回收期较长，若旅行社产品不能迅速打开市场或遇到强有力的竞争对手时，旅行社将会面临重大损失。因此渗透定价策略一般作为旅行社的一种长期价格策略，比较适用于大批量生产、特点不突出、较易仿制、技术简单的新产品，如观光旅游产品。

(3)满意定价策略　满意定价是一种折中价格策略，它吸收了取脂定价策略和渗透定价策略的长处，采用介于取脂价格和渗透价格之间的适中价格。这种定价策略既能保证旅行社获得一定的初期利润，又容易被旅游消费者接受，因而这种价格又被称为“温和价格”，适合大多数消费者的购买能力和购买心理，对旅行社而言，也比较容易建立企业稳定的市场信誉。

7.1.6.2 心理定价策略

心理定价策略就是运用心理学原理，利用、迎合旅游者对旅行社产品的情感反应，根据不同类型旅游者的购买心理，对旅行社产品进行定价，使旅游者在心理定价的诱导下完成购买。主要有尾数与整数定价策略、声望定价策略等。

(1)尾数与整数定价策略　尾数定价也称零头定价或缺额定价，即给产品定一个零头数结尾的非整数价格。这种价格策略是利用消费者在消费心理上乐于接受尾数价格而不喜欢稍高价格的整数价格。在实际生活中，同样的产品定价 99 元就比 100 元有更多的接受人群，消费者会认为 99 元这种价格经过精确计算，购买不会吃亏，从而产生信任感，而价格又较 100 元便宜，因而会促成消费者的购买行为。

整数定价策略与尾数定价正好相反，旅行社有意将产品价格定为整数，以显示产品具有较高的质量。整数定价策略适用于需求弹性较小的旅行社产品，主要针对的是不太了解旅行社产品、利用价格来辨别产品质量高低的消费者，他们往往会将价格高低作为衡量产品质量或档次的重要标准。整数价格会使这些消费者产生“一分价钱一分货”的信任感，从而促进旅行社产品的销售。

(2)声望定价策略　这种定价策略是对在消费者心目中享有一定声望,具有较高信誉的产品制定高价,主要针对的是旅游消费者“便宜无好货、价高质必优”的心理,这些消费者往往不在乎产品价格,而最关心的是产品能否显示其身份和地位,价格越高,心理满足的程度也就越大。这种定价策略适用于知名度较高、对旅游者吸引力大的旅行社产品。高价格能够凸显旅游产品的特色,使得旅行社产品给旅游者留下优质的印象。

7.1.6.3 折扣定价策略

折扣定价策略是指旅行社的基本标价不变,通过对实际价格的调整,把一部分价格转让给产品购买者,鼓励旅游消费者大量购买旅行社的产品和服务,从而达到促使旅游者改变购买时间或鼓励旅游者及时付款等目的的一种价格策略。一般分为现金折扣、数量折扣、季节折扣等价格策略。

(1)现金折扣　现金折扣是对及时付清账款的旅游消费者给予的一种价格折扣。其目的是鼓励消费者尽早付款、加速资金周转、降低销售费用、减少财务风险等。采用现金折扣一般要考虑三个因素:折扣比例、给予折扣的时间限制、付清全部款项的期限,满足这些条件的消费者可以享受这一折扣价格。

(2)数量折扣　数量折扣是旅行社因旅游消费者购买数量较大而给予的一种折扣,一般包括累计数量折扣和非累计数量折扣两种形式。采用这种定价策略能刺激旅游消费者大量购买,同时减少交易次数与时间,节约人力、物力和设备等开支,使旅行社资金周转次数增加,流通费用下降,产品成本降低,从而帮助旅行社提升总盈利水平。

(3)季节折扣　季节折扣是旅行社在淡季时给予旅游产品或服务购买者的折扣优惠。旅游产品具有较明显的季节性,为了调节供需矛盾,旅行社便采用季节折扣的方式,对在淡季购买产品的旅游消费者给予一定的优惠。如在淡季,由于客源不足、服务设施和生产设备闲置,旅行社为了吸引游客,会制定低于旺季时的旅游产品价格以刺激和吸引消费者。但是这种定价策略不应该低于旅游产品或服务的成本。

7.1.7 价格变动及调整

旅行社产品价格制定之后,还要有各种政策和制度与旅行社产品价格相适应,并要认真贯彻执行这些政策和制度,使产品价格具有连续性、一致性和相对稳定性。但是,旅行社产品价格不是一成不变的,如果市场环境等发生变化,旅行社就需要对产品价格进行及时调整,以使产品价格更适应客观实际。旅行社产品价格的变动及调整有两种情况:一是削价,二是提价。

7.1.7.1 削价

削价是指旅行社在经营过程中,为了适应市场环境或旅行社内部条件的变化,而降低原有的产品价格。旅行社降低产品价格的主要原因有:

(1)旅游市场供大于求　在旅游市场供大于求情况下,旅行社应通过加强促销活动、改进服务质量等途径来促进产品的销售。如果成效不大,就可考虑调低价格。

(2)市场竞争激烈,旅行社的市场份额日趋减少　在市场竞争激烈的情况下,尤其是在竞争对手调低价格时,为了保持和提高本旅行社的市场占有率,有时也要采取调低产品价格的方法,使产品价格与竞争对手的价格处于同一水平线上,从而提高竞争能力。

(3)采用率先定价的旅行社　采用率先定价的旅行社,希望通过降低产品价格来增加旅行社产品销售量。这些旅行社希望通过低价销售,增加市场份额,以利于确定在市场中的牢固地位。

但是,调低产品价格也会引起一些问题。例如,产品价格降低了,产品销售量不一定就会增加,即使销售量有所增加,但营业收入的增加往往无法抵消价格下降的影响。价格降低了,客人会对旅行社产品质量产生怀疑,从而会影响旅行社自身在市场上的声誉,同时还会打乱旅行社客源的类型。尤其要注意的是,靠降价竞争将会导致旅行社之间的价格大战,当大家都竞相降价时,旅行社会面临无法控制产品价格的局面,最终将导致旅行社业的全行业亏损,这种竞争就会变得毫无意义。因此,旅行社在降低产品价格的问题上,应采取慎重的态度,进行周密的分析和研究,只有在调低产品价格之后,旅行社仍能实现所预期的销售量,并提高旅行社的利润水平时,降价才是有意义的。

7.1.7.2　提价

一般来讲,提价往往会引起客人和代理商的不满,但是如果成功,就会极大地增加旅行社的利润,对旅行社而言是有利的。旅行社调高产品价格时,要考虑的主要原因有:

(1)旅行社产品供不应求　当产品需求量大于现有旅行社接待能力时,可以通过调高产品价格来限制需求量,实现供求平衡。

(2)市场物价上涨　由于物价上涨,旅行社的成本费用不断增加。这时旅行社需调高产品价格,并使调价幅度不低于市场物价上涨幅度,以保持或增加旅行社的利润水平。

(3)旅行社服务质量或产品档次有明显提高　服务质量、产品档次与价格有直接的联系。所以,如果其他因素不变,旅行社的服务质量或产品档次提高,就可以考虑适当提高产品价格。

无论是提价还是削价,都会对旅行社产品销售造成一定的影响,引起客人和竞争者的各种反应。因此,旅行社应充分考虑各种可能,做好准备工作,使产品价格的调整真正能够达到预期目标。

7.2　旅行社销售渠道管理

销售渠道策略是旅行社销售系统的重要组成部分,旅行社将产品定价后,能否建立完善、畅通的销售渠道,使其产品顺利地到达消费者手中,是旅行社实现销售及经营目标的重要环节。随着国内外旅游市场的发展,市场竞争日趋激烈,旅行社销售渠道模式也在不断发生新的变化。渠道策略对降低旅行社经营成本,扩大市场占有率和提高企业竞争力具有十分重要的意义。

7.2.1　旅行社销售渠道的概念及功能

任何一个旅行社在具有足够的生产能力时,都希望能尽量扩展销售渠道,来扩大产品的销售量,增加旅行社的市场份额,实现旅行社的发展壮大。

7.2.1.1　旅行社销售渠道的概念

销售渠道是指旅游产品从生产者向消费者转移所经过的通道或途径。而旅行社销售渠道就是指旅行社将其产品提供给最终消费者的整个流通途径,也叫销售分配系统,它是旅行社将旅游产品转移到最终消费者手中的各个环节的总称。销售渠道的选择是否恰当,直接关系着旅行社的经营成本,关系着消费者的满意程度,因此对渠道问题展开策略性研究具有一定意义。

7.2.1.2 旅行社销售渠道的功能

销售渠道作为旅行社产品从生产者到消费者之间转移的通道,克服了如时间、地点和所有权等将产品与消费者分离开的主要障碍。具体说来,销售渠道主要有以下功能:

(1)建立起旅游产品生产者(旅行社)与旅游消费者之间的经济联系　通过旅行社销售渠道,使旅行社生产的旅游产品通过销售渠道源源不断地进入旅游市场的消费领域。一方面有助于旅行社所生产的旅游产品的价值得以实现,再生产得以顺利进行;另一方面极大方便旅游消费者购买。

(2)及时了解旅游消费者需求变化　通过旅行社销售渠道成员,可及时了解旅游市场需求变化信息,并把消费者的需求变化情况反馈给旅行社,为旅行社调整产品结构、研发新产品提供依据。

(3)更好地适应和满足不同地区消费者的需求　由于生产的专业化,决定了旅行社生产的旅游产品的种类和档次是有限的,然而旅游市场需求是多样化的。这种供求之间的矛盾,旅行社可以通过销售渠道能得以化解。中间商根据旅游客源地消费者的喜好和特点,将旅游产品进行重组、包装、分类、宣传等,以适应不同地区、不同要求消费者的需求。

7.2.2 旅行社销售渠道的类型

根据旅游产品从生产者到达消费者所经过的环节来划分,旅行社产品的销售渠道可以分为两大类:直接销售渠道和间接销售渠道。

7.2.2.1 直接销售渠道

直接销售渠道是指没有中间商参与的一种销售渠道,又称零级渠道。在直接销售渠道中,产品或服务直接由生产者销售给消费者,即在旅行社和消费者之间不存在任何中间环节。

目前,我国旅行社在经营国内旅行业务时一般是采取直接式渠道,通过组团社和接待社完成业务。客源地旅行社大都采用直接销售渠道;出境旅游业务的销售往往也是采用直接销售渠道策略。直接销售渠道是一种产销结合的销售方式,其优点主要表现在简便、及时、灵活、附加值高和利润较高等方面;不足主要是覆盖面窄,只适合在本地或其他主要客源地使用,影响力相对较小。

7.2.2.2 间接销售渠道

间接销售渠道是旅游产品从生产者到达消费者手中需经过若干中间商的销售渠道,即旅游产品的生产者通过中间商将其产品转卖给最终消费者。根据销售环节的多少,间接销售渠道又分为三种类型。经过一个中间环节将产品销售给旅游者的,为单环节销售渠道;经过两个中间环节将产品销售给旅游者的,为双环节销售渠道;经过三个以上中间环节将产品销售给旅游者的,为多环节销售渠道。

在国际入境旅游业务中,由于关税壁垒、企业自身资金和技术的不足以及促销力度不够,知名度不高等原因,我国旅行社入境旅游业务广泛采用间接销售渠道,利用境外的相关机构的分销渠道和营销经验,能够迅速、准确地将旅行社产品推向国外的目标市场,为旅行社缩短了买卖时间,在一定程度上帮助生产企业节约了资金。间接销售渠道的优势表现为针对性强、覆盖面广和销售量大等,不足主要是销售成本高。

7.2.3 旅行社销售渠道的设计

旅行社销售渠道设计是指旅行社为实现销售目标,对各种备选渠道策略进行评估和选择,从而开发新型的销售渠道或改进现有销售渠道的过程。旅行社销售渠道的设计是旅行社面临的最复杂的问题之一,它在一定程度决定着产品的销售成本和收益水平,所以许多旅行社都十分重视销售渠道设计的研究。有效的销售渠道设计,应以确定旅行社所要达到的市场为起点。

7.2.3.1 销售渠道设计应遵循的原则

最佳的销售渠道能够帮助企业获得理想的经济效益,并具备辐射面广、服务优良、连续性强等特点。旅行社要设计自身企业的销售渠道,需要遵循以下原则:

(1)旅游者导向原则　当今旅游业竞争十分激烈,旅行社产品替代性较强,旅游者的选择余地空间很大。在其他条件相同的情况下,选择合适的时间和地点能使旅游者便利地购买到本企业的旅游产品,能够帮助旅行社在竞争中赢得更多的优势。目前许多旅行社开始借助计算机、互联网开设相关业务,大大方便了游客的旅游。通过网络获取旅游信息和购买旅游产品的旅游消费者越来越多,因为网络营销符合以顾客为导向的原则,成本低廉、使用便利、沟通充分;同时,互联网的互动性使旅行社能够更好地满足旅游者的个性化需求。

(2)经济效益原则　在设计销售渠道时应考虑渠道所能带来的销售收入、利润和成本,只有那些不但能带来一定的销售收入,而且在扣除其他费用后还能使本企业盈利的销售渠道才是可以使用的销售渠道。

(3)时间原则　时间是金钱,效率是生命。旅行社的销售渠道设计必须要以时间短、效率高为中心,在最短的时间内、以最短的距离将产品送到消费者的手中。

(4)适应性原则　当今旅游业竞争激烈,旅行社产品层出不穷。如何能够使旅行社在竞争中取得竞争优势,在销售渠道设计时,必须要顺应市场的变化,渠道中的每个环节都应具备较强的适应市场的能力。同时销售渠道要根据旅行社目标市场的变化、竞争对手的战略、企业经营规模的大小、销售实力的强弱以及中间商的合作情况等变化适时地加以调整。

7.2.3.2 影响旅行社销售渠道设计的因素

(1)顾客因素　顾客因素也称市场因素,是指企业准备为其提供服务的目标市场特性,包括市场规模、市场分布、市场密度以及市场行为等因素。市场的规模越大,企业越可能使用中间商,反之,企业就可能避免使用中间商;也要注意市场的集散程度,即一定区域内旅游消费者空间分布的集中程度,市场分布越广,企业使用中间商的成本会比直接渠道成本低,他们使用中间商的可能性会更大;市场密度越大,企业通常会对目标市场直接提供服务,而避免采用中间商,市场密度越小,企业通常则会选择使用中间商,通过长渠道将产品送达顾客;同时,要关注旅游客源市场的距离,一般距离较远会选择长渠道,距离近则选择短渠道。

(2)产品特性　可以从产品种类去定性,同时根据产品性质,比如价格、独特性、标准性与个性等考虑是否为新产品确定不同的销售渠道。对旅行社产品而言,产品的性质、类型、等级、价格等因素,影响销售渠道类型模式的选择,如:高档旅游产品价格较高,市场范围较小,适宜采用直接销售渠道或短渠道;而大众旅游产品或低价格旅游产品,目标市场广阔,潜在客户众多,则宜采用多层次间接销售渠道。

(3)自身企业的特性　从企业规模、经营者经验能力、财务能力、企业销售能力、企业服务能力以及企业目标去确定销售渠道决策。

(4)环境特性　设计旅行社销售渠道还应考虑宏观经济环境、政府政策、法律法规、社会文化、竞争者渠道策略以及技术方面。

(5)中间商特性　根据中间商的类别、规模、地理位置、信誉、分销能力、合作意愿等方面去进行总结,旅游中间商的实力、营销能力、合作意向等会影响旅游企业对中间商的选择,从而影响到销售渠道的模式。

7.2.3.3　旅行社销售渠道策略的选择

旅行社销售渠道的设计与选择是否合适,直接关系着旅行社的生产经营成本,关系着消费者的满意程度,因此对渠道设计问题中的销售渠道选择策略展开研究有重要的意义。旅行社销售渠道选择通常采用以下策略:

(1)广泛性销售渠道策略　广泛性销售策略又被称为密集性或普遍性分销,是指旅行社广泛地委托零售商或通过各地旅行社及相关企业销售产品,招揽客源的一种策略。

广泛性销售渠道策略优点是,选择较多的零售商和批发商推销产品,能够很好地方便旅游者的购买产品,同时便于旅行社联系广大旅游者和潜在的旅游者,也有利于在广泛销售的过程中发现理想的中间商。不利之处,采用这种策略成本较高,产品过于分散,不利于旅行社的集中管理,而且中间商流动性大,忠诚度低,难以建立较固定的销售网,增加了管理成本。

(2)选择性销售渠道策略　选择性销售渠道策略就是旅行社在一定时期、一定市场上选择少数几个旅游中间商的策略。旅行社往往是经过了广泛性销售渠道策略之后,根据中间商的作用、销售量获利的大小,选择几家有利于旅行社产品销售的中间商。旅行社采用这种策略可以降低旅行社的销售成本。但是,如果中间商选择不当,就会影响到产品的销售。这种策略适用于专业性较强、成本较高的旅游产品,比如旅行社推出的探险旅游、沙漠旅游、环欧洲旅游等旅游项目。

(3)专营性销售渠道策略　专营性销售渠道策略是指旅行社在一定时期、一定地区内只选择一家旅游中间商销售本企业产品的一种策略,同时作为总代理的代理商不能代销其他竞争者的产品。采用专营性销售渠道策略可以提高代理商的积极性和推销效率,专一地为顾客服务,同时也有利于旅行社与代理商建立较好的、相对稳定的合作关系;同时可以降低成本,排除其他竞争者进入该市场。但是,如果代理商经营不好,则会失去一部分市场;若选择的中间商发生变化则可能完全失去市场。

7.2.4 旅行社销售渠道的管理

旅行社销售渠道的管理主要包括选择渠道成员、培训渠道成员、激励渠道成员、评估渠道成员和调整渠道成员等环节。从广泛意义来讲，旅行社销售渠道管理的核心内容一般指的就是对旅游中间商的管理。

7.2.4.1 中间商的选择

旅行社选择旅游中间商时，必须通过各种方式对旅游中间商进行详细的分析，准确摸清对方的情况，待时机成熟后再表示合作的愿望。旅行社可以通过新闻报道、银行、有关权威性专业出版物等资料了解中间商的信息。对海外中间商的了解可以通过我国的银行及国外分支机构、驻外机构、国际旅游博览会、友好团队等或主动与中间商接触进行联系。选择中间商所要注意的问题包括以下几个方面：

(1)经济效益　旅行社选择中间商的目的在于扩大销售和增加收益。旅行社通过估测中间商的单位销售费用和销售总额，就可以粗略衡量中间商的贡献。因此，旅行社应选择成本相对较低，利润相对较大的销售网或中间商。

(2)风险大小　旅行社在选择中间商的时候，既要考虑对经济效益的追求也要考虑风险的大小，要求注重风险与利润的对称。一般情况下，在利润相同的情况下，风险小的销售渠道，利润也小；风险大的销售渠道，利润也大。这就要求旅行社根据自己的经营实力，在利润与风险之间进行平衡与选择。

(3)中间商的信誉　一个企业的信誉也可称之为商誉，它包括企业的知名度和美誉度，是企业无形资产的一部分。旅行社所选择的中间商必须具有良好的信誉和较高的声誉，并且要具备较强的推销能力和偿付能力。中间商的声誉决定了旅游者对它的信任程度，从而影响到中间商的推销能力，而中间商的偿付能力是双方合作的经济保障。这些都是旅行社经济利益不受损失的保证，也是旅行社与之合作的前提条件。

(4)旅游中间商对旅行社业务的依赖度　旅行社所选择的中间商，可能经营很多旅游产品，也可能只经营某一类产品，中间商对旅行社的依赖性决定了其努力程度。有的国外旅游中间商专营或主要经营我国的旅游产品，对我国旅行社具有相当的依赖性，因此对我国旅游产品的推销也很重视，如英国的促进旅行社、日中旅行社、日中和平旅游公司等。而有的中间商同时经营许多国家旅行社的产品，对某一个旅行社的依赖性较小。

(5)中间商的实力　主要包括旅游中间商的人力、物力、财力状况、服务质量、销售速度和推销工作的经验等。特别是产品的销售效率，旅行社选择中间商的目的就是加快产品推销速度，在较短的时间里把产品销售给消费者。中间商是否具有完善的销售网络是影响旅行社产品流通快慢的主要原因，它会直接影响旅行社的资金周转。

(6)合作意愿　旅行社还应该通过不同的渠道，了解中间商是否有意与旅行社合作，因为旅行社在选择中间商的时候，中间商也在选择旅行社，这是一个相互选择的过程。旅行社所选择的中间商必须有与我方合作的诚意，特别是经营多家旅行社产品的中间商，其合作的意向就更为重要。旅行社在选定中间商后，便可以签订合同，并开展业务合作。

7.2.4.2 中间商的管理

旅行社在选择了中间商之后，必须对中间商进行科学的管理。放任不管和严密约束

都会带来不利的后果。旅行社对中间商进行管理必须遵循以下原则:

(1)加强与中间商的合作　旅行社与中间商是两个独立的经济实体,各自拥有不同的利润目标。中间商一般情况下对旅行社不承担义务,它可以代理其产品,也可不代理其产品,双方合作的基础是互惠互利。旅行社可通过改善产品、服务质量和针对性地优惠奖励中间商,与之加强合作。旅行社常用的奖励和优惠包括:减免预订金、组织奖励旅游、领队优惠、颁发奖品、邀请中间商考察、联合宣传促销等。

(2)做好对中间商的评价　这是加强中间商管理的一个切实可行的办法。旅行社通过一定的方式和标准对中间商做出正确的评价,找出在合作过程中不成功的原因,明确重点和非重点合作伙伴。对于对企业影响较大的中间商,要使其成为合作伙伴;对于绩效一般或低于旅行社要求的中间商要找出原因,在必要时改变现有的渠道结构。旅行社对中间商的评价包括:中间商在一定时期内产品的销售完成情况;中间商提供的利润和费用结算方式;中间商为竞争对手工作的情况;中间商企业产品销售量的比重;中间商近来的信用状况;中间商积极性的变化;中间商对本企业产品宣传情况;中间商对本企业产品推销方法等。

(3)加强与中间商的沟通与联络　这就要求旅行社与中间商双向信息沟通要顺畅,旅行社不但向中间商及时、准确、完整地提供产品信息,还要主动从中间商处获得信息。

(4)建立中间商档案　旅行社应按照一定的标准将中间商的资料分类建档,重视对中间商档案的建立,它可以为销售决策提供依据。一般情况下,中间商的档案内容包括中间商的基本情况、主要的经营状况、主要负责人的资料等,具体包括中间商的名称、国别、地区、法人代表、联系方式、合作年度、合作情况等,及时掌握合作的中间商的情况变化,以便更新信息。

(5)调整中间商队伍　旅行社依据对中间商的评价并根据自身的情况适时调整中间商。对效率低下、贡献较小、影响旅行社运作的中间商予以剔除。同时,如果旅行社在根据市场对战略目标和营销组合进行调整时,对中间商也要做出相应的调整。

7.3　旅行社促销管理

促销活动是旅行社经营活动顺利进行的保证,它能够把旅行社的产品和服务及时通过一定的手段传递给消费者;劝说人们形成对特定产品和品牌的偏爱,或在特定旅行社购买旅游产品;诱导旅游者的购买行为指向营销者所提供的产品。促销作为旅行社与市场联系的主要技术手段,包括人员推广、广告、营业推广、材料促销和公共关系与宣传等。这些技术互相关联,旅行社促销管理必须确保每个技术是对其他技术的补充而不是与之冲突。促销通常占用营销预算的很大比重,包括雇用大量的外部咨询机构和专家。因此,促销必须经过详细周密的规划,着重考虑成本、负责人及时间安排。

7.3.1　促销的概念与功能

7.3.1.1　促销的概念

促销是促进销售的简称,它是指销售者为了诱导消费者购买其产品所进行的说服沟通活动和努力。旅行社促销是指旅行社将有关旅行社、旅游地及旅游产品的信息，通过各种宣传、吸引和说服的方式，向目标市场传递信息，并与其进行信息沟通，从而达到引发旅游者兴趣，激发购买欲望，促进购买行为的活动。

7.3.1.2 促销的功能

旅行社促销的实质就是要实现旅行社与旅游产品潜在购买者之间的信息沟通。旅行社为了达到这一特定的目的，可通过发布广告的形式传播有关旅游产品的信息；可以通过营业推广活动传递有关信息；也可通过公共关系的手段树立或改善在公众心目中的形象；还可由推销员当面说服潜在的购买者。有效的促销可以达到以下功能：

(1)向潜在的购买者或中间商提供旅游信息，沟通供需联系。

(2)树立旅行社良好形象、加强市场地位。

(3)劝说人们形成对特定产品的偏爱，或在特定的旅行社购买产品。

(4)宣传产品特点，强化竞争优势。

7.3.2 旅行社促销方式

促销作为市场营销的主要工具之一，是指企业组织实施一系列以说服顾客采取购买行动为最终目的的活动。旅行社促销是指旅行社以人员推销和非人员推销的方式，向目标顾客传递信息，并与之进行信息沟通，达到营销目标顾客的行为，促进旅行社产品的销售及其对旅行社的产品产生好感和信任的销售活动。旅行社促销的实质就是与目标顾客进行有效的沟通，常见的促销方式包括广告媒体、公共关系、人员推销、营业推广等。

7.3.2.1 广告媒体

广告媒体又称广告媒介，是指传播商品或劳务信息所运用的物质与技术手段。旅游广告是旅行社以支付费用的方式，通过各种媒体向目标市场传递产品信息，进而影响旅游者的购买行为，促进旅游产品销售的促销方式。

广告媒体种类很多，如电视广告、报纸广告、杂志广告、广播广告、网络广告等，不同的媒体有不同特点(表7-1)。旅行社为实现营销目标，必须根据旅游产品的特点、促销目标以及自身的情况正确选择广告媒介种类。在选择之前，应了解各主要媒介的优缺点。旅行社在广告决策时，还应考虑目标群众的媒介习惯、产品的特点、广告信息的特点、广告信息的内容和广告费用等。

广告因媒体不同除了包括上述的媒体广告外，还包括户外广告和邮寄广告等。户外广告一般指通过户外的广告牌、路灯灯箱、交通工具、建筑物等发布广告，进行宣传；其优点是成本相对较低，重复性强，地理空间的选择性较强；缺点是制作周期较长，很难迅速进行更新和更换，看到广告的人群中间潜在顾客百分率较低。邮寄广告是指旅行社通过邮寄宣传材料、明信片等来宣传自身产品的一种广告形式；这种邮寄的方法制作及投递灵活性较大，可选择性强，而且易于对方进行反馈；但是邮寄前需要事先知道对方的确切地址，因此在对象的选择范围上有一定的局限性。

表 7-1 不同媒体广告的特点

媒体广告类别	优点	缺点
电视广告	传播的范围和面积广；具有强烈的视觉和听觉的冲击；对人群的渗透力强	电视播放的生命周期短，费用较高；容易受到其他原因的干扰；对观众没有选择性，不能选择固定群体
报纸广告	对人群的传播范围大；对读者对象的选择性强；能够灵活使用和传播；可以进行保存、阅读	报纸使用的生命周期短；容易被外物所干扰；各类报纸对发布的产品的类型进行了限制；印刷质量较差
杂志广告	让喜爱该杂志的人群对发布的产品吸引关注；对产品产生较高的接纳性；使用周期较长，对产品的视觉效果体现较高	杂志的灵活性有局限性；报道的时间有一定的延期；杂志广告制作复杂，成本高；传递渠道少，不好广泛传播
广播广告	传播速度十分迅速，灵活性强；具有在线支付的功能；通过广播广告可以美化想象的产品；方便人群接收产品信息	容易被人群忽视掉，缺少实物形象的视觉冲击；广播广告容易被其他事物干扰；产品播放生命周期短
网络广告	互联网人群较多，对产品的需求量较大；广告信息量更加完善，视觉效果冲击性及综合性强；具有实时性和持久性；根据各类人群对各类网站的浏览量准确投放广告	网络广告较多，覆盖率较低；投放的广告不能很好地评估该广告造成的效果；各种强制性的广告过多，人群对广告有不好的看法；网络广告管理专业人才缺失，导致网络广告无法很好地管理

7.3.2.2 公共关系

公共关系是指旅行社以社会公众的利益为出发点，与公众沟通思想情感，塑造良好的社会形象和提高声誉，以赢得旅行社内部和外部公众的理解、信任、支持和合作，为旅行社的发展创造最佳社会环境的一种营销活动。旅行社公关活动方式主要有：针对社会公众的公关活动及针对新闻界的公关活动。其中，针对社会公众的公关活动包括赞助公益事业和特殊事件，树立在公众心目中的良好形象；赞助社区活动，拉近与社区居民的关系；举办各种活动，融入公众生活；举办专题讲座、赞助学术会议等方式，宣传旅游产品，吸引公众的关注。而针对新闻界的公关活动主要有：与新闻界建立良好的关系，尽可能满足新闻界的合理要求；向新闻媒体通报消息，达到通过新闻媒介向外界发布产品信息的目的，如各种新闻发布会等。

7.3.2.3 人员推销

人员推销是通过销售人员与消费者或旅游中间商的直接沟通来达成销售，是在旅行社所有的促销手段中唯一利用人员所进行的最直接的促销活动。

人员推销主要包括走访各地代理商、中间商及目标市场的个人和团体；分发各种旅游宣传册；接触客户，开展推销业务；进行市场调研，搜集市场情报。人员推销具有直接联系、双向交流、亲切感强、劝说力强、灵活性强、能够传递复杂信息、有效激发购买欲望、信息反馈及时等特点，有利于旅行社培养与客户的良好合作关系，因而成为旅行社市场营销中不可或缺的促销手段。但是人员推销存在费用较高、覆盖面较小、培训较难的缺点。对旅行社来说,推销人员素质的高低对实现推销目标,扩大销售量,开拓市场具有重要的影响,因此在使用这一促销手段时必须招聘有潜力的优秀人才,严格培训并加以有效的激励措施。

7.3.2.4 营业推广

营业推广又称销售促进,是指在一定时期内旅行社采用特殊的手段刺激消费者的需求,以促进销售增长的一种策略。营业推广是对广告促销、人员推销的一种补充,是一种辅助性促销方式,不能单独使用。

根据市场特点、销售目标和推广目标不同,旅行社营业推广又分为面向消费者的营业推广及面向中间商的营业推广。对旅游消费者的营业推广目的是刺激消费者购买欲望,吸引潜在的消费者,扩大市场占有率。主要手段有旅游目的地展示、折扣优惠、免费旅游产品、有奖销售、会员卡销售、赠送礼品、鼓励重复购买和特殊活动等。对中间商的营业推广活动主要目的是使旅游中间商对产品供应商的产品产生兴趣,并保持对供应商的忠诚度,通过对旅游中间商进行物质奖励来促进销量,并鼓励中间商持续地经营本企业产品和服务,建立稳定的产销关系。面向中间商的营业推广的手段主要有:旅游博览会、交易折扣、合作广告、销售竞赛、提供宣传品、折扣、红利和特殊活动。

7.3.3 旅行社促销组合策略及影响因素

旅行社进行促销的实质就是旅行社与旅游消费者之间的信息沟通。旅行社为了实现与消费者最佳的沟通效果,就必须在特定促销目标和特定促销预算的指导下,对促销方式和手段进行选择、运用、组合与搭配,即促销组合。

7.3.3.1 旅行社促销组合策略

现代营销将广告、人员推销、公关宣传、营业推广四种基本促销方式有机搭配和统筹运用的过程就称为促销组合。四种促销方式组成一个策略系统,使各种促销活动互相配合、协调一致,最大限度地发挥整体效果,从而顺利实现旅行社目标。促销组合策略是根据产品特点和经营目标的要求,有计划地综合运用各种有效的促销手段所形成的一种整体的促销措施。

(1)拉式策略　采取间接方式,通过广告和公共宣传促销策略等措施吸引最终消费者,使消费者对企业的产品或服务产生兴趣,从而引起需求,主动去购买商品。其作用路线是:旅行社把促销着力点放在旅游者身上,对他们施加必要的促销技巧,引起市场积极反响,旅游者争相咨询,并向零售商预购产品,进而引发零售商向批发商/经营商要求订货,反向拉动整个销售链的活跃。主要方法包括:广告信函销售、邀请销售、代销试销、信誉促销等。该策略主要适用于具有如下特点的旅行社产品:①市场广大,产品便利;②产品信息必须以最快速度告知广大消费者;③对产品的初始需求已呈现出有利的趋势,市场需求日渐上升;④具有独特性能,与其他产品的区别显而易见;⑤能引起消费者某种特殊情感;⑥有充分资金用于广告等。旅行社国际出境旅游和国内旅游产品特别适合采用针对旅游者的“拉”式策略及相应的媒体广告、直接营销、现场转播等推销(促销)技巧。

(2)推式策略　推式策略是以直接方式,以人员推销为主,配合公关等其他促销方式把产品推向销售渠道的促销组合策略,其作用过程为:旅行社把促销着力点放在旅游中间商身上,施加必要的促销技巧,不断地把旅行社产品推向旅游经销商/批发商,再推向零售商,最终由零售商推荐、销售到旅游者手上。推式策略主要适合于生产资料的促销,即生产者市场的促销活动。具体方法包括访问推销、网点推销、演示推销、服务推销等。该策略适合于以下情况:旅行社规模较小,或无足够资金用以执行完善的广告计划;市场较集中,分销渠道短,销售队伍大;产品具有很高的单位价值;产品的使用、维护等方法需要进行示范。旅行社国际入境旅游产品特别适合采用针对旅游中间商的"推"式策略及相应的销售推广、营销公关等推销(促销)技巧。

在实践中往往是推拉结合,有推有拉,一方面运用广告来拉动最终用户,刺激最终用户产生购买欲望;另一方面采用人员推销的方式向中间商推销,以使中间商乐于经销或代理自己的商品,形成有效的分销链。

7.3.3.2 影响旅行社促销组合的因素

(1)促销目标　旅行社在不同时期及不同的市场环境下有不同的具体的促销目标,目标不同,促销组合就会有差异。如果在一定时期内,某旅行社的促销目标是在某一特定市场迅速增加销售量,扩大市场份额,则促销组合应更注重广告和销售促进,强调短期效益。如果旅行社的目标是树立本企业在消费者心目中的良好形象,为其产品今后占领市场、赢得有利的竞争地位奠定基础,则促销组合应更注重公共宣传和辅以必要的公益性广告,强调长期效益。

(2)目标市场的特征　旅行社的目标市场特征不同,可采用不同的促销组合。一般来讲,如果目标市场地域范围广,应多采用旅游广告进行促销;如果在小规模的本地市场销售,则应以人员推销为主。假如旅行社产品在中等规模的范围内销售,则可以一种促销方式为主,另外配合以其他的方式。

(3)旅游产品的生命周期　在旅游产品生命周期的不同阶段,应该实行不同的促销组合。在引入期,促销的重点是提高旅游产品的知名度,应多采用旅游广告进行促销;在成长期,旅游广告仍是重要的促销形式,同时还要配合人员推销和公共宣传;在成熟期,必须增加促销费用;在衰退期,只需少量的广告活动来保持老顾客的记忆,人员推销也可以减至最小规模,公共宣传则可全面停止。

(4)促销预算　任何一个旅行社,它拥有的人力、物力和财力的资源总是有一定限度的。为了以较少的耗费取得最佳的经济效益,旅行社必须事先做好销售预算。促销预算过大,导致成本增加,影响旅行社的利润水平;促销预算过小,会影响销售量,进而影响利润。有了科学的预算旅行社就可以有的放矢地开展促销活动。旅行社制定促销预算也是极其困难的,因为旅行社不仅对促销活动的效果难以预测,而且在确定总预算的过程有许多不确定的因素,如促销目标、竞争因素、可利用资金等。

7.3.4 旅行社促销效果的评价

促销效果的评估主要是通过获取的反馈信息,衡量某种促销组合或具体促销方案的效果。通常情况下旅行社把采取措施之后旅行社产品销售量的增减幅度作为对促销效果的评估标准,即促销策略实施后产品销售量增加,促销效果就大,反之就小;在市场疲软或产品进入衰退期的情况下，通过促销，产品的销售量降幅小，则说明效果好，反之就差。由于旅行社产品销售量的增减，受到主观和客观多种因素的影响，促销只是其中一个重要因素，所以对促销效果的评估要达到一个准确的程度是很困难的。

对于促销效果的评价，旅行社最常用的方法是比值法，就是以销售量的增减幅度来测量促销成效，其公式为：

$$R=\frac{S2-S1}{P}$$

在这个公式中：R 为促销效益；$S2$ 为本期促销后的平均销售量（1 月或 1 年）；$S1$ 为未促销前的平均销售量（1 月或 1 年）；P 为促销费用。

在运用此法评估促销效果时，注意促销效益和销售量之间并非绝对呈正比例关系，因为销售量的多少还受到其他因素的影响，如市场变化、竞争对手相应活动以及偶然事件等。因此，不应把全部销售量的增长都归于促销活动。另外，促销是一个长期行为，有些效果未必在短期内出现。

【本章小结】

旅行社所提供的旅游产品的价格主要由两部分所组成：一是旅行社为旅游者提供的各项服务的价格，二是在旅游期间旅行社组织各项活动的费用。

销售渠道是市场营销的重要组成部分之一。旅行社销售渠道就是指旅游产品从旅行社转移到消费者过程中所经历的各个环节连接起来形成的途径。旅行社销售渠道包括直接销售渠道、间接销售渠道、专一性销售渠道和广泛性销售渠道。而在实际经营过程中，旅行社广泛采用间接销售渠道策略，因此旅行社对中间商的选择与管理，至关重要。

旅行社营销管理过程实质就是确定市场目标、建立有利的销售渠道进行促销活动的过程。促销活动是旅行社营销活动进行的保证，它能够把旅行社的产品和服务及时通过一定的手段传递给消费者；劝说人们形成对特定产品和品牌的偏爱，或在特定旅行社购买旅游产品；诱导旅游者的购买行为指向营销者所提供的产品。促销作为旅行社与市场联系的主要手段，包括：人员推广、广告、营业推广和公共关系等。

【重点概念】

产品价格　定价目标　取脂定价策略　渗透定价策略　心理定价策略　销售渠道　广泛性销售渠道　选择性销售渠道　专营性销售渠道　旅游中间商　促销　促销组合

【案例分析】

案例 7-1

柳州开展旅游市场秩序“百日集中整治”

针对柳州市旅游市场上出现的超低价格的旅游宣传现象，2018 年 5 月 29 日上午，柳州市旅发委发出通知，即日起开展旅游市场秩序“百日集中整治”，“低价游”成为必查重点。

0 元游桂林、999 元游柬埔寨……近段时间来，柳州一些旅行社开展低价旅游宣传。看似诱人的低价游背后，隐藏着消费陷阱。所谓"零负团费"，并不是"无团费"，而是"羊毛出在羊身上"——通过导游向游客增加自费景点和购物点赚取"回扣"和"人头费"，填补亏空，实现赚钱。

以柳州一些旅行社宣传"999 元游柬埔寨"为例，据了解，不足千元的出境游团费中，竟还包含了柳州往返南宁中转的动车票、南宁住宿等费用。并且，据知情人透露，999 元团费中还包括了供应商给予旅行社的 300 元返利。

"除去往返南宁的费用及旅行社盈利，游客往返柬埔寨的航班，以及柬埔寨地接费用仅 500 多元，这明显不合理。"柳州市旅发委相关负责人表示，柳州市旅游部门在检查中发现，柳州旅游市场存在"低价游"旅行团。近日，旅游部门还发现了"799 元游柬埔寨""0 元游桂林"等"零负团费游"宣传。

因此，5 月 29 日，柳州市旅发委召开"旅游市场突出问题综合治理工作推进会暨第二季旅游安全工作会"，会上部署，即日起至 7 月，柳州市将开展旅游市场秩序"百日集中整治"。

本次旅游市场秩序整治重点为：严厉打击低价恶性竞争；加强经营旅行社业务行为的监管力度，严肃查处违法违规行为；严肃查处导游违法违规行为；加强旅游购物市场的综合监管。其中，低价旅游是此次"百日集中整治"的重点、必查对象。

"严禁旅行社发布、销售不合理低价产品，组织接待不合理低价团队；严厉查处旅行社、导游通过安排购物，或者另行付费的旅游项目获取回扣、人头费等不正当利益。"相关负责人表示，一经发现"低价游"团队，立案查处绝不手软。

当日会上，柳州市旅发委还通报了今年以来，柳州市旅游服务质量情况：2018 年 1 ~ 5 月，全市旅游质监执法机构共接到来电、来访、舆情转办等旅游咨询、投诉 375 件，其中旅游投诉 40 件，比去年同期增加 20 件，同比增长 100%，为游客挽回损失近 20 万元。

柳州市旅发委相关负责人介绍，今年"壮族三月三"柳州旅游投诉显著增多，该节日期间的旅游投诉已占柳州市目前投诉量三分之一，主要是由于"壮族三月三"节日期间，交通票务预订产生的退团和行程变更以及旅游服务质量问题。

（案例来源：http://www.mct.gov.cn/whzx/qgwhxxlb/gx/201806/t20180607_833180.htm，广西壮族自治区旅游发展委员会 2018 年 6 月 7 日）

案例思考题：

1. 低价竞争给旅游市场带来哪些危害？
2. 旅行社如何走出低价竞争的怪圈？

案例 7-2

英国时运假日旅行社开辟新市场

时运假日旅行社的前身是麦昂旅行社，专营欧洲乡村别墅度假旅游业务。由于竞争激烈，交通费用高、货币兑换率低及存款利率高等原因冲击短程度假旅游市场，从 1990 年以来，世界远程度假旅游市场看好。1991 年，麦昂旅行社与英国时运烟草公司联营，成立时运假日旅行社，开辟远程度假包价旅游新市场。

新旅行社成立后，采取的第一步措施是聘任经验丰富的格雷厄姆任总经理，此前，他受雇于世界著名的托马斯·库克旅行社。并同时决定在1992—1993年的旅游旺季首次推出远程度假旅游线路。第二步，开展客源市场调研和分析。三个月的调查结果发现：一是，喜欢在度假中体验新的经历的客人是一个潜力很大的新市场，时运旅行社决定重点开发并占领这个新市场；二是远程度假游客有较高社会地位和经济收入，但不受年龄限制。第三步，对旅游目的地开展调研。1991年1~5月间，菲力普先生行程83 000英里走访20多个国家的100多家饭店，解决了三个问题：首先住宿，时运旅行社将饭店印在旅游宣传品上，由此，可从饭店获取30%的房价折扣；其次交通，全部使用目的地国家航空公司的航班。由此，得到60%以上的长期机票折扣；最后目的地旅游资源，考察竞争对手未涉及的目的地，以新的目的地、新的旅游资源，来满足客人求新和体验不同经历的需要。

为更好地宣传和推广旅游线路，首先，时运聘了一家专业文选公司承担宣传品的设计工作，费用高达到250 000英镑，编印下了旅游季节中所能提供给客人的旅游线路等吸引客人的全部信息资料，收到较好的宣传效果。接下来，选择合适的旅游代理商。刚开始经营远程旅游，时运选择了知名度较高，颇受游客欢迎的霍格·罗宾逊连锁旅行社。后来，由于利益冲突，双方协议中止，时运将宣传品大量发给各独立的小型连锁旅行社；同时加强推销人员的培训；在客源地报纸杂志上登文宣传。1991年12月，促销工作全部就绪，时运意气风发强势进入新市场。然而，天有不测风云，时运进入新市场初期，便受到诸多冲击：

1. 汤普森假日集团也进入远程度假旅游市场。汤普森假日是一家公认的组织严密、专业技术力量雄厚的大型旅行社。进行市场细分后，时运的目标市场确定在求奇、求新、求险的客人。而汤普森则是海边度假客人，总体而言，汤普森的市场战略并没有带给时运直接的威胁，时运可继续其原定目标和市场战略。

2. 货币兑换率的波动。1992年2月，英镑对美元的汇率跌到1∶1.05，时运为弥补损失，对已预定的线路客人加收合理的附加费，由此，预定产品的确切人数比原计划减少一半。

3. 旅游零售商和宣传品分销。时运通过地方的区域旅行社和国家级的旅行社销售自己的包价线路：潜在游客在选择产品时往往无引导；而有引导游客也选择较熟悉的产品。时运认为现有销售渠道和方式不能真正代表旅行社利益，为此时运建立了直接预定系统，但这一系统仅起后备作用。时运由于知名度低，选择代理商和分销渠道时遇到很大麻烦，在宣传品发放和人员培训与激励上成本过大。

4. 与烟草公司联营，时运形象受损。调查表明，5%的客人不愿购买烟草公司资助的旅行社产品；5%的旅行社不愿意展示和散发烟草商标的旅游宣传品，时运经过3年的不懈努力，消除了烟草带来的副作用，被公认为是一家正规的、有权威的旅游经营商。

时运进入新市场的第一年，销售了900人次产品，平均价格是1 200英镑。1992—1993年，产品销量上升到3 500人次，平均价格为1 440英镑，占整个远程度假市场的10%。

经营中，时运发现市场出现两种消费趋势，一是客人消费水平较高，二是越来越多的客人喜欢单独活动。为此,时运及时调整促销策略。宣传品中相应增加偏僻、新奇的小型饭店和宾馆的版面,费用由被介绍饭店分摊;删减传统度假地,增加新的度假地,在1992—1993年新线路中增加危地马拉、马来西亚的沙巴和非洲科摩罗群岛等目的地国家或地区;新制作的宣传品封面上,根据市场的变化,只刊登两幅代表两种最流行的活动的照片,一幅是海滩,一幅是文化遗址,既引领潮流突出时尚,又避免信息干扰。

时运每年用于宣传品设计、制作的费用支出大,而宣传品的分发也不尽合理,在某些旅行社积压造成浪费,而另一些旅行社却短缺。为提高促销效果,降低成本,时运将旅游代理商从2 000个减少到1 200个,保留真正为产品促销做出努力和贡献的旅行社;同时,又加强了销售人员的培训,培训主题为使顾客更加愉快地度过假日;另外,将每份宣传品售价增加1英镑,销售佣金以销售数量不同而支付不同。

案例思考题:

1. 时运假日旅行社开辟新市场采用了哪些营销策略?
2. 时运假日旅行社对销售渠道是怎么进行管理的?

思考题

1. 影响旅行社产品价格制定的因素有哪些?
2. 旅行社的定价方法和定价策略有哪些?
3. 旅行社产品销售渠道策略有哪些?
4. 旅行社选择中间商应考虑哪些因素?
5. 旅行社的促销方式有哪些? 各种促销方式有何特点?
6. 什么是促销组合? 影响促销组合的因素有哪些?

高等教育旅游管理专业"十三五"规划教材

8 旅行社接待管理

学习目标→

通过本章的学习，了解旅行社接待业务在旅行社业务中的地位和作用，熟悉旅行社接待业务及接待服务规范与流程；理解和掌握团队接待管理和散客接待管理的特点，熟悉团队接待管理及散客接待管理的工作流程、标准；了解接待过程中突发事件的预防与处理等。

学习难点→

旅行社接待业务的规范与流程　团体旅游接待管理　旅游事故的处理程序

旅行社接待服务是旅行社的基本业务之一，是旅行社的直接生产过程。对游客而言，旅行社接待服务是对其购买的旅行社产品的消费过程，旅游活动效果的好坏也很大程度上取决于旅游者对接待服务的满意度；对旅行社而言，接待服务是旅行社直接面向游客提供服务、游客享受旅行社产品的全过程，只有提供高水平的接待服务，旅行社产品的价值才能够得以实现。因此，旅行社接待服务与管理质量的高低是旅行社经营管理水平的直接反映，同时也是旅行社实现价值转移和创造新价值的重要途径。

8.1 旅行社接待管理概述

旅行社的接待服务是指旅行社按合同向游客提供其预订的保证质量的服务。旅行社接待服务不仅是旅行社经营过程中的一项中心工作，同时也是旅行社产品的实现形式，旅行社接待服务的好坏将直接影响着旅行社的生存和发展。因此，加强旅行社的接待管理便显得尤为重要，旅行社接待工作的过程实质是旅行社接待人员对旅游团(者)的服务过程，所以对旅游团(者)相关信息的了解和掌握，对接待人员及其工作的管理，便成为旅行社接待管理中的重中之重。

8.1.1 旅行社接待管理的特点

8.1.1.1 综合性和时效性

旅游活动的特点决定了旅行社的接待服务是一项组织复杂的综合性工作。一个旅游团常常要在几天时间内，由多家旅游部门承担各种服务。它需要组团社及接待社的统一协调，需要各供应单位按时、按质、按量地提供服务，还需要全陪和地方导游的现场联络和安排。在实际接待工作中有时还会发生预想不到的变化（如航班延误）或旅游者突发事故（如伤、病），也可能发生主观上的差错或事故（如信息传输延误、误接、漏接航班），导致旅游行程打乱甚至发生事故。接待服务时效性很强，旅行社必须在旅游团队抵达前充分做好各种准备，落实各项旅游服务安排；旅行团到达之后，旅行社还要及时与相关部门联络，保证各项服务紧密衔接，确保旅游活动顺利进行。

8.1.1.2 标准化和程序化

标准化是指旅行社向游客提供的服务必须符合国家或旅游行业颁布的标准。为了保证旅行社的服务质量，我国相继出台了《旅行社国内旅游服务质量要求》《旅行社入境旅游服务规范》《旅行社出境旅游服务规范》等旅行社服务标准。旅行社的接待工作要严格按照国家规定的服务质量标准、严格按照旅游合同协议提供的服务标准为游客提供旅游过程中的各种服务，做到接待服务的标准化。同时，旅行社要根据接待服务的特点，对接待服务的每一环节和每道程序都做出详细规定，并据此向旅游者提供接待服务。旅行社接待服务的标准化和程序化是保证旅游服务质量的有效措施。

8.1.1.3 文化性和趣味性

现代旅游不仅是一种度假休闲活动，而且也包含着了解异国他乡情况和增长阅历的动机。接待工作应针对游客的这种动机来满足他们的要求，并通过正确地介绍旅游目的地从而使旅游者更好地完成旅游行程，体会生活的美好。为此，接待人员必须对旅游地的历史文化、风土人情以及经济等有深入的了解，还应具备客源国情况及旅游心理学等方面的知识。导游人员通过亲切自然、轻松幽默的讲解艺术达到引人入胜和雅俗共赏的目的，这就是知识性与趣味性相结合的导游讲解方式。

8.1.1.4 灵活性与原则性

旅游者出门旅游是花钱休闲度假的，他们中间的许多人对目的地了解甚少，因此，导游就成了游客了解旅游地、感知美好旅游行程的桥梁。导游应该对旅游者持以热情亲切的态度，提供细致周到的服务，正确地介绍旅游地的情况，耐心解答游客的疑问。对游客提出的要求，只要是合理的应该尽可能予以满足，即使对过于挑剔的旅游者，也要保持克制的态度。同时，在接待过程中，导游必须坚持原则，绝不能做违反国家规定或损害旅行社声誉之事。

8.1.2 旅行社接待服务要求

旅行社在为旅游团（者）提供接待服务时，应该严格遵守国家的相关法律法规，认真履行与旅游中间商或旅游者签订的旅游合同中的服务承诺，不得在服务中加入任何有违

国家法律法规的内容或强迫旅游者做有违其意愿的事,并遵守以下服务规范:

8.1.2.1 合理安排游程,认真实施计划

一个旅游团的游程,通常要在规定的时间内跨越几个城市或旅游区域,并由多家旅行社或相关企业提供相应的服务项目,所以,合理安排游程就成为完成旅游接待任务的最重要的工作基础。在此基础上,还需要导游人员认真实施行程计划,及时协调各方面的工作。所谓认真实施是指:一要严格按照既定的运作行程进行组织实施,提供全方位的服务;二是当客观因素或意外事件打乱原来的工作程序时,要根据受干扰的程度和按合同完成接待任务的可能性,适时进行调整并及时与游客和相关人员协商,尽最大可能实施调整后的接待服务方案。

8.1.2.2 服务过程规范化,服务方式个性化

规范化是要求旅行社的接待服务必须按照一定的标准和程序运作,为了保证旅游团接待服务质量,履行合同承诺,旅行社必须严格按合同中规定的标准提供各种服务,按时、按质、按量地兑现承诺。景点的观赏时间,用餐、购物场所的选择以及特色观光等,都要根据国家和地方旅游行政管理部门的相关规定来确定。在做到服务规范化的同时,还应提倡旅游接待服务的个性化。由于旅游者来自不同的区域,其年龄、性别、性格、习惯、信仰、爱好以及受教育的程度等都会存在一定程度的差别,因此,导游员在提供接待服务时,一定要根据不同团队的不同特点,采用灵活多样的服务方式和富有特色的服务手段,在满足游客一般性服务需要的同时,还要尽可能满足游客的个性化需要。

8.1.2.3 技能娴熟灵活,服务细致周到

游客从旅行社购买的产品是一种经历、一种服务、一种享受和满足,旅行社接待服务是传授知识、交流情感、陶冶情操的高级服务活动。所以,旅行社的导游接待人员必须拥有较高的文化素养,入境旅游团的导游人员必须接受过高等教育,至少精通一门外语,还必须经过专门的业务培训和技能考核。除此之外,旅行社的接待服务还必须是热情周到、耐心细致的服务,因为旅行社接待服务的特点是直接面对旅游者,而且是频繁地、近距离接触旅游者,他们的年龄、性格、职业、爱好以及文化背景等方面都会存在较大差异,接待工作中稍有疏忽与闪失,就有可能造成不良后果。

8.2 团队旅游接待管理

团队旅游是指10人以上(含10人)的旅游者组成的旅游集体。团队旅游一般分为入境团队旅游、出境团队旅游和国内团队旅游三种类型。不同类型的团队旅游接待业务存在一些共性特点,如计划性强、技能要求高、协调工作多等,但它们也有明显的个性特点,旅行社要研究团队旅游接待的具体特点,以便提供具有针对性的服务。

8.2.1 团队旅游的特点

8.2.1.1 入境旅游团的特点

入境旅游团是指旅行社通过海外旅游中间商招徕或自己组织的海外旅游团队,到中国大陆旅行游览活动。入境旅游团体由境外启程,在旅游目的地国家的口岸入境,并在其

境内进行一段时间的游览参观活动，最后从入境的口岸或另外的开放口岸出境返回原出发地。入境旅游团队具有下述特点：

(1)预订期长　从旅游中间商开始向旅游目的地的接待旅行社提出接团要求起，到旅游团队实际抵达旅游目的地时止，旅游客源国旅行社(组团社)和旅游目的地旅行社(接团社)之间需要进行多次的通讯联系，不断地就旅游团队的活动日程、人员构成、旅游者的特殊要求等各种事项进行反复磋商、调整、确认。另外，两地旅行社为旅游者办理各种出入境手续、预订交通票、集合旅游者、落实各项旅游服务等都需要一定时间。为此，相对于国内团体旅游，入境旅游团队预订期要长些，从而有利于接团旅行社在旅游团队抵达前充分做好各种接待准备工作，落实各项旅游服务安排。

(2)停留时间长　入境旅游团队在旅游目的地的停留时间一般较长。以中国旅游市场为例，从多年来我国接待入境旅游团队安排的日程来看，入境旅游团队在我国旅游目的地停留的时间一般都比较长，少则一周，多则十几天，少数入境旅游团队曾经创下在华旅游时间长达一个多月的记录。

(3)文化差异大　入境旅游团队多以外国旅游者为主体(目前阶段还包括我国香港、澳门、台湾地区的旅游者)，其使用语言、宗教信仰、生活习惯、文化传统、价值观念、审美情趣等均与旅游目的地国家存在较大差异。即使是由华侨或外籍华人所组成的旅游团队，由于多数旅游者长期居住国外，其生活习惯、语言、价值观也已发生了重大变化。为此，旅行社在接待入境旅游团队时，要求陪同人员具有较高的综合素质，较强的外语会话能力。

(4)接团旅行社利润大　一般国外旅游者的经济收入较高，而我国的物品价格通常又比国外低，我国旅游项目多，旅游区域广，旅游商品丰富，能刺激入境旅游者的消费和购买力。据中国旅游研究院发布的《中国入境旅游发展年度报告 2018》指出，中国入境旅游市场特别是外国人入境旅游市场，进入了恢复增长的新通道和总体回升的新阶段，2017 年中国的入境旅游人数为 1.39 亿人次，入境旅游外汇收入为 1234.17 亿美元。入境旅游团的价位较高、消费多、旅游时间长，因而对接团旅行社而言，利润相对更大些。所以，通常旅行社接待入境旅游团的积极性要高于接待国内旅游团。

(5)涉及环节多　入境旅游团队在旅游目的地停留时间和地点较多，其旅游活动往往涉及旅游目的地的各种关系。因此，在各种团体旅游接待工作中，入境旅游团体需要落实的环节最多。为了安排好旅游活动和参观游览，接待入境团队时应该认真研究旅游接待计划，制定出缜密的活动日程，逐项落实每一环节，避免在接待中出现重大人为事故，保证旅游活动的顺利进行。

8.2.1.2　出境旅游团的特点

出境旅游是指到自己国家以外的国家或地区旅行游览的活动。出境旅游团队是经相关部门批准，具备出境旅游接待资质的旅行社招徕组织的中国公民赴境外(含边境)旅游的旅游集体。出境旅游团具有下述特点：

(1)文化差异较大　出境(含边境)旅游团队的旅游者，有许多人从未到过旅游目的地国家或地区，有些甚至是第一次出国旅游，他们缺乏对旅游目的地国家(地区)的历史文化、风情习俗等情况的了解，尤其是到西方国家旅游，中西方文化差异大，同时参加出境旅游者中只有少数人懂外语,大多数人基本上不能用外语进行交流,从而增大了出境旅游者与旅游目的地国家(地区)人们交流的障碍,加重了出境陪同人员的工作负担。因此,旅行社应选派熟悉旅游目的地国家或地区的风俗习惯、历史沿革,精通旅游目的地语言的导游员担任出境旅游团队的领队,以帮助旅游者克服文化和语言方面的障碍。

(2)活动日程稳定　出境(含边境)旅游团的活动日程都是事先经过国内组团社和旅游目的地国家(地区)接待旅行社多次协商、周密安排的,一般比较稳定,多项具体接待标准、内容都事先做了安排并签订了协议,除非发生极其特殊的情况,否则其活动日程很少发生变化。担任出境旅游团的全程陪同(我们通常习惯称之为领队)的职责是陪同带领,负责在整个行程中照料旅游团全部的旅游生活。

(3)消费水平较高　由于社会经济制度和物价的关系,境外的旅游消费和生活费用比国内高出许多,因此能参加出境旅游的旅游者一般经济条件都较好,他们一般要求在旅游期间乘坐飞机或豪华客车,下榻的饭店档次也较高,喜欢在环境较好的餐厅用餐,特别喜欢品尝当地的特色菜肴和风味小吃,购物欲望强烈,采购物品的数量较多,品质较高档。因此,作为出境旅游团的领队,应在当地接待旅行社陪同人员的配合下,组织和安排好旅游团在境外的消费,并尽量满足旅游者的需要。出境旅游者相当一部分是首次出行,对国外的一切都十分陌生而感兴趣,因此旅行社安排旅游景点应广泛些,往返路途多样化并具有一定代表性,尽量满足旅游者的求奇、求异的心理;导游讲解的内容一般不要过深、过细,相对来说应全面些;安排游览时间应紧凑些。

8.2.1.3　国内旅游团的特点

国内旅游,是指本国居民离开常住地到国内另一个地方去进行的旅行游览活动。由于国内旅游活动的人都是本国居民或是长期居住该国的外国人,因此,对本国自然地理、文化历史及旅游环境等情况比较熟悉,因此,与出入境旅游团相比,国内旅游团队一般具有下述特点:

(1)预订时间短　由于国内旅游团队不需办理护照、签证等手续,从旅游者购买到旅游团成团出发,往往只需要一周的时间,因而地接社在接待国内旅游团队时准备工作不可能像接待入境旅游团那样充分。针对这一点,旅行社应在平时加强对接待人员的培训,使他们十分熟悉国内旅游团体接待的特点和要求,以便在接到接待任务后能够在较短时间内制定出活动日程,迅速做好多种接待准备工作。同时,旅行社应根据当地旅游资源和本旅行社接待人员的特点,设计出针对不同国内旅游团的要求、特点的接待规范和常规活动日程,使接待人员能够按照接待规范和预先设计的活动日程进行接待准备,确保接待服务的质量。

(2)日程变化小　国内旅游者一般对于前往的旅游目的地都有一定程度的了解,报名参团或单位组织出游时对旅游活动日程能提出比较理智的选择和要求,因此,很少在旅游过程中提出改变活动日程的要求,即便有也仅是较小范围的个别调整或改变。另外,国内旅游者(团队)往往把旅行社是否按照事先达成的协议安排旅游活动日程看成旅行社是否遵守协议、是否保证服务质量的重要标志,所以,他们对于旅行社更改活动日程的反感较入境旅游团更加强烈。为此,旅行社在接待国内旅游团时,应尽量避免修改特别是较大幅度修改活动日程。

(3)消费水平差别大　参加国内旅游团的旅游者生活水平参差不齐,既有来自收入较高的经济发达地区的人员,也有来自经济发展一般地区的人员;既有收入丰厚的个体经营者、企业家、外企高级管理人员、工程人员,也有中等收入水平的工薪阶层人士,还有在校的青年学生。不同的旅游者旅游消费水平有很大的差异。为此,旅行社在接待旅游者报名时,即使是相同的游览,也应设计出多种规格的旅游接待计划和日程安排,签订旅游合同时亦应详细、具体。旅行社在接待不同的国内旅游团时,应根据他们的消费水平和消费特点,在征得旅游团全体成员或大多数成员同意的前提下,对活动日程做适当的修改,以满足不同旅游者的需要。

(4)讲解难度大　俗话说:"外行看热闹,内行看门道。"国内旅游团在游览各地旅游景点之前,通过各种媒体、书籍对景点事先都或多或少有所了解,另外,绝大多数国内旅游者具有一定的文化水平,对于导游讲解过程中使用的历史典故、成语、谚语等比较熟悉,导游人员在导游讲解中更要十分熟悉景区景点的内容,全面掌握有关旅游知识,生动地向旅游者进行导游讲解。

(5)接待服务难度大　随着经济的发展和居民收入的增长,大众旅游已经普及。据国家统计局公开发布的《中华人民共和国 2017 年国民经济和社会发展统计公报》显示,2017 年全年国内游客人数达到 50 亿人次,可见旅游已经成为国民生活的必需品,是大众参与社会活动与经济活动的重要体现形式。同时旅游者出游需求和出游方式逐渐多样化,新型、多业态、多形式旅游已是大势所趋;游客在具体消费行为上表现为旅游消费动机和出游方式多样化、出游时间分散化,对旅行社服务的要求也越来越高。因此,旅行社的接待服务难度自然也就越来越大。旅行社只有顺应旅游需求趋势,策划适应市场需要的各种旅游产品,满足不同消费层次的需求,才能在激烈的竞争中占有一席之地。

8.2.2　团队旅游的接待管理

无论是接待出境旅游团队、入境旅游团队还是国内旅游团队,接待工作都可以分为接待前的准备、具体接待过程和接待结束后的总结等三个阶段。旅行社应根据三个阶段的实际情况采取不同的方法进行管理,以确保接待业务的正常运转并最终高质量地完成所有接待工作。

8.2.2.1　旅游团队接待前的准备

(1)选派合适的导游人员　选派合适的导游人员是确保旅游团队圆满完成旅游活动的前提和关键。选派导游人员时主要应考虑以下两点:

1)选派符合旅游团队语言的外语导游人员或地方话导游人员。共同的语言是导游人员与团队旅游者顺利进行语言、感情交流的工具,不仅能使团队旅游者感到亲切,有他乡遇故知之感,而且能准确地为旅游团队进行翻译导游,圆满实现旅游团队求知、求美、求新的旅游愿望。

2)选派适合旅游团特点的导游人员。导游人员贴近旅游团的特点,有助于了解旅游者的心理,为其提供"投其所好"的服务。如接待老年人旅游团队时,接待部门应为该团队安排一位了解老年人心理特点、熟悉老年人保健知识、做事细心的导游人员,这样的导游人员很容易取得老年游客的好感。为了能够做到随时为具有不同要求、不同特点的旅游团队挑选最适合的导游人员，旅行社接待部应对导游人员的性格、能力、知识水平、身体条件等进行全面了解，做到心中有数。

(2)检查旅游团队接待计划和旅游活动日程表　根据《中华人民共和国旅游业务标准 LB/T004—1997》的规定，旅行社旅游产品销售应准确、及时地制定和发送旅游接待计划。接待计划是组团旅行社委托地方接待旅行社组织落实旅游团活动的契约性安排，是导游人员了解旅游团队基本情况和安排活动日程的主要依据。它包括旅游团队的名称(或团号)、国别、人数和领队(全陪)姓名、性别、年龄、宗教信仰、生活习惯以及旅游团队中有影响的成员、特殊照顾的对象和知名人士等情况。旅游活动日程是地接旅行社根据组团社的旅游接待计划，安排旅游团在本地每一天的游览参观的活动内容。它包括旅游团队的出发地点、出发时间、游览项目、就餐地点、购物、自由活动时间及特殊项目等内容。接待部门经理根据旅游团队接待计划或旅游活动日程表，检查计调部门或接受任务的导游人员的准备工作具体落实的情况，或落实的情况是否与接待计划一致。对于准备工作中出现的问题或不适当的安排要及时指正或帮助解决。对于进展较慢的导游员，应加以督促；对于经验少的导游员，则应给予具体的指导；对于重点旅游团、知名人士以及需要特殊照顾的对象应予以特别关照；对于旅游旺季和天气恶劣情况下的接待则要特别提醒接待人员注意接待服务质量和确保安全。

8.2.2.2　具体接待阶段的管理

具体接待阶段的管理是旅行社接待管理的重要环节，也是难度最大的环节。旅行社应加强这个阶段的管理，确保旅游团的接待服务工作能顺利完成。接待阶段的管理，应做好建立请示汇报制度和接待现场抽查与监督两项工作。

(1)建立请示汇报制度　为了加强对旅游团队接待过程的管理，旅行社应根据本企业和本地区的具体情况，制定出适当的请示汇报制度。这种制度既要允许导游人员在一定范围内和一定程度上拥有随机处置的权力，以保证接待工作的高效率，又应要求导游人员在旅游活动过程遇到一些重大变化或发生事故时，及时请示旅行社管理部门，将情况准确地报告给相关部门，使管理人员能够随时掌握接待工作进展情况，给予必要的指导和帮助。只有建立和坚持这种适当的请示汇报制度，才能保证旅游团的接待工作顺利进行。

(2)接待现场抽查与监督　为了获取有关接待方面的各种真实信息，了解接待服务质量和旅游者的评价，为旅行社改进服务质量提供有用的参考，旅行社还应建立对本单位的旅游团队进行接待现场抽查和监督的制度。由接待部门经理或旅行社总经理或质检部人员等在事先未打招呼的情况下，亲自到本旅行社接待的旅游团队下榻的饭店、就餐的餐馆、旅游景点、购物商场、娱乐场地等旅游活动场所，直接考察导游人员的接待工作情况，通过与旅游者交谈或书面问卷等方式直接向旅游者了解对接待服务工作的意见，以获得最真实的信息，掌握第一手接待服务资料，确保优质接待服务。

8.2.2.3　总结阶段的管理

为了达到不断积累经验、进一步改进旅游产品、提高接待人员业务水平和服务质量的目的，旅行社应加强对旅游团队接待服务总结阶段的管理。旅行社在总结阶段的管理工作主要是建立总结制度和处理旅游者的表扬与投诉两个方面。

(1)建立总结制度　旅行社应要求导游人员在完成接待服务工作后，对接待服务过程中发生的各种问题和事故以及发生的原因、处理方法、采取的措施及结果，以及旅游者的反应等进行认真的总结，对重大事件还应写出书面总结报告，必要时交旅行社总经理处理。接待部门经理还可以采取其他方式对旅游团队接待过程进行总结，其方式主要有：当面听取导游人员的口头汇报；抽查导游人员填写的"陪同日志""全陪日志""领队日志""接待记录"等；定期或不定期组织有关导游人员参加座谈会，相互交流接待服务的经验与教训。

（2）处理旅游者的表扬和投诉　处理旅游者对导游人员接待服务工作的表扬和投诉，是总结阶段中旅行社管理的另一项重要内容。旅游团队往往通过口头或书面形式表达对导游人员的接待服务态度、服务质量的意见。旅行社应利用旅游者的表扬和投诉，特别是利用表扬和投诉中的具体案例，对本社员工进行思想教育和业务能力培训。一方面，通过对优秀员工及其先进事迹进行宣传，在接待人员中树立良好的榜样，激励接待人员不断提高自身素质；另一方面，通过对导游人员存在的差错进行批评教育，对其他员工起到鞭策作用，让大家在今后的接待服务中引以为戒，不再犯类似错误。

8.3　散客旅游接待管理

散客旅游，又称自助或半自助旅游，在国外称为自主旅游（Independent Tour），它是由游客自行安排旅游行程，零星现付各项旅游费用的旅游形式。随着旅游者自主旅游意识的不断增强，通信技术的进步以及旅游交通和设施的完善，散客旅游迅速发展。我国散客化比重逐年增大，散客旅游渐成主体。旅行社应不断扩大散客旅游接待业务，并加强散客旅游接待业务的运行与管理。

8.3.1　散客接待业务的特点

散客旅游具有自主性、灵活性和多样性的特征，购买旅游产品往往是"点菜式"或"量体裁衣式"，散客出游往往是自愿结合、自定路线、随走随买，而非一次性付清旅行费用或完全被动接受既定的旅游项目。因此，散客旅游接待业务主要是单项委托接待服务、旅游咨询接待服务和选择性旅游接待服务三种类型。散客旅游接待业务主要有以下四个特点：

8.3.1.1　接待业务批量小，批次多

由于散客旅游多为旅游者本人外出或与其家人、朋友结伴而行，因此与团体旅游相比，其人数规模小得多。对旅行社而言，接待散客旅游的批量比接待团队旅游的批量小很多，同时散客要求旅行社提供的服务不是一次性的，有时同一散客多次要求旅行社为其提供服务，增加了旅行社的工作量。随着散客市场规模的日益扩大，散客旅游逐渐呈现批次较多的特点，如家庭出游、自驾车旅游、恋人同游、结婚旅游等，有的旅行社一天要接待几批甚至十几批散客，而且每个批次的接待要求都不完全相同，有的只是要求代订住房、代购车票，有的只是咨询、了解信息，有的只需要带路、陪同服务，有的只需专门翻译，因而使得旅行社的散客接待业务显得很繁杂。

8.3.1.2 接待预订期短

由于散客旅游要求旅行社提供的不是全套旅游服务，因此散客往往要求旅行社能够在最短的时间内，为其安排好旅游线路、旅游服务内容和办妥各种旅行手续。为此，要求旅行社具备较高的旅游线路的设计能力、多种旅游商品的采购能力、多种旅游信息的掌握能力以及与各种旅游企业人员进行协调的能力。

8.3.1.3 要求多，变化多

散客中有大量的公务和商务旅客，由于他们的旅行费用多由公司承担，所以他们在旅游中的应酬及商务、公务活动，不仅要求水平高，且对服务的要求也多。有的散客由于旅游经验较欠缺，在出游前对其旅游计划缺乏周密安排，经常出现很多临时变化情况，导致在旅行过程中往往临时变更旅行计划，提出多种新的要求，或旅行前突然由于某种原因而临时取消旅行计划。散客旅游要求多、变化多、计划随意性大的特点，无疑增大了旅行社的接待难度，从而对散客旅游接待人员的业务能力、知识面的广度等提出了较高的要求和标准。

8.3.1.4 零星现付、价格较高

散客旅游的付费方式是零星现付，即购买什么、购买多少，都按零售价格当场支付，而团队旅游多采用包价形式，即全部或部分基本旅游服务费由游客在出游前一次性支付。所以，散客旅游的旅游项目的价格相对贵一些，因为每个旅游项目都按零售价格支付，而团队旅游在某些旅游项目上可以享受折扣优惠，价格相对比较便宜。

8.3.2 散客旅游接待管理

8.3.2.1 设计选择性旅游产品

旅行社应针对散客旅游者的特点设计出各种适应散客旅游者需要的选择性旅游产品。尤其要多提供那些具有丰富文化内涵和浓郁地方与民族特色的产品，增加产品的参与性，以满足散客旅游者追求个性化和多样化的消费心理。比如“半日游”“一日游”等包价产品，游览某一景点、品尝地方风味、观赏文娱节目等单项服务产品，“购物游”等组合旅游产品。选择性旅游产品的价格应为“组合式”，即每一个产品的构成部分均有各自的价格。旅行社应将这些产品目录放在门市柜台或赠送给代销单位，供旅游者选择。

8.3.2.2 设立门市柜台和销售柜台

旅行社应根据散客旅游者的客源结构、旅行习惯等特点，有针对性地开展门市招徕业务。除了在门市设立柜台外，还应在当地的航空港、火车站、长途汽车站、码头、旅游饭店等处设立销售柜台，招徕散客旅游者。

8.3.2.3 建立预订系统和代理网络

散客旅游者的购买方式多为零星购买，随意性强，从而对高效、便利、准确的预订系统有着强烈的要求。因此，旅行社应采用以计算机技术为基础的网络化预订系统，保证散客旅游者能够自由、便利地进行旅游预订和委托。同时，为进一步扩大旅行社散客旅游的接待业务和市场占有额，也为了更好地开展对散客旅游者的接待服务工作，旅行社应与其他地方的旅行社建立相互的代理关系，代销对方的旅游产品，有条件的话还应争取与海外经营出境散客旅游业务的旅行社建立代理关系，为其代销选择性旅游产品。

8.3.2.4 及时采购

选择性旅游具有品种多、范围广、订购时间短的特点，因而选择性旅游的接待服务工作较为复杂和琐碎。为此，旅行社的采购工作应及时迅速。旅行社应建立和健全包括饭店、餐馆、旅游景点、文娱场所、交通部门等企业在内的采购网络，确保旅游者预订的服务项目得以按时实现。同时，旅行社还应经常了解这些企业和单位的价格、优惠条件、预订政策、退订手续等情况及其变化，并尽量多了解同类企业的价格、服务质量等情况，多加比较，以便在保障旅游者服务供应的前提下，尽量降低产品价格，扩大采购选择余地，增加旅行社的经济效益。

8.3.2.5 做好接待

选择性旅游者多由来自不同地方的散客临时组成，各自都不熟悉了解，各自的旅游目的、需求也不相同，与团体包价旅游的接待相比，选择性旅游团队的接待工作难度较大，为此，需要配备经验比较丰富、独立工作能力较强的导游人员。在接待过程中，要求尽快记住散客的姓名、容貌特征，并设法了解他们的性格和习惯行为，要将散客托付的事情记下来，并及时去做，然后把结果告诉他们；可以让散客之间做自我介绍，这样便于相互帮助；导游员的识别标记要鲜明，便于散客识别易认。总之，导游人员应组织安排好各项活动，随时注意旅游者的要求和反应，在不损害全团旅游者整体利益、确保接待服务质量的情况下，尽量满足游客的个人需求。

8.4 旅游事故的处理与预防

旅游事故是指在旅游服务过程中由于工作人员的失误或者是某些意外变故而发生的意外事件。常见的旅游事故一般有两种类型：旅游突发事故及旅行社业务事故。

8.4.1 旅游突发事故的类型与处理

旅游突发事故是指由旅游者的个人原因发生的事故（旅行证件丢失、钱财丢失、游客走失）及突发事件引发的旅游安全事故（旅游交通、旅游治安、饭店火灾、食物中毒）等。

8.4.1.1 旅游者个人事故的处理

（1）丢失旅行证件事故的处理　当旅游者丢失证件时，导游人员应先请旅游者冷静地回忆，详细了解丢失情况，尽量协助寻找。如确已丢失，应马上报告组团社或接待社，根据组团社或接待社的安排，协助旅游者向有关部门报失，补办必要的手续。所需费用由旅游者自理。

1）丢失外国护照和签证

①由旅行社出具证明。

②请失主准备照片。

③失主本人持证明去当地公安局（外国人出入境管理处）报失，由公安局出具证明。

④持公安局的证明去所在国驻华使、领馆申请补办新护照。

⑤领到新护照后，再去公安局办理签证手续。

2）补办团队签证：须有签证副本和团队成员护照，并重新打印全体成员名单，填写有关申请表(可由一名旅游者填写,其他成员附名单),然后到公安局(外国人出入境管理处)进行补办。

3)丢失中国护照和签证

①华侨丢失护照和签证:

a. 失主准备照片;

b. 当地接待旅行社开具证明;

c. 失主持遗失证明到省、市、自治区公安局(厅)或授权的公安机关报失并申请办理新护照;

d. 持新护照去其侨居国驻华使、领馆办理入境签证手续。

②中国公民出境旅游时丢失护照、签证:

a. 请当地陪同协助在接待社开具遗失证明,再持遗失证明到当地警察机构报案,取得警察机构开具的报案证明;

b. 持当地警察机构的报案证明和遗失者照片及有关护照资料到我国驻该国使、领馆办理新护照;

c. 新护照领到后,携带必备的材料和证明到所在国移民局办理新签证。

4)丢失港澳同胞回乡证(港澳居民来往内地通行证)(注:为加快口岸验放速度、方便港澳居民来往内地,公安部决定将《港澳同胞回乡证》改为具备机读码的卡式《港澳居民来往内地通行证》,该通行证于1999年1月15日正式启用。)

失主持当地接待旅行社的证明向遗失地的市、县公安部门报失,经查实后由公安机关的出入境管理部门签发一次性有效的《中华人民共和国出境通行证》。

5)丢失台湾同胞旅行证明:失主向遗失地的中国旅行社或户口管理部门或侨办报失,核实后发给一次性有效的入出境通行证。

6)丢失中华人民共和国居民身份证:由当地旅行社核实后开具证明,失主持证明到当地公安局报失,经核实后开具身份证明,机场安检人员核准放行。

(2)旅游者丢失钱物事故的处理　旅游者丢失财物,接待人员要详细了解失物的形状、特征、价值,分析物品丢失的可能时间和地点并积极帮助寻找。证件、财物特别是贵重物品被盗是治安事故,接待人员须立即向公安部门和保险公司报案,协助有关人员查清线索,力争破案,找回被窃证件、物品,挽回不良影响。若找不回被盗物品,接待人员要协助失主持旅行社的证明到当地公安局开具失窃证明书,以便出关时查验或向保险公司索赔,同时要提供热情周到的服务,安慰失主,缓解其不快情绪。

1)旅游者丢失现金,旅游者可能立刻面临一定的生活困难,这时接待人员应该尽快协助旅游者与家人取得联系,立即寄钱给旅游者,以保证旅游活动的正常进行。

2)旅游者丢失信用卡后,接待人员应该提醒旅游者与信用卡的发卡银行联系进行报失,以免造成现金的损失。

3)旅游者丢失旅行支票,应该协助其与发售公司联系。

4)若丢失的是进关时登记并须复带出境的或有保险的贵重物品,接待旅行社要出具证明,失主持证明到当地公安局开具遗失证明,以备出海关时查验或向保险公司索赔。

(3)旅游者走失事故的处理

1)向走失旅游者的旅行同伴或与其住在同房间的其他旅游者询问其走失的大概时间和地点以便设法寻找。

2)如果经过一段时间的寻找仍未发现走失的旅游者,可向游览地或饭店所在地区公安派出所、管理部门或管区公安机关请求帮助。

3)随时与饭店保持联系,查问走失者是否已自行回到饭店。

4)找到走失的旅游者后,如系接待人员的责任,应向其赔礼道歉;若责任在走失者,应问清情况,进行安慰,并提醒其以后如何防止走失。

8.4.1.2 旅游安全事故的处理

(1)旅游交通事故的处理　接待人员应该具有交通安全意识和必要的交通常识,提醒司机检查车辆,发现事故隐患及时提出更换车辆的建议;协助和监督司机做好安全行车工作。

1)立即组织现场人员进行抢救。

2)发生交通事故出现伤亡时,导游人员应立即拨打120急救电话并组织现场人员迅速抢救受伤的游客,特别是抢救重伤员。如不能就地抢救,应立即将伤员送往离出事地点最近的医院救治。

3)保护现场,立即报案。事故发生后,应尽一切努力保护现场,并尽快报案。报公安110或交通事故122报警台,请求派员赶赴现场调查处理。

4)在公安交通管理部门人员来到之前,如因组织抢救工作需要移动物证时,应做出标记。

5)公安交通管理部门人员对事故进行调查时,接待人员与驾驶员应实事求是地介绍事故发生的情况,不得隐瞒和推卸责任。

6)将受伤人员送往医院后,接待人员要迅速向旅行社领导报告事故与人员受伤情况,听其指示,要求派车将未受伤和轻伤旅游者接回饭店或继续旅游活动;做好旅游团其他人员的安抚工作。交通事故发生后,导游人员应做好团内其他旅游者的安抚工作,继续组织安排好参观游览活动。事故原因查清后,要向全团旅游者说明情况。

7)旅行社管理者与接待人员要前往医院看望住院治疗的旅游者,表示慰问。

8)对事故中死亡的旅游者,应按有关死亡事故处理程序妥善处理。

9)事故处理后,接待人员要写出书面报告。内容包括:事故的原因和经过;抢救经过、治疗情况;事故责任及对责任者的处理;旅游者的情绪及对处理的反映等。报告力求详细、准确、清楚。如旅游团有领队的,应请领队在报告落款处署名。

(2)旅游治安事故的处理　所谓治安事故,是指在旅游活动过程中,旅游者遭歹徒行凶、诈骗、偷窃、抢劫、欺侮等,致使旅游者身心健康以及财产安全受到不同程度的损害。一些不法分子往往看准旅游者(尤其是境外旅游者)的财物,而把他们作为作案的对象,或潜入饭店进行盗窃,或实施公开抢劫,甚至出现对旅游者进行杀害的恶性事故,对我国旅游业声誉和国家形象造成极其恶劣的影响。因此,作为身处一线的导游人员应引起高度警惕,防止这类事故的发生。

1)犯罪分子向旅游者行凶、偷盗或抢劫旅游者钱物时,要提醒旅游者看管好随身物品,并尽力保护旅游者人身和财物安全。

2)旅游者在事故中不幸受伤,应立即组织抢救,及时送往医院;同时应努力安抚旅游者的不安情绪,使其他游客的旅游活动顺利进行。

3)罪犯在作案后逃脱,应该立即向当地公安部门报案,并提供有利的线索,协助公安人员迅速破案。

4)向旅行社主管领导汇报事故发生的情况,以便旅行社根据事故性质向有关部门上报和对此做出明确的指示,情况严重时,应请领导前来指挥、处理。

5)写出事故情况报告。报告的内容应包括受害人的姓名、性别、年龄、受害情况、事故的性质、采取了哪些紧急措施、报案及公安部门侦破情况、受害者和旅游团其他成员的反映和要求等。协助领导做好善后工作:根据事故性质,准备好必要的证明文件、材料;处理好理赔、伤残、死亡等善后事宜。

(3)饭店火灾事故的处理

1)立即通知全体旅游者,请大家做好撤离准备。

2)引导旅游者迅速疏散。

3)引导旅游者自救和等待救援。

4)提醒身上着火的旅游者就地打滚压灭火苗,或用厚重衣物覆盖其身上将火苗扑灭。

5)带领旅游者通过安全出口疏散,指导旅游者用浸湿的衣物披裹身体,捂住口鼻,贴近地面。

6)旅游者脱离火场后,应立即组织抢救受伤者,对重伤者要迅速送往医院。

7)采取各种措施稳定旅游者的情绪。

8)协助领导处理善后事宜并写出详细的书面报告。

(4)食物中毒事故的处理　疑似食物中毒事件发生后,接待人员要协助旅游者取得呕吐物、排泄物的样本,以便向卫生监督部门提供,用于检测是否属于食物中毒;接待人员要向卫生监督管理部门报告,请求他们前来取样鉴定;同时还要向旅行社负责人报告,获得处理的意见和方案。如果旅游者在境外,还要向我国的使领馆报告。

1)要及时把旅游者送往医院抢救。只要疑似食物中毒事件发生,接待人员要在第一时间协助把旅游者送往医院救治,防止旅游者病情恶化。

2)如果一时无法找到车辆,可打电话请120急救中心派救护车前来抢救。

3)在赴医院途中,应当让中毒者多喝水,以加速排泄,缓解毒性。

4)当食物中毒的旅游者经治疗脱离危险后,接待人员应陪同旅行社有关领导到医院看望,表示慰问。

5)及时写出书面报告,如实记录事故发生的全部经过。

8.4.2　旅行社业务事故的类型与处理

旅行社业务事故是指由于旅行社工作失误而造成的事故,主要有漏接事故、错接事故、误机(车、船)等旅游事故。

8.4.2.1　漏接事故的处理

漏接是指旅游团已抵达旅游地,但无导游员迎接的情况。

(1)因旅行社接待人员工作疏忽或内部沟通不及时所造成的漏接事故　接待人员应首先向游客赔礼道歉,求得原谅。在接下来的旅游过程中要以更加积极的服务态度为旅游者提供服务,力求消除旅游者的不满情绪。

(2)旅游者所乘交通发生变更,未及时通知接待旅行社所造成的漏接事故　虽然责任不是直接由接待旅行社造成的,但是旅游活动是一种综合性的接待活动,哪一个环节出了问题都可能使旅游者产生不满,同时也应该认识到旅游者是从旅行社购买了产品,所以在说明原因的基础上,要向旅游者道歉,同时以积极的服务挽回造成的损失。

(3)交通工具出现故障或天气原因　旅游者临时更换其他航班(车次、船次)提前或滞后抵达造成的漏接事故。虽然这种事故是由于不可抗力因素造成的,但是作为接待人员也应该站在游客角度设身处地为游客着想,提供周到服务,减少旅游者损失。

(4)航班(车次、船次)延误未能接到旅游者　接待人员按照旅游计划上规定的时间抵达机场(火车站、码头)后,发现旅游者所乘坐的航班(车次、船次)发生延误未能接到旅游者,接待人员应该及时与内勤人员联系,查明原因,并且将变更通知及时通知饭店等有关部门,以减少损失。

8.4.2.2　错接事故的处理

错接是指导游人员在接站时接走了其他旅游团或旅游者。

(1)接待人员应提前到达接站地点迎接旅游团;接团时认真核实;提高警惕,严防社会其他人员非法接走旅游团。若错接发生在同一家旅行社接待的两个旅游团时,经领导同意,地陪可不再交换旅游团,全陪应交换旅游团并向旅游者道歉。

(2)若错接的是另外一家旅行社的旅游团时,应尽快与相关旅行社或错接的旅游团导游人员取得联系,交换旅游团,并向旅游者实事求是地说明情况并诚恳地道歉。

8.4.2.3　误机(车、船)事故的处理

(1)立即设法与机场(车站、码头)联系,争取安排旅游者乘坐最近班次的交通工具离开。

(2)如果无法获得当天其他航班(车次、船次)的交通票据,可设法购买最近期的飞机票(车票、船票),使旅游者尽快赶赴旅游计划中的下一站。

(3)如果时值旅游旺季,旅行社无法购买到近期的正常航班(车次、船次)的交通票据,可采取包机(车厢、船)或改乘其他交通工具的方式,使旅游者能够尽快前往计划中的下一站。

(4)旅游者无法立刻离开本地时,必须稳定旅游者的情绪,妥善安排他们在当地滞留期间食宿、游览等事宜。

(5)及时通知下一站,对日程做相应的调整。

(6)旅游者离开后,要认真查清造成事故的原因和责任并处理好善后事宜。

8.4.3　事故的预防

8.4.3.1　企业领导的重视

旅行社领导要亲临第一线,亲自检查监督安全服务工作,防患于未然,尤其是在旅游接待旺季,特别要提醒接待人员,指导接待人员掌握保障旅游接待安全的具体办法和

措施。

8.4.3.2　加强接待人员安全教育

对导游、陪同人员要经常进行安全教育，树立安全意识，把"安全第一，预防为主"放在一切工作的首位。要制定保障安全的制度，并要求所有旅游服务接待人员必须严格执行。

8.4.3.3　保证每个环节的安全

在设计旅游产品时要充分考虑旅游者的安全，不走不安全的旅游线路，不用不安全的交通工具及接待设施。在旅游方式上更要重视安全，特别是参与性及探险性的旅游，要有严密的安全措施。

8.4.3.4　购买必要的保险

旅行社必须按照国家旅游局的规定投保旅行社责任保险。

【本章小结】

旅行社接待管理是指对旅行社的接待业务实行综合的控制和管理，包括对接待计划的处理、归类、存档、接待人员的选派与管理、旅游团（者）参观游览的安排及有关事务的处理、旅游团（者）行李的领取和托运、旅游团（者）接待质量与安全等方面的管理。

团队旅游接待是旅行社业务接待的主要形式之一，不同类型的旅游团除了具有计划性强、接待要求高、协调工作多等共性特点外，也存在一些独特性。因此，旅行社在接待不同类型的旅游团时，应该注意研究不同类型团体旅游的独特性，以便提供具有针对性的服务。

散客旅游又称自助旅游或半自助旅游，它是由游客自助安排行程，零星现付各种旅游费用的旅游形式。散客旅游具有接待量小而批次多、接待预定期短而接待难度大等特点，旅行社应该通过设计好的选择性旅游产品、建立良好的预订系统和代理网络、及时采购旅游项目等来做好散客旅游的接待工作。

【重点概念】

旅游接待　团队接待业务　散客接待业务　服务流程与规范　计划管理　个性化　漏接　错接　旅游安全　事故处理与预防

【案例分析】

案例8-1

航班延误 旅行社是否给游客赔偿?

李先生一家于2017年3月参加某国际旅行社组织的越南游，在返程时，航空公司通知航班延误，返程时间向后推迟了12小时。李先生不满，在返回后向沈阳市旅游质量监督管理所投诉。质监所工作人员接到投诉件后，向游客及旅行社双方核实了解情况，双方对航班延误一事表述一致，但是对赔偿问题有异议。

旅行社认为，航班延误系航空公司方面原因，旅行社已经积极协助游客妥善处理了相关问题，没有赔偿责任。

游客则认为，既然是报的旅游团出游就应该由旅行社负责，旅行社应该赔偿飞机延误造成的一系列损失。

在旅游过程中，飞机延误、航班取消是旅游团经常能遇到的问题。

《旅游法》第七十一条规定：

由于地接社、履行辅助人的原因导致违约的，由组团社承担责任；组团社承担责任后可以向地接社、履行辅助人追偿。

由于地接社、履行辅助人的原因造成旅游者人身损害、财产损失的，旅游者可以要求地接社、履行辅助人承担赔偿责任，也可以要求组团社承担赔偿责任；组团社承担责任后可以向地接社、履行辅助人追偿。

由于公共交通经营者的原因造成旅游者人身损害、财产损失的，由公共交通经营者依法承担赔偿责任，旅行社应当协助旅游者向公共交通经营者索赔。如果是航空公司擅自取消或者延误航班，航空公司应当承担相应的违约责任，但是由于天气、突发事件、空中交通管制、安检以及旅客等非承运人原因，造成航班在始发地出港延误或者取消，承运人应当协助旅客安排餐食和住宿，费用由旅客自理。

（案例来源：http://www.lswb.com.cn/n/20170504/12887.shtml.辽沈晚报，2017年5月4日）

案例思考题：

1. 飞机延误起飞属于不可抗力因素吗？
2. 出现了类似的交通延迟的情况，旅行社应该如何处理比较妥当？

案例 8-2

旅游途中遇车祸 治疗费用谁承担

2017年1月25日，游客S先生一家三口参加某旅行社组织的永定土楼一日游，游览结束返程途中，因旅游大巴与前车追尾发生车祸，一家人均有不同程度的受伤，财物也有部分损失。S先生因车祸受伤无法按期返回。S先生要求旅行社尽快处理，赔偿其三人因车祸产生的医药费、误工费等费用，并安排其尽快返程回家。

事故发生所在市旅游质监所经调查后发现，经交警部门鉴定，事故原因是旅游车未保持安全车距而发生追尾事故，由旅游车承担全部责任。S先生搭乘的旅游车系旅行社向厦门某旅游车公司承租的，该起交通事故的责任方系旅游车所属单位。经调解，旅行社先行支付S先生因车祸产生的相关合法费用损失，其余财产损失请其提供相关票据，再由旅行社向旅游车所属单位进行追偿。

（案例来源：http://news.xmnn.cn/xmnn/2018/01/24/100311689.shtml.厦门网，2018年1月24日）

案例思考题：

1. 你认为这起旅游交通事故责任应该如何划分？依据是什么？
2. 旅行社应如何预防及处理这类突发事件？

思考题

1. 我国旅行社业是如何界定团队旅游与散客旅游的？

2. 国内旅游团、入境旅游团及出境旅游团接待业务分别具有哪些特点？
3. 旅游团队接待业务的管理主要包括哪些内容？
4. 散客旅游接待业务的特点有哪些？
5. 如何对散客旅游接待业务进行管理？
6. 旅游事故主要包括哪些类型？如何预防和处理旅游事故的发生？

9 旅行社质量管理

学习目标→

通过本章学习,理解旅行社质量管理的含义,熟悉旅行社质量管理的内容,掌握旅行社质量管理的基本方法;充分认识旅行社实施 ISO 9000 质量管理体系的意义;了解旅游投诉产生原因,掌握正确处理旅游投诉的方法和程序;理解旅行社售后服务的内涵,充分认识售后服务的意义;理解并掌握旅行社客户关系管理的内涵及构成。

学习难点→

ISO 9000 的基本内容　ISO 9000 与旅行社的质量管理　客户关系管理

质量是企业的生命线,旅行社是以盈利为目的的企业,主要职能是为人们旅行提供服务,其服务质量的高低直接影响着游客的旅游体验和对旅行社的满意度,关系到旅行社的生存和发展。旅行社产品的综合性,决定了其产品质量更加难以控制。然而,全球经济一体化的快速发展和旅游消费者的不断成熟,旅游市场竞争日益激烈,旅行社竞争层次不断提高,质量竞争已成为旅行社企业竞争的关键,质量管理成为旅行社经营管理的重要内容。

9.1　旅行社质量管理概述

9.1.1　旅行社质量管理的概念

旅行社的质量管理是指旅行社为了保证和提高产品质量,综合运用一整套质量管理的体系、思想、手段和方法进行的系统管理的活动。具体地说,就是旅行社全体员工及有关部门同心协力,把经营管理、服务技术、数理统计等方法和思想教育结合起来,建立起旅游产品生产全过程的质量保证体系,从而用最经济的手段提供给旅游者满意的旅游产品。

9.1.2 旅行社质量管理的内容

旅行社质量管理主要包括旅行社的产品设计质量、旅游服务接待质量、旅游环境质量三个方面,三方面共同作用体现了旅行社整体服务质量水平。

9.1.2.1 旅游产品设计质量管理

旅游产品设计是旅游产品开发中最重要的一个环节,也是保证其整体产品质量的基础。一个成功的旅游产品设计需要符合四条标准:定位准确、核心吸引力凸显、游玩方式适应游客需要、投入产出合理。旅游产品设计质量管理目的在于对旅行社所设计的服务产品进行质量管理,确保其能够在使用价值上满足旅游者的旅游需求,保证其产品销售价格与产品所提供的使用价值相一致。

9.1.2.2 旅游接待服务质量管理

旅游接待服务质量管理是指旅行社通过门市部柜台和导游服务人员向旅游者提供的服务,主要内容包括旅游咨询服务、介绍推荐服务、各项委托代办服务和导游服务等。旅游接待服务质量影响着旅游者游览过程中的旅游感受,进而影响游客满意度和忠诚度。良好的旅游接待服务质量能够对旅游者产生一种强烈的吸引力,给旅游者带来物质方面和精神方面的满足。旅行社管理者可以通过现场抽查或向旅游者询问等方式考察接待服务人员的服务态度。对那些服务态度热情、服务质量较高、受到旅游者喜爱的服务接待人员,旅行社应予以适当的表扬和奖励,以激励他们继续努力为旅游者提供更加热情周到的服务;对那些服务态度较差的服务接待人员,旅行社应向他们提出批评,要求他们积极改正自身问题,争取为旅游者提供优质服务;对那些服务态度恶劣、屡教不改的服务接待人员,旅行社要坚决将其撤离接待岗位。

9.1.2.3 旅游环境质量管理

旅游环境分为硬件环境和软件环境两部分,硬件环境和软件环境相结合构成了旅行社整体环境。旅游者的整体游览活动离不开硬件环境的支持,但软件环境也不可或缺,软件环境为旅游者游览活动的顺利进行提供了有力保证,二者相辅相成,缺一不可。旅行社对旅游环境质量实施管理,主要目的是对旅行社自身及其协作单位的服务质量进行监督管理。

(1)硬环境质量管理　硬件环境是指旅行社在接待旅游者的整个过程中,所利用的各种设施设备以及其他硬件项目。硬件环境主要分为两大类型,即旅行社自身硬件环境和相关旅游服务供应部门的硬件环境。硬件环境质量直接反映了旅行社为旅游者提供的各种设施设备,在满足旅游者旅行过程中对其生活需要和游览需要的水平。旅行社通过对硬件环境质量实施管理,可以逐步改进硬件设施设备方面存在的不足,为旅游者提供更加高水平的硬件设施服务,帮助提高游客满意度。

(2)软件环境质量管理　软件环境是指旅行社内部各部门之间的沟通协调和旅行社与相关旅游服务供应部门之间的合作。软件环境质量管理旨在对旅行社内部各部门之间的沟通协调与合作融洽度进行管理,其实质是对旅行社内部工作人员业务能力的管理。业务能力包括独立实施日常旅游接待的能力、处理各种突发事件的能力和沟通协作的能力等。旅行社通过实施软件环境质量管理,可以检验工作人员的业务能力,并对其不足进行有针对性的业务培训,帮助提高工作人员的业务能力,减少由于业务能力不足引发的各种纠纷,给游客营造舒适、高效的软件环境。

9.1.3 旅行社质量管理的意义

9.1.3.1 提高游客满意度

旅行社实施质量管理的目的在于满足旅游者对优质服务产品的需求。事实表明,所有的旅游者都希望享受到优质的服务,一些旅游者甚至将享受高水平的服务作为旅游动机。由此可见,服务本身已成为一种特殊的旅游资源。旅行社通过实施质量管理,从服务态度、方式、技能、项目等多方面最大限度地满足旅游者的需求,极大地提高了旅游者的满意度。

9.1.3.2 树立企业形象

随着经济的深入发展,企业形象日益成为企业无形且无价的资产,也是企业经营不可分割的一部分,塑造卓越的企业形象已经成为现代企业的共同追求。旅行社以"人"为经营对象的特质决定了旅行社形象的重大意义。令人印象深刻的旅游经历能帮助旅游者开阔视野,感受旅行的乐趣,还能给旅游者带来舒适和美的感受。旅行社通过实施质量管理,把握产品和服务质量,可以获得游客的认同感,增加游客对其产品和服务的亲近感和信任感,帮助旅行社树立良好的企业形象,促进旅行社未来的发展。

9.1.3.3 提高企业竞争力

产品和服务质量的优劣直接影响着旅游者的购买欲望,高水平、高质量的产品和服务更能赢得客源,帮助旅行社在激烈的市场竞争中脱颖而出。事实上,产品和服务质量较高的旅行社更容易得到旅游供应商和旅游者的青睐。优质的产品和服务不仅能吸引回头客,还能为企业带来良好的"口碑效应",成为不需要成本但最有说服力的"活广告"。旅行社通过实施服务质量管理提高其市场竞争力。

9.1.4 旅行社服务质量评价标准

9.1.4.1 影响旅行社服务质量评价的因素

影响旅行社服务质量评价的因素主要有以下几点:

(1)服务的有形性　服务的有形性是指产品中的有形部分,旅行社和相关部门的硬件设施设备、服务设施的外观、宣传品的摆放和员工的仪表仪容等。由于旅行社产品的本质是一种无形的服务,而实现服务所借助的有形因素直接影响到旅游者对旅行社产品质量的感知。因此,旅行社产品中所包含的有形成分必然成为旅游者判断旅行社产品质量的重要因素。

(2)服务的可靠性　产品的可靠性是指能够按时而准确地履行服务承诺的能力。由于旅行社的服务产品涉及多个相关部门,有很高的不确定性,因此旅游者在评价旅行社的服务产品质量时,最看重可靠性因素。只要旅行社在其提供服务的过程中出现不能兑现其承诺的行为,必然会导致旅游者对服务产品质量的不满。

(3)服务的反应性　服务的反应性是指随时愿意为旅游者提供快捷有效的服务。旅行社是否能够及时地满足旅游者的各种合理要求,表明旅行社是否具备了以服务为导向的经营观念,即是否将旅游者的利益放在了第一位。

(4)服务的保证性　服务的保证性是指服务人员具有友好的态度和胜任工作的能力,具体包括服务人员完成任务的能力、对旅游者的礼貌和尊敬、与旅游者有效地沟通和将旅游者最关心的事放在心上的态度。保证性因素影响到旅游者对旅行社服务质量的信心和安全感及其对旅行社服务质量的判断。

(5)服务的移情性　服务的移情性是指服务人员设身处地地为旅游者着想和对旅游者给予特别关怀。这要求服务人员具有接近旅游者的能力和敏锐的洞察力,能够有效地理解旅游者的需要。

9.1.4.2　服务质量的客观评价标准

服务质量的客观评价标准有以下几点。

(1)旅行社所提供的旅游计划中,旅游线路安排合理,旅游项目丰富多彩、劳逸程度适当,能够满足旅游者在旅游过程中游览和生活的需要。

(2)旅行社应保证制定的旅游线路和日程能顺利实施,不耽误或删减顾客的游程。

(3)旅行社应按质按量地提供计划预定的各项服务,如保证饭店档次、餐饮质量、车辆规格、导游水平和文娱、风味节目等。

(4)旅行社应保证旅游者在旅游过程中的人身及财产安全,保证其合法活动不受干预和个人生活不被骚扰。

(5)旅行社及旅游活动所涉及的相关旅游服务企业的服务人员不仅要有合格的文化素养和服务技能,还要有高尚的职业道德、强烈的服务意识和良好的服务态度,能够创造一种宾至如归的旅游氛围。

9.1.4.3　服务质量的主观评价标准

旅游者的主观评价标准有如下几种。

(1)预期质量与感知质量　旅游者通过将预期质量与感知质量进行比较,对旅行社产品的质量进行评价。预期质量,是指旅游者在实际接受旅行社提供的服务之前,对旅行社产品质量所产生的心理预期。感知质量,是指旅游者在旅游过程中实际体验到的旅行社服务质量。当旅游者的感知质量大于或等于其预期质量时,旅游者就会认为旅行社产品的质量优秀,对旅行社的服务感到满意。当旅游者对旅行社产品的感知质量低于预期质量时,旅游者就会认为旅行社产品质量低劣,对旅行社产生不满情绪。

(2)过程质量与结果质量　旅游者通过对旅行社服务过程质量与旅游体验结果质量进行比较,评价旅行社的产品质量,旅游者不仅考虑在购买产品过程中,旅行社所提供的服务是否令人满意,而且还要考虑旅游体验是否能达到预期的结果。对旅行社来说,过程质量和结果质量都是十分重要,然而旅游者则更加注重结果质量。因此,只有结果质量高于过程质量,或者结果质量与服务质量相同,消费者才会对旅行社的产品质量感到满意。

9.1.5　旅行社质量管理的方法

9.1.5.1　全面质量管理

旅行社的全面质量管理是指旅行社的一切经营管理活动,都要立足于设法满足旅游者的需求。旅游者的需求是多方面的,既有物质需求,也有精神文化需求。因此,只注重满足旅游者一方面需求而忽略另一方面需求,仍然不会使旅游者满意。有的旅行社认为服务态度好就是服务质量好,单纯地要求接待服务人员做到主动、热情、耐心、周到、重表轻本,忽视了质量管理和优质服务的基本精神和主要内容。有的旅行社放弃质量教育,习惯于用突击和搞运动的方式代替正常的管理,或者把评比竞赛作为质量管理的诀窍,为了应付检查,做些表面文章,将质量管理工作流于形式。所有这些,对质量管理工作弊多利少,甚至有损无益。而全面质量的管理,则要求我们从产品质量、服务质量和环境质量三个方位进行全面的考察,实施全方位、全因素管理,我们称这种管理为横向管理。

9.1.5.2 全过程质量管理

旅行社对全过程的质量管理,就是对旅游产品质量形成和使用的全过程实施系统管理。就旅行社质量而言,它是伴随着旅游产品经营销售及接待服务活动的全过程而形成的。旅行社产品的形成、使用和反馈过程分别对应旅游者的游前、游中和游后三个阶段。在不同阶段,质量管理的重点并不相同,应将三个阶段有机地结合起来。

(1)游前阶段质量管理　游前质量管理的重点是对旅游产品设计与生产、宣传促销和门市接待三个方面实施质量控制,防止缺乏吸引力和质价不符的产品流入市场。同时,旅行社通过积极的宣传,销售人员热情、耐心地为游客提供专业化的咨询服务,使游客心悦诚服地进行选购。

(2)游中阶段质量管理　质量管理重点是导游服务质量和协作单位的环境工作质量。其一,导游服务质量的管理。导游作为旅游团队的灵魂和核心,旅行社必须对导游的服务态度、服务方式、服务项目、服务语言、服务仪表、服务时间和职业道德等方面实施标准化、程序化和规范化管理,使游客通过导游的服务而对旅行社产生信任和好感。一是合理安排导游上团,旅行社应根据不同游客的各种需求,因人而异,扬长避短地选派最合适的导游上团;二是有效收集导游信息,旅行社应通过有效的质量管理网络及时收集旅游团队导游服务质量的信息反馈,随时加以监督、调整和提高。其二,协作单位的环境质量的管理。环境质量的管理,主要是对旅行社的各外协单位,如饭店、餐厅和车队等服务质量实施管理监督。旅行社必须选择质量信誉度高的单位作为协作伙伴,才能在长期的协作过程中,使其按约提供令游客满意的服务。只有这样,在各个接待环节上形成有效的质量保证体系,才能使游客得到物质上和精神上的满足。

(3)游后阶段质量管理　此阶段是对前两个阶段服务的延续和补充,重点是做好旅游产品质量的检查和评定,提供售后服务与处理旅游者投诉。当旅游产品转化为游客的使用价值或效用时,很可能会发生一些意想不到的质量问题,这就要通过质量管理人员的上门回访,认真听取游客的反映、感受和意见,总结经验,以便进一步提高服务质量。

全过程质量管理的实质就是对旅游者游前、游中、游后三个阶段中,对影响旅游产品质量的整个工作过程进行系统地分析,并通过各部门、各单位和各岗位的质量管理职能组织系统的改进,达到全面提高服务质量的目的。我们也可以称这种管理为纵向管理。

9.1.5.3 全员质量管理

旅行社兴旺发达的质量源泉,关键在于全体员工提高服务质量的积极性。也就是说,要提高服务质量,必须充分调动全体员工的积极因素。事实证明,旅行社仅仅由少数人员参与质量监督和管理，不能从根本上解决质量的问题，只有当旅行社的全体员工都从所在岗位出发参与质量管理，这样提高服务质量才有保证。质量管理提出全员参加管理，是因为质量形成的全过程涉及每个部门、每个单位，乃至每个环节、每个岗位的工作。因此，在每个岗位上工作的员工都来参加管理，是必然的要求。我们又可以称这种管理为群体管理。

9.1.6 旅行社质量管理实施的途径

9.1.6.1 设立质量管理机构，制定质量管理标准

为保证旅行社产品和服务质量，旅行社应设立专门的质量管理部门，该部门可由旅行社总经理直接领导。为保证管理部门有效行使管理职能，保证其质量管理的公平和公正，管理部门内质检人员应经过严密筛选，选定专人质量管理的领导小组和质量管理人员，确保形成一套完整的质量管理组织系统。

此外，为保证质量管理体系的有效运转，旅行社还应制定相关的服务质量管理标准，对旅行社产品的质量要求、规格和检查方法进行技术性规范。服务质量管理标准可为旅游服务活动的检查和评定提供技术依据，质量管理部门也可根据管理标准对旅行社内部各项产品和服务进行管理。

9.1.6.2 加强质量管理全过程控制，加强组织内部沟通协调

控制协调旅行社质量管理体系全过程的运营，需要对旅行社内部各个组织进行直接管理，旅行社可对其内部较为重要的部门如计调部、导游部制定相应的规范文件和作业指导说明，帮助内部组织了解相关规定，提高服务质量；旅行社还可对采购部门提出相应要求，如与旅游服务供应商签订正规合同、确定双方权利和义务关系等，保证旅游产品和服务的质量。

9.1.6.3 建立质量信息反馈系统，加强内部监督管理

旅行社的质量信息是保证旅游产品高质量的基础。为有效解决和处理旅行社经营过程中出现的各种质量问题，旅行社可遵循管理学的原理和基础，建立网状的旅行社质量信息循环反馈系统。旅行社建立质量信息反馈系统旨在正确而及时地进行质量信息的收集、处理和反馈，提高其质量管理水平。

旅行社在实施质量管理的同时，还应加强其内部监督管理。有效的监督管理可以显著提高游客的满意度，减少游客投诉比例。在遇到旅游投诉事件时，旅行社更应加强内部的监督管理工作，及时发现问题、处理问题，借此帮助旅行社树立良好的公众形象，增强公众对旅行社的好感和信赖。

9.1.6.4 编写质量管理报告，建立质量管理档案

旅行社质量管理部门应根据旅行社各个部门的业务运作情况，定期编写质量报告，在记录旅行社接待服务情况的同时，及时了解游客的意见和建议。旅行社质量管理情况的量化分析，可以帮助旅行社把握其整体服务质量水平，帮助旅行社内部工作人员了解其工作中的不足之处，为其未来的工作指明了方向。

旅行社质量管理档案和质量管理报告的重点任务有所不同，质量管理档案强调的是记录旅行社内部各个部门、员工的工作质量及其协作单位的工作质量。质量管理档案是

旅行社实施质量管理措施的重要依据,也是旅行社选择协作单位的重要参考指标。

9.1.7 ISO 9000与旅行社的质量管理

9.1.7.1 ISO 9000的基本内容

ISO 9000系列标准是国际标准化组织在总结过去传统的产品检验、测试及质量控制工作的基础上,针对制造业与服务业所制定的质量管理及服务质量保证标准。主要内容包括术语标准、质量管理与质量保证的实施指南标准、质量管理标准、质量管理标准和支持性技术标准。

ISO 9000系列标准有四类标准规范,即硬件类(如机加工产品)、软件类(如计算机)、流程类(如石油、化工)和服务类(物质服务与精神服务)。

众所周知,产品的质量受诸多因素的影响,从原料的选购、仓库管理、各生产工序的衔接、各级主管部门的职权范围、全体员工的质量意识和产品设计等,任何一个环节发生问题均会影响产品质量。ISO 9000系列标准从根本上改变了过去传统的对产品进行单一质量检验的做法,代之以对企业整个生产、管理、设计诸多因素的全方位评估,是对产品质量检验的新突破。

欧共体国家首先接纳ISO 9000系列标准,并于1987年11月将ISO 9000标准转变为欧洲标准(EM 2900),同时宣布任何欧共体以外的厂商要进入欧共体市场首先必须具备ISO 9000证书。受此影响,现在全球大多数国家的出口厂商都采用了ISO 9000系列标准。因为只有这样,他们的制成品才能进入国际市场。由此可见,ISO 9000系列标准已经成为通往国际市场的通行证。

9.1.7.2 ISO 9000与旅行社的质量管理

ISO 9000主要是一种通过制度标准来保证服务质量的方法,它在我国旅行社业还是一件新生事物。据了解,全国通过ISO 9000认证的旅游企业只有60余家,类型涉及饭店、景点、旅行社,通过认证的旅行社尤其少,招商国旅、中远总社、广东省国旅、广东铁路青年国旅以及上海市的部分龙头旅游企业亦已开展了体系认证。其中,招商国际旅游总公司是国际第一家采用ISO 9000的旅行社。

ISO 9000不仅是一套质量标准体系,而且是企业管理系统化、程序化、标准化的一种管理模式。根据实施后的结果来看,尽管由于在旅行社实施认证的尝试中存在着一些由于对标准的误解而带来的不方便,但总体而言,在管理上和市场竞争上还是取得了比较明显的效果。ISO 9000包括ISO 9001、ISO 9002、ISO 9003、ISO 9004等四套系列标准,其中ISO 9001系列标准最适合于旅行社使用。

(1)ISO 9000与旅行社的产品设计　旅行社产品主要是一系列的服务,其表现形式是旅游线路与旅游历程。ISO 9001规定了设计控制要素,从产品的策划、设计、开发中的技术接口,到设计输入、输出及设计评审、检验、确认和更改等,都做了程序控制的规定。旅行社产品的设计过程是一个团体合作的过程,要有与之相关的各方专业代表参加,包括熟悉产品、顾客和采购等方面的人员。旅行社产品设计主要有三方面的内容,即交通、住宿与游览。旅行社选择这三方面的合作伙伴要有合同依据。旅行社的产品设计应力求细致、可量化和易监控。旅行社的产品设计主要包括以下三个方面的工作。

1)设计输入:设计输入包括旅游产品的各要素及各要素的保证情况。产品承诺、合同前提和不确定性等都要有控制文件。相关的法令、法规和社会要求都应列入设计任务书。对于含混或矛盾的情况,应在设计前与责任单位共同解决。设计的输入要包含充分的信息,包括项目的宗旨和目的、时间和价格、涉外目的地的有关法律、消费水平等。交通工具如飞机要注明机型、航空公司;火车则注明快慢车、硬座或硬卧;汽车则注明国产还是进口、有无空调、几座。餐饮应注明几菜几汤、几荤几素;住宿应注明是几星级饭店还是招待所。

2)设计输出:设计输出包括所有设计成果,如产品说明、产品设计草案等。设计输出可能是行程安排、导游规范、应急计划等。

3)设计评审、验证及确认:对设计过程的评审,即审核设计人的资格及审核设计过程是否合乎程序、组织与技术接口上是否做了相关规定,不确定性因素是否得到了最大限度的防范,进行对初步方案的筛选和可行性论证等。旅行社应确定于"顾客有关"的要求,包括游客规定的、法律法规的要求及旅行社附加的要求。对设计结果的评审要判断设计输出是否合理、旅游线路是否满足旅游者的需求,消除模糊的、不确定的要求,确保所提供信息的真实性,不误导游客。重点是总结各停留地的接待条件和能力及其安排的合理性。

(2)ISO 9001 与旅行社的市场营销　旅行社在营销过程中的质量控制以过程控制为纲要,具体涉及营销过程中的合同评审、文件和资料控制、采购、不合格品的控制、纠正和预防措施、质量记录控制及培训等,其核心是保证一切均处于受控状态,使产品质量的技术、管理和人员均处于严密的受控状态。受控是保证服务质量的最好办法。

1)市场销售:在制订销售计划时要做大量的调查,对所涉及的重大业务与技术接口要有严格的合同约束。根据 ISO 9001.4.4 的要求,销售计划要详细阐明所开展的活动、这些活动的目标以及这些活动执行人的资格,要提供相关的技术与质量保证措施。在考察与选择中间商时根据 ISO 9001.4.6 的采购要求,首先了解旅行社的资信和满足合同要求的能力。ISO 9001 中的过程控制要素要求销售程序包括市场调研、产品设计、制定市场销售计划、确定市场促销活动和签订合同等。ISO 9001 特别强调记录的重要性,要求对所有过程要做详细而完整的记录,所有的记录要清晰、保存完好,要能保证随时供相关人员查阅。

2)员工素质要求:ISO 9001.4.18 提出要对所有对质量有影响的员工进行培训,对关键人员要进行资格考核,对考核与培训要做完整的记录。对员工要严格挑选,以保证其有资格、有能力保证产品与服务的质量,尤其是陪同旅游的人员。导游服务独立性强、面对的问题和游客复杂多变,因而对导游的思想品德、知识、独立工作能力和创新精神、导游技能以及身体状况等都要进行持续的鉴定,而不能获得导游证后一劳永逸。

3)客户管理制度:客户管理的目的主要是强化公司形象,减少个人行为,避免因员工跳槽导致客户流失,影响服务质量。一些公司总结出一系列办法来避免这方面问题的发生,如两人担当制和尽量用电脑来完成业务接洽等,以求把人为因素降到最低,突出公司形象,淡化员工个人的客户垄断权利。

ISO 9000 的思想精髓是重视证据,强调过程管理与结果管理并重;说到做到,做到就要记录到,记录到就要有人签字;可以有失误,但要不断改进,直到顾客满意为止。

ISO 9000 是国际公认的最低质量保证体系标准,它强调过程管理与质量管理并重,是全面质量管理的基础,它为企业提高质量管理水平提出了最基本的奋斗目标,它是我国旅行社企业同国际惯例接轨的一种方式。旅行社企业进 ISO 9000 质量认证,需要相关外部大环境与内部各层次的支持与理解。取得 ISO 9000 证书仅是质量管理的"合格证"而非"优秀奖状"。一个企业要达到高质量的管理,除了符合 ISO 9000 国际标准外,还应有自己的企业内部控制标准,也即被人们称为秘密武器,正是由于一些企业采用一套自己的内控标准,使企业名牌产品的主要质量标准远远超过国际标准的要求,使顾客满意度大增,吸引了更多的客源。因此质量追求永无止境。

9.2 旅行社售后服务

9.2.1 旅行社售后服务的概念

售后服务是指在游客旅游活动结束之后,为主动解决游客遇到的问题及加强同游客间的联系,旅行社继续为游客提供的一系列服务。售后服务是改进旅行社服务质量、培养客户忠诚、保持和扩大市场份额、改善企业形象的有效措施。能否提供优质的售后服务已经成为旅游者衡量旅行社服务质量的重要标志。

9.2.2 旅行社售后服务的意义

旅行社售后服务的意义在于:及时解决游客在旅游过程中可能遇到的问题,加强同游客的联系,减少旅游投诉;主动了解游客对旅游产品、旅游活动组织和接待服务的满意程度,帮助旅行社树立良好的企业形象,提高核心竞争力;及时了解市场需求变化,推出符合潮流的旅游产品;降低旅行社营销成本,提升其销售业绩。

9.2.2.1 减少旅游投诉,保持老顾客

旅行社工作失误往往会导致游客对其旅行经历的不满,这不仅影响游客对旅行社产品和服务的质量评价,某些情况还会导致游客投诉案件的发生。旅行社可以通过各种形式的售后服务增加顾客和企业的交流,帮助提升顾客对旅行社的信赖感,减少旅游投诉。除此之外,售后服务对旅行社保持现有客源和开拓新的客源来说都很重要。

美国《旅游代理人》杂志曾经对不愿意再光顾原先的旅行社的旅游者做过抽样调查,调查结果如表 9-1 所示,不再光顾旅行社的客人 2/3 以上是由于旅行社不重视售后服务和不积极争取回头客造成的。美国有一位旅行社的顾问曾说过,一些常客之所以不再光顾旅行社,首先是因为这些旅行社对他们抱着"爱来不来"的态度。此外,客人投诉没有得到处理或对处理结果不满意也会导致旅游者不再光顾原来的旅行社。因此,旅行社的售后服务对其保持老顾客和争取新客源方面具有重要意义。

表 9-1 旅游者不再光顾原有旅行社的原因及比例

不再光顾旅行社的原因	所占比例(%)
客人投诉没有得到处理或没有得到令人满意的处理	14
其他旅行社提供了价格更低、服务更好的旅游	9
经朋友建议,转而订购了其他旅行社的旅游	5
旅游者移居他地了	3
由于年老多病、丧偶等原因而放弃旅游	4
旅行社缺乏售后服务,顾客觉得是否继续订购该旅行社的旅行对旅行社来说是无所谓的	68

9.2.2.2 树立企业良好形象,提高旅行社的竞争力

对旅行社而言,公众的口碑是有效的营销渠道,对产品和服务满意的游客不仅是旅行社的忠实顾客,还可以帮助旅行社进行义务宣传,反之,对产品和服务不满意的游客往往会向别人倾诉自己的不满,致使旅行社的形象受损。研究表明,不满意的游客会把他们的经历告诉 10 ~ 20 个人,而对其旅游经历满意的游客却只会告诉他周围的 3 个人,因此,旅行社必须重视售后服务。通过主动解决游客在旅行过程中出现的各种难题,旅行社不仅可以提高游客满意度,还可以提高企业美誉度和核心竞争力。

9.2.2.3 及时了解市场需求,推出符合潮流的旅游产品

售后服务可以帮助旅行社发现现实旅游者和潜在旅游者现在和将来的旅游需求,有利于旅行社对旅游产品进行换代或升级,促进旅行社旅游产品的创新。因此,旅行社应重视售后服务,根据游客的反馈意见了解市场需求方面的变化和其自身产品和服务方面的不足,不断完善其旅游产品,推出符合潮流的旅游产品。

9.2.2.4 降低营销成本,提升销售业绩

西方国家的旅行社大都比较重视售后服务,并采取了多种多样的售后服务方式以争取每一位顾客,我国在此方面尚有待改进。西方旅行社之所以重视售后服务,是因为售后服务对旅行社的促销起着至关重要的作用。旅行社只有搞好售后服务,才能巩固与扩大客源,帮助旅行社降低营销成本,提高销售业绩,使旅行社在激烈的竞争中求得生存与发展。

9.2.3 旅行社售后服务形式

为达到招揽新客户,全方位开拓客源市场的目的,旅行社应首先着力维持老客户,开展多种多样的售后服务。目前,世界上开展的旅行社售后服务形式已有近十种之多,我国旅行社可根据自身条件和能力创新或选择适合自己的售后服务形式。

9.2.3.1 电话问候

电话问候是指为了解游客旅游活动的感受,征求游客对旅行社产品和服务等方面的意见和建议,旅行社在游客旅游活动结束后返回常驻地的一两天内给旅游团中有影响力或重要的游客打电话以表问候的一种售后服务形式。电话问候可以体现旅行社对客人的

关怀和尊重,还可以及时了解到旅行社各部门及协作单位的工作情况,发现行程中所出现的问题,预测顾客投诉的可能性,争取主动采取补救措施,帮助游客妥善处理各种问题。

9.2.3.2 意见征询单

旅行社可给每位游客发送一份制作精美的意见征询单,借此表示对客人的关注和问候,以获得客人的好感和信任。意见征询单的格式和内容可简可繁,但项目必须一目了然,易以理解,便于客人填写,提高回收率。此外,为使游客毫无顾忌地发表意见,意见征询单可以不设置签名和地址选项,只需设置电话号码选项即可。收集的意见征询单可按顺序编上相关号码,以便分类整理时参考客人意见,在需要时可通过电话号码与顾客取得联系。

9.2.3.3 问候性明信片

向客人发送问候性明信片比邮寄书信更为省时简便。定制的问候性名片如带有旅行社的标志(社徽)、地址、邮编、电话、电子邮箱等内容,加上令人感到亲切的言语,往往会给客人留下深刻的印象,激发客人与旅行社交流的欲望。向客人发送问候性明信片,应当选择合适的时机。首次发送应选择客人旅游结束后的数日内,此后可选择客人生日和节假日时间发送。确保在客人生日和节假日当天或之前一两天收到让客人感到惊喜和满足。

9.2.3.4 游客招待会

游客招待会是旅行社以集会的形式召集老客户见面的促销性招待会。游客招待会通常是旅行社利用自己的会议室或租用宾馆的多功能厅,以水果、茶水或其他饮料招待与会者,并通过让客人观看风光宣传片、幻灯片等手段,与客人座谈交流,了解客人的旅游计划,激发客人新的旅游欲望,帮助客人制订新一轮旅行计划。

9.2.3.5 节日祝贺

节日祝贺是旅行社向老顾客表示问候、与其保持联系的一种常用的售后服务方式。节日祝贺的形式多种多样,既可以打电话、发短信,也可以邮寄一张明信片,还可以发送电子贺卡或在QQ、微信上表示祝贺。此外,也可采用同样的方式对客人的生日表示祝贺,以达到与客户保持联系的目的。

9.2.3.6 旅行社开放日

旅行社开放日是西方国家旅行社普遍采用的一种日期固定的、一年一度的、对外公开的促销性活动,具体时间由各家旅行社自主确定,类似于一个自定的节日。届时,旅行社会邀请一些老客户到旅行社参观,向他们发放旅游宣传资料,观看旅游风光片、幻灯片等内容。旅行社还会邀请旅游界的有关专家、著名旅行家或其主要合作伙伴来畅谈旅游方面的奇闻轶事及自身旅游经历和感想,借此达到展示实力、吸引游客、扩大市场、拓展业务的目的。

9.3 旅游投诉管理

9.3.1 旅游投诉的概念

旅游投诉是指旅游者、海外旅行商、国内旅游经营者为维护自身和他人的旅游合法权益,对损害其合法权益的旅游经营者和有关服务单位,以书面或口头形式向旅游行政管理部门提出投诉、请求处理的行为。

9.3.2 旅游投诉的分类

旅游投诉主要分为两类,即向旅行社提出投诉和向旅游行政管理部门提出投诉。

9.3.2.1 向旅行社提出投诉

旅游者在游览过程中遇到旅行社服务接待人员态度恶劣、导游人员未尽职责或不按旅游合同约定擅自删减活动项目等损害旅游者自身合法权益的情况,可以跟团队全陪、地陪和导游及时沟通处理。当旅游纠纷无法得到合理解决时,旅游者可以向旅行社提出投诉,要求旅行社处理涉及旅游投诉的人员,并要求旅行社给予合理的补偿措施。

9.3.2.2 向旅游管理部门提出投诉

对尚未与旅行社协商和解或对旅行社处理结果不满意的游客,可根据《中华人民共和国旅游法》依法向旅游行政管理部门提出投诉,请示有关部门处理。当旅游者发现旅行社没有提供质价相符旅游服务或欺诈消费者的情况时,也可向旅游管理部门提出投诉。当发生重大或紧急的跨省市旅游纠纷案件时,外出的旅游者可拨打当地旅游管理部门的投诉电话,请求工作人员予以协调,也可拨打组团社所在地的旅游管理部门电话要求协商处理。

旅游者在向旅游管理部门提出投诉时需要注意投诉时效和受理时效。旅游者向旅游管理部门请求保障合法权益的投诉时效有效期为60天,投诉时效从投诉者知道权利被侵害时起,如有特殊情况,旅游管理部门也可为其延长投诉有效期。受理时效是指旅游管理部门接到投诉状或口头投诉,经审查会在7日内做出是否受理的决定,不予受理时会给投诉者说明理由。

9.3.3 旅游投诉产生的原因

在旅游服务过程中产生旅游投诉的原因是多种多样的,如住宿标准较低、餐饮口味不适合、交通不便、接待服务人员态度差、时间安排不合理、景点安排不满意等。通常旅游投诉产生的原因可大致归纳为3个方面:旅游供应商的原因、旅行社自身原因、游客自身原因。

9.3.3.1 旅游供应商的原因

(1)旅游质量引起的投诉　旅游质量引起的旅游投诉主要表现在餐饮、交通和住宿三个方面。具体来说,主要原因有餐饮环境没有达到预期标准或餐饮口味不满足游客自身需求;住宿环境不理想或卫生条件较差;交通工具未达到预订车辆标准、旅行车辆未按时发车或到达、司机驾驶鲁莽、中途拉客、甩客或恶意抬价等。

(2)服务态度引起的投诉　这类投诉主要是由于接待人员的服务缺陷所导致的投诉,如服务人员服务恶劣,言语或行为粗鲁,联系事项或信息传达不准确等;接待人员或旅行社其他工作人员责任心不强,麻痹大意,遇事敷衍搪塞,工作流程衔接不恰当,未按合同约定出发导致游客行程延误;工作人员失误导致游客财产丢失或游客人身安全受到伤害等。

9.3.3.2 旅行社自身的原因

由于旅行社自身原因导致的旅游投诉不在少数，旅行社擅自改变行程安排、行程安排不合理或导游服务态度差等都可能导致旅游投诉案件的发生。事实上，从人民网旅游3·15投诉平台相关整理数据可以看出，针对旅行社的投诉主要有以下几种情况：接待人员擅自改变活动日程、旅行社不按合同履行约定和导游未尽职责、强迫购物（表9-2）。

表9-2 2015—2017年全国旅游投诉案件统计表

<table>
<tr><th colspan="4">2015—2017 年全国旅游投诉案件统计表</th></tr>
<tr><th>年份</th><th>旅游投诉案件总数</th><th>旅行社类投诉所占比例</th><th>主要投诉原因</th></tr>
<tr><td rowspan="4">2015</td><td rowspan="4">1467</td><td rowspan="4">41.9%</td><td>导游强迫购物</td></tr>
<tr><td>服务态度差</td></tr>
<tr><td>旅游合同与实际不符</td></tr>
<tr><td>售后服务差</td></tr>
<tr><td rowspan="3">2016</td><td rowspan="3">1477</td><td rowspan="3">38.6%</td><td>旅游合同与行程不符</td></tr>
<tr><td>导游强迫购物</td></tr>
<tr><td>服务态度差</td></tr>
<tr><td rowspan="3">2017</td><td rowspan="3">1150</td><td rowspan="3">34.26%</td><td>旅行社不按合同履约</td></tr>
<tr><td>导游强迫购物</td></tr>
<tr><td>服务态度差</td></tr>
</table>

（资料来源：人民网旅游3·15投诉平台。）

（1）擅自改变活动日程　一些旅行社的接待人员在接待过程中，在未经与旅游者商量或未征得领队同意，也未向旅行社有关领导请示的情况下，擅自将活动日程做较大变动，如减少旅游计划中规定的部分游览项目；擅自增加购物时间或将旅游者带到非定点商店购物，使旅游者因购买假冒伪劣商品或高价购买了低价商品而蒙受损失等。

（2）旅行社不按合同履约　旅行社不按合同履约或旅游合同与实际不符也是旅游投诉产生的主要原因。旅行合同与实际不符的案例不在少数，如一些旅行社在招徕游客时往往承诺提供条件较高的酒店住宿和餐饮，但在旅游途中旅行社未按合同行程安排而提供条件较差的住宿酒店，导致旅游投诉；或是一些旅行社出于自身利益的考虑，不按合同规定的游览线路，导致游客预期与实际感受不符；还有一些游客报团时选择无自费、无小费、无购物的“三无团”，而在实际游览中，旅行社却要求先购物后游览等，这些情况都会引发旅游投诉事件。

（3）导游人员未尽职责　导游人员未尽职责主要包括服务态度差和本职工作不到位两方面原因。导游服务态度差主要是指导游不尊重旅游者或对旅游者不友好，在接待过程中不热情或态度生硬，或是经常与旅游者发生争吵甚至大吵大闹。导游本职工作不到位是指有些导游在提供向导、讲解等服务接待工作不到位的现象，如一些导游将游客领至游览景点后，不按照旅游合同规定向游客提供导游讲解服务，而是游而不导，或只做简单的介绍之后便不再理睬旅游者；还有些导游在前往游览景点及从游览景点参观结束返回饭店的途中，与司机聊天、打瞌睡，不按规定进行沿途导游讲解；此外，一些导游诱导购物、增加自费项目和欺客宰客，针对老人、教师、学生等特殊人群收取附加费，讲解偏重导购等情况都会导致旅游投诉事件的发生。

（4）强迫购物　强迫购物是指导游通过诱骗、威胁搭售、软磨硬泡等手段，强迫游客消费、购物或参加自费景点等获取提成的现象。强迫购物是在“零负团费”背景下产生的，由于旅行社在接待游客团队时，只收取成本费或低于成本费，导致旅行社后期向游客增加自费景点或购物点来赚取“回扣”和“人头费”等来弥补损失。据统计，2015—2017年接近1/3的旅游投诉案件是由导游强迫购物所引起的，强迫购物成为旅游投诉的重灾区。

9.3.3.3　游客自身的原因

（1）游客失误导致的旅游投诉　团队内一些游客自身责任感不强，游览时擅自离队或不遵守时间安排按时返队等造成行程延误，导致团队内其他游客误机、误船或是产生其他重大经济损失，这些游客可能会因此投诉旅行社。

（2）游客自身性格习惯导致的旅游投诉　一些游客因为自身的习惯和爱好可能会过分挑剔或要求较为苛刻，对旅游服务感到不满意而投诉；还有一些游客喜欢无理取闹，游览时提出一些计划外的、难以帮助其满足的特殊要求，而当这些特殊要求无法满足时对旅行社投诉。类似情况发生时，旅行社应首先了解游客投诉的原因，掌握游客是为了补偿还是为了发泄或是出于其他的原因或心理而提出的投诉，进而有针对性的处理好游客的投诉。

9.3.4　旅游投诉的处理

旅行社恰当处理游客产生的不满，并使游客不满和宣泄处于企业控制之下，可有效地避免投诉升级或减少向他人诉说的机会。事实表明，游客投诉如果能够得到迅速、圆满的解决，就会大大提高游客满意度，甚至会比失误发生之前具有更高的忠诚度。满意的投诉者会成为旅行社义务宣传员，并通过游客良好的口碑鼓动其他消费者也购买旅行社的产品。实践中多数旅行社按照下列步骤处理旅游投诉。

9.3.4.1　高度重视

有期望才会选择投诉，客户选择投诉表明他们对企业仍然抱有信心，他们期望旅行社能发现自身问题，提供更加优质的服务。研究发现，投诉客户只占全部不满意客户的5%左右，95%的不满意客户不会选择投诉，他们停止购买，或是与企业的竞争对手合作，而且还会散布对企业不利的信息。因此，面对投诉的客户，旅行社管理者应高度重视，因为投诉者可以帮助旅行社发现自身产品的不足，为其开发新产品、新服务提供了意见和建议。

9.3.4.2　耐心倾听

旅游投诉分书面投诉和口头投诉两种形式。旅行社管理者在接到旅游者的书面投诉时，应仔细阅读其来信，总结出投诉的要点。在接待提出口头投诉的旅游者时，管理者应耐心倾听旅游者讲述的意见，切忌打断旅游者的叙述，无论旅游者的投诉理由是否正当，都必须让游客把话说完,必要时还要引导他将埋藏在内心的怨气和不满全部发泄出来。管理者在接待旅游者投诉时必须保持冷静的头脑,不管旅游者的态度如何激烈,都不得同其争吵或对其进行指责。

9.3.4.3 了解情况

旅行社管理者在倾听旅游者的投诉后,应首先表示对其遭遇的同情,使旅游者感到管理者通情达理,愿意解决其所投诉的问题,得到心理上的安慰。然后,管理者应就旅游者投诉中尚未讲清楚的关键情节进行询问,以便了解旅游者投诉的事实。最后,管理者应就旅游者能够坦诚地向旅行社反映情况表示感谢,指出这是对旅行社的信任和爱护,并答应尽快对旅游者所提出投诉的事实进行调查和处理,并将处理结果反馈给旅游者。

9.3.4.4 调查核实

面对顾客投诉,旅行社管理者在了解大致情况后,应在第一时间对旅游者投诉涉及的人员和事情经过进行调查核实。各部门间应紧密合作,迅速做出反应,及时确定投诉事件发生的缘由,明确各部门和各类人员的具体责任。

9.3.4.5 及时处理

旅行社管理者在事实调查清楚的基础上,应根据具体情况对旅游投诉进行妥善处理。对涉及旅行社员工的投诉,如果经调查发现投诉与事实相符的,应按照旅行社的有关制度和规定对当事人进行批评教育;情节严重并造成严重影响的,还应根据情况给予处分。经调查核实确定投诉原因属其他旅游服务供应部门或企业责任的,应及时向该部门或企业领导反映。若发现该部门或企业屡次出现同类情况的,旅行社应减少或停止采购其服务或其他旅游产品。

9.3.4.6 迅速答复

旅行社管理者在完成对旅游投诉的处理之后,应及时将处理结果以口头或书面形式通知旅游者。在答复时应诚恳地向旅游者表示歉意,希望能够得到其谅解,并愿意继续为其提供优质服务。如果处理结果涉及经济赔偿,旅行社还应征求旅游者的意见,以适当的渠道和方式进行赔偿。如果经过调查发现旅游者的投诉与事实出入较大,属于旅游者的误会,旅行社管理者则应向旅游者做实事求是的解释,并欢迎他在今后继续关心和监督旅行社的服务质量。

9.3.4.7 整理存档

旅游投诉得到妥善处理后,旅行社管理者应就旅游者投诉的原因和处理结果向旅行社的有关部门和人员公布,以提高员工们对服务质量重要性的认识。同时,管理者还应根据旅游者的投诉,对客户投诉事件的原委、客户立场及理由、处理过程和处理结果等内容进行记录。旅行社还应对投诉记录进行统计、归类、分析和存档,及时发现出现严重或经常出现投诉的原因,尽量避免类似投诉事件的发生。

9.3.5 旅游投诉的预防

目前,国内旅行社预防旅游投诉的通常做法有:

9.3.5.1 完善旅游合同

旅游合同是旅游者评判自身合法权益是否受损的主要依据,也是旅行社判定自身服务是否规范的主要标准。如果旅游合同涉及的范围不够全面或具体的标准边界不够清晰,很容易引起旅游者的恶意投诉,通过完善旅游合同可以有效避免类似问题。一些旅行社利用现行旅游合同文书中“其他约定”一栏,将本旅行社在经营活动中旅游者曾发生旅游投诉的原因作为合同的补充项目列于其中,帮助旅游者明确旅行社提供产品和服务的内容,进而避免旅游投诉事件的发生。

9.3.5.2 举办行前说明会

一些旅行社会在旅游团出行前召开行前说明会,向旅游者介绍地接预定安排情况,还会对两地历史文化、民俗风情、饮食习惯和宗教信仰等方面的差异做特别说明,帮助旅游者预先了解在旅行地可能出现的各种问题。有研究表明,出行前召开行前说明会的旅行社发生旅游投诉的概率相对较低。行前说明会是国内一些旅行社在实践中摸索出来的、可操作性较高的一种预防旅游投诉的做法。通过举办行前说明会,可以消除旅游者出行前的诸多困扰,增加旅游者的安全感,避免旅游投诉。

9.3.5.3 建立业务合作伙伴档案

一条十分重要的经验是那些投诉率较低和售后服务处理效果较好的旅行社通常会十分重视业务合作伙伴的选择。随着市场的不断变化,旅行社的信用系数也在随时间不断变化。旅行社通过建立业务合作伙伴档案,可以确定合作伙伴信用度的变化,以便谨慎选择合作伙伴,达到降低由业务合作伙伴方面造成旅游投诉风险的目的。

9.3.5.4 加强对导游人员的监督管理

导游人员处在旅行社旅游接待工作的最前沿,直接与游客接触,其服务水平的高低直接影响着旅游者的满意度水平。在旅游者与旅行社产生纠纷的许多案例中,导游服务人员是旅游投诉事件发生的主要导火索。索要小费、强迫购物等问题产生的主要原因在于旅行社的监督管理不到位。旅行社应在加强导游职业道德的教育和监督管理的同时,建立企业内部的奖惩机制,以鼓励导游人员不断实现自我完善,进而预防旅游投诉。

9.3.5.5 加强售后服务

良好的售后服务可以弥合旅游者和旅行社之间的分歧,加强旅游者和旅行社之间的联系。旅行社可以通过售后服务及时了解旅游者旅途中遇到的问题以及旅游者可能提出的投诉,通过一系列的补偿措施来消除或缓解旅游者的不满情绪,争取在旅游投诉问题发生之前得到解决。

9.4 旅行社客户关系管理

9.4.1 客户关系管理的概念与内涵

9.4.1.1 客户关系管理的概念

客户关系管理,英文为 customer relationship management(简称 CRM),一般译为“客户关系管理”,也可译作“顾客关系管理”。通常,customer 译作客户具有广泛的意义,它包括过去购买或正在购买的客户以及还没有购买但今后可能产生购买行为的“潜在客户”。

关于客户关系管理的定义,不同研究机构有不同的表述。最早提出该概念的 Gartner

Group 公司认为:客户关系管理是一种基于企业发展战略的经营战略,它为企业提供全方位的管理视角,赋予企业更完善的客户交流能力,通过培养客户满意行为,使企业获得最大化的客户满意度、利润和收益。卡尔松营销集团(Carlson Marketing Group)认为:客户关系管理是通过培养公司的每一个员工、经销商或客户对该公司更积极的偏好或偏爱,留住他们并以此提高公司业绩的一种营销策略。IBM 公司认为:客户关系管理就是通过一系列的技术手段了解客户目前的需求和潜在的需求,适时地为客户提供高性能产品和个性化服务,最终提高客户交付价值和客户满意度。全球数据库仓库与数据挖掘技术的领导者 NCR 公司认为:客户关系管理使企业通过与客户的沟通交流,理解并影响顾客行为,进而实现提高客户获得、客户保留、客户忠诚和客户创利的目的。世界最大的独立社团 CRM Guru Group 认为:客户关系管理是在营销、销售和服务业范围内,对现实的和潜在的客户关系及业务合作伙伴关系进行多渠道管理的一系列过程和技术。

综合以上客户关系管理的定义,可以从理念、体制和技术三个方面来解读客户关系管理。客户关系管理是一种经营理念,它要求企业以信息技术为手段,坚持"以客户为中心",全面认识客户,最大限度地发展客户与企业的关系,实现客户价值最大化;客户关系管理是一种综合的战略方法,它通过有效使用客户信息,培养企业和客户之间的良好关系;客户关系管理是通过一系列的过程和系统来支持企业的总体战略,以建立与客户之间的稳定管理,实现企业利润的可持续增长。

本书认为客户关系管理是一种旨在改善企业与客户之间关系的新型管理机制,它以信息技术为手段,实施于企业的市场营销、销售、服务与技术支持等与客户相关的领域,通过对"以客户为中心"的业务流程的重新组合和设计,在充分了解客户需要的基础上,提高客户忠诚度,最终实现企业利润的可持续增长。利用客户关系管理系统,企业能搜集、跟踪和分析每一个客户的信息,从而知道什么样的客户需要什么样的产品和服务,真正做到一对一营销,同时还能观察和分析客户行为对企业收益的影响,使企业与客户的关系及企业利润得到最优化。

9.4.1.2 客户关系管理的基本内涵

客户关系管理的实践使企业树立新的客户观念,重新认识客户关系和客户价值。"以客户为中心"是客户关系管理的核心所在。企业将客户作为企业最重要的资源,通过完善的客户服务和深入的客户分析来满足客户的需要,不断增加客户价值,提高客户满意度和忠诚度,使企业获得可持续发展的动力。客户关系管理的基本内涵主要包括三方面内容,即客户价值、关系价值和信息技术。

客户价值能够提高客户的满意度,较高的满意度能够促进客户对企业的忠诚,进而促进和企业关系的提升。客户关系管理强调管理个体客户的具体信息,并谨慎管理客户的"接触点"以最大化地提高客户忠诚度。接触点是指顾客可以和企业的品牌或产品等任何可能接触的机会。

客户关系管理使企业的焦点从内部运作转移到客户关系上来,通过加强与客户的深入交流,全面了解客户需求,不断对产品及服务进行改进和提高,以满足顾客需求。企业在建立客户关系时需要考虑关系价值,即建立和维持客户关系能够为企业带来多大的价值。通过对关系价值的管理,企业将资源和能力集中在关系价值较高的客户身上,为其提供高质量的产品及服务,不断满足其需要,进而实现客户价值的最大化。

信息技术是客户关系管理的关键因素,信息技术的出现是企业能够有效地分析客户数据,积累和共享客户知识,根据不同客户的偏好和特性提供服务,从而提高客户价值。除此之外,信息技术还可以辅助企业识别具有不同关系价值的客户关系,针对不同的客户关系采取不同的策略,从而实现客户价值最大化和企业利润最大化的平衡。

9.4.2 客户关系管理系统结构和功能

9.4.2.1 客户关系管理系统结构

通常,一个完整、有效的客户关系管理系统,由以下四个子系统构成。

(1)业务操作管理子系统　在业务操作管理子系统中,客户关系管理系统主要目标是实现基本商务活动的优化和自动化,主要涉及三个基本的业务流程:市场营销、销售实现、客户服务与支持。因此,业务操作管理子系统主要包括内容有:营销自动化、销售自动化和客户服务与支持三部分内容。

(2)客户合作管理子系统　在客户合作管理子系统中,客户关系管理主要是为了实现客户接触点的完整管理,对客户信息的获取、传递共享和利用以及渠道的管理,涉及企业不同职能部门的管理信息体系、联络中心、移动设备、web 渠道的集成和处理。因此,客户合作管理子系统主要包括业务信息系统、联络中心管理和 web 集成管理三方面。

(3)数据分析管理子系统　在数据分析管理子系统中,客户关系管理的应用主要涉及为实现商业智能的客户数据库的建设、数据挖掘和知识库创建等工作,其主要内容有:数据仓库建设、知识仓库建设及依托管理信息系统的商业智能等。

(4)信息技术管理子系统　在信息技术管理子系统中,由于客户关系管理的各功能模块和相关系统运行都必须依靠先进的技术、设备和软件,因此对于信息技术的管理也成为客户关系管理的重要组成部分。信息技术管理子系统主要可分为基础软件管理、中间件和系统工具、企业系统集成和电子商务技术和标准四部分。

9.4.2.2 客户关系管理的功能

随着市场竞争的日益激烈,传统的企业管理系统难以胜任动态的客户关系管理,基于互联网的客户关系管理系统给企业带来了经营管理方式的重大变革,具有十分重要的实践意义。总体来说,客户关系系统具有以下功能。

(1)识别目标市场,降低营销成本　在实际运作中,很多企业因为不能准确识别其客户,从而使企业的资源投入和经营战略没有明确的目标。实施客户关系管理,企业可以更好地识别目标市场,从而有目的性地展开业务推广活动,降低其营销成本。企业采用客户关系管理系统,还可以根据不同客户的成本利润分析识别企业的重要用户,节约销售、营销费用以及客户沟通、内部沟通成本。此外客户关系管理系统还可以极大程度降低人为差错率,降低企业营销成本。

(2)提高客户满意度,培育客户忠诚度　一些企业期望通过促销、赠券、返利等项目来“贿赂”客户以得到客户忠诚,但这些方法往往收效甚微,因为现在的顾客需要的是一种特别的对待和服务,企业只有通过提高超乎客户期望的可靠服务,才能争取将普通客户转化为忠诚客户。通过采用客户关系管理,企业可以更好地管理销售、服务和客户资源,为顾客提高高效、周到的优质服务,提高顾客满意度,培育客户忠诚度。

(3)提高企业运营效率,增强企业赢利能力　客户关系管理系统通过整合企业内部全部业务环节和资源,实现企业范围的信息共享、业务处理流程的自动化和员工工作能力的提升,使企业运作更为畅通,资源配置更加有效,这极大地提高了企业的运作效率。此外,通过客户关系管理系统,企业可以给予老客户更多的关怀,提高顾客满意度的同时,发挥老客户的口碑效应,使企业的客户群体日益壮大,从而相对降低企业营销成本,实现企业利润最大化。

9.4.2.3　旅行社客户关系管理的导入模式

旅行社客户关系管理实际上是一个很复杂的系统,对于不同类型的旅行社应该有不同的导入模式,应该结合各旅行社的不同特点加以具体地考虑。

(1)方案定制型　这种导入的模式主要是针对具有经营出境旅游资格的大型旅行社。这类旅行社的优势在于其较为完善的销售网络和良好的信誉,并且和大量上游产品的提供者有着密切的联系。结合这种类型旅行社的特点,将 CRM 导入时应注意充分发挥其资金和信息及专业优势,利用互联网和 CRM 系统的数据库,根据已经较为稳定的顾客群的需求,为其提供大量的信息,同时提供专业的咨询,为旅游者提供“一对一”的在线服务。旅游者可以通过网络了解景点、线路、交通、住宿、目的地的历史文化,以及特殊的旅游方式,然后根据自己的兴趣、爱好和经济实力,在线进行自由组合并订购,旅行社则可以根据导入的 CRM 管理系统联系上游企业,为旅游者提供满意的服务。通过技术层次的双向互动,在全社内部树立客户价值观念,在各个部门推行 CRM 理念,进而推进组织变革和业务流程重组。

(2)客户引导型　对于规模中等的旅行社,由于资金不占优势,没有经济实力购买大型的 CRM 系统,在技术上不能一步到位,但是可以充分利用网络的便捷性和自身组织的特点,走横向联合的引导型模式。中型的旅行社没有足够的实力满足所有旅游者的不同需求,但是可以将其细分市场锁定,通过为特定的旅游者提供充足的信息和专业的服务,同时联合不同地区的旅行社、景区、交通企业,为这部分有类似特征但个体需求又有差别的旅游者提供 OTO(ONE-TO-ONE)的专业服务。同时因为这种类型的旅行社定位于一个或几个专项的客源市场,定位比较单一,因而能够以组织的形式成为该客源市场内的潮流领导者,利用网络营销和对旅游者的个性化服务,引导旅游者选择最适合的旅游产品。

(3)业务合作型　由于小型旅行社资金和规模都有限,因而必须把有限的资源充分利用起来,发挥自己特有的竞争优势,“船小好调头”,推行 CRM 首先从观念层次开始,在整个旅行社内部树立“客户至上”的经营理念,通过组织结构的重组和业务流程的改造,使整个旅行社的组织机构扁平化,内部部门之间的协作更为直接、方便。同时利用 CRM 的销售网络,通过网站经营,发挥人才的专业优势,定位于特定的细分市场和专业顾客,为大、中型的旅行社提供服务外包和业务合作,以小而精的专业化优势成为专门提供大中型旅行社某一方面服务的外延部分,从而赢得市场。

9.4.3 提高客户满意度的策略

9.4.3.1 客户满意的概念

客户满意作为一种经营哲学和经营战略最早应用于汽车行业,在汽车行业取得显著成效后,该理念逐渐在各行各业得到广泛地应用和迅速地发展。客户满意是指客户对其明示的、通常隐含的或必须履行的需求或期望已被满足的程度的感受。满意度是客户满足情况的反馈,它是对产品或者服务性能以及产品或者服务本身的评价,给出了(或者正在给出)一个与消费满足感有关的快乐水平,包括等于或者超过满足感的水平,是一种心理体验。

客户满意度是一个变动的目标,能够使一个客户满意的产品,未必能使另一个客户满意,能使客户在一种情况下满意的产品,在另一种情况下未必能使其满意。只有充分了解客户群体的不同满意度的影响因素,才有可能实现100%的客户满意。

9.4.3.2 客户满意的意义

(1)客户满意是实现客户忠诚的基础　客户忠诚通常被定义为重复购买同一品牌的产品或服务,不为其他品牌所动摇,这也是企业一直所追求的目标。客户满意是客户忠诚的基础,也是保持老客户的最好方法。对旅游者来说,曾经给旅游者带来满意旅游经历的旅行社意味着可能继续使旅游者满意,这降低了旅游者再次消费的风险和不确定性。因此,旅行社如果能使旅游者感到满意,就有可能再次得到旅游者的垂青。如果没有客户满意,旅行社很难实现客户忠诚。

(2)客户满意是企业战胜竞争对手的最好手段　随着市场竞争的加剧,客户拥有了更加充裕的选择空间,企业间竞争的关键是谁能使客户满意。如果旅行社不能满足客户的需要,而竞争对手恰好能较好地满足客户需求,那么客户很有可能会叛离,选择与那些让他们感到满意的旅行社合作。只有那些能更快、更好满足旅游者需要的旅行社才能在激烈的竞争中获得竞争优势,从而战胜竞争对手、赢得市场。

(3)客户满意是企业取得成功的必要条件　随着客户权益保护主义的兴起,企业的经营压力越来越大,企业需要站在客户的角度思考问题,重视客户满意并努力让客户满意是未来企业的生存发展之道。对旅行社而言,客户满意是旅行社得以持续发展的基础,也是旅行社取得成功的必要条件。在消费升级的大趋势下,游客个性化、体验化需求不断释放,未来的游客需求注定是多样且多变的,旅行社必须从游客需求出发,转变自身定位,不断升级产品和服务,求取客户满意。

9.4.3.3 提高客户满意度的策略

旅行社若想提高客户满意度,必须从以下几个方面入手。

(1)加强沟通　提高顾客满意度首先要建立彼此友好和谐的人际关系,良好的沟通技巧将可帮助旅行社员工切入旅游服务话题,进而延伸到表达关心和了解顾客心理、生理状况的层面,以真正了解顾客需求,并满足其需求。

(2)微笑服务　微笑是世界通用的语言,微笑是人际关系的润滑剂,微笑服务是提高顾客满意度的必备武器。以笑容与人接近,即使对方的情绪不稳定,但也会因为你的笑容而显得开朗一些,所谓伸手不打笑脸人即是这个道理。微笑必须是发自内心的,真诚的而非脸上硬挤出来的笑容。此外,旅行社工作人员在电话中与人交谈时应注意随时保持微笑,尽管电话另一端的顾客不曾看到员工的笑容,但可以肯定的是顾客可以通过声音感受到工作人员的微笑沟通与交流。

(3)给人好感的自我介绍　与顾客接洽得顺利与否,关系着销售是否成功的80%,自我介绍的重要性可见一斑。自我介绍虽然简单却很重要。良好的自我介绍不仅可以使和谐关系的建立过程恰到好处,还能除去被误会而产生的不良心情。其次,自我介绍过程中适当地对交谈目的做一些说明,不仅可以得到顾客的注意,还能显示出对顾客的关心,借此提高不同类型顾客的满意度。

(4)善于运用聆听和询问　善于言谈者必善于聆听并不是指会说话的人也善于听别人说话,它的正确含义是:一位好听众,才是一位懂得说话的人。上帝给人一张嘴,两只耳朵,这多少告诉人们听比说更重要。在还未发现顾客最重要或最需要的需求之前贸然提供信息,无疑是告诉顾客我们并非是在关心他的需要或是问题所在,并且该信息还可能会迅速被遗忘。因此,唯有在确定了解顾客并让顾客完全感到顾客需求被完全理解后,反馈的信息才会被视为无价之宝。

另外,随时记录顾客的需求,能够反映出工作人员对这些资讯的重视(与顾客咨询的时候,旅行社工作人员对待咨询的顾客,就如同自身也将和顾客结伴旅游一般)。对于教育程度或消费能力较低的顾客,也要一视同仁地提供良好、完善的服务,也就是说,以尊重的态度善待顾客,将会增强彼此和谐的关系和顾客满意度。

(5)带有感情地传达信任　话语中带有感情是旅游行业从业人员应具备的一个重要特色。如果你期望自己的言语能够带给顾客重大的意义,发展和顾客之间的信任关系是首要任务。旅行社在运营过程中,无论是通过电话、邮件、传真或是其他方式与顾客进行接触时应注意带有感情的传达信任,因为信任一旦建立,就能成为战略上的竞争优势,帮助旅行社在日益加剧的竞争中脱颖而出。

9.4.4　培养客户忠诚度的策略

9.4.4.1　客户忠诚的概念

顾客忠诚是指顾客对某一特定企业(或品牌)的产品或服务形成偏爱,进而重复购买的一种忠诚态度和忠诚行为。顾客忠诚包括两方面的含义:情感忠诚和行为忠诚。情感忠诚是指某一品牌产品的个性与消费者的生活方式、价值观念相吻合,使消费者对它产生感情甚至依赖,进而萌发了持续购买的欲望和行为,这种忠诚是发自内心的"真忠诚"。行为忠诚是指消费者在实际消费中出现重复购买某一品牌产品的行为。这种形式的忠诚可以分为两种情况,一种是情感忠诚在行为上的表现;另一种是约束条件(资金、技术、法律、地理、知识、信息、个性等)下的"伪忠诚"。

我们所追求的顾客忠诚,既要对某一企业(或品牌)产品具有情感上的偏爱,又要在行为上表现为:经常或重复购买同一企业(或品牌)的产品和服务,积极主动为该企业(或品牌)做宣传、做推荐,而且几乎没有选择其他品牌产品或服务的念头,能抵制其他品牌的促销诱惑。即使发现该品牌产品或服务存在某些缺陷也能谅解,不影响其购买行为。

9.4.4.2 客户忠诚的意义

随着买方市场的到来，顾客的选择性增多，企业间的竞争日益激烈，吸引并保持一定的客源，对于任何一个企业来说，都是企业发展所必需的，这就涉及客户忠诚问题。旅行社作为一个特殊的服务性企业，其典型的特征是顾客参与旅游产品的生产过程，且由于旅游产品的特殊性，顾客对旅行社产品的评价受到许多外部因素的影响，因此，旅行社更应重视顾客忠诚问题。

(1)节约开发客户成本，降低交易成本和服务成本　在竞争日益激烈的买方市场中，企业间为争取客户而展开的竞争逐渐趋于白热化，企业在争取新客户方面花费的成本非常高。开发新客户成本主要包括广告宣传费用、推销费用、促销费用和人力成本、时间成本、精力成本等，这些成本还有不断攀升的趋势。相比开发新客户，留住客户的成本要相对“便宜”很多，特别是对一些老客户，维系成本会更低，有时候定期回访或听取他们的抱怨就能奏效。由于忠诚客户比新客户更了解和信任企业，而且忠诚客户和企业建立了合作伙伴关系，交易的管理化也可以帮助企业大大降低交易成本。此外，由于较为熟悉老客户的预期和接受服务的方式，企业能更加顺利地为客户提供服务，降低其服务成本。

(2)稳定企业市场份额，扩大企业收益　客户忠诚特别是行为忠诚意味着企业拥有自己稳定的客户群，日常经营会相对稳定、牢靠。当企业拥有大批的忠诚客户时，无疑就拥有了稳定的市场份额，而且这些客户会持续购买企业的产品或服务，不断帮助企业扩大收益。

(3)降低企业经营风险，提高企业决策效率　研究表明，如果没有采取有效的措施，企业每年要流失10% ~30%的客户，这会增加企业外部经营环境的不确定性，导致经营风险相对提高。稳定的客户关系可以使企业不再疲于因客户不断改变所造成的需求变化，有利于企业集中资源为客户提供高质量产品和服务，降低其经营风险。忠诚客户更易于接近企业，能主动为企业提供改进产品或服务的意见，从而提高企业决策效率。

(4)提高企业美誉度，树立企业形象　忠诚客户是企业及其产品或服务的有力倡导者和宣传者，他们会主动地将自身对产品或服务的良好感觉介绍给周围的人，甚至积极鼓励其亲朋好友购买企业产品或服务，这不仅帮助企业树立了良好的企业形象，还极大地提高了企业的知名度和美誉度。就旅行社而言，一个旅游者从普通客户转化为忠诚客户，有助于旅行社传播口碑，增加旅行社的潜在客户群体，为旅行社树立良好的企业形象。

9.4.4.3 培养客户忠诚的策略

与客户建立长期的“忠诚”关系是企业取得竞争优势的不二法门，如何培养客户忠诚是众多企业苦苦思索的问题。为培养客户忠诚，旅行社可从以下几个方面入手。

(1)选择正确、恰当的顾客　现代营销理论强调顾客的重要性，顾客是旅行社经营的核心，但是不同的顾客对旅行社的价值是不一样的。营销学中有一条著名的二八定理，即企业80%的利润来自于其20%的顾客，而且不同的顾客给旅行社带来的利润也是不一样的。旅行社在进行市场细分，确定目标市场时，要把顾客能为旅行社创造的价值考虑进去，使有限的营销费用发挥更大的作用。培育顾客忠诚不是针对所有的顾客，而是针对那些愿意与旅行社建立并保持长久关系，能给旅行社带来长远利益，促成旅行社发展的顾客；针对那些含金量较高的顾客。过多地为那些只能给旅行社带来少量利润的顾客服务，会影响对为旅行社带来大量利润的少数顾客的服务。旅行社可以根据顾客的盈利能力把顾客分为高盈利顾客、低盈利顾客、保本盈利顾客及非盈利顾客，也可以按照旅游者的出游目的进行划分，总之，旅行社要根据自己的实际情况采用适当的方法来对顾客进行划分，确定自己的目标顾客。确定目标顾客后，旅行社要了解这些顾客的要求，并根据他们的要求来设计、组合产品，提供定制化的产品和服务，开展一对一营销，以满足顾客的要求，赢得顾客忠诚。

（2）顾客满意与提供优异的顾客价值　顾客满意是顾客忠诚的重要因素，顾客对企业的忠诚来源于使用产品后的满意感。另有许多研究表明企业为顾客提供的价值是顾客忠诚的最终驱动因素。顾客是否忠诚是由顾客认知（感知）的价值决定的，顾客认知的价值越大，顾客就越满意，而满意决定了态度和行为，最终导致顾客忠诚。因此旅行社在确定了自己的目标顾客后，要想办法为顾客提供优异的价值来吸引并留住顾客，让顾客满意，保持顾客的忠诚。顾客价值是由产品价值、品牌价值、成本等构成的，企业可以分别通过提升产品价值、品牌价值以及降低成本等手段来提高顾客价值。

1）提升产品价值：旅行社要根据顾客的需要来设计、组合产品，增强产品的内在价值，并根据顾客的需要不断改进。产品质量是建立顾客忠诚的根本保证，旅行社要注重提高其产品的质量，改变以往的标准化、普通化的大众旅游产品，开发专项和特种旅游项目，注重多种类型的产品开发，使产品结构合理化，拓宽旅行社发展渠道。旅游是一种经历、一种体验，旅行社提升产品价值，提高产品竞争力，要以提高旅游者的游览经历、游览体验的质量为主。

旅行社的产品是一种综合性产品，涉及旅游者游览过程中所需要的食、住、行、游、购、娱等活动的全部或部分行业、企业，而且由于旅行社产品涉及的行业与企业众多，使其产品更易受影响，质量也难以保证。很多情况下，旅游者会对由于交通、景点等造成的不满意追加到旅行社身上，使旅行社的形象受损。为了改变这种情况，旅行社可以开展关系营销、整合营销等，与其他旅游行业联手为旅游者提供高质量、一致的产品与服务，提高旅游者满意度，赢得其忠诚。

2）提升品牌价值：随着社会的发展，人们在购买产品和接受服务时，更加重视精神层面的满足。在这种情况下，品牌不再仅仅是旅行社的标志、形象，而是体验的提供者，需要触动人们的情感，打动人们的心灵。旅行社产品的无形性，使品牌成为旅游者选择旅行社的重要依据，因此，旅行社尤其要重视品牌效应，树立有竞争优势的品牌。

品牌经营是一项复杂的系统工程，涉及旅行社的各个部门，与旅行社的日常经营管理活动息息相关，需要各部门协调一致、全体员工共同努力。品牌经营包括品牌的定位、延伸、维护、创新等许多环节。旅行社要制订品牌经营计划；并有专人或部门对品牌的宣传、推广等负责；品牌要有文化内涵，融入企业文化之中，成为旅行社的代表和重要的竞争优势。而且提升品牌价值，赢得顾客对旅行社的忠诚，是解决旅行社由于员工跳槽而导致顾客流失问题的有效方法。

3）降低顾客成本：根据科特勒的观点，顾客是根据企业提供的顾客让渡价值来选择产品的。顾客让渡价值（customer delivered value）是指总顾客价值与总顾客成本之差。总顾客价值（total customer value）就是顾客从某一特定产品或服务中获得的一系列利益，它包括产品价值、服务价值、人员价值和形象价值等。顾客总成本（total customer cost）是指顾客为了购买一件产品或服务所耗费的时间、精神、体力以及所支付的货币资金等，顾客总成本包括货币成本、时间成本、精神成本和体力成本。无疑，顾客希望以最低的成本来获得相同或更高的顾客价值。旅行社可以充分利用网络等现代技术手段，来降低顾客成本，提高顾客让渡价值，赢得顾客忠诚。例如，美国运通实施 AEI Travel 网上预定系统，给顾客提供最低价格的产品，而且还能自动根据顾客的个人偏好，建议最适宜的航班、座位、饭店等，为商务旅行者提供了极大的便利和附加价值，使越来越多的人开始偏爱网上预定方式，从而使拥有的长期合作客户不断增多。

4）培育员工忠诚，提供优质服务：没有忠诚的员工，就没有顾客忠诚。对于员工与顾客高度接触的旅行社来说更是如此。现实中很多旅行社因员工流失而导致顾客流失，员工对旅行社的忠诚一定程度上可以减少由于员工流动而带来的顾客流失。旅行社培育员工忠诚可以从以下几方面入手：①形成合理的薪酬激励机制，减少员工流失；②明确员工的职业发展计划；③进行以顾客为导向的员工培训计划和创建以顾客忠诚为导向的工作氛围，为顾客提供优质服务；④从法律和道德两方面来约束员工的不正当跳槽行为，建立员工诚信体系。

5）服务补救：旅行社是一个顾客投诉率很高的行业，正确处理顾客投诉是把不满意顾客转变成满意顾客，保留顾客和提高顾客忠诚度的重要策略。据国外研究表明顾客投诉得不到重视，2/3 的顾客会投入其他企业的怀抱；而投诉得到解决，70% 的顾客会继续购买原来企业的产品，如果投诉得到了妥善、及时的解决，顾客保留率会提高到 95%。研究还发现，那些曾经遇到过销售或服务问题，但是得到满意解决的顾客比从未遇到任何问题的顾客更加忠诚，旅行社要正确对待、处理投诉，把它看作旅行社赢得顾客忠诚的一个机会，改变先前对投诉的抵触看法，做好服务补救，以赢得顾客忠诚。

旅行社对服务失败的补救应注重以下几方面：①及时处理顾客的投诉，减少顾客的损失和不满；②采取一些补偿措施，这是旅行社经常使用的方法；③建立专门的顾客投诉部门，对投诉进行分类与管理，以更好、尽快地处理投诉；④加强员工对投诉的重视，对员工授权，培训员工正确、快速地处理投诉。

9.4.5 挽回流失客户的策略

客户流失是指本企业的客户由于种种原因转而购买其他企业产品或服务的现象。在市场竞争日益激烈的今天，消费者不仅关注产品或服务的价格，他们更注重相应的产品或服务是否满足其需求，只有在产品满足其需求的情况下才会考虑其他因素，很多企业会因为产品性能不佳、服务态度较差等原因出现客户流失问题。研究表示，争取流失客户的回归比争取新客户容易得多，而且，流失客户被挽回后通常还会继续购买企业的产品和服务，甚至还会为企业介绍新的客户。因此，当出现客户流失现象时，企业不应该轻易放弃流失客户，而应该重视流失客户，最大限度地争取挽回流失客户。通常，旅行社可以采取以下策略来挽回流失客户。

9.4.5.1 调查原因，缓解不满

如果企业能及时了解客户流失的原因，就能获取大量珍贵信息，发现企业经营管理中

存在的问题,并采取必要的措施进行改进,进而避免其他客户的流失。因此,出现客户流失现象时,旅行社应在第一时间主动和流失客户取得联系,诚恳地表示歉意,并给予适当的补偿来缓解客户的不满。其次,旅行社应主动了解客户流失的原因,查明客户流失的关键问题所在,虚心听取客户的意见、看法和要求,让流失客户感受到旅行社的关怀。

9.4.5.2 解决问题,争取挽回

查明客户流失的原因以及关系破裂的症结所在后,旅行社需要有针对性地采取有效的解决措施来挽回流失客户。旅行社应根据客户流失原因的不同制定相应的解决策略,如面对价格敏感型客户的流失,旅行社需要参考竞争对手的定价策略,设定适合自身的新价格;面对喜新厌旧型客户的流失,旅行社需要在产品和服务方面进行创新,从而挽回流失客户。

【本章小结】

旅行社质量管理的内容包括,产品设计质量管理、旅游接待质量管理和环境质量管理。旅行社质量管理的方法可概括为“三全”管理,即全面质量管理、全过程质量管理和全员质量管理。ISO 9000 是现代质量管理和质量保证的结晶,是旅行社产品设计、营销和服务的要求,也是企业进行质量管理的基本要求。

售后服务是游客旅游活动结束之后,旅行社继续为游客提供的一系列服务。旅行社通过售后服务可以及时解决游客在旅游过程中可能遇到的问题,了解游客对旅游产品、旅游活动组织和接待服务的满意程度,从而不断提高旅行社的竞争力。游客投诉是对旅行社服务不满的表达方式,可为企业提供许多有益的信息。因此,正确处理顾客投诉,不仅有效化解游客的不满情绪,还可将顾客的不满转化为顾客满意,锁定他们对旅行社的忠诚,从而获得竞争优势。

企业要想能够在竞争日益激烈的今天得到生存、发展,就必须正确面对与客户之间的关系,客户是企业站稳脚跟的基础,更是企业得到发展的直接推动者,通过实行有效的客户关系管理手段,达到增强客户忠诚度以及获得经济效益的最终目的。

【重点概念】

质量管理 ISO 9000　售后服务旅游投诉　客户关系　顾客满意度　顾客忠诚度

【案例分析】

案例 9-1

加强质量管理 实现质量强企

——广州广之旅国际旅行社

广之旅国际旅行社股份有限公司成立于 1980 年,是华南地区规模最大、实力最强、美誉度最高的旅行社,是国内获得全国旅游业质量管理最高荣誉“中国用户满意鼎”的综合性强社,其成功经验值得同行借鉴学习。为实现质量强企,广之旅主要从以下几个方面

加强企业质量管理：

一、加强质量管理体系建设，走规范化管理道路

1. 引入 ISO 9001 国际标准，推进质量管理体系建设

为有效掌控企业服务产品的品质，广之旅于 2000 年引入 ISO 9001 质量体系认证，成为全国首批通过 ISO 9001 质量管理体系认证的股份制旅行社，ISO 9001 为公司质量管理体制建设提供了有力工具。同时，广之旅建立了以公司领导为首的质量管理与标准化领导小组，以质量管理部牵头、公司内部以各部门的质量经理与质量管理专员为主体，外部以聘请社会质量监督员为辅助的质量监管机制，通过标准化指标的推动与落实，切实转化成公司企业运营管理中具有可操作性的实施细则，促使广之旅从此走上加强自律、规范管理之路。

2. 建立严格的资源供应商准入与评核机制

在旅游服务产品的食、住、行、游、购、娱六大资源要素中，最关键的一环就是采购控制，为此，广之旅建立了系统、高效、严格的供应商准入机制和年度评核机制，制定了《供应商使用管理办法》制度文件和《服务供方的评价与选用》企业标准，对包括地接社、导游、旅游酒店、餐饮、旅游景区、旅游交通以及其他资源等旅行团运作需获取的旅游供方资源，广之旅定时按照供应商的资质实力、服务水平、履约能力以及对工作配合度等指标，对供应商进行考评和淘汰。通过有据可依、奖惩分明的供应商准入机制和评核机制，广之旅不仅保证了旅游接待服务质量的稳定，还促进了上游服务供应商的服务与产品的进步与创新。

二、推进标准化体系建设，促进企业可持续健康发展

广之旅在 ISO 9001 质量管理体系的基础上，构建了由服务通用基础标准体系、服务保障标准体系和服务提供标准体系组成的“广之旅企业标准体系”。同时，为确保企业标准体系的有效运行，广之旅建立了标准体系运行的有效监督检查机制，每月进行不少于 4 次督导检查，对不符合之处及时提出了整改意见并落实整改。此外，广之旅每年都会进行企业标准体系运行的自我评估。

三、积极结合供给侧改革，推动旅游服务业转型升级

1. 导入卓越管理模式，实现质量管理全覆盖

为贯彻岭南集团管理理念，进一步提升广之旅的整体运营绩效，广之旅于 2012 年初正式导入卓越绩效管理模式，对公司经营管理流程改良与优化，在企业文化理念弘扬、战略逐级分解、转型升级系统的构建、标准化引领服务规范、品牌推广、客户与市场的精准营销、新产品研发以及人力资源绩效管理等方面获得了较大的提升。同时，广之旅根据公司运营的实际情况，逐一沿引《卓越绩效评价准则》国家标准涉及的领导、战略、顾客与市场、资源、过程管理、测量分析与改进的六大方面要求，全面推动公司的创新成果有效实施。通过涵盖采购共享、整合营销、社交网络管理、会员管理、产品管理、渠道管理的全面信息化转型，实现全开放生态化，全流程信息化，全产品个性化。广之旅严格按照卓越绩效模式的管理理念，结合旅游管理系统全面转型升级步伐，在巩固已有成绩的基础上锐意改进与创新，成功推进卓越绩效管理模式与质量管理体系的全面实施。

2. 持续品质建设，打造广之旅金质品牌。

品牌建设的核心是质量。广之旅深知没有出色的品质服务,品牌就会成为无根之树,难以长青,因此在20多年的发展历程中,广之旅首创“质量保证金”,首创面向旅游消费者开展“十万元买意见”活动,并先后实行了“文明服务承诺制”“明明白白消费”“百日无投诉”“五心服务”等措施,评选及重奖“金牌导游”“顶级金牌导游”,重金招聘“国宾导游”等一系列主题活动,成功打造了“广之旅品牌”。在此之后,广之旅根据行业特点和市场细分,实施多品牌战略,着力打造系列子品牌。为充分满足游客个性化的出游需求,广之旅陆续推出如自游通、侣程、智趣营、广之旅驾期、臻逸、易起行等子品牌和相关产品。

四、积极拥抱智慧旅游,以信息技术手段打造旅游金品质

广之旅打造的易起行ECWALK智慧旅游服务平台,是首个传统旅行社较早打造的开放的智慧旅游服务平台。致力于高效整合广之旅、全球供应商和消费者等多方资源,借助信息技术打造B2B2C的平台生态,覆盖全渠道旅游产品,助力旅行社线上线下融合发展。不同于一般B2C电商平台,“易起行”B2B、B2C平台既可以面向供应商开放,提高与供应商的对接效率,上线更多丰富而有竞争力的产品,又能够为游客提供便捷的线上服务,优化客户体验。

案例思考题:

1. 结合案例讨论旅行社引入ISO 9001国际标准的意义。
2. 广之旅质量管理给中国旅行社行业带来了哪些启示?

案例9-2

压缩行程、强迫购物,消费者维权讨公道

2018年6月初,M市某退休人员李先生夫妻二人报名参加由当地颇负名望的S国际旅行社组织的“欧洲四国德法意瑞经典10日游”旅游团。S旅行社承诺该团为“纯玩团”,即无自费、无小费、无购物的“三无团”,绝不强迫游客参加任何自费项目,也不安排过多的购物活动。李先生觉得S旅行社是一家名声较好的企业,一直拥有较好的口碑,就与该旅行社签订了旅游合同,并缴纳了25 000元的旅游费用。

6月5号一早,李先生随同妻子二人和其他30人一起乘坐飞起前往罗马,S旅行社派遣导游员王某作为全程陪同随同前往。当天晚上,一行人抵达菲乌米奇诺机场,在候机厅里,当地Q旅行社委派导游员赵某作为该团的地方陪同迎接大家。

经过一番寒暄,赵某把旅游团送到酒店,并约定第二天早餐后出发到梵蒂冈博物馆参观游览。抵达饭店,李先生发现酒店基础设施齐全,但和旅行社宣传的酒店标准相差甚远,对此李先生向赵某询问情况,赵某只回应称这是组团社定的标准,他们无权选择入住酒店标准,李先生只好作罢。

第二天前往博物馆的路上,地陪赵某一边蜻蜓点水式地介绍日程上规定的旅游景点,一边不遗余力地推荐当地的自费景点,鼓动游客们前往参观。而且,每到一处旅游景点,赵某都会安排游客先去免税店购物,其次才是去景点参观。当有游客购买商品很少或不买商品时,赵某对其不时冷嘲热讽,说好的“纯玩团”变成了“购物团”,众人十分不悦。

旅行中购物时间增多的后果是景点的参观时间被大大削减,许多景点的参观时间根

本达不到行程单约定的时间，一些比较重要的景点如法国巴黎铁塔、瑞士琉森湖和楚格小镇等也因为时间问题被遗漏。德国新天鹅堡景点本应在观景台近距离观赏，结果赵某只带游客在山下公路边远远地眺望天鹅堡的一丛白点。其中，法国巴黎铁塔是法国旅游的必去景点，也是夫妻二人最想去的游览景点，也因为时间问题没能如愿前往，妻子对此次欧洲之旅非常不满。

回到 M 市，李先生向 S 旅行社反应情况并要求给予一定的赔偿。S 旅行社管理人员答应协助调查，并尽快给予回复，但调查却迟迟未果。因为 Q 旅行社是第三方供应商，不直接对游客负责，所有投诉都要通过 S 旅行社转达，维权过程十分烦琐。为此，李先生多次前往 S 旅行社说明情况，希望尽快解决此事。最终，经过近 5 个月的维权，李先生夫妇获得了 S 旅行社的 7 000 元赔偿，而 Q 旅行社并未承担任何责任。

案例思考题：

1. 为什么导游服务接待质量对旅行社服务质量有着举足轻重的影响？
2. 旅行社如何减少游客针对旅游供应商服务质量问题进行的投诉？
3. 旅行社应怎样管理导游带团中的不当行为？

案例思考题：

1. 旅行社为什么要重视售后服务？
2. 旅行社如何为顾客提供更优质的售后服务？

思考题

1. 何谓旅行社质量管理？旅行社质量管理的内容有哪些？
2. 联系实际分析旅行社质量管理的方法。
3. 什么是 ISO 9000？旅行社采用 ISO 9000 的意义何在？
4. 何谓旅行社售后服务？旅行社售后服务有哪些形式？
5. 售后服务在旅行社保持和开拓客源市场方面有哪些意义？
6. 旅游投诉产生的主要原因有哪些？旅行社如何正确处理游客的投诉？
7. 什么是旅行社客户关系管理？
8. 如何有效提高顾客满意度和顾客忠诚度？

高等教育旅游管理专业“十三五”规划教材

10 旅行社财务管理

学习目标→

通过本章的学习，了解旅行社的资产构成及其特点；资金筹集与投资；熟悉并掌握旅行社成本费用的构成和管理以及旅行社营业收入的管理；掌握旅行社的结算管理；掌握旅行社财务管理的基本思路和方法，并能运用财务报表分析旅行社财务状况及经营情况。

学习难点→

旅行社财务管理目标、筹资与投资、旅行社资产构成、成本费用管理、营业收入管理、财务分析

10.1 旅行社财务管理的任务与方法

旅行社以营利为目的，是为人们旅行提供服务的独立核算的经济组织。作为经济组织，其各项经济活动都必须围绕所有者权益最大化的目标进行。随着我国旅游业的不断发展，旅行社企业规模的扩大，旅游市场竞争日益激烈，财务活动越来越成为旅行社经营管理中的一项重要内容。

10.1.1 旅行社财务管理的任务

旅行社作为独立经营、自负盈亏的经济实体，要在激烈的市场竞争中生存和发展，就必须不断强化各个方面的管理工作。财务管理的任务是以提高经济效益为目标，结合旅行社经营特点，围绕企业经营目标，保证旅行社在经济活动中顺利取得所需资金，制定科学的财务策略，实行财务监督和控制，从而确保企业经营目标的实现。具体来说，旅行社财务管理的任务主要有以下几个方面：

10.1.1.1 制定与企业战略目标配套的财务策略

具体要做的工作有，根据旅行社自身的规模、接待能力等客观需要，

对资金运作进行整体规划，选择适合旅行社业务特征的会计方针，建立和完善企业内部控制制度，协调内部财务关系。

10.1.1.2　**加强资金管理，提高利用水平**

旅行社应根据本企业的业务量，制定资金预算，选择筹资方案，比较和分析资金成本和结构，评价筹资风险，提高资金利用率。另外还要根据本企业资产分布特征，分析和评价投资方案为企业提供科学的决策依据，从而有效配置企业长期和短期资金。

10.1.1.3　**加强资金协调与监督**

完善会计核算制度和财务监督控制制度，建立相关的财务管理规范和标准，确立有效的财务管理模式、制定利润分配政策和企业发展规划，安排现金流量，协调企业财务关系。

10.1.2　旅行社财务管理的目标

财务管理目标又称理财目标，是指企业进行财务活动所要达到的根本目的，它决定着企业财务管理的基本方向。财务管理目标是企业经营目标在财务上的集中和概括，是企业一切理财活动的出发点和归宿。企业应根据自身的实际情况和市场经济体制对企业财务管理的要求，科学合理地选择、确定财务管理目标。根据现代企业管理理论和实践，最具有代表性的财务管理目标主要有以下几种形式。

10.1.2.1　**利润最大化**

利润最大化是西方微观经济学的理论基础，以利润最大化来分析和评价企业经营业绩，反映了旅行社某一时期的经营活动成果。利润不仅是衡量旅行社对国家贡献的尺度，也是与企业职工经济利益挂钩的依据。旅行社制定了这一理财目标，就应加强经营管理，了解市场需求，为旅游者提供优质的产品和服务，采用先进管理技术，扩大生产规模，降低经营成本，提高经济效益。此目标在长期的实践中已暴露出其不足，如没有考虑资金时间价值、风险因素等。因此，可能导致企业短期行为，影响企业长远发展。

10.1.2.2　**股东财富最大化**

股东财富最大化是指旅行社财务管理以实现股东财富最大为目标。在股份公司中，股东财富由股东所持有的股票数和股票的市场价格来决定，在持股数量一定的情况下，股票价格越高，股东财富就越大。股票价格，代表投资大众对企业价值的客观评价。股东财富最大化与利润最大化相比考虑了风险因素，在一定程度上克服了企业的短期行为，但是股东财富最大化只强调股东的利益，而忽视了与企业利益有关系的个人和群体，挫伤了经营者和企业员工的积极性，不利于企业的可持续发展。

10.1.2.3　**企业价值最大化**

企业价值最大化目标是指旅行社通过最优财务政策，在充分考虑资金的时间价值和风险与报酬的关系，在保证企业长期稳定发展的基础上，使企业总价值达到最大。在股份公司中，企业的总价值可以用股票市场价值总额来代表。如果公司的股票市场价格高，说明企业实现了价值最大化目标。旅行社以企业价值最大化作为财务管理的目标，将旅行社长期稳定发展、持续的获利能力放在首位，并且又充分考虑了企业的其他利益相关者正常需要，因此，被认为是一个较为合理的财务管理目标。

10.1.3 旅行社财务管理的原则

旅行社财务管理的原则是旅行社财务管理工作必须遵守的组织财务活动、处理财务关系的准则。它既是国家经济管理要求所规定的,反映国家财经政策的外在要求,同时它也是从旅行社企业财务管理的实践经验中总结出来的、体现旅行社理财活动规律的行为规范,是对旅行社财务管理的基本要求。

10.1.3.1 收支平衡原则

旅行社财务管理的收支平衡原则是要求企业资金收支在数量和时间上必须保持动态平衡。在财会管理中,企业的资金占用就等于资金来源,总资产就等于负债加所有者权益。这种比如相等的数量关系反映了资金的静态平衡关系。由于财务管理重视资金的时间价值,必然还要追求资金在数量上的平衡关系体现在整个生产经营过程中,即在每一个时间点上也要保持资金数量上平衡,是旅行社资金循环进行的条件。这就要求旅行社资金收支达到动态的平衡,只有这样,才能更好地实现旅行社财务管理的目标。

10.1.3.2 比例性原则

旅行社财务管理的比例性原则是指除了对资金的绝对量进行管理外,还要观测和调节相关财务比例,使企业的各项资源达到最优化的结构比例关系。旅行社财务管理中有大量的比例关系,各种比例关系都有一个公认的比较合理的标准。只有不断调整财务比例关系,才能理顺旅行社资金循环,协调资金运动所反映的财务关系。

10.1.3.3 预见性原则

旅行社财务管理的预见性原则是指企业通过调查研究,并根据所掌握各种信息,运用科学方法,对旅行社未来财务收支和财务成果变化趋势进行分析预测。加强旅行社财务管理的预见性,是编制财务预算的基础,也是为企业经营活动提供决策依据的需要。

10.1.3.4 优化原则

旅行社财务管理的优化原则要求不断分析比较和选择,使旅行社财务成果和财务状况保持最佳。优化管理包括选择方案最优、总量最优和比例关系最优。旅行社财务管理的过程就是不断优化的过程。

10.1.3.5 国际惯例原则

旅行社财务管理的国际惯例原则要求旅行社在实际操作中,在遵守我国现行财务法规的前提下,遵守国际惯例的要求。旅行社业务的特点决定其具有较强的涉外性,随着我国旅游市场全面对外开放,旅行社要走向世界,参与国际市场竞争,因此,旅行社必须参照国际公认的会计准则和国际惯例进行财务管理活动,才有利于旅行社参与国际竞争与合作。

10.1.4 旅行社财务管理的方法

旅行社财务管理的方法是指企业为了实现财务目标,完成财务管理的任务和执行财务管理原则,在进行财务管理时采用的各种手段。财务管理的方法主要有财务预测、财务计划与预算、财务决策与控制、财务分析与考核。

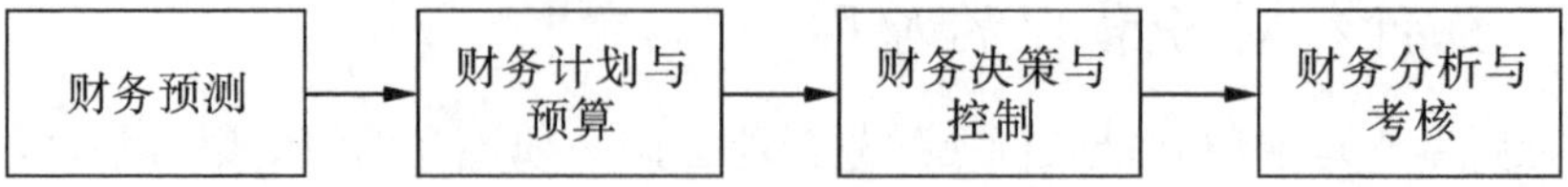

图 10-1　财务管理的方法

10.1.4.1　**财务预测**

财务预测是根据企业财务活动的历史资料,考虑企业目前的条件和预期的要求,采用科学的方法对旅行社未来的财务活动和财务成果进行的预计和测算。其主要任务是:测算各项生产经营方案的经济效益,为决策提供可靠的依据,预计财务收支的发展变化情况,以确定经营目标,测定各项定额和标准,为编制计划,分解计划指标服务。财务预测的主要内容有资金预测,即对旅行社资金需要量预测、资金市场预测和投资效益进行预测;成本费用预测包括营业成本预测、营业费用预测、管理费用预测和财务费用预测;价格与销售收入预测,是对旅游产品价格趋势预测,营业收入预测和对外投资收益预测;利润预测是对企业营业利润预测和利润总额预测。

旅行社财务预测的过程:①明确预测的对象和目的;②收集和整理所需要的信息;③选择具体预测方法,在此基础上确定最佳方案。若旅行社缺乏完备、准确的历史资料的情况下,可采用专家预测和集合意见等进行预测。旅行社也可采用定量预测法即根据变量之间存在的数量关系,借助一定的数学方法,对未来的财务状况和发展趋势进行预测。具体方法有时间序列预测法、因果分析法等。

10.1.4.2　**财务计划与预算**

财务计划是在一定的计划时期内,以货币形式反映旅游企业生产经营活动所需要的资金及其来源、财务收支、财务成果及其分配的计划。财务计划是以财务预算提供的信息和财务决策确定的方案为基础来编制的,是财务预测和决策的具体化,是旅行社财务控制的依据。财务计划制订和编制:①根据财务决策的要求分析旅行社主观和客观条件,全面安排计划指标;②对旅行社财务活动的需要与可能进行协调,实现综合平衡,制定增收节支措施;③调整各种指标,编制财务计划,编写财务说明书。具体采用的方法:一是固定预算法,它是企业按照计划期内固定单一的业务量,不考虑预算期内生产经营活动可能发生的变化编制预算的方法;二是变动预算法,是指企业经营活动水平经常变化,按照财务指标与业务量之间的数量关系确定预算的一种方法。

财务预算是集中反映未来一定期间(预算年度)现金收支、经营成果和财务状况的预算。财务预算的内容一般包括现金预算、预计利润表、预计资产负债表和预计现金流量表等内容。其中,现金预算反映企业在预算期内,由于生产经营和投资活动所引起的现金收入、现金支出和现金余缺情况;预计利润表反映企业在预算期内的经营业绩,即销售收入、变动成本、固定成本和税后净收益等构成情况;预计资产负债表是反映预算期末企业财务状况的预算;预计现金流量表是从现金流入和流出两个方面反映企业经营活动、投资活动和筹资活动所产生的现金流量的预算。

10.1.4.3　**财务决策与控制**

财务决策是对财务方案进行比较选择,并做出决定。财务决策的目的在于确定合理可行的财务方案。在财务管理中,财务方案有投资方案、筹资方案,还有包含投资和筹资的综合方案。财务决策的工作程序:①根据财务预测信息确定决策目标;②拟订若干方案;③拟订评价标准,权衡分析和评价各种方案;④选择最佳方案。财务决策具体采用的方法有优选对比法,它是根据经济效益好坏为标准,将每一种方案进行排列对比择优决测的方法;数学微分法,是以收益期望值的最大值或支出期望值的最小值为标准,运用决测数为手段,将决策方案、概率、结果等因素集为一树,计算与比较各种方案的期望值,进行风险决策,选择最优方案的一种方法。

财务控制是以财务预算指标和定额为依据,按照一定的程序和方法,对企业各项财务活动进行计算和审核,找出差异,采取措施,以保证旅行社财务预算实现的全过程。财务控制是企业财务管理的关键环节,是确保企业财务活动朝着有利于提高财务成果、优化企业整体资源综合配置的根本保证,所以财务控制服务于企业的财务管理目标。

10.1.4.4 财务分析与考核

财务分析与考核是旅行社财务部门以会计核算资料为依据,运用特定的技术和方法,对企业财务活动过程和结果进行分析对比与评价的管理过程。通过财务分析,可以掌握各项财务指标完成情况,评价财务状况,从而掌握旅行社财务活动的规律,为改善企业财务预测、决策、计划和控制提供依据。财务分析的方法通常有比较分析法、比率分析法和因素分析法。

财务考核是指将报告期实际完成数与规定的考核指标进行对比,确定有关责任单位和个人完成任务的过程。财务考核与奖惩紧密联系,是贯彻责任制原则的要求,也是构建激励与约束机制的关键环节。财务考核的形式多种多样,可以用绝对指标、相对指标、完成百分比考核等。

10.2 旅行社筹资与投资管理

10.2.1 旅行社资金筹集

筹集资金是旅行社从事经营活动的前提条件。旅行社开展经营活动必须有足够的资金支持,无论是设立新企业还是改造老企业,不论是开发新产品还是改造生产技术,都需要大量的资金。在市场经济体制下,企业之间的竞争日趋激烈,不仅存在有产品产量、产品质量、销售价格等方面的竞争,并且,在资金的来源方面也存在着激烈的竞争,如果企业不善于做好自主筹资工作,就无法保证旅行社业务经营活动发展对资金的需求。

旅行社筹集资金,就是企业根据其业务对经营、投资和调整资本结构的需要,通过一定的渠道和资金市场向企业外部有关单位、个人以及从旅行社内部筹集资金的一种财务活动。旅行社筹集资金多采用以下渠道和方式:

10.2.1.1 吸收直接投资

吸收直接投资是指企业以协议等形式吸收国家、法人、个人和外商等直接投入资金,形成企业资本金的一种筹资方式。按照投资主体的不同,吸收直接投资可分为国家资本金,即国家直接投资企业;法人资本金即企业、事业单位等法人的直接投资;个人资本金即企业内部职工和城乡居民的直接投资;外商资本金即外国投资者及我国港、澳、台地区投资者的直接投资。吸收直接投资,主要适用于非股份制企业筹集股权资本。

10.2.1.2 **发行股票**

股份制企业是以发行股票来筹集资本金的。发行股票是旅行社筹资的有效方式,通过发行股票,可以把社会上零散闲置资金纳入旅行社资金领域,扩大企业资金的来源;同时,股票筹资还具有无固定股利负担、筹资风险小等特点。

10.2.1.3 **负债筹资**

企业负债是指企业所承担的能以货币计量、需以资产或劳务偿付的债务,是企业筹集资金的另一主要渠道。企业在决定举债前,必须在风险和预期收益两者之间进行权衡,以做出正确的抉择。企业负债筹资主要采用的方式是:银行借款、发行债券、租赁筹资和商业信用。一般来讲,如果企业的赢利率高于借款利率,则企业通过借入资本,就可以为企业谋求更多的赢利;如果企业的赢利水平低于借款利率,那么企业借入资本越多,企业的赢利就越少,甚至可能导致企业亏损。因此,企业要正确运用负债经营,才能获取良好的经济效益。

旅行社的筹资方式与筹资渠道有着密切的关系。同一渠道的资金往往可以采用不同的方式取得,而同一筹资方式又往往适用于不同的筹资渠道。因此,旅行社在筹集资金时,应注意筹资方式与筹资渠道的合理配合。

10.2.2 旅行社投资管理

旅行社投资是指企业以资金、实物、无形资产折价等方式将资本投放于经济活动,以期望在未来获取收益的行为。在市场经济条件下,旅行社只有把筹集到的资金投放到收益高、回收快、风险小的项目上去,才能取得良好的经济效益。因此,投资管理是旅行社财务管理的重要内容。旅行社投资形式:

10.2.2.1 **直接投资与间接投资**

按投资活动与企业本身的生产经营活动的关系,企业投资可分为直接投资与间接投资。直接投资是指把资金投放于生产经营性资产,以便获取利润的投资。作为服务性行业的旅行社,直接投资所占比重很大。旅行社直接投资的对象主要是本企业的项目,如固定资产、无形资产、流动资产等。间接投资又称证券投资,是指把资金投放于证券等金融资产,以便取得股利或利息收入投资。

10.2.2.2 **短期投资与长期投资**

按投资时间的长短可分为长期投资与短期投资。短期投资是指能够随时变现的、投资时间不超过一年的投资。短期投资主要利用债券和股票等有价证券进行投资,具有投资风险小、变现能力强、收益率低等特点。旅行社为满足旅游旺季的临时性、季节性资金需要对短期有价证券等的投资,长期有价证券如能随时变现亦可用于短期投资。长期投资是指不准备随时变现、持有时间超过一年的有价证券投资及超过一年的其他投资。长期投资可以利用现金、实物、无形资产、有价证券等形式进行,具有投资风险大、变现能力差、收益率高等特点。主要有固定资产、无形资产和长期有价证券的投资。由于长期投资中固定资产占的比重大,所以,长期投资有时专指固定资产投资。

10.2.2.3 **对内投资和对外投资**

按投资活动资金投出的方向,投资可分为对内投资和对外投资。对内投资是指把资金投在企业内部,购置各种生产经营所需要的经营性资产。对外投资,是指向本企业以外的其他单位的资金投放。旅行社以现金、实物、无形资产等形式或者以购买股票、债券等有价证券、联合经营等形式向本公司外部其他单位的投资。

10.3 旅行社资产管理

资产管理是旅行社财务管理的重要内容,资产是指企业拥有或控制的、能以货币计量的经济资源,包括各种财产和债权。资产是资金的外在表现形态,资产分为流动资产、长期投资、固定资产、无形资产、递延资产和其他资产。由于旅行社业务的特点以及所经营的产品的特点,使得旅行社各种资产所占的比重与其他旅游企业相差甚远,具有一定的特殊性。因此,旅行社资产管理的方式和重点也不同于其他旅游企业。就目前情况来看,我国多数旅行社资产管理的重点主要为流动资产管理和固定资产管理。

随着旅游业的发展,旅行社企业规模的扩大,科学技术在其经营活动中的广泛应用,旅行社各种资产的比重将有所变化。

10.3.1 旅行社流动资产管理

旅行社流动资产是指可以在1年以内或超过1年的一个营业周期内变现或运用的资产。流动资产具有占用时间短、周转快、易变现等特点。流动资产包括货币资金、生息资产、债权资产、存货等。同其他企业相比,旅行社流动资产在其总资产中所占的比例很高,因此,控制流动资产的规模和内部构成比例、加速流动资产周转是旅行社财务管理的重要内容。

10.3.1.1 **货币资金管理**

货币资金是旅行社流动性最强的资产,它包括库存现金、银行存款和其他货币资金。旅行社拥有货币资金的目的是为满足旅行社日常现金支付的需要和应付意外事项对现金的需要,并便于在从事投机活动中获得收益。现金管理就是对现金的收、付、存等各环节进行的管理。旅行社作为中介组织具有交易次数多和交易伙伴多的特点,使得现金收支很频繁。因此,加强现金管理,对降低或避免企业经营风险与财务风险,增强资金流动性,提高现金使用效率具有十分重要的意义。旅行社对货币资金管理主要采取以下措施:

(1)加速收款　为提高现金的使用效率,加速现金周转,旅行社应尽量加速收款,即旅行社在不影响未来销售的情况下,尽可能地加快现金的收回。旅行社加速收款的任务,一是尽量使客户早付款,二是要及时收款。为吸引客户尽早付款,旅行社应制定妥善的收款政策。

(2)控制现金支出　旅行社在收款时,希望加快收款速度,从而可以更早地使用资金,而在现金支出管理时,则应在不损害其信用地位的前提下,尽量推迟现金支出的时间,充分利用现有的资金。

1)使用现金浮游量。现金浮游量是指由于旅行社提高收款效率和延长付款时间所产生的企业账户上的现金余额和银行账户上的企业存款余额之间的差额。旅行社应合理预测现金浮游量,有效利用时间差,提高现金的使用效率。充分利用浮游量是西方企业广泛采用的一种提高现金利用效率、节约现金支出总量的有效手段。

2)控制支出时间。为了最大限度地利用现金,合理地控制现金支出的时间是十分必要的。这主要表现在支付有现金折扣的款项上,旅行社应最大限度地利用现金而又不丧失现金折扣。

(3)加强现金收支控制。旅行社应建立健全现金收支的内部控制制度,防止出现不合理的现金支出或现金挪用。实行内部牵制制度,即管钱的不管物,管账的不管钱,使出纳人员和会计人员互相牵制,互相监督;库存现金收支做到日清月结;按照国家《现金管理暂行条例》和《银行结算办法》的有关规定进行现金收支活动。

10.3.1.2　应收账款管理

应收账款是由企业赊销产品或劳务而形成的款项。激烈的市场竞争迫使旅行社以各种手段扩大销售,增强竞争力,获得利润。对价格、质量和服务相同的同类产品来说,采用赊销的方式能有效扩大销售额,致使旅行社在按旅游接待计划要求为旅游者提供服务之后,还需等待一段时间才能收回账款,这样就在一定程度上占用企业的经营资金。因此,旅行社必须确定一个合理的应收账款管理水平,使之在不影响企业资金正常周转的情况下,为企业增加销售收入服务。旅行社对应收账款的管理主要采取以下措施:

(1)制定和执行正确的应收账款政策　应收账款政策又称信用政策,是旅行社财务政策的一个重要组成部分。应收账款管理的状况取决于旅行社制定的应收账款的信用政策,信用政策主要包括信用标准、信用条件和收账政策:

1)信用标准。信用标准是指客户获得旅行社的商业信用所必须具备的条件。通常以预期的坏账损失率作为判别标准。如果旅行社的信用标准要求较高,可能会降低坏账损失和应收账款的机会成本,但是不利于旅行社市场占有量的扩大;如果旅行社的信用标准要求较为宽松,虽然增加了产品的销售量,但也会相应增加坏账损失和应收账款的机会成本。因此,旅行社可根据5C评价法,即资本、品行、能力、抵押和条件五种因素,对客户进行信用标准的权衡。5C评价法只是对客户信用状况进行的定性分析,为决定是否提供信用提供初步的根据;旅行社还需在此基础上收集、整理客户有关资料,对客户的信用状况进行定量分析,为评判信用风险提供依据。旅行社采用5C评价法需在应收账款的日常管理中认真收集、整理有关资料,为评判信用风险提供依据。

2)信用条件。信用条件是指旅行社要求顾客支付赊销款项的条件,由信用期件、折扣期限和现金折扣三个要素组成。信用期间是旅行社为顾客规定的最长付款时间;折扣期限是为顾客规定的可享受现金折扣的付款时间;现金折扣是在顾客提前付款时给予的优惠。

3)收账政策。收账政策是指信用条件被违反时,旅行社采取的收账策略。旅行社如果采用较积极的收账政策,可能会减少应收账款投资,减少坏账损失,但要增加成本;如果采用较消极的收账政策,则可能会增加应收账款投资,增加坏账损失,但会减少收账费用。一般来说,收账费用支出越多,坏账损失越少,但这两者并不一定存在线性关系。

(2)选择适当的结算方式　旅行社的结算方式将直接影响旅行社应收款项的回收速

度和回收安全。因此,旅行社必须慎重选择结算方式。

(3)做好应收账款的催收工作　应收账款催收工作是旅行社财务管理中一项重要的工作。旅行社应设专职人员负责应收账款的催收工作。为控制应收账款的膨胀,旅行社应定期编制应收账款账龄分析表,列出欠款单位和欠款时间,并将欠款明细清单寄往相关旅行社进行核对确认。对欠款数额大、信誉差的单位,旅行社应派人上门催收。为调动财务人员和销售人员催收应收款的积极性,旅行社可以将应收款催收工作效果与岗位责任制联系起来,同时与奖惩制度挂钩。

10.3.1.3　存货管理

存货是指企业在生产经营过程中为销售或耗用而储备的资产,如生产用的原材料、半成品、准备销售的产品等。旅行社是服务性企业,其存货是指为开展业务经营活动所必备的办公用品以及销售旅游产品时赠送给游客的物品。存货在旅行社业务中所占流动资产的比重虽然比其他旅游企业低得多,但加强旅行社存货管理仍然具有重要的意义。

10.3.2　旅行社固定资产管理

旅游企业固定资产是指企业为生产产品、提供劳务、出租或者经营管理而持有的、使用寿命超过一个会计年度的有形资产。按照相关规定,固定资产同时还要满足两个条件,才能予以确认:①与该固定资产有关的经济利益很可能流入企业;②该固定资产的成本能够可靠地计量。

旅行社与其他旅游企业相比,其固定资产相对较少。因此,旅行社对固定资产的管理,主要集中在固定资产的折旧和固定资产修理的核算。

10.3.2.1　旅行社固定资产的折旧

固定资产折旧指固定资产在使用过程中逐渐损耗而转移到商品或费用中去的那部分价值,也是旅行社在生产经营过程中由于使用固定资产而在其使用年限内分摊的固定资产耗费。确定固定资产的折旧范围是计提折旧的前提。根据现行制度规定,旅行社固定资产折旧计提的范围主要是房屋建筑物、在用的机器设备、运输车辆、季节性停用和修理的设备。可选用的折旧方法有年限平均法、工作量法、双倍余额递减法和年数总和法。固定资产的折旧方法一经确定,不得随意变更。

(1)年限平均法:年限平均法又称直线法,是指将固定资产的应记折旧额均衡地分摊到固定资产预计使用寿命内的一种方法。计算公式为:

$$年折旧率=(1-预计净残值率)\div预计使用寿命(年)\times100\%$$

$$月折旧率=年折旧率\div12$$

$$月折旧额=固定资产原价\times月折旧率$$

(2)工作量法:工作量法是一种以固定资产的具体使用时间或使用量为自变量,且与年限无绝对直接依存关系的折旧方法。这种折旧计提方法适用于汽车等固定资产。计算公式为:

$$单位工作量折旧额=固定资产原价\times(1-预计净残值率)/预计总工作量$$

$$某项固定资产月折旧额=项固定资产当月的工作量\times单位工作量折旧额$$

(3)双倍余额递减法:双倍余额递减法是指再不考虑固定资产预计净残值的情况下,

根据每期期初固定资产原价减去累计折旧后的余额的双倍的直线法折旧率计算固定资产折旧的一种方法。计算公式为：

年折旧率=2÷预计使用寿命(年)×100%

月折旧率=年折旧率÷12

月折旧额=固定资产账面净值×月折旧率

(4)年数总和法：年数总和法又称年限合计法，是将固定资产的原价减去预计净残值的余额乘以一个固定资产尚可使用寿命为分子、以预计使用寿命逐年数字之和为分母的逐年递减的分数计算每年的折旧额。计算公式为：

年折旧率=尚可使用年限÷预计使用寿命的年数总和×100%

月折旧率=年折旧率÷12

月折旧额=(固定资产原价-预计净残值)×月折旧率

10.3.2.2 固定资产的后续支出

固定资产的后续支出，是指固定资产在使用过程中发生的更新改造支出、修理费用等。为了维持固定资产的正常生产能力，充分发挥其使用效能，企业必须对固定资产进行日常维护和定期修理。旅行社将所发生的固定资产修理费用，记入当期管理费用或销售费用。管理部门发生的固定资产修理费用等支出计入管理费用；销售部门发生的固定资产修理费用等支出计入销售费用。对于处于修理、更新改造过程停止使用的固定资产，如果其修理、更新改造支出不满足固定资产的确认条件，在发生时也应直接计入当期损益。

10.4 旅行社成本费用管理

成本费用管理是旅行社财务管理的重要组成部分。成本费用是指旅行社在为旅游者提供旅游产品和劳务过程中发生的各种直接支出和耗费。成本费用是制定价格的基本依据，是反映旅行社经营管理水平的一项综合性指标。旅行社作为中介组织，其提供的产品主要来自于交通、饭店、餐饮游览点等相关的旅游服务部门，因此旅游者在购买产品时所付给旅行社的费用中，绝大部分又由旅行社转付给了相关的旅游服务部门。据资料统计，在旅行社的销售收入中用于支付各种成本与费用的款项占旅行社全部销售收入的80% ~ 90%。因此，通过加强成本费用管理，降低企业经营成本和生产经营耗费，提高企业经济效益。

10.4.1 旅行社成本费用的构成

按照成本发生的对象，旅行社的成本费用可以分为营业成本和期间费用两大部分。根据国家财会制度的规定，旅行社在经营过程中发生的各项直接支出，计入营业成本。期间费用则是旅行社为管理和组织经营管理活动及资金运作而发生的各项支出，包括营业成本、营业费用、管理费用、财务费用四部分。

10.4.1.1 营业成本

旅行社在组织接待旅游者进行游览过程中所发生的直接成本，计入营业成本。其内容包括各项代收代付费用，如房费、餐费、交通费、文娱费、行李托运费、票务费、陪同费、签订费、门票费、旅游发展附加费、旅游者人身保险费、机场费等。这些支出按旅行社为旅游者提供服务所发生支出项目的不同可分为以下几大类：

(1)组团外联成本　组团外联成本是指组团社自组外联并接待包价旅游团体或个人按规定开支的房费、餐费、综合服务费、国内城市间交通费、专业活动费等。

(2)综合服务成本　综合服务成本是指旅行社接待包价旅游团体或个人按规定开支的房费、餐费、旅游交通费、陪同费、文杂费和其他费用。

(3)零星服务成本　零星服务成本是指接待零星旅游者和委托代办事项按规定开支的委托费、手续费、导游费、车费、托运服务费及其他支出等。

(4)劳务成本　劳务成本是指非组团旅行社为组团旅行社派出的翻译导游人员参加全程陪同,按规定开支的各项费用。

(5)票务成本　票务成本是指各地旅行社代办国际联运客票和国内客票等按规定开支的各项手续费、退票手续费等。

(6)地游及加项成本　地游及加项成本是指各地旅行社接待的小包价旅游,或因游客要求增加游览项目而按规定开支的综合服务费、超公里费、游江游湖费、专业活动费、风味餐等。

(7)其他服务成本　是指不属于以上各项的其他服务成本。

10.4.1.2　营业费用

营业费用是指旅行社各营业部门在经营活动过程中发生的费用,主要包括运输费、装卸费、包装费、保管费、保险费、燃料费、展览费、广告宣传费、邮电费、水电费、差旅费、洗涤费、物料消耗费、折旧费、修理费、低值易耗品摊销、营业部门人员的工资、福利费、工作餐费、服装费和其他营业费用等。

10.4.1.3　管理费用

管理费用是指旅行社管理部门为组织和管理经营活动所发生的费用,以及由企业统一负担的费用,主要包括工资和福利费、折旧费、工会经费、业务招待费、土地使用税、房产税、车船使用税、印花税、技术转让费、无形资产摊销、职工教育经费、劳动保险费、待业保险费、研究开发费、坏账损失、存货盘亏和毁损、上级管理费以及其他管理费用等。

10.4.1.4　财务费用

财务费用是指旅行社在经营期间为筹集所需资金等而发生的费用,主要包括利息净支出、汇兑净损失、金融机构手续费、加息及筹资发生的其他费用等。

10.4.2　成本费用核算

根据旅行社的经营规模和范围的不同,旅行社成本费用的核算可以分别实行单团核算和部门批量核算。

10.4.2.1　单团核算

单团核算是旅行社按接待的每一个旅游团(者)为核算对象进行独立的财务记录和分析。单团核算缩小了核算单位,成本计算精确到每个旅游团队,有利于准确掌握每个团队的具体收支情况,有利于成本的管理。由于其工作量较大,一般适用于工作量较小的旅行社。

10.4.2.2　**部门批量核算**

这种核算方式，是以旅行社的业务部门为核算单位，以业务部门在规定期限内接待的旅游团（者）的批量为核算对象进行经营盈亏的核算。按部门批量核算有利于考核各业务部门完成经济任务指标的情况。它能从不同侧面反映旅行社的经营状况，为开拓市场、改善经营管理提供依据。部门核算法工作量较小，但不利于单位成本的考核和横向比较。

10.4.2.3　**等级核算**

等级核算是按照接待的旅游团（者）不同等级进行经营盈亏的核算，如豪华等、标准等、经济等。等级核算可以提供不同等级的旅游团的盈亏状况。等级核算法工作量比单团核算法小，但不能直接揭示成本升降的原因。

10.4.3　旅行社成本费用控制

成本费用控制是旅行社在其经营过程中，按照既定的成本目标，对成本费用形成过程的每一项具体活动进行严格的计算、限制和监督，从而把各项成本费用限制在预定的目标范围之内的财务管理方法。旅行社运用这种方法，对产品设计、产品开发、旅游服务采购、产品销售与促销和旅游接待等方面的成本和费用的形成过程进行全面监督和分析，及时纠正实际成本费用与预算之间的偏差，使经营成本控制在预定目标范围内，保证旅行社利润目标的实现。

10.4.3.1　**制定成本费用标准**

旅行社管理者应根据本企业的实际情况和经营目标，参照其他旅行社的费用水平，制定出本旅行社的成本费用标准。这是旅行社成本费用控制的首要步骤。旅行社制定成本费用标准的方法主要有预算法、定额法和分解法。

10.4.3.2　**加强日常控制**

旅行社成本费用的日常控制主要包括建立成本控制系统、实行责任成本和进行重点控制三项措施，通过这些措施对旅行社经营管理的成本费用实行全过程、全面和全员的控制。

旅行社的成本控制系统应包括：成本指标、标准、定额等输入系统；核算、控制、反馈系统；分析预测系统。这三个系统构成一个整体可以发挥提供、传递与反馈信息的作用，是旅行社成本控制的有效手段。实行责任成本制度，旅行社把负有成本责任的部门作为成本责任中心，把经济责任落实到企业内部各个部门，并使部门的全体员工共同参与成本控制管理，使其对可控成本负完全责任。进行重点控制，旅行社应对占成本比重较大的部门或岗位、成本降低目标较大的部门和实现目标成本难度较大的部门或岗位实施重点控制，以降低成本费用，提高经济效益。

10.4.3.3　**检查与考核**

旅行社管理者应定期或不定期对各部门的财务工作进行检查与考核。其工作主要包括检查成本计划的完成情况；查找分析产生成本差异的原因；对各部门和个人在完成成本计划过程中的绩效给予相应的奖励或惩罚；总结经验为修订标准和降低经营成本提供信息。

旅行社的成本费用控制是企业财务管理的重要环节，是落实成本费用控制目标、实现成本费用计划的有力保证。此项工作对旅行社的经营效果影响很大,所以旅行社应采用科学有效的成本控制手段。

10.4.4 旅行社成本费用管理的方法

10.4.4.1 树立全员理财的观念

旅行社成本费用的形成与旅行社各个业务环节以及旅行社全体员工有着密切关系,因此,旅行社必须树立全员理财的观念,把降低成本任务的指标和要求在旅行社内部横向、纵向层层下达到部门、科室、员工,实现以部门经理或责任人为中心的全员理财。

10.4.4.2 实行全过程监督和管理

旅行社成本费用管理应贯穿于企业经营活动的全过程。从旅游产品的设计、旅游服务采购、旅游接待计划、旅游接待服务,旅行社售后服务等一系列工作,都应充分考虑成本费用的因素,并对此进行全过程监督和管理。

10.4.4.3 建立财务稽核制度

建立健全财务稽核制度,旅行社应定期对每一次的报销及相应的原始记录进行检查,以达到查错防弊的目的,对成本的发生起到控制的作用。另外,还要建立上下级之间的稽查制度。

10.5 旅行社营业收入与利润管理

营业收入是旅行社经营活动的直接成果,体现了社会对企业的认可和满意,是经营成果的重要标志。利润来源于旅行社的营业收入,是旅行社经营活动的最终体现,是衡量企业经营管理水平的一项综合指标,利润在财务管理中具有广泛的意义。

10.5.1 旅行社营业收入管理

10.5.1.1 旅行社营业收入的构成

营业收入是指企业在日常活动中形成的、会导致所有者权益增加的、与所有者投入资本无关的经济利益的总流入。其中,日常活动,是指企业为完成其经营目标所从事的经常性活动以及与之相关的活动。旅行社的营业收入是旅行社在一定时期内,由于向旅游者提供服务而获得的全部收入。营业收入包括基本业务收入和其他业务收入。企业从事的主要经营活动所取得的收入为基本业务收入,是企业经营活动收入的重点。企业在主要经营活动以外从事其他业务活动所取得的收入为其他业务收入。根据国家统一财会制度的规定,旅行社代收代付的费用也应全部计入营业收入总额。旅行社的营业收入主要由以下几个部分构成。

(1)综合服务费收入　综合服务费收入是指为旅游团(者)提供综合服务所获得的收入,包括导游服务费、景点门票、市内交通费、全程陪同费、组团费和接团手续费等在内的包价费用收入。

(2)房费收入　房费收入指旅行社为旅游者代订饭店的住房后,按照旅游者实际住房等级和过夜天数收取的住宿费用。

(3)城市间交通费收入　城市间交通费收入指旅游者在旅游客源地与旅游目的地之间以及在旅游目的地各城市或地区之间乘坐各种交通工具所付出的费用而形成的收入。

(4)专项附加费收入　专项附加费收入主要指旅行社向旅游者收取的汽车超公里费、风味餐费、游江(湖)费、特殊游览门票费、文娱费、专业活动费、保险费、不可预见费等项收入。

(5)单项服务收入　单项服务收入主要指旅行社接待零散旅游者和代办委托事项所取得的服务收入、代理代售国际联运客票和国内客票的手续费收入,以及代办签证收费等收入。

10.5.1.2　旅行社营业收入的确认与实现

旅行社业务的特殊性,使得在旅行社的营业收入中,代收代支的款项占了很大比重,这是旅行社在业务经营方面区别于其他旅游企业的一个重要特征。旅行社在核算其营业收入时应根据这一特点,加强管理,准确地对其进行确认和时间上的界定。

(1)确认营业收入的原则　按照国家的有关规定,旅行社在确认营业收入时应实行权责发生制。根据权责发生制,旅行社在符合以下两种条件时,可确认其获得了营业收入。

1)旅行社已经向旅游者提供了合同上所规定的服务。

2)旅行社已经从旅游者或组团旅行社处收到价款或取得收取价款权利的凭据。

(2)界定营业收入实现时间的原则　合理界定旅行社营业收入实现的时间也是旅行社收入管理的一个重要内容。根据国家有关规定,界定旅行社营业收入实现的时间。

1)入境旅游营业收入实现的界定。旅行社接待境外旅游者到境内旅游,以旅游者离境或离开本地时作为确认其营业收入实现的时间。

2)国内旅游营业收入实现的界定。旅行社组织国内旅游者在国内旅游,接团旅行社应以旅游者离开本地时、组团旅行社应以旅游者旅行结束返回原出发地时作为确认其营业收入实现的时间。

3)出境旅游营业收入实现的界定。旅行社组织中国公民到境外旅游,以旅游者旅游结束返回原出发地时作为确认其营业收入实现的时间。

10.5.2　旅行社利润管理

10.5.2.1　旅行社利润的构成

利润是指旅行社在一定会计期间的经营成果。收入大于支出的差额表现为利润,支出大于收入的差额表现为亏损。通过对旅行社利润指标的考核和比较,能够综合地反映出旅行社在经营周期内所取得的经济效益。旅行社的利润有以下内容:

(1)营业利润　营业利润是旅行社从事经营活动所获得的利润,是企业最基本经营活动的成果,也是企业一定时期获得利润中最主要、最稳定的来源。旅行社营业利润是营业收入扣除营业成本、营业费用、营业税金、管理费用和财务费用后的净额。在一定程度上代表了旅行社管理者的经营业绩。

(2)投资净收益　旅行社投资净收益是指投资收益扣除投资损失后的数额。投资收益包括对外投资分得的利润、取得的股利、认购有价证券取得的债券利息、投资到期收回或中途转让取得的款项与高于(资产)账面价的差额值的差额。投资损失是指企业对外投资所发生的各项损失,包括投资到期收回或中途转让取得的款项低于投资原账面价值的差额,以及按权益法核算的股权投资在被投资单位增加的净资产中所拥有的数额等。

(3)营业外收支净额　旅行社营业外收支净额,是指营业外收入减营业外支出的差额。营业外收入包括变卖的净收益、罚款净收入、确实无法支付而按规定程序批准后转做营业外收入的应付账款、礼品折价和其他收入等。营业外支出包括固定资产盘亏、毁损、报废的净损失、赔偿费、违约金、罚息和公益性捐赠等。

(4)利润总额　利润总额也称税前利润,是旅行社营业利润、投资净收益、营业外收支净额三者相加的总额。

(5)净利润　净利润也称税后利润,是旅行社利润总额扣除所得税后的净额。净利润是归旅行社所有者的利润,也是旅行社进行利润分配的基础。

10.5.2.2　旅行社利润分析

利润分析是旅行社根据初期的利润计划,对本期内所实现的利润进行的评价,利润指标是考核企业经营效果的一项重要的综合性经济指标。它主要包括利润总额分析、利润总额构成因素分析和营业利润分析三个方面的内容。

(1)利润总额分析　旅行社运用比较分析法,将本期的利润总额同上期的利润总额或本期的计划利润指标进行对比,从而掌握本旅行社的利润总额增加或减少的变动情况。计算本期利润比上期的利润增长或减少的情况,可使用以下公式:

利润增长(减少)额 = 本期利润总额-上期利润总额

利润增长(减少)率 = 利润增长(减少)额/上期利润总额×100% 完成计划百分比

=本期实际利润总额/本期计划利润总额×100%

(2)利润总额构成因素分析　旅行社在分析其利润总额增长情况后,还应对利润的构成因素进行分析,以便发现导致本期利润变化的主要原因,分析其原因并采取相应的措施。如果发现某项因素的增长比例或绝对额与上一期相差较大,则应对其发生的原因进行深入的分析。

(3)营业利润分析　在收入一定的情况下,影响旅行社营业利润的因素是营业成本、营业税金、管理费用和财务费用,因此,降低成本费用是增加营业利润的有效途径。旅行社运用因素分析法将实际结果与计划指标对比,找出影响营业利润实现的原因,以便采取有效措施,加强管理,从而增加企业的营业利润。

10.5.2.3　旅行社利润管理与分配

利润管理是旅行社财务管理的一项重要任务,其主要任务是确定目标利润和进行利润分配。确定目标利润,即确定企业在一定时期内要求实现的利润目标。旅行社计算目标利润的公式为:

目标利润 = 预计营业收入-目标营业成本-预计营业税金-预计费用

旅行社在确定了目标利润之后,可以运用各种方法来测算出为实现目标利润所应完成的销售量及所产生的各种成本和费用。业务量-成本-利润分析法(简称量、本、利分析法)是进行这种预算的一种有效的方法。量、本、利分析法将成本分解为固定成本和变动成本,并根据由此获得的信息,预测出旅行社的保本销售量和为完成目标利润而增加的销售量。量、本、利分析法的计算公式为：

$$\text{保本销售量}=\frac{\text{固定成本费用总额}}{\text{单位销售价格}\times(1-\text{税率})-\text{单位变动成本}}$$

$$\text{目标利润销售量}=\frac{\text{固定成本费用总额}+\text{目标利润}}{\text{单位销售价格}\times(1-\text{税率})-\text{单位变动成本}}$$

$$\text{实现目标利润的销售收入}=\frac{\text{固定成本费用总额}+\text{目标利润}}{(1-\text{税率})-\dfrac{\text{单位变动成本}}{\text{单位销售价格}}}$$

量、本、利分析方法对产品单一、售价和成本价稳定的企业可以作为比较准确的测算，由于旅游产品季节性强且产品档次及服务标准难以规范，采购成本及产品价格随市场供求关系的变化及行业竞争的激烈程度而有很大的波动。因此，采用量、本、利分析有一定难度。一般只能采用平均值进行估算，如对全包价旅游团可以把上一年度接待每一人天的平均成本及营业收入分别作为本年度单位成本及销售收入代入上述公式进行近似测算。

利润分配是旅行社利润管理的另一项重要内容。旅行社利润分配必须兼顾国家、集体、个人三者的利益。根据国家有关制度规定，旅行社必须及时上缴各项税金后，才能将归旅行社的利润进行合理分配，即在满足旅行社经营发展需要的同时公平合理地向投资者分配利润。旅行社利润分配的方式因其经营管理体制不同而存在一定的差异。股份制旅行社在依法向国家缴纳所得税后，应首先提取公益金，然后按照以下顺序分配所剩余的利润：支付优先股股利；按公司章程或股东会议决议提取盈余公积金；支付普通股股利。非股份制旅行社应在依法向国家交纳所得税后，按照下列程序分配税后利润：支付被没收的财务损失和各项税收的滞纳金、罚款；弥补旅行社过去年度的亏损。根据国家有关规定，旅行社发生亏损，可用下一年度的利润弥补，延续 5 年的亏损，可用所得税后的利润弥补；提取法定盈余公积金；提取公益金；向投资者分配利润。旅行社过去年度未分配的利润，可以并入本年度利润一并分配。

10.6 旅行社结算业务管理

结算业务是旅行社因劳务供应、商品交易、物资调拨、组织旅游、资金调拨以及其他货币往来与其他单位、个人、旅游团体之间的货币收付行为，它是在商品、货币和信用的发展中发展起来的。结算业务根据旅游季节及旅游过程中发生的不同情况，可以分为正常情况的结算业务和特殊情况的结算业务。

10.6.1 旅行社正常情况的结算业务

旅行社之间的正常情况结算业务分为综合服务费用和其他旅游费用。

10.6.1.1 综合服务费的结算

综合服务费的结算业务包括审核结算内容和确定结算方式两方面的内容。

(1)审核结算内容　旅行社财务人员对照旅游计划和陪同导游员所填写的结算通知单，对所需结算的各项费用进行认真审查，综合服务费一般包括市内交通费、杂费、领队减免费、地方导游费、接待手续费和接待宣传费等。结算方法是：

综合服务费=实际接待人数×实际接待天数×人天综合服务价格

根据年龄不同,旅游团综合服务费对于成年人实行16免1的措施;2～12周岁(不含12周岁)的儿童按50%收取;2周岁以下的儿童不收取综合服务费。

(2)确定结算方式　结算方式由各旅行社根据各自情况制定计价结算办法和方式,由组团社和接团社之间共同协议商定。目前我国旅行社主要采用的结算方式有中国国际旅行社的结算标准、中国旅行社的结算标准和中国青年旅行社的结算标准(见表10-1、表10-2、表10-3)。

1)中国国际旅行社的结算标准是按旅游者的用餐地点来划分综合服务费结算比例(表10-1)。

表10-1　中国国际旅行社结算标准

地点	综合服务费(扣除餐费)
用早餐(7时)地点	33%
用午餐(12时)地点	34%
用晚餐(18时)地点	33%

2)中国旅行社的结算标准是按旅游者抵离时间分段来划分综合服务费比例(表10-2)。

表10-2　中国旅行社结算标准

抵达当地时间	百分数	离开当地时间	百分数
0:01-9:00	100%	0:01-9:00	20%
9:01-11:00	85%	9:01-11:00	30%
11:01-13:30	70%	11:01-13:30	60%
13:31-17:00	45%	13:31-17:00	80%
17:01-19:30	35%	17:01-24:00	100%
19:31-24:00	15%		

3)中国青年旅行社的结算标准是按旅游者停留小时划分综合服务费比例(表10-3)。

表10-3　中国青年旅行社结算标准

停留小时数	综合服务费(扣除餐费)
4小时以内	按10小时结算
4～10小时	按15小时结算
11～18小时	按18小时结算
18小时以上	按实际停留小时结算
去外地一日游当天返回驻地的外地接待旅行社	按16小时结算

10.6.1.2 其他旅游费用的结算

(1)房费的结算　房费分自订房和代订房两种。自订房房费由订房单位或旅游者本人直接向饭店结算。代订房房费由接待旅行社结算,其结算公式为:

房费=实用房间数×实际过夜数×房价

在实际经营中,旅行社一般为旅游团安排双人房间。有时,旅游团因人数或性别原因可能出现自然单间,由此而产生的房费差额可根据事先达成的协议由组团旅行社或接待旅行社承担。

旅行社应按照饭店的规定在旅游团队(者)离开本地当天12时以前办理退房手续。凡因接待旅行社退房延误而造成的损失由接待旅行社承担。如果旅游者要求延迟退房,则由旅游者直接向饭店现付房差费用。

(2)餐费的结算　餐费的结算有两种形式:一种是将餐费(午、晚餐)纳入综合服务费一起结算;另一种是将餐费单列,根据用餐人数、次数和用餐标准结算。餐费的计算公式为:

餐费=用餐人数×用餐次数×用餐标准

(3)其他费用的结算　其他费用是指城市间交通费、门票费和专项附加费。在结算这些费用时,旅行社应根据双方事先达成的协议及有关的旅游服务供应企业和单位的收费标准处理。

10.6.2 旅行社特殊情况下的结算业务

10.6.2.1 跨季节的结算

我国旅行社多以每年的12月初至下年的3月底为旅游淡季,其余的月份为旅游旺季或平季。旅游者在一地停留的时间恰逢淡旺季交替时,旅行社应按照旅游者在该地实际停留日期的季节价格标准分段结算。

例如:某旅游团一行18人于2018年3月30日15:30抵达某市旅游,并于4月2日14:30离开该市前往另一地。该旅行社淡季团体包价旅游的综合服务费标准为每人天85元,平季和旺季综合服务费为95元。那么,按中国国际旅行社综合服务费结算标准,该市的接待旅行社应收的个人综合服务费为:

$$85\times(1+33\%)+95\times(1+67\%)=271.7\text{ 元}$$

10.6.2.2 等级变化的结算

(1)特殊原因要求分团活动,导致旅游团等级发生变化　旅游团在成行后,因某种特殊原因要求分团活动,并因此导致旅游团等级发生变化时,应按分团后的等级收费或结算。结算的方式有两种:一种是由旅游者现付分团后新等级费用标准之间的差额;另一种是接待人征得组团旅行社同意后按新等级标准向组团旅行社结算。

(2)因部分旅游者中途退团造成等级变化　参加团体包价旅游团的旅游者在旅行途中因特殊原因退团,造成旅游团因退团后人数不足10人而发生等级变化时,原则上仍按旅游团的人数和等级标准收费和结算。退团的旅游者离团后的费用由旅游者自理。

10.6.2.3 晚间抵达或清晨离开的旅游团队结算

包价旅游团队在晚餐后抵达或早餐前离开某地时,接待旅行社按照人数和等级标准

向组团旅行社结算接送费用,计算公式为:

$$接送费用 = 人数 \times 计价标准$$

10.7 旅行社财务分析

财务分析是旅行社财务管理的重要方法和组成部分,是以旅行社财务报告反映的财务指标为主要依据,对旅行社在一定时期内的财务状况和经营成果进行分析和评价的一项业务手段。旅行社管理者通过对财务报表的分析,能够了解旅行社财产可流动性、负债水平、资金周转情况、偿还债务能力、获利能力及未来的发展趋势,为旅行社进行下一步的财务预测和财务决策提供依据。

10.7.1 旅行社财务报表

财务报表是反映旅行社财务状况和经营成果的书面文件,是企业进行财务分析的基础。主要包括资产负债表、利润表和现金流量表及有关附表。

10.7.1.1 资产负债表

资产负债表又称财务状况表,是反映旅行社在某一特定日期财务状况的报表。资产负债表是根据“资产=负债+所有者权益”的会计等式,依照一定的分类标准和一定的排列次序,把旅行社在某一特定日期的资产、负债和所有者权益各项目,按照一定的编报要求编制而成。因此,资产负债表表明了旅行社在某一特定日期所拥有或控制的经济资源、所承担的经济义务和所有者对净资产的要求权。

资产负债表是旅行社的一张基本报表,具有重要作用。其作用主要表现在:资产负债表完整、系统地反映了旅行社各项资产的数额和比重,利用这些资料可以了解旅行社在某一特定日期所拥有或控制的经济资源,所承担的现有债务及所有者对净资产的要求权;了解旅行社资本结构情况;预测企业财务状况的发展趋势。

10.7.1.2 利润表

利润表是反映旅行社一定时期内(月度、季度、年度)利润或亏损形成情况的财务报表。它是根据“收入-费用=利润”的会计平衡式和收入与费用配比的原则编制的。通过利润表可以从总体上了解旅行社收入、成本和利润(或亏损)的组成情况以及由此计算出来的利润(或亏损)的分配情况,是了解旅行社经营业绩尤其是获利水平的主要报表。利润表提供的信息和资料,对企业的管理人员、投资者、债权人以及报表使用者具有重要的作用:

(1)分析和评价企业的经营成果和盈利能力　通过衡量企业的营业收入、费用、利润以及反映其相互关系的指标,可以分析和评价企业的经营成果,若进一步与本企业不同时期、其他企业相同时期的有关指标对比,则可以了解企业的盈利能力。

(2)企业管理者做出经营决策的依据　通过分析报表中的基本项目,并与前期的报表比较,可以评估旅行社产品的需求及其对收入的影响,比较收入与费用的增减方向及关系,分析利润的形成结构,从中发现企业管理中存在的问题,即刻做出相应的决策,采取改善经营管理的措施。

(3)预测发展趋势　通过对损益表提供的不同时期的信息进行比较,可以预测旅行社利润、费用及收入变动趋势和未来获利能力。

10.7.1.3　现金流量表

现金流量表是以现金流入与流出,汇总说明旅行社报告期内经营活动、投资活动及筹资活动的财务报表。现金流量表是以现金为基础的财务状况变动表。在旅行社经营活动中,现金所起的作用非常重要。旅行社在偿还到期的各种债务,向许多旅游服务供应部门和企业支付其所采购的旅游服务及向其员工支付工资时,都需要使用现金。如果旅行社未能及时获得其经营活动所必需的现金,就会给其经营活动带来严重困难。通过对旅行社现金流量的分析,可以大致判断其经营周转是否顺畅。

现金流量表的主要作用是向旅行社管理者及其他有关单位和部门,提供旅行社在一定会计期间内现金和现金等价物流入和流出的信息,以及有关企业经营活动、投资活动与融资活动所产生的现金流量信息,以便使其了解旅行社获取现金和现金等价物的能力,并据以预测旅行社未来的现金流量。

10.7.2　旅行社财务分析方法

10.7.2.1　比较分析法

比较分析法是通过经济指标的数量比较,揭示经济指标的数量关系和数量差异的一种方法。经济指标存在某种数量关系(大于或小于、增加或减少),能说明企业经营活动的一定状况,经济指标出现差异,往往就说明存在问题,有值得进一步分析的必要。比较分析法的主要作用,在于揭示财务活动中的数量关系和存在的差距,从中发现问题,为进一步找出原因、挖掘潜力指明方向。比较分析法是现实中运用较为广泛的一种财务分析方法。

10.7.2.2　因素分析法

因素分析法是依据分析指标和影响因素的关系,从数量上确定各个因素变动对某个经济指标的影响程度的一种分析方法。因素分析法也是在企业财务分析中广泛采用的方法之一。

10.7.2.3　比率分析法

比率分析法是通过计算各种比率指标来确定财务活动变化程度的方法。比率是相对数,采用这种方法,能够把某些条件下的不可比指标变为可以比较的指标,以便于进行分析。运用比率分析有助于评价旅行社的财务状况和盈利能力,找出旅行社经营管理中存在的问题。

10.7.3　旅行社财务状况分析

10.7.3.1　偿债能力分析

偿债能力是指企业偿还本身所欠债务的能力,对偿债能力进行分析有利于债权人进行正确的接待决策;有利于投资者进行正确的投资决策;有利于企业经营者进行正确的经营决策;有利于评价企业的财务状况。

(1)流动比率　流动比率是指流动资产和流动负债的比率。它用于衡量企业流动资产在短期债务到期前,可以变成现金用于偿还流动负债的能力,它表明企业每1元流动负债有多少流动资产作为支付的保障,是衡量企业短期偿债能力的通用指标。计算公式如下:

流动比率 = 流动资产÷流动负债

流动比率是反映企业短期偿债能力的指标。一般情况下流动比率越高,表明企业拥有的营运资金越多,偿还债务的能力越强,企业可以变现的资产数额越大,债权人遭受损失的风险越小。

(2)速动比率　速动比率是企业速动资产与流动负债的比率,是反映旅行社流动资产中可以立即用于偿还流动负债的能力。计算公式如下:

速动比率=速动资产÷流动负债

速动资产=流动资产-存货-预付账款-待摊费用

速动比率是流动比率的辅助指标。有时速动比率不能完全反映出企业的偿债能力,而速动比率则能更客观准确地反映出企业的短期偿债能力。

(3)资产负债率　资产负债率又称负债比率和举债经营,是评价旅行社长期偿债能力的指标,是衡量旅行社利用债权人提供资金进行经营活动的能力,也能反映债权人提供贷款的安全程度。计算公式如下:

资产负债率=负债总额÷资产总额×100%

负债总额=短期负债+长期负债

对旅行社来说资产负债率的比率越高,旅行社偿还债务的能力越差,比率越低,偿还债务的能力越强。

10.7.3.2 流动资产营运能力分析

反应流动资产营运能力的指标主要有应收账款周转率、存货周转率和流动资产周转率。

(1)应收账款周转率　应收账款周转率(次数),是一定时期旅行社营业收入与应收账款平均余额的比值,是反映企业应收账款的流动程度大小的指标。计算公式如下:

应收账款周转率(次数)= 营业收入/应收账款平均余额

应收账款平均余额=(期初应收账款余额+期末应收账款余额)/2

应收账款周转天数是指应收账款周转一次(从销售开始到收回现金),所需要的时间,计算公式如下:

应收账款周转天数=计算期天数÷应收账款周转次数

=计算期天数×应收账款平均余额÷营业收入

应收账款周转率反映旅行社应收账款变现的速度和管理水平的高低。应收账款周转次数越高,旅行社应收账款回收迅速,坏账损失风险小,管理水平高。

(2)存货周转率　存货周转率(次数)是指一定时期内旅行社营业成本与平均存货资金占用额的比率,主要衡量企业销售能力和分析存货库存状况,计算公式如下:

存货周转率(次数)= 营业成本/存货平均余额

存货平均余额=(期初存货+期末存货)/2

一般认为,存货周转率越高越好。周转率越高,说明营业经营效率越高,库存存货适度;如果周转率低,则说明采购过量或存货积压,要及时分析处理。旅行社销售的是无形产品,一般没有或很少有存货,因此,存货周转率不是旅行社财务分析与评价的主要指标。

(3)流动资产周转率　流动资产周转率(次数)是一定时期营业收入净额与企业流动资产平均占用额之间的比率。流动资产周转率是反映旅行社流动资产周转速度的指标。计算公式如下:

流动资产周转率(次)= 业务收入净额/流动资产平均余额

流动资产周转天数=计算期天数÷流动资产周转次数

=计算期天数×流动资产平均余额÷营业收入净额

流动资产平均余额=(期初流动资产+期末)÷2

在一定时期内,流动资产周转次数越多,表明以相同的流动资产完成的周转额越多,流动资产利用效果越好。流动资产周转天数越少,表明流动资产在经历生产销售各阶段所占用的时间越短,可相对节约流动资产,增强企业盈利能力。

10.7.3.3　盈利能力分析

盈利能力是企业获取利润、实现资金增值的能力。因此,盈利能力指标主要通过收入与利润之间的关系、资产与利润之间的关系反映。反映企业盈利能力的指标主要有营业毛利率、营业净利率、总资产净利率和净资产收益率。

(1)营业毛利率　营业毛利率反映产品每 1 元营业收入所包含的毛利润是多少,即营业收入扣除营业成本后还有多少剩余可用于弥补各期费用和形成利润。营业毛利率是营业毛利与营业收入之比,计算公式如下:

营业毛利率=营业毛利÷营业收入×100%

营业毛利=营业收入-营业成本

营业毛利率越高,表明产品的盈利能力越强。将营业毛利率与行业水平进行比较可以反映企业产品的市场竞争地位。营业毛利率高于行业水平的企业意味着实现一定的收入占用了更少的成本,表明该企业在资源、技术或劳动生产率方面具有竞争优势。反之,营业毛利率低于行业水平的企业则意味着在行业中处于竞争劣势。

(2)营业净利率　营业净利率反映每 1 元营业收入最终赚取了多少利润,用于反映产品最终的盈利能力。在利润表上,从营业收入到净利润需要扣除营业成本、期间费用、税金等项目。营业净利率是净利润与营业收入之比,计算公式如下:

营业净利率=净利润÷营业收入×100%

(3)总资产管净利率　总资产净利率指净利率与平均总资产的比率,反映每 1 元资产创造的净利润。计算公式如下:

总资产净利率 = 净利润÷平均总资产×100%

总资产净利率衡量的是企业资产的盈利能力。总资产净利率越高,表明企业资产的利用效果越好。影响总资产净利率的因素是营业净利率和总资产管周转率。

总资产净利率=净利润/平均总资产

=净利润/营业收入×营业收入/平均总资产

= 营业净利率×总资产周转率

因此,企业可以通过提高营业净利率,加速资产周转来提高总资产净利率。

(4)净资产收益率　净资产收益率也称权益净利率,是指旅行社净利润与平均所有者权益的比值,表示每 1 元权益资本赚取的净利润,主要反映权益资本经营的盈利能力。计算公式如下:

$$净资产收益率=净利润/平均所有者权益\times100\%$$

该指标是旅行社盈利能力指标的核心,也是杜邦财务指标体系的核心,更是投资者关心的重点。一般来说,净资产收益率越高,所有者和债权人的利益保障程度越高。

【本章小结】

旅行社财务管理是基于企业再生产过程客观存在的财务活动和财务现象而生产的,是组织企业资金运动,处理企业各方面的财务关系的一项经济管理工作,是企业管理的重要组成部分。旅行社资产管理的重点是流动资产管理。

成本费用是旅行社在为旅游者提供旅游产品和劳务过程中发生的各种直接支出和耗费,是制定价格的基本依据。营业成本是旅行社在组织接待旅游者进行游览过程中所发生的直接成本。期间费用是旅行社为管理和组织经营活动以及资金运行所发生的支出。旅行社的成本分析有单团成本分析、部门批量成本分析和等级成本分析。旅行社的营业收入是旅行社在一定时期内,由于向旅游者提供服务而获得的全部收入。旅行社的营业收入主要有综合服务费收入、房费收入、专项附加费收入、城市间交通费收入等。旅行社企业应当在履行了合同中的履约义务,即在客户取得相关商品控制权时确认收入。结算业务是旅行社因劳务供应、商品交易、组织旅游、资金调拨以及其他货币往来与其他单位、个人、旅游团体之间的货币收付行为,它是在商品、货币和信用的发展中发展起来的。

财务报表是反映旅行社财务状况和经营成果的书面文件,是企业进行财务分析的基础。对旅行社财务报告进行分析可以揭示旅行社企业的偿债能力、盈利能力等方面的变动及趋势,还可以进一步进行综合财务分析,了解旅行社的营运能力和发展贡献能力,从而对旅行社的经营成果、财务状况及发展前景做出科学全面的评价。

【重点概念】

筹资　投资　流动资产　货币资金　应收账款　成本费用　营业收入　利润分配　财务分析

【案例分析】

春华旅行社财务状况分析

春华旅行社是一地区最大的旅游企业集团,其业务经营范围非常广泛,不仅涉及三大旅游市场,同时还涉及多个相关领域,可谓是当地业务量最大、产业链最为完善的旅游服务企业。2008 年春华旅行社还将旅游商品销售部扩大为规模较大的超市,既销售旅游纪念品和旅游用品,还经营游船客运、景区、酒店、公路旅行客运、出租车业务、餐饮、旅游商品生产及销售等。但是,由于每年的第四季度是当地的旅游淡季,该旅行社在第四季度的营业收入仅占全年总收入的十分之一左右。而旅行社在第四季度资金又非常短缺,需要向当地银行借较多的信贷资金以满足资金需要。2011 年初,旅行社总经理与财务经理和总会计师共同分析了本旅行社从 2008 年以来的有关财务情况,分析发现春华旅行社的财务状况并不理想。三年以来的财务比率如下:

财务比率	2008 年	2009 年	2010 年
流动比率	0	2.50	2.6
速动比率	1.3	1.0	0.6
长期债务对总资产比率	0.5	0.5	0.5
存货周转率	13	9	4
应收账款平均收回天数	30 天	35 天	40 天
固定资产周转率	6	6	6
总资产周转率	4	3	2
销售收益率	0.05	0.04	0.02
总资产报酬率	0.10	0.08	0.06
股东权益报酬率	0.12	0.06	0.04

案例思考题:

1. 若旅行社每年营业收入基本持平,试析该旅行社上述财务比率所反映的财务状况如何?

2. 如果想顺利取得银行的贷款支持,应采取什么行动改善财务状况?

思考题

1. 旅行社成本费用包括哪些内容? 怎样控制成本费用?
2. 旅行社应如何加强应收账款的管理?
3. 旅行社成本费用包括哪些内容?
4. 旅行社营业收入主要包括哪几部分内容?
5. 简述旅行社利润分配的原则和程序。
6. 什么是财务分析? 旅行社财务分析的指标有哪些?

高等教育旅游管理专业“十三五”规划教材

11 旅行社人力资源管理

学习目标→

通过本章的学习，理解和掌握旅行社人力资源管理的内涵和特征，了解旅行社人力资源的规划，掌握旅行社招聘员工的标准和程序以及旅行社员工的培训方式，理解旅行社绩效考评和激励机制，充分理解旅行社企业文化建设的意义。

学习难点→

旅行社人力资源特征　员工招聘程序 绩效考评 员工的激励

企业的竞争优势来源于四种资源：人力资源、财务资源、物质资本和组织能力。而其中人力资源是最可能形成企业独特能力的部分，因此成为现代企业管理的核心。许多企业因为在人力资源上具备的优势而获得令人瞩目的成就，而一些企业也正是因为缺乏优秀的人力资源或在人力资源管理方面出现了问题而丧失了竞争优势。因此加强对旅行社人力资源管理的研究，搞好旅行社人力资源的开发与管理是一项关系到旅行社生存和发展的重要工作。

11.1　旅行社人力资源管理概述

旅行社业属于人力和知识密集型的服务产业，其投入主要是人力资源和知识，产出主要是服务。人力、人才是旅行社业最大、最主要的资本。可以说，人是旅行社的核心，也是整个企业的精髓和支柱。旅行社市场竞争力的强弱，归根到底取决于人才的素质。因此，加强人力资源管理对旅行社的发展起着决定性的作用。人才的频繁流动在旅行社的经营管理中是普遍存在的现象，旅行社业务骨干“跳槽”甚至是业务骨干集体“跳槽”事件频频发生，对旅行社的稳定与发展造成了极为不利的影响。因此，加强旅行社人力资源的开发与管理，科学地进行旅行社员工的招聘与培训，对于保证旅行社的稳定和发展，具有非常重要的意义。

11.1.1 人力资源管理的概念

人力资源(Human Resource ,简称 HR)又称劳动力资源或劳动力,是指一定时期内组织中的人所拥有的能够被企业所用,且对价值创造贡献作用的教育、能力、技能、经验、体力等的总称。

人力资源包括几个含义:①人力资源的本质是人所具有的脑力和体力的总和,可以统称为劳动能力。②这一能力要能够对财富的创造贡献作用,成为社会财富的源泉。③这一能力还要能够被组织所利用,这里的“组织”可以大到一个国家或地区,也可以小到一个企业或作坊。

人力资源管理(Human Resources Management)是指根据企业发展战略的要求,有计划地对人力资源进行合理配置,通过对企业中员工的招聘、培训、使用、考核、激励、调整等一系列过程,调动员工的积极性,发挥员工的潜能,提高工作效率,为企业创造价值,确保企业战略目标的实现。人力资源管理是企业的一系列人力资源政策以及相应的管理活动。

根据定义,人力资源管理可以从两个方面来理解:一是对人力资源进行量的管理,人力资源量的管理是根据人力和物力及其变化,对人力进行恰当的培训、组织和协调,使二者经常保持最佳比例和有机的结合,使人和物都能够充分发挥出最佳效应。二是对人力资源进行质的管理,人力资源质的管理是指采用现代化的科学方法,对人的思想、心理以及行为进行有效的管理(包括对个体和群体的思想、心理和行为的协调、控制和管理),充分发挥人的主观能动性,以实现企业的既定目标。

11.1.2 人力资源管理的作用

人力资源工作重要目标之一就是实施对提高企业绩效有益的活动,并通过这些活动来发挥其对企业成功所做出的贡献。人力资源管理有效地利用与企业发展战略相适应的管理和专业技术人才,最大限度地发掘他们的才能,可以推动企业战略的实施,促进企业的飞跃发展。员工的工作绩效是企业效益的基本保障,企业绩效的实现是通过向顾客有效地提供企业的产品和服务体现出来的。

从企业战略上讲,人力资源管理作为一个战略杠杆能有效地影响公司的经营绩效。人力资源战略与企业经营战略结合,能有效推进企业的调整和优化,促进企业战略的成功实施。随着企业间竞争的日益白热化和国际经济的全球一体化,很难有哪个企业可以拥有长久不变的竞争优势。往往是企业创造出某种竞争优势后,经过不长的时间被竞争对手所模仿,从而失去优势。而优秀的人力资源所形成的竞争优势很难被其他企业所模仿。所以,正确的人力资源战略对企业坚持持续的竞争优势具有重要意义。

11.1.3 旅行社人力资源管理的目标和任务

11.1.3.1 使员工的主观能动性得到最大限度的发挥

通过发挥主观能动性,从而最大限度地发掘每个员工的潜质,实现员工的事业发展和个人尊严的提高。旅行社通过建立公平的竞争机制,创造良好的竞争环境,使每个专业服务人员都能充分展示其才华,并通过激励、表彰等手段,以满足专业服务人员的成就感,激发员工的积极性。在用人方面,遵循“能者上,庸者下”的原则,公正客观地选拔人才,进行经常性的技术考核和能力考察,使人才的优胜劣汰成为一种自然的流动。

11.1.3.2 培养全面发展的人

培养全面发展的职业化员工,来保持企业的人力资源持续增值,从而实现个人目标与组织目标的一致和平衡。选聘的人才必须经过旅行社的精心教育和系统培训,才能够更快适应旅行社的发展需要,才能更好实现旅行社的组织目标。因为旅行社业务特点鲜明,具有很强的独立性和分散性,需要员工具有渊博的知识、高超的技能、灵活的综合应变能力。

11.1.3.3 取得最大的使用价值

人力资源的目标之一就是保证组织人力资源的需求得到及时的,最大限度的满足,使人力成本达到最优化。旅行社人力资源部门要通过工作分析、职位分类、绩效考核、职位调配和晋升、工资福利等多种手段,根据员工的个性、气质、能力等特点,有效配置岗位、员工、报酬、能力等要素,坚持量才而用,使得人尽其才,物尽其用。

旅行社是劳动密集型和智力密集型企业,其业务更为复杂,更为灵活。而“人”是旅行社的核心和精髓。对于旅行社来说,人力资源管理是企业的一系列人力资源政策以及相应的管理活动,这些活动主要包括旅行社人力资源战略的制定、员工的招募与选拔、培训与开发、绩效管理、薪酬管理、员工流动管理、员工关系管理、员工安全、健康、发展管理等。即:企业运用现代管理方法,对人力资源的获取(选人)、开发(育人)、保持(留人)、引进和利用(用人)等方面所进行的计划、组织、领导、指挥、控制和协调等一系列活动,最终达到实现企业发展目标的一种管理行为。

11.1.4 旅行社人力资源管理的特点

人力资源是旅行社最重要的经营资源,旅行社只有充分发挥人力资源的优势,调动员工的积极性,形成企业的凝聚力,才能提高经营效益,在激烈的市场竞争中占据优势。旅行社人力资源管理同其他一般的人力资源管理相比,既有共性又有个性。相对于其他类型的企业而言,旅行社企业的人力资源具有以下特点:

11.1.4.1 企业规模普遍较小,一人从事多项工作的现象大量存在

在中国现阶段,中小旅行社占行业的绝大多数。在水平分工体系下,除了少数的大中型旅行社外,绝大多数旅行社在机构设置上表现为“小而全”,业务量不大,部门设置却很齐全,又没有太多的成本投入,导致企业人员分工不够清晰,员工往往需要一专多能,并在不同的情况下从事不同的工作,比如在很多的旅行社,有的员工既做计调又做导游。这种情况,从某种意义上讲,节约了一定的人力成本。但由于分工的不明确,人员的归属的不明确,使各部门的管理往往难以奏效,增加了人力资源管理的难度。

11.1.4.2 员工工作内容较灵活,绩效考核难度大

旅行社的业务涉及方方面面,旅行社员工的工作性质也非常灵活。尤其是导游人员,经常性地在外面带团,在社里的时间很少,管理者很难了解员工工作的全过程;同时,旅行社对旅游者提供的是无形的服务,对其服务质量的评价标准很大程度上来自于旅游者的感受,不像有形产品可以通过直观的质量标准衡量。与此对应的,服务人员的考核也增加

了难度,受诸多复杂因素的影响,建立、实施科学的考核评价体系较为困难。

11.1.4.3　**员工流动性大,招聘、培训任务比较重**

旅行社行业是一个人员流动性极大的行业,企业间、行业间的人员流动现象都很突出。在其他行业,正常的人员流失一般在5% ~10%,而当前旅游企业员工的流失率竟高达20%以上。根据2003年国家旅游局人教司对旅行社人力资源调查的统计数据显示,至2002年8月底,旅行社资格导游和特级导游流失率较高,初级、中级及高级导游流失率较低。在持证导游中,目前已不再从事导游工作的有65 471人,占33.2%。其中,资格导游的流失率为45.3%,初级导游的流失率为6.4%,中级导游的流失率为14.6%,高级导游的流失率为10.1%,特级导游的流失率为37%。这样的高流动性和高流失率为旅行社的人力资源管理带来了很大的压力,旅行社的人力资源管理部门就必须经常性地招聘新员工补充到员工队伍,同时,各行业、各企业的操作规范、企业文化都有所区别,旅行社管理者还必须对新加盟的员工进行必要的培训。在员工队伍相对稳定的行业 ,这方面的工作就轻松得多。

11.2　旅行社人力资源管理流程

11.2.1　制定人力资源规划

旅行社人力资源规划是对旅行社未来一定时期内人员的需求和供给所做的预测、分析及安排。旅行社人力资源规划可以分为长期规划、中期规划和年度计划。长期规划是10年以上的规划;中期规划是10年以内的规划;年度规划是当年执行计划。长期和中期规划要依据企业的发展战略规划,年度规划则是具体的实施措施。战略规划是企业关于实现什么样的目标,以及如何实现这些目标的一系列决策的综合。人力资源规划对于战略规划十分重要,人力资源管理职能必须要发挥作用保证战略的成功,帮助企业实现目标。人力资源规划过程包括环境分析、人力资源需求预测、人力资源供给分析和行动方案确定(图11-1)。

11.2.1.1　**旅行社人力资源规划的原则**

(1)协调原则　人力资源规划具有协调一致性。一方面人力资源规划内部的各项措施如招聘、培训、绩效考评等也应相互匹配;另一方面旅行社人力资源规划必须与旅行社总体战略目标一致。

(2)互利原则　旅行社人力资源规划应从以人为本出发,不仅需要考虑企业发展需要也要考虑员工的职业发展规划。要有利于激发员工的积极性和创造性,使员工潜在的能力得到不断地开发,实现企业与员工的双赢。

(3)预测原则　旅行社人力资源管理要根据企业的社会和行业环境,对企业未来发展状况进行预测,并按照需求进行调整。

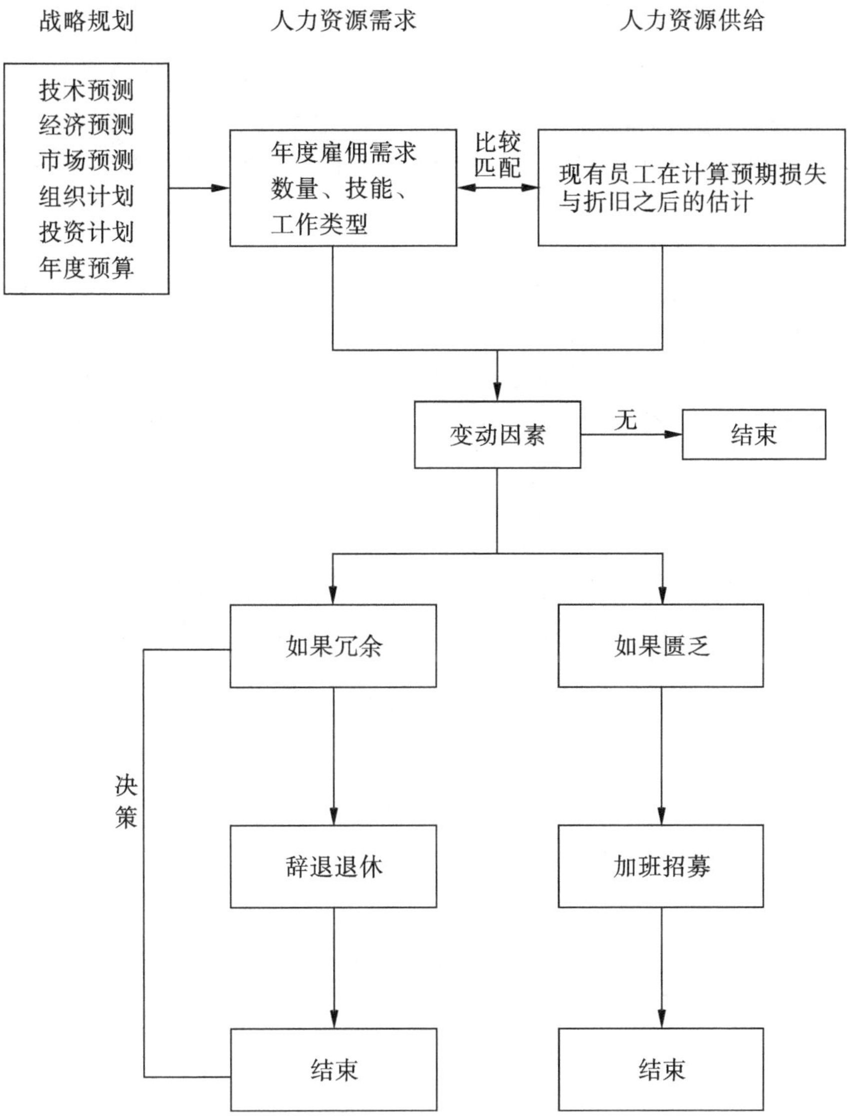

图 11-1　人力资源规划过程图

（来源：John M. Ivancevich. 人力资源管理[M]. 机械工业出版社，2005. 第 87 页）

11.2.1.2　旅行社人力资源规划内容

旅行社人力资源规划可以分为总体规划和各项业务计划，总体规划是一定时期内人力资源管理的总体目标、策略、阶段步骤和总预算安排，业务计划是指人力资源管理职能实现的具体计划。

（1）岗位职务规划　根据旅行社自身发展目标、岗位技术要求、劳动效率等条件，确定所需的岗位结构、组织机构和职位标准等，对岗位进行定编定员。

（2）人员补充和发展计划　确定需要补充人员的岗位，所需补充人员的数量和对人员的素质要求，并以此为依据进行人员招聘。保证在中、长期内使岗位职务的空缺能从质量和数量上得到合理的补充。同时应该指出各级、各类人员所需要的资历、培训、年龄等的要求。

(3)教育培训规划　拟订旅行社人员培训项目和具体内容,确定培训的具体实施步骤,制定评估效果的具体标准。

(4)人力调整计划　在旅行社内各个组织和岗位之间进行人员调整,合理分配所需人员,提高旅行社人力资源使用效率,促进企业内部人力资源的有效流动。

11.2.1.3　旅行社人力资源规划过程

(1)环境分析　人力资源规划的第一个阶段是搞清楚人力资源管理和战略规划到底基于什么样的环境,战略规划必须要同环境相适应,而人力资源管理则是组织在此适应过程中能够利用的有效工具。例如环境中快速变化的技术迫使组织雇佣那些并不为组织所需要的技能的员工。缺乏一套有效的人力资源规划,旅行社就很难保持竞争优势地位。因此,随着环境的快速变化,旅行社要不断调整人力资源的规划,以适应新员工和新的社会环境的需求,这取决于企业的信息捕捉能力。

(2)员工需求预测　一套有效的人力资源规划,就是估计组织需要多少员工,什么样的员工,员工需求预测能够为这种估计提供有效参考。人员需求预测是旅行社编制人力资源规划的核心和前提条件,要考虑到预测期内市场环境、工作效率、技术手段等因素的变化。通常可以采用以下方法:

1)专家预测法　也称经验估计法,是利用现有的资料,根据有关人员的经验,结合本旅行社的实际特点,对旅行社的人员需求进行预测。这种方法运用的数学知识最少,是一个或一组专家依靠经验、猜测和灵感或现有的经济和劳工数据得出的主观评估,为组织提供预测。

2)趋势估计法　这种方法主要依靠影响雇佣的因素和员工雇佣数量之间关系的历史数据,如销售量和雇佣员工数量的关系等。

3)统计建模技术　这种方法运用较为复杂的数学建模技巧,将多种影响因素纳入分析视角中,如多元回归模型。

4)人力资源供给分析　旅行社人力资源供给分析是指为了满足旅行社对人员的需求,而对未来一定时期内旅行社内部和外部所能获得的人员的数量和质量进行预测。

5)人力资源规划措施　在分析了旅行社人力资源的供给和需求之后,就应该对如何行动进行决策了,目标是达到供给和需求的平衡。对于员工短缺可以采用增加临时员工、招募新员工、鼓励员工加班的措施;对于员工过剩,可采用直接裁员或鼓励提前退休的措施,但一定要考虑到这些措施的负面影响。

11.2.1.4　旅行社人力资源信息系统

信息是影响人力资源规划的一个重要因素,因此人力资源信息系统是现代企业不可或缺的系统组成部分。人力资源信息系统是运用信息技术对旅行社的人力资源信息进行整体性的获取、储存、分析、控制,高度集成化的人力资源信息系统可以在一切人力资源管理职能中发挥作用,通过这个系统可以招聘和追踪求职者,配合使用供给和需求分析,特别是对继任管理层选拔,人力资源信息系统可以帮助安排高层的更迭,也可以应对那些不期而遇的离职如跳槽和去世等情形。

11.2.2 旅行社员工招聘

员工招聘，简称招聘，是“招募”与“聘用”的总称，是指为组织中空缺的职位寻找到合适人选。旅行社员工聘用是指为了旅行社发展的需要，通过向外招聘和对内选拔的方式吸引、挑选适合某一岗位的员工的全过程。旅行社员工选聘的目的，是要争取以合理的代价去获得能够满足旅行社需要的合格员工。

11.2.2.1 旅行社人员招聘的标准

旅行社是人才密集型企业，人才是旅行社各种生产要素中最活跃和最具有能动性的一种，旅行社要根据人力资源规划的内容进行人才招聘，这是人力资源管理的重要环节。通过招聘满足人才的需求，同时通过招聘可以宣传企业文化，树立良好的企业形象。旅行社招聘的员工需要具备以下标准：

(1)良好的知识结构　这是旅行社从业人员的基本素质要求，专业知识水平和专业服务能力是基本条件，高素质的人才不仅仅意味着知识渊博、专业技能高、经验丰富而且要具备积极向上的事业心。

(2)合作协调的能力　旅行社是为人们旅行提供服务的行业，企业内部各个部门之间的合作是否融洽，直接影响到旅行社的服务质量。另外，旅行社作为中介组织，必须与其他旅游服务部门建立良好的合作关系方能为游客提供满意的服务。这就要求旅行社的从业人员必须具有良好的合作能力和沟通能力，才能够和其他部门协调好关系，提高工作效率。

(3)对企业的忠诚度　旅行社的人才流动率很高，企业招聘员工时应选择吃苦耐劳、忠诚度较高的员工，以保障人才队伍的稳定性。

11.2.2.2 招聘的方式

人员招聘是一个收集和整理招聘者信息的过程，从中筛选出符合旅行社相关岗位要求的人员的过程。旅行社应根据不同的岗位要求，选择不同的招聘方式，以保证招聘工作的顺利进行。

(1)内部确定　内部确定是当旅行社内部岗位出现空缺时，首先向企业现有职工通告岗位空缺信息，吸引有能力的员工竞争上岗。内部招聘的方法适用于选拔高层管理人员或内部人员素质较高的旅行社，内部招聘能充分了解员工的实际工作能力，并对其他人员起到激励的作用。

(2)外部招聘　外部招聘是通过广告或劳动力市场等媒介向全社会招聘符合要求的工作人员，外部招聘主要是基层职位或者是具有新的技能的专业人员。外部招聘的员工能为企业带来新的思想和经验，同时对原有的员工形成一种压力，促使其积极工作避免被替代。

(3)临时招聘　旅行社业务具有一定的周期性，所需的员工也是有一定波动，旅行社可以根据企业运行的情况，设置临时的岗位，满足客户服务需要的同时降低了企业经营成本，避免冗员。

11.2.2.3 招聘的程序

(1)制订用人计划　首先进行职务分析，包括职务的工作内容、工作技能的培养、该职务的“应知”“应会”、工作环境等。其次是制作工作说明书，即在职务分析的基础上，用以记载该职务的工作内容、职责、要求及其特点的文件,具体包括工作识别事项、工作概要、具体工作等。最后设定工作规范,明确规定特定工作的操作规程、标准和具体要求。工作说明书与工作规范合二为一,形成一个文件。

(2)开展招聘活动　及时公布信息招聘,最大可能地吸引更多的人才,可通过校园招聘、网络招聘、人才招聘会、猎头公司等渠道发布信息。

(3)挑选和录用员工　在收到应聘者的简历之后,筛选合适人员进行面试,可采用笔试、面试、实际操作的环节考察应聘者的知识水平和工作经验。考核要由多人进行,防止一人专断而造成的误差。

通过以上步骤综合比较,得出最终的录用名单和数量后要及时通知应聘人员报道,并办理相关的合同手续。

11.2.3　旅行社员工的培训

员工培训是旅行社有计划地实施有助于员工学习与工作能力提升的活动,这些能力包括知识、技能、态度和观念以及对工作绩效起关键作用的行为。旅行社的员工培训有四个含义:全体员工都是培训的对象、培训的内容和员工的工作相关、培训目的是改善员工的工作效率、培训的主体是旅行社。无论从员工的个人发展还是企业的战略发展来看,员工培训都是必要的。

11.2.3.1　员工培训的意义

员工培训主要根据企业计划对员工进行专业知识和技能等多方面的学习和培训指导,从而激发员工自身潜能,提高工作热情。

(1)提高员工素质　对员工来说,培训可以帮助员工掌握良好的服务技能和工作方法以及充分的行业知识,扩大知识面,扩展工作领域,全方位提高员工素质。员工自身能力通过培训会得到提高,工作效率有所提升,得到了物质和精神上的双丰收,形成员工自己的核心竞争力。

(2)提高企业竞争力　员工培训使企业的整体素质有所提高,通过是培训企业可以建设以人为本的企业文化,树立共同的价值观和行为准则使员工充分理解企业的文化内涵,将个人发展和企业发展联合起来,留住人才的同时,提高企业竞争力。

11.2.3.2　员工培训的原则

(1)系统原则　①要求员工培训必须是全员培训,旅行社所有的员工都有权利和义务参加培训,在整个旅行社形成培训和学习的氛围;②对旅行社高层人才的进步和发展,要给予更多的关注;③对员工的培训要有层次和内容之分,不同职位的员工的培训内容要有所差异;④旅行社要结合自身的特点和市场定位,逐渐形成自己的培训体系,全面提高员工的整体素质。

(2)实用原则　员工的培训目标要明确,围绕着旅行社的发展来展开,因此要突出实用性原则。培训内容要有针对性,帮助员工解决工作中的具体问题,围绕旅行社的经营发展定位来实现个人能力的增长,以便更好地为旅行社服务。培训的形式要灵活多样,适应成年人的学习特点。

(3)计划原则　员工培训是人力资源管理的重要组成部分,需要投入相应的人力、物力、财力，为确保员工培训的效果，旅行社要结合自身的需要，制订中长期的计划和短期计划，缺一不可。

(4)控制与反馈原则　控制与反馈是掌控和了解员工培训效果的重要手段，旅行社的员工培训要建立培训质量的控制体系，通过反馈了解培训效果调整培训计划，确保培训目标的实现。

11.2.3.3　员工培训的内容

(1)职业道德培训　由于旅行社人员流动性比较强，员工的忠诚度和团队合作精神还有待于进一步提高。因此必须加强职业道德的培训，使员工了解本企业的文化特征，引导他们的思想行为和企业文化形成统一，增强员工的责任感和成就感，对工作充满热情和信心，提高成员的忠诚度，维护企业成员的稳定性。

(2)知识培训　旅行社要顺应时代，适应环境的要求，提高员工的知识水平，这样才能保证企业的创新能力和发展能力。在知识经济日益成为主流的社会中，知识是企业和个人的核心竞争力。

(3)能力的培训　旅游行业发展日益成熟，竞争日益激烈，这种竞争主要体现在对高素质人才的竞争上，这就要求员工具备较强的组织协调能力、交际能力、外语能力、创新能力等，能力的培训是一个长期的过程。

(4)思维的培训　旅行社作为服务性行业，要求员工具有服务导向型思维方式，理解旅行社的基本流程和消费者的思维，能够从消费者的角度进行思考，为消费者创造，而提高企业的利润和竞争实力。

(5)态度和观念的培训　旅游服务在旅行社中占有举足轻重的地位。这就需要对员工的工作观念和态度进行培训，培养员工的服务意识。

11.2.3.4　员工培训的方法

旅行社培训可分为从员工到经理的全员培训，从导游到业务、计调、后勤的全工种的培训；基础知识、办公自动化到实务操作的全方位培训；从基层经理到部门经理、总经理的培训等。因此旅行社的员工培训是差异化的，根据不同员工的发展需要大体可以分为四个类型。

(1)核心员工　此类员工具有较高的自身价值和熟练的工作技能，如优秀的导游或计调人员等，企业应与此类员工建立长期稳定的雇佣关系，定期为其提供具有针对性的训练。如专题训练、案例分析、小组讨论等方法。

(2)专业技术员工　此类员工专业性较强，如会计，通常已经具备了工作所需的基本技能，但是在工作过程中，可以采用岗位培训，提高工作能力和工作效率。可以安排有经验的员工对其他员工进行辅导或者有针对性的研讨和学习。

(3)普通员工　如行政人员、后勤人员等，这些员工需要进行必要的岗前培训，向其介绍企业文化、工作制度等。

(4)独特性强目前创造价值低的员工　可为这些员工提供脱产培训，时间较为集中，效果比较好。

11.2.3.5　员工培训的过程

旅行社的员工培训需要设计科学的程序，做到准备充分、实施得力、控制有效。员工培训可以分为三个阶段,准备阶段、培训实施阶段和评价阶段。

(1)准备阶段　在准备阶段,人力资源管理部门做好培训的需求分析和培训目标的确定,其中需求分析包括组织分析、任务分析和个人分析,力求使员工培训做到有的放矢。培训目标培训活动的目的和预期成果,既可以是针对培训阶段来设置,也可以面向单个培训计划来设置。

(2)实施阶段　在实施阶段,旅行社的人力资源管理部门需要完成拟定的实施工作,培训方案是目标的具体化,需要结合旅行社的具体情况来制定,其中旅行社领导的管理价值观和对培训工作重要性的认识对实施方案有着重要的影响。实施培训方案包括选择培训方案、场所、课程、教师、教材等具体工作。

(3)评价阶段　人力资源管理部分要确定评价标准,设计评价方案,对培训的成果进行综合的评价。

11.2.4　绩效评估

绩效评估包括:员工的工作行为、表现、结果,并给被评估的员工反馈。通常绩效评估会影响到员工的加薪、晋级或其他奖励;同时绩效评估结果将告诉员工自己的哪些方面存在不足,如何采取补救方案;绩效评估可为人力资源管理部门的决策提供有效的参考依据。

11.2.4.1　评估形式

(1)客观评估　以事实为基础,通常可以量化。此类评估要跟踪了解如下方面的事实,导游在一个月内带团的数量、员工进行咨询服务的数量、顾客针对某个员工的投诉等。员工的个性差异将不会影响到客观评估的结果。目标管理是一种客观的评估方法,鼓励员工采用可产生特别结果的方法,目标管理可分为四步:第一步,管理者和员工共同设立目标;第二步,制订行动计划;第三步,管理者和员工定期检查员工的绩效;第四步,管理者根据员工的工作成绩评定其绩效并确定薪酬。

(2)主观评估　主观评估是基于管理者对员工的个人素质表现和行为的感觉。个人素质表现评估,是评价个人的工作态度、创造性和领导能力等个人的主观属性。个性评估简单、易用,但是容易受到个人偏见的影响。行为评估主要是测量工作中具体、可见的方面,如工作时间的长短。

11.2.4.2　评估的执行者

(1)同事和下属　同事和下属会从不同的方面观察工作绩效,尽管有些信息可能不应该用于评定绩效管理,但是它们对员工的发展有一定的作用。这样的评估方式会促进同事间的交流,对旅行社团队合作培养很有帮助。

(2)顾客和代理商　利用外部顾客来对组织和工作小组的业绩进行评价,企业事先确定好评价的项目,然后请专业的人士扮成顾客到有关部门接受服务,并根据自己的体验做出评价。这种评价方法,体现了以客户为核心的服务理念,使员工理解客户满意程度的重要性。

(3)自我评估　员工的自我评估一般是更倾向于做出对自己有利的评估,但是自我评估融入评估的全过程,有利于员工接受别人的意见。

(4)360 度评估　在 360 度评估中，员工要被自己的上级管理者、同事、下属、客户和代理商全方位的评估，通常由 6～12 人以匿名的方式填写表格来评估某员工，最后通过统计得出结论。

11.2.4.3　绩效的有效反馈

绩效评估能帮助员工认识和调整自己，激励他们产生更好的工作绩效，使自己与组织共同发展，为了收集信息给员工提供绩效反馈，管理者有两种方法可以应用，正式评估和非正式评估。正式评估以预先制定的绩效标准为基础，在一年中，导游可能被其上司进行两次绩效评估，用工作出勤时间记录等客观评估和主观评估的标准，来考察员工的工作情况。作为评估的一部分，管理者应为员工反馈，指出员工绩效的好坏和改进方法。非正式评估是指以非固定的时间为基础进行的评估，包括一些不严格的员工绩效指标。非正式评估的目标不是提出批评和缺点，而是帮助员工改进工作。

11.3　旅行社员工的激励

合理的激励措施能够充分调动员工积极性，而且有利于吸引人才，留住人才。旅行社员工激励指创造满足员工各种需要的条件，激发员工的动机，使之产生实现旅行社目标的待定行为过程。激励是一种精神力量或状态，通常分为物质激励和精神激励两大方面。

11.3.1　激励理论

早期的激励理论研究是对于“需要”的研究，回答了以什么为基础，或根据什么才能激发调动起工作积极性的问题，包括马斯洛的需求层次理论、赫茨伯格的双因素理论和麦克利兰的成就需要理论等。最具代表性的马斯洛需要层次论就提出人类的需要是有等级层次的，从最低级的需要逐级向最高级的需要发展。需要按其重要性依次排列为：生理需要、安全需要、归属与爱的需要、尊重需要和自我实现需要。并且提出当某一级的需要获得满足以后，这种需要便中止了它的激励作用。激励理论中的过程学派认为，通过满足人的需要实现组织的目标有一个过程，即需要通过制订一定的目标影响人们的需要，从而激发人的行动，包括弗洛姆的期望理论、洛克和休斯的目标设置理论、波特和劳勒的综合激励模式、亚当斯的公平理论、斯金纳的强化理论等。

人们所有的行为都源于某种被刺激的需要，激励就是努力满足某种需要的意愿。激励一般来说包括三个维度：强度、持久度和选择。强度是在给定的任务上的努力程度；持久度是持续努力的时间；选择是指为达到目的所选择的特定行动(图 11-2)。

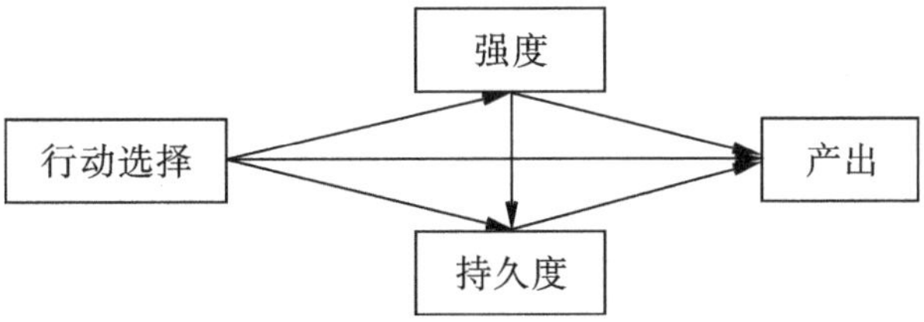

图 11-2　激励效果图

弗鲁姆的“期望理论”认为:激励力(Motivation)是这三个因素——个人希望多大的报酬(即效价,Valence),他的努力将带来成功绩效可能性的估计(即期望,Expectancy),以及他的绩效将带来回报的估计(即助益性,Instrumentality)——相互作用的产物。这种关系可用公式 11-1 表示。

$$M(Motivation) = V(Valence) \times E(Expectancy) \times I(Instrumentality) \quad (11\text{-}1)$$

公式 11-1 中,当个人对某目标的达成毫无兴趣时,其效价为零;当他不希望此目标实现时,则效价为负数,这样不仅没有动力,还有反作用。当期望值(= Expectancy×Instrumentality)很小或为零时,人们对目标的达成同样不会有什么积极性。高度的激励取决于高的效价和高的期望值这两个因素。

按照激励行为的条件我们可以转化公式 11-1 成为图 11-3。

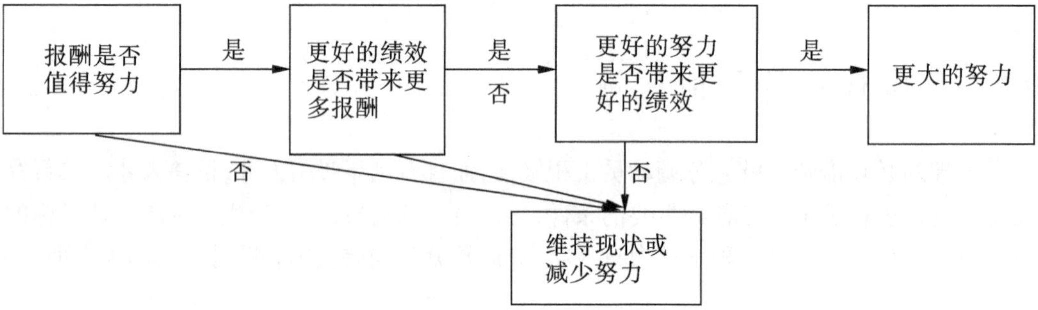

图 11-3　绩效、报酬、努力之间的关系

尽管激励理论是不断地发展变化,但其核心是通过分析员工的内在需要或欲望,能够激发员工积极工作创造价值。作为旅行社来说,它是一个知识密集型和劳动密集型的行业,对员工的激励是必不可少的,不但可以提高员工的工作效率而且可以留住优秀的员工,保证了员工的稳定性。激励的方法主要有物质激励和精神激励,具体来说就是薪酬、福利、员工职业发展规划和企业文化。

11.3.2　薪酬激励

11.3.2.1　薪酬的定义

薪酬是企业由于使用员工的劳动而付给员工工资或实物。薪酬包括经济性薪酬和非经济性薪酬两大类,经济性薪酬分为直接经济性薪酬和间接经济性薪酬。直接经济性薪酬包括基本工资、奖金、津贴等。间接经济薪酬即指福利,一般包括保险、养老金、带薪假期等。非经济性薪酬是指工作本身带给员工的心理上的满足感。

11.3.2.2　薪酬的原则包括

(1)公平性　公平包括外部公平、内部公平和个人公平。外部公平:根据劳动力市场的薪资水平确定企业薪资标准。内部公平:同种职位、同等绩效薪资相等;个人公平:不同职位,不同绩效薪资差别合理,坚持按劳分配。

(2)合法性　薪资制度必须符合党和国家的政策与法律,如有关最低工资、职工保险等问题的法律法规等。有利于维护员工与企业的关系和旅行社的公众形象。

(3)竞争性　旅行社制定的薪资标准应该在社会上和人才市场中有吸引力。

(4)激励性　薪资标准应对员工有吸引力且企业内部各级、各类职务的薪资水准应适当拉开差距,真正体现按贡献分配的原则,以调动员工的工作积极性,提高劳动生产率。

(5)经济性　较高的薪资可以提高其竞争性与激励性,但也必然导致人力成本上升。因此薪酬制度不能不受经济性的制约。

11.3.2.3　薪酬的分类

(1)货币性薪酬　包括直接货币薪酬、间接货币薪酬和其他的货币薪酬。其中直接货币薪酬包括工资、福利、奖金、奖品、津贴等;间接货币薪酬包括养老保险、医疗保险、失业保险、工伤及遗嘱保险、住房公积金、餐饮等;其他货币性薪酬包括有薪假期、休假日、病事假等。

(2)非货币性薪酬　包括工作、社会和其他方面。其中工作方面包括工作成就、工作有挑战感、责任感等的优越感觉;社会方面包括社会地位、个人成长、实现个人价值等;其他方面包括友谊关怀、舒适的工作环境、弹性工作时间等。

11.3.2.4　薪酬支付依据

薪酬支付依据是指企业依据什么向员工支付薪酬。有关薪酬支付的理论有薪酬决定理论、薪酬差别理论、薪酬分配理论等。依据什么给员工定薪是实践命题,每个企业都要做出选择。薪酬支付依据有以下几个方面:员工从事的岗位、员工从事的职业、员工具备的技能、能力、资历、员工的工作业绩等。

(1)依据岗位付酬　依据岗位价值付酬是大多数公司采用的方式,岗位价值体现在岗位责任、岗位贡献、知识技能等方面。

(2)依据职务付酬　依据职务付酬是依据岗位付酬的简化,依据职务付酬不能体现同一职务不同岗位的差别。职务和岗位的区别在于,岗位不仅体现层级,还要体现工作性质,如财务部部长、市场经理等;职务一般只表达出层级,不能体现工作性质因素,如科长、部长、主管等。

(3)依据技能(能力)付酬　依据技能付酬和依据能力付酬在理论概念上是有区别的,技能是能力的一个组成要素。在企业薪酬实践中,一般对工人常以技能付酬,对管理人员常以能力付酬。

(4)依据业绩付酬　依据个人、部门、组织的绩效进行付酬。

(5)依据市场付酬　依据市场值的多少进行付酬。

11.3.2.5　薪酬的激励作用

薪酬制度作为人力资源管理中的一项重要内容,其根本作用就在于充分调动员工的积极性、主动性和创造性,为企业的发展提供强有力的人力资源支持。也即是说薪酬对企业所需要的人力资源,要能够起到吸引来,留得住的激励作用。薪酬不是激励员工的唯一手段,也不是最好的办法,但却是一个非常重要、最被普遍运用的方法。薪酬总额相同,支付方式不同,会取得不同的效果。所以,如何实现薪酬效能最大化,是一门值得探讨的艺术。要想使薪酬既具有最佳的激励效果,又有利于员工队伍稳定,就要在薪酬制度上增加激励功能,同时在实际操作中学会使用一些技巧。激励因素是最具主动性、积极性的因素,因此只有实现激励效应,个人绩效和组织绩效才能得以提升。激励有效主要体现在激励内容和激励方式要符合个体实际情况，以下几个方面应该得到企业管理者的重视：

（1）物质和精神激励　在我国目前发展阶段下，绩效工资、奖金等报酬具有比较强的激励作用，因此在激励内容上，应该详细分析固定收入与浮动收入的比例关系，在固定收入满足员工生活基本需要前提下，应加大绩效工资、奖金等激励薪酬的比重；另一方面在重视物质激励作用的同时，不能忽视精神激励的重要作用。

（2）激励方式　首先，应该加强激励的及时性，很多企业奖金全部采用年终发放形式，延迟发放时间太长往往使绩效考核信息数据存在偏差，如果奖金分配过程中缺乏透明度，将导致员工不会将工作努力与奖金多少建立直接联系，这样大大降低了奖金的激励作用。其次，要恰当使用正激励和负激励。在我国目前阶段，员工还没有非常高的成熟度，有些员工自我约束、自我控制能力不足，只有正激励没有负激励的模式不能保证任务目标的完成；而只有负激励没有正激励会引起员工严重不满。因此应平衡使用正激励和负激励，做得好的员工应该得到及时奖励，存在不足的地方应及时指出来并给予适度的鞭策。

（3）激励作用的投入产出关系　因为薪酬激励是有成本的，成本就是人力资源额外的投入，产出就是公司效益的增加。应该对给公司创造更多价值的环节给予更多的激励，不能给公司创造更多价值的环节给予较少的激励。需要明确指出的是，这里谈到的价值指的是增量价值，我们不能说业务部门与人力资源等职能部门相比创造了更多的价值，因为没有人力资源等职能环节，整个价值创造过程就不会实现，因此不能说谁比谁的价值更大，缺少哪个部门都不行，公司是个有机的整体。但是我们可以说，业务部门可以创造更多的价值，职能部门创造的价值基本是稳定的。因此我们在进行薪酬设计的时候，要考虑部门工作性质，给予职能部门员工的固定部分收入高于业务部门员工，而业务部门员工激励性质的收入要大于职能部门员工。

（4）内部公平问题　真正解决内部公平问题要根据员工的能力和贡献大小适当拉开差距，让贡献大的获得较多的报酬，以充分调动他们的积极性。同时薪酬制度要有民主性和透明性。不同的岗位价值不一样，同一岗位不同任职者能力也有差别，因此员工贡献不可能一样大。如果贡献大者与贡献小者获得同样报酬，表面来看似乎是平等的，事实上是不公平的。因此薪酬设计时要将员工收入根据岗位因素、个人因素、业绩因素等方面适当拉开差距。

（5）适当拉开差距　一方面，调动员工的积极性和工作热情，让员工看到奋斗的目标和方向；另一方面，也不能悬殊，相差悬殊的薪酬政策容易导致员工内部不公平，影响员工的积极性，影响上下级之间的工作关系，拉开上下级之间的距离，不利于团队氛围的形成。

11.3.2.6　薪酬激励的方式

（1）风险年薪制　企业经营得好的经营者，可以拿到全额年薪，包括基本年薪、风险年薪和奖励年薪；企业经营业绩差的经营者将视具体情况只能拿到部分年薪。通过实行年薪制，可以使经营者的灰色收入明朗化，同时可以激励经营者增强风险意识。

（2）持股期权激励机制　企业经营者和员工以人力资本的大小享受企业收益的分配权。具体做法：①收入股份化，在考核的基础上，企业经营者将自己的部分收益转化为企业股份，经营者依此股份享受企业的股本分红。②设置管理股，让经营者以企业股份的形式享受企业经营收益，经营者离开企业，该股份也就自行消失。③设置股份期权，让企业经营者享有在未来某一时期,按照确定价格购买一定份额股份的权力。

除了以上激励方式外,还有员工的销售激励、考勤奖励、利润分享等方式。同时也要注重对员工的工作态度、行为方式等进行综合评估,考虑员工的"行为模式"在薪酬分配中所占的比重,避免单一依赖工作业绩来评定薪酬所带来的负面作用。因为那些尽心尽力向顾客提供优质服务的员工,一方面宣扬了企业文化或企业价值观,一方面对企业的经济效益有着潜在的推动作用。如果他们的付出得不到肯定和鼓励,那么他们的积极性和工作热情将受到打击。

11.3.2.7 我国现有的薪酬制度评价

(1)对岗位工资制度的评价　岗位工资有多种形式,包括岗位效益工资制、岗位薪点工资制、岗位等级工资制。它们的主要特点是对岗不对人。岗位工资制按照一定程序,严格划分岗位,按岗位确定工资,调度的弹性不大,但凡出现员工因认为岗位工资是他们理所当然得到的,认为他们为公司做出的贡献没有得到应有的回报这种情况,岗位工资就难以发挥应有的激励作用。因此必须做出相应的调整。

(2)对绩效工资制度的评价　绩效工资制度强调员工的工资调整取决于员工个人、部门及公司的绩效,以成果与贡献度为评价标准。工资与绩效直接挂钩,强调以目标达成为主要的评价依据,注重结果,认为绩效的差异反映了个人在能力和工作态度上的差异。绩效工资通过调节绩优与绩劣员工的收入,影响员工的心理行为,以刺激员工,从而达到发挥其潜力的目的。然而,由于影响绩效工资的因素很多,因而在使用过程中存在许多操作性困难。①绩效工资可能对雇员产生负面影响。有时候,绩效工资的使用会影响"暂时性"绩劣员工的情绪,甚至会将其淘汰,而这种淘汰会引发企业管理成本的大幅上扬。②绩效工资的效果受外界诸多因素制约。③绩效工资的评判标准必须得到劳资双方的共同认可。④员工对绩效工资具体方案的真正满意度。有时绩效评价难免会存在主观评价。这些困难的存在一定程度上影响了绩效工资制度的有效实施,从而降低了激励效用。

(3)对混合工资制度的评价　混合工资制也称机构工资制,是指由几种职能不同的工资结构组成的工资制度。结构薪酬的设计吸收了能力工资和岗位工资的优点,对不同工作人员进行科学分类,并加大了工资中活的部分,其各个工资单元分别对应体现劳动结构的不同形态和要素,因而较为全面地反映了按岗位、按技术、按劳分配的原则,对调动职工的积极性、促进企业生产经营的发展和经济效益的提高,在一定时期起到了积极的推动作用。

(4)对年薪制的评价　年薪制很早以前在发达国家已广泛应用,年薪制一般作为高层管理人员使用的薪资方式,是一种"完全责任制"薪资。从人力资源的角度看,年薪制是一种有效的激励措施,对提升绩效有很大作用。年薪制突破了薪资机构的常规,对高层管理人员来说,年薪制代表身份和地位,能够促进人才的建设,也可以提高年薪者的积极性。

年薪制虽有诸多优点,但也有弊端。体现为:①建立企业家职业市场和利益风险机制是推行年薪制的基本条件。在企业家职业市场化条件下,企业高层经理人才的收录、登记、评价、推荐和跟踪考察工作,由权威的社会中介组织负责。年薪制的普遍推行需要企业内部和外部条件相配合。内外条件具备情况下,年薪制可能利大于弊,不具备内外条件强行推行弊大于利。不同的薪酬制度在不同的企业中实施,激励的效果也存在差异。企业要根据自身的实际设计合理的薪酬制度。②高级管理人员年薪多少,多少为合理,没有客观标准。在我国,不同地区经济发展水平差距很大,同一地区,不同行业、不同企业间造成企业效益差距的非经营性因素也很多,因而也不具备参照性。

11.3.3 福利激励

企业积极推进员工的福利发展,提高福利的质量,挖掘福利的内涵,可以使企业留住优秀人才,大力激发员工的工作积极性,使得企业的总目标和阶段目标得以实现;也使得员工从中获得更多的利益,在基本需求获得满足的基础上,用心工作,充分展示自我的价值,获得更大的公平感和成就感。

11.3.3.1 福利的定义

员工福利是指企业内所有间接报酬,包括带薪休假、员工保险、员工服务、教育津贴、退休计划和房屋贷款。员工福利的建立旨在为员工有效和持续地投入工作提供有用的因素以及改善和提高员工的生活水平,并积极激励员工努力工作,满足员工的生存和安全需要使企业达到经营目标。员工福利一般包括健康保险、带薪假期或退休金等形式。这些奖励作为企业成员福利的一部分,奖给职工个人或者员工小组。福利必须被视为全部报酬的一部分,而总报酬是人力资源战略决策的重要方面之一。从管理层的角度看,福利可对以下若干战略目标做出贡献:协助吸引员工;协助保持员工;提高企业在员工和其他企业心目中的形象;提高员工对职务的满意度。与员工的收入不同,福利一般不需纳税。由于这一原因,相对于等量的现金支付,福利在某种意义上来说,对员工就具有更大的价值。

福利的内容很多,各个企业也为员工提供不同形式的福利,但可以把各种福利归为以下几类:补充性工资福利、保险福利、退休福利、员工服务福利。目前的趋势是福利的整个报酬体系中的比重越来越大。

11.3.3.2 福利的内容

福利的内容很多,现行职工福利的内容大体可以分为4个部分:

(1)补贴　为减轻职工生活负担和保证职工基本生活而建立的各种补贴制度。如职工生活困难补贴、冬季职工宿舍取暖补贴、独生子女费、托儿费、探亲假路费、婚丧假待遇、职工丧葬补助费、供养直系亲属抚恤费、职工病伤假期间救济费、职工住房补贴等。

(2)福利　为职工生活提供方便而建立的集体福利设施。如职工食堂、托儿所、理发室、浴室等。

(3)文化　为活跃职工文化生活而建立的各种文化、体育设施。如图书馆、阅览室、体育活动场所等。

(4)住宿　兴建职工宿舍等。

11.3.3.3 福利的激励作用

福利是薪酬体系的重要组成部分,是员工的间接报酬。随着经济的发展、组织间竞争的加剧,深得人心的福利待遇, 比高薪更能有效地激励员工。高薪只是短期内人才资源市场供求关系的体现,而福利则反映了组织对员工的长期承诺,正是由于福利的这一独特作用,使许多在各种各样组织中追求长期发展的员工,更认同福利待遇而非仅仅是高薪。

从世界范围看,在薪酬管理实践中,一个越来越突出的问题是,福利在整个报酬体系中的比重越来越大成为组织的一项庞大支出。据统计,到目前为止,西方一些发达国家的福利与工资的比例几乎接近1∶1,并有超过工资的发展趋势。福利的激励作用体现在以下几个方面:

(1)吸引优秀员工　优秀员工是组织发展的顶梁柱。以前一直认为,组织主要靠高工资来吸引优秀员工,现在许多企业家认识到,良好的福利有时比高工资更能吸引优秀员工。

(2)提高员工的士气　良好的福利让员工无后顾之忧,员工与组织共荣辱,员工士气必然会高涨。

(3)降低员工辞职率　过高员工的辞职率必然会使组织的工作受到一定损失,而良好的福利会使很多可能的员工打消辞职的念头。

(4)提高工作效率　良好的福利会使员工产生由衷的工作满意感,进而激发员工自觉为组织目标而奋斗的动力。

(5)凝聚员工　组织的凝聚力由许多的因素组成,但良好的福利无疑是一个重要因素,因为良好的福利体现了组织的高层管理者以人为本的经营思想。

(6)提高企业经济效益　良好的福利一方面可以使员工得到更多的实惠,另一方面用在员工身上的投资会产生更多的回报。

11.3.4 职业发展规划的激励

11.3.4.1 职业发展规划激励作用

职业发展有两方面的含义:一是对员工个人而言,每个人都有从工作中得到成长、发展和满意度的愿望和要求,为了实现这种愿望和要求,他们不断地追求理想的职业,设计着自己的职业目标和职业计划;二是从企业组织角度来看,对员工制定的个人职业计划应重视和鼓励,并结合组织的要求和发展,给员工以多方面的咨询和指导,通过必要的培训、工作设计、晋升等手段,帮助员工实现个人职业目标。对于现代企业而言,员工是企业的基本组成元素,人才是企业发展的根本动力和关键因素。依据马斯洛的需要层次理论,物质需要是人类较低层次的需要,而自我实现才是人的最高层次的需要。职业发展属于满足人的自我实现需要的范畴,因而会产生更大的激励作用。

(1)克服单一的激励方式,满足员工的不同要求　职业生涯规划激励机制在企业中的运用,不仅能够克服单一的以物质激励为主的激励方式,同时,还可以使激励机制更灵活。企业管理者可依据员工的不同要求,给不同的员工制定职业生涯规划,满足不同员工的需求。

(2)职业生涯规划机制使企业的激励机制更长期有效　职业生涯规划是贯穿于员工一生的,是其他的激励方式所不具备的特点。这种激励方式可以将员工的工作目标与企业的发展目标联系在一起,使员工和企业达到双赢的结果。

职业发展规划的最终目的不只是为了留住人才,而是让员工在公司搭建的职业发展平台上充分表现,同时公司也在员工的努力下高速发展,最终实现企业与员工的双赢。个人职业经历的形成过程大体是遵循“职业摸索→职业确定→职业完成”这样一个规律。

一个人的职业生涯有限,不能总是有停留在职业摸索阶段,员工应该本着对自己负责的态度认真思考自己的个人职业发展方向。制定职业发展规划主要在于员工个人,因为只有员工本人才知道自己在职业生涯中真正想得到什么。但进行职业发展规划绝不仅是员工个人的事,企业必须在员工的职业发展规划中提供大量支持。

11.3.4.2　**职业发展规划的激励措施**

(1)角色定位　帮助员工清楚地认清其在企业中所扮演的角色,以及他能够对企业增加怎样的价值;帮助员工分析个人素质(包括专业技术、管理能力、人际关系素质等)、职业动机(包括职业倾向、职业价值观等),帮助员工客观地进行自我评价,引导员工提出自己对未来职业发展的看法。

(2)明确每个通道内每个岗位级别的任职条件　公司要结合战略方向,告知员工哪些岗位急需人才,哪些人才是公司所希望得到的。这样,员工就非常清楚自己具备什么条件,哪些职业有发展机会,应该选择什么样的职业发展道路。在公司职位发生空缺时,优先考虑内部晋升。优先考虑内部提升或轮换能够激励被提升的员工,并让其他员工看到希望;同时内部的员工熟悉本公司文化,容易迅速适应新的工作岗位。

(3)给员工提供信息支持　企业应根据员工的相关工作情况向员工提供企业对其能力和潜力的评估信息,以便员工能更准确地进行自我评估。企业应向员工提供关于职业环境和职业发展机会方面的信息,其中主要提供的是企业内部环境的信息,包括:企业文化、企业规模、组织结构;企业发展战略;企业中的人力资源状况,即目前的人员年龄、专业、学历结构、人力资源发展政策、企业将采取的员工发展行动等;企业的职位设置以及各职位的职位说明书和职位规范。利用这些信息帮助员工分析内外环境因素对员工职业生涯发展的影响、环境对员工的有利条件与不利条件等,以便员工设计合理的职业发展路线。

(4)明确岗位晋升、轮换和降职的条件　运用适当的节奏规划员工的职业发展。例如,晋升靠业绩,业绩达到什么标准才有资格竞聘更高的岗位;业绩如果不合格,在什么情况下就会被待岗甚至淘汰。这样员工就清楚地知道自己要做哪些努力,既有动力,又有压力。员工就会把自己的发展与企业的发展紧密联系在一起。员工提升的速度也应尽量合理,例如每3~5年就有晋升岗位的机会。如果速度过快,后果将是员工到达职业顶端后,会因不再有发展空间而失去工作积极性甚至离开公司;速度过慢,其缺点则是员工得不到职业发展上的有效激励,也不能学习到其他岗位的知识。

(5)职业生涯　一些员工往往单纯地认为职业发展道路是员工—部门经理—主管经理—副总经理—总经理。这种做法不仅使得员工发展通道变窄,而且可能将技术骨干提拔到管理岗位上,导致公司失去了一个技术骨干,而增加了一个不合格的管理者。对在管理岗位上的员工,职业规划应该按照管理类职业方向发展。对在技术岗位上的员工,如果他只热衷于本专业,则按照技术类职业方向发展;如果他同时具有较强管理能力,那么他将比别人多了一倍的晋升机会。公司要建立完善的职业培训体系,包括基本素质及能力培训、提升工作技能的培训与职业生涯设计相关的培训。要针对不同层次的员工设计特定的课程和学习方式,让员工在日常的工作和学习中获得职业发展。这样,公司也会从员工的进步中获得更快速的发展。

(6)反馈制度　员工职业发展规划的设计必须有跟踪管理制度。职业发展目标并非一成不变,由于每个人的学习能力及适应能力的差异,在不同的职业发展过程中,将对预先制定的员工职业发展目标产生一定程度的缺陷性修补。伴随着岗位和层次的变化,员工必须不断接受新岗位和层次的变化,不断提高自身素质,改善素质结构。企业需加强对员工生涯计划实施跟踪和指导,定期或不定期地对其工作进行反馈和评点,帮助其克服不足,最终实现职业发展目标。

11.4　旅行社企业文化建设

旅行社企业文化是企业的使命、价值观和愿景。积极向上、团结协作的企业文化对现代旅行社来说越来越重要。旅行社要想在激烈的竞争中脱颖而出,就要大力提升自身的企业文化,增强竞争力。正确理解旅行社企业文化和旅行社发展的关系,了解企业文化对旅行社的推动作用具有重要的意义。

11.4.1　旅行社企业文化的内涵

企业文化是企业存在的一种核心力量,企业文化所体现出的企业共同价值观和企业精神,使企业领导层与企业员工在企业经营目标上容易达成共识,在企业经营理念的指引下,通过沟通信仰、传递意愿,从而凝聚成一股强大的竞争能力,最终实现企业经营目标,实现企业价值最大化,实现企业经济效益和社会效益的双丰收。企业文化是西方现代企业管理理论的产物,产生于20世纪80年代,随着经济全球化和经济民主思想的不断发展,以"文化"为元素、以"人"为核心的企业文化理论进入研究者的视域。

企业文化是企业在一定的社会经济条件下,在长期的生产经营及管理活动中,逐渐形成和发展起来并为绝大多数成员所认可、遵循的企业精神、价值观、理念、习惯、准则等,它是一个企业以物质为载体的精神现象。企业文化是一种信念、道德和心理的力量,是企业走向成熟的重要标志。一个企业就像一个人,应该有灵魂、思想、理念,而企业文化就是企业的灵魂、思想、理念。企业没有文化,就像一个人失去了精神动力。

企业文化从本质上看是一种产生于企业之中的文化现象,它的出现与现代企业管理在理论和实践上的发展密不可分。企业作为向社会提供物质产品和服务的经济实体,在长期的生存和发展过程中,逐渐形成了自身独特的文化形态,并在企业管理实践中发展成为一种崭新的管理理论和管理方法。企业文化的形成和发展,对于增强企业核心竞争力,提高企业员工的素质,促进企业可持续发展具有重要作用。

11.4.2　企业文化的构成要素

广义的企业文化构成有五要素论(企业环境、价值观、英雄人物、礼节仪式、文化网络)、三要素论(价值体系、行为体系、经营风尚)、双要素论(硬要素、软要素)等。但概括起来,对企业文化影响较大的有三大结构要素,即物质文化、制度文化、精神文化。

11.4.2.1　物质文化

物质文化层是企业文化结构的表层部分,主要指企业开展活动所必需的基本物质基础。企业物质文化是人们从直观上把握不同企业文化的依据。旅行社生产的产品不是满足消费者感官需求的有形产品,而是满足人们精神需求的无形产品,人们通过旅行社购买的是服务,也就是享受旅游服务的文化内涵。因此,旅行社企业的物质文化更应该体现以人为本的精神,通过企业建筑的风格、企业工作环境的布置、广告的策划、旅游线路的设计、活动内容安排以及旅游纪念品的发放等方面,能够充分展现企业自己的文化特色。

11.4.2.2　制度文化

制度文化层是企业文化结构的中间层部分,包括具有本企业文化特色的、为保证企业活动正常进行的企业领导体制、组织结构和各种规章制度、员工行为准则等。如企业中的厂规、厂纪,各种工作制度和责任制度,以及人际交往的方式等。

企业制度是企业的根本,是旅行社完成工作任务的重要保证。广义地说,旅行社的企业制度文化主要包括领导体制、管理制度和组织机构三个方面的内容,其中组织机构是企业文化的载体,管理制度是规范企业经营行为实现企业既定目标的保障,领导体制的产生、发展、变化是企业发展的必然结果。

企业制度文化是企业为实现企业经营目标,对员工的行为给予一定的方向性、规范性和强制性的文化,是企业文化中人与物、人与人、人与企业运营制度的中介和结合。它能使企业在复杂多变的竞争环境中始终保持良好的状态,从而保证企业经营目标的实现。

11.4.2.3　精神文化

企业精神文化层是企业文化结构的核心层,是指企业在长期活动中逐步形成的,并为全体员工所认同的共有意识和观念。包括企业的价值观念、企业精神和企业道德等。精神文化是企业文化的最深层结构,是企业文化的核心和灵魂。在市场经济条件下,许多企业家越来越深刻地认识到,培育富有本企业特色的企业精神,是一个企业得以生存和发展的强大精神支柱,是增强企业凝聚力和员工主人翁责任感的有力思想武器。企业的精神文化主要包括企业精神、企业道德、企业价值观念、企业风貌等意识形态等。

(1)企业精神　企业精神即为企业员工所认同的包含该企业自身特点的正向心理定势、价值取向、主导意识和发展方向,是一种团体精神。它是经过长期精心培育而形成的,是企业的灵魂,是企业全体人员信奉的精神信念,是推动企业发展的动力。

(2)企业道德　企业道德是指员工在经营活动中调整内外关系的特定职业行为规范的总和,它以社会基本道德和行为规范为标准来调节企业和社会、企业与企业、企业与员工以及员工与员工之间的关系。企业道德虽不具有法律那样的强制性的约束力,但它有积极向上的示范效应和感染力。

(3)企业价值观　企业价值观是企业全体员工在共同信念、共同利益的基础上形成的群体价值观。对于旅行社来讲,价值观为旅行社生存和发展提供了基本方向和行动指南,是旅行社全体员工据以判断事物的标准。企业价值观决定着企业的宗旨,规范着企业的信念。

(4)企业风貌　良好的精神风貌是企业的活力之源,不但使员工之中产生强大的凝聚力,极大地提高员工工作的积极性和主动性,而且也提高了员工的素养,使员工逐渐形成举止规范、谈吐文明的行为,时时处处能体现出与众不同的一种精神风貌。员工在与消费者交往过程中,易于给对方留下好感,容易得到认同和沟通,最终会引申到消费者产生良好的印象,使现实的消费者会变得更加忠诚,潜在的消费者会变成现实的消费者。

11.4.3 企业文化建设的意义和作用

企业文化是企业发展过程中形成的内部文化,是企业在经过时间的积累过程中所形成的文明文化的总和。从概念上分析,广义上讲的是企业精神文化、物质文化和行为文化的总和,从狭义上讲是指以企业自身理念为核心价值观的企业意识形态。企业文化建设将企业意识上升到一个高度,提升企业的核心竞争力,从而引导企业正确发展,推进企业在新时代的行业竞争中占据一定的优势地位。企业文化是企业的核心竞争力。研究企业的核心竞争力必须要从企业文化研究做起,企业文化的高低决定了企业核心竞争力的强弱。一个优秀的企业文化往往能给企业提供生生不息的长期牵引力和持续不断的内部动力。

11.4.3.1 企业文化建设对企业发展具有导向作用

企业管理的最高境界,即文化管理。在这个过程中是通过文化管理这种模式,来优化企业职工的心智和行为模式。这样企业职工就能够将企业的价值目标和价值理念进行深入的了解和升华,进而定格于自身的内心深处。所以,在企业文化建设过程中,公司必须在行为、认知、意识、价值、情感和目标等方面对职工进行全方位的教育引导,并能够快速地使职工对企业的发展愿景、企业使命和企业战略目标有着一定程度的了解,从而形成自身的行为潜意识,使员工在企业发展中形成一种自觉的行为习惯,为企业的未来发展做出自己的奉献。企业文化为企业战略的实施提供了精神动力和智力支持,是企业经营战略的力量之源。大量的实证研究证明:一个强大的企业文化与企业的战略相符时,共同的价值观能把企业与员工紧密地联系在一起,提高企业运作效率,减少费用的支出,增强企业核心竞争力,从而保持企业旺盛的生命力,实现企业的可持续发展。例如,将企业战略与企业文化巧妙结合,使两者相辅相成,共同促进企业生产力的发展,概括起来就是“有效战略+优秀文化=卓越生产力”。战略与文化的结合可以看成一种“硬”与“软”的结合。虽然企业战略反映企业使命和企业愿景,有着企业文化的烙印,但是企业战略并不等于企业文化,两者的差别在于企业战略具有较强的显现性,而企业文化具有较强的潜隐性。

11.4.3.2 企业文化建设对企业员工有凝聚团结作用

科学数据显示,个人在无激励的情况下只能发挥自身不到30%的能力,在物质激励的情况下,自身潜力的开发在50%~80%,而在精神激励的状况下,自身的潜力开发能够达到90%甚至更多。从上述数据显示分析,通过物质激励,也可以提高企业职工的工作积极性和凝聚力,但是持久性不够,达到一定程度会呈现出递减的状况。相反在精神激励的状况下,行为的持久性更强。所以,要想建立起一个稳固的合作团队,仅仅依靠物质激励是完全达不到要求的。这就有必要借助企业文化这种“强力粘贴剂”来提升团队的凝聚力,在这种文化建设中,不同层次、各个方面的企业职工都能够在一个文化意识下形成合力,培养出共同的价值理念,这样的组织文化也是一种非强制性的持久文化,从精神层面对企业职工的生产行为起到规范作用,大大加强集团内部的凝聚力。

11.4.3.3 企业文化建设对企业和职工起到规范的作用

企业仅仅依靠企业制度来管理生产是不够的,在管理过程中往往存在着管理死角。

而企业文化作为一种强大的、无形的、非强制性的约束力，能够很好地弥补管理制度在管理中的漏洞。同时，企业文化的建设，随着时间的积累，文化就会形成默认的管理制度，而这种制度从理性层面和感性层面上讲，都不是强制性的，因为这种文化已经深入企业职工的内心深处。在员工管理的过程中，企业可以将生产中的管理要素和企业员工的行为融合起来，从而形成自身的管理特色，这样就可以将职工的日常生产和生活行为升级为企业行为。企业文化作为企业所共有的价值观，并不对企业成员具有明文规定的硬性要求，而是一只“看不见的手”，是一种软性约束，能够对全体成员的行为形成一种无形的群体压力。这种压力包括舆论的压力、理智的压力和情感的压力。企业文化带来的这种无形的、非正式的和不成文的行为准则，使员工们能够按照价值观的指导进行自我管理和控制，从而弥补了规章制度产生的缺憾和不足。

11.4.3.4 企业文化建设能够树立企业良好形象

企业的发展光靠自身的硬实力是不够的，软实力的增强也是企业发展的必修课，而企业的软实力就包括企业的知名度和美誉度。企业知名度和美誉度的树立，必须有强大的企业文化做支撑，这也就是常说的“内修素质，外树形象”，只有企业的内部实力和外在形象同步发展，企业才能在社会大众的心目中树立起应有的品牌效应。在企业文化建设的过程中，企业必须要有高瞻远瞩的境界，通过合理科学的统筹规划、统一设计和一致的规范，逐步建立起企业的良好社会形象，这样在产品质量提升的前提下，生产产品的附加值就会大大增加。

11.4.4 旅行社企业文化构建的途径

企业文化是一种现代管理思想指导下形成的管理方式。在新的形势下，如何解决旅行社企业发展中的文化问题，积极培育和建设有特色的旅行社企业文化，以优秀的企业文化促进企业的长远发展，是企业面临的重要问题。加强旅行社的企业文化建设，应从以下几个方面着手：

11.4.4.1 转变观念，企业文化建设应适应环境发展

企业文化随着经济进入新常态和创新企业制度的建立，已经被很多的旅行社所接受。但是，有些旅行社对企业文化的认识还不是很清楚。因此，加强旅行社企业文化建设首先应该从思想观念上着手。特别是在以下三个问题上转变观念。

(1)旅行社企业文化建设与国内旅游大环境“无关”的观念　改革开放后，众多旅行社的竞争、交通问题、设施更新、景点开发、物价涨跌、环境污染等所表现出来的诸多问题，无形中影响着旅行社的企业文化、企业形象、企业风貌。反过来，良好的企业文化，也能够帮助旅行社企业解决、克服大环境中的种种问题、困难，深刻地影响大环境，改善大环境。

(2)旅行社企业文化建设与国际旅游大环境“无关”的观念　随着国际旅游业的蓬勃发展，大量境外客源进入中国旅游市场，中国各国际旅行社积极与国际接轨，开发欧美、日本、东南亚等国际市场，努力吸引境外游客。同时，中国国内正在有越来越多的游客走出国门，进入国际旅游的大市场。无论是迎进来还是送出去，旅行社都要经受严峻的考验。这种考验除了地域条件、旅游资源、交通、食宿外，更主要的在于文化上的差异。所以，旅行社企业文化建设也要与时俱进，积极适应发展国际旅游的需要。

11.4.4.2 旅行社企业的榜样人物

旅行社中的榜样人物，既可以是高层管理人员，也可能是旅行社内的普通员工。无论是谁，成为榜样人物的相同点是，他(她)们都是企业行为的楷模。旅行社榜样人物的作用具体体现在：

(1)榜样作用　旅行社的模范人物是企业文化人格化的代表，企业员工对他(她)们由敬佩、爱戴到学着去做的过程，也就是旅行社企业文化认同和实践的过程。

(2)聚合作用　榜样人物源于员工之中，其理想、信念、追求具有现实的基础，易于广大员工的认同，吸引周围的员工。

(3)舆论导向作用　榜样人物的言行能影响舆论导向，起到引导员工言行、强化企业价值观的作用。

(4)调节、融合作用　榜样人物以自身的声望和地位，在解决旅行社内部各类矛盾和冲突时能起到调节、融合作用。

造就旅行社榜样人物并不是一件很容易的事，旅行社应该注意：第一，管理人员严于律己，成为全体员工的楷模。旅行社的管理人员应该率先成为旅行社的模范人物和广大员工的榜样。要求管理人员要努力成为员工普遍认同和仿效的楷模。第二，注意从广大员工中培养、造就榜样人物。从旅行社员工中树立榜样人物，最易得到其他员工的认同。因此，旅行社要注意从员工中培养和造就模范人物。但由于工作内容或其他因素的限制，基层榜样人物的先进事迹往往集中在某一方面，旅行社应注意从不同的侧面造就单项“标兵”。第三，给予榜样人物奖励，激发员工的效仿心理。旅行社对员工公认的榜样人物既要给予表扬、颁发荣誉证书等精神激励，也要给予他们足够的物质激励，如奖金、住房、奖励旅游等，这样才能激发广大员工争做模范人物的心理。

11.4.4.3 建立企业文化礼仪

旅行社既是工作组织，又是生活组织。任何一个企业都有一定的礼仪活动。对旅行社来说，礼仪活动主要有三种：

(1)工作惯常礼仪　工作惯常礼仪主要是发生在员工工作中接待时的礼仪，如部门会议、培训会、工作动员会等。工作惯常礼仪是塑造企业习俗的重要形式，要创立好的旅行社行为模式和规范性礼节。

(2)纪念性礼仪　纪念性礼仪是指那些对旅行社具有重要意义的纪念活动中的礼仪，如社庆等活动。

(3)生活惯常礼仪　生活惯常礼仪指在工作之余，旅行社开展的与广大员工生活直接相关的多种活动，如文体活动、联谊会等。

在纪念性礼仪和生活惯常礼仪中，增加员工接触，有助于培养他们对旅行社的自豪感和归属感，增进相互之间的感情和友谊，协调内部人际关系。旅行社企业文化礼仪一经创立，就要保持稳定性和连续性。

11.4.4.4 重视和利用企业内的非正式沟通网络

旅行社企业文化的塑造过程实际上是群体通过沟通而实现价值观一体化的过程。旅行社内的沟通按沟通的组织系统可划分为正式和非正式两种沟通。凡是通过组织明文规定的渠道进行信息的传递和交换都属于正式沟通；而在正式沟通渠道之外的信息的传递和交换都属于非正式沟通。在现实生活中,人们几乎不会在正式沟通渠道中把自己真实思想和行动表露出来。因此,非正式沟通渠道起着补充正式沟通网络不足的作用。所以,旅行社在企业文化的塑造中,要以积极的态度重视和充分利用企业内的非正式沟通网络,并正确引导和培养正常的、体现企业价值观念的非正式沟通网络的发展。

11.4.4.5 营造企业文化氛围

营造企业文化氛围就是要营造旅行社良好的气氛和情调,使员工能深刻体会到旅行社的整体精神追求、价值观念,从而使其思想得到升华并成为自觉意愿。

旅行社企业文化氛围由物质氛围、制度氛围和感情氛围构成。对于旅行社来讲,营造企业文化氛围,重点是营造旅行社文化的感情氛围,使员工之间形成相互信任、工作配合的新型人际关系。

【本章小结】

旅行社的人力资源管理,就人的个体而言,主观能动性是劳动的基础,就人的群体而言,每一个个体的主观能动性,并不一定都能形成群体功能的最佳效应,只有在思想观念上一致,在感情上融洽,在行动上协作,才能使群体的功能等于或大于每一个个体功能的总和。人力资源管理,就是运用科学方法,对人的心理和行为进行有效管理,调动人的积极性,最大限度地发掘人的潜能,使人尽其才,实现旅行社的企业目标。

旅行社人力资源管理过程是指旅行社通过确定用人计划,招聘、培训、绩效评估和有效激励等一系列活动。旅行社的人力资源管理部门要根据旅行社的经营目标确定现在及未来对员工数量与质量的需求情况,并据此制订详尽的计划;并根据招聘标准为企业选进合适人才,所以招聘是旅行社人力资源管理的决定因素之一;旅行社应结合自身业务和员工需求,选择合适的培训方法,对员工进行有效及时的培训,并对培训效果进行评价;对一个旅行社来说能否吸引并留住人才,将直接影响到旅行社自身的生存和发展。因此除了运用其他有效的人力资源管理措施外,旅行社更应注重建立完善的激励机制,把利益激励和精神激励结合起来,对员工进行有效激励。

企业文化是企业在长期生产经营过程中形成的价值观、经营理念、群体行为准则的综合体,是企业核心竞争力的重要组成部分。构建优秀的企业文化是旅行社适应环境变化、保持竞争力的根本保证。

【重点概念】

人力资源管理　员工招聘　员工培训　薪酬激励　福利激励　企业文化建设

【案例分析】

案例 11-1

蚂蜂窝旅行网员工办公室

位于北京市朝阳区酒仙桥恒通产业园的马蜂窝旅游网全球总部是由袈蓝建筑设计事务所精心设计打造的,面积约 1 800 平方米。建筑师尽可能大量保留了建筑材质和时代遗留的印迹,以此基础根据上下两层的空间对其内部进行了重释,通过下挖4米的深度调整了整体面积和层高,尽全力去诠释秩序与自由的交融;空间内随处可见象征蜂巢的六边形作为创意的核心元素,并将诸多六边形的格子平铺整个空间,最值得一提的是原本贯穿200米厂房中的3米高桁架截断也形成一个通透的以六边形关系铺陈出来,是一个十分具有想象力的完整空间;内部设有一处近25米高的玻璃顶采光中庭,营造出了一个温馨、舒适的办公环境。

众所周知,马蜂窝旅游网是中国最受欢迎的旅游服务网站之一,它崇尚自由和对未知的探索企业文化深受大家喜爱;公司创立将满十年之际,为提升企业聚合力,消除内部不同团队之间的陌生感,决定将所有员工集聚在一起办公共创佳绩。正门入口处设有“四季”花坛,坛内植物、布置的方式可以是稻禾从播种到收获、荷塘从赏花到采藕等,花台里的内容随心而定,既展示空间灵动性又调动人们在此创作热情与活力。室内连接各个楼层的“剪刀梯”创意,是建筑师的又一大胆构想。巧妙地连接了不同高度的各个主题空间,将人与人之间的联系变得更加紧密。每层都设有不同的主题会议室,如“绿野仙踪”“巴比伦”“迷情英伦”等,可根据喜好自如选择;屋顶处隐隐发光的一朵朵“云”极其优美,它是一种特殊的云形装置,用木方架构成云的形状,导入光纤并发光,与整个办公装饰相辅相成。

(案例来源:https://www.sohu.com/a/225112064_99912906.2018-03-08 12:09)

案例思考题:

1. 分析蚂蜂窝旅行网的员工企业文化是什么?
2. “以人为本”的企业理念如何在蚂蜂窝集团贯彻落实?

案例11-2

迪士尼乐园把员工培训成行业一流的攻略

一、迪士尼乐园优质服务的源动力

理解企业理念并付诸实践,怀着对工作的自豪感进行互相鼓励。

这便是迪士尼乐园优质服务的原动力所在,也是其创立者——华特·迪士尼的基础理念,“谁都可以畅想、设计和建设全世界最美好的乐园,但要让这样的梦想成为现实,其关键要素取决于‘人’。”与“常常不通情理”的现实社会不同,迪士尼乐园真可谓是“梦想中的国度”。其原因之一在于努力工作的迪士尼员工自身。运营迪士尼的Oriental Land公司约有21 000名员工,其中9成是临时工。不少临时工是学生。而正是这些临时工通过他们的努力,即便是不良少年或平时品行有问题的成年人,只要到了迪士尼乐园,就都变成了好人——谈吐变得文雅,也不乱扔垃圾了。

其实,迪士尼乐园的工作人员,只是一群普通人而已。假设临时工平均工作3年后辞职,每年必须不间断招聘6 000名临时工。在如此大的临时工需求下,设置严格的录用标准、只录取能熟练待客或具有较高服务意识的人才,自然是不可能的。

因此,“在招聘面试阶段就发现优秀人才并予以录用”并非迪士尼的做法。

二、理解“使命”，明确责任

临时工的招聘工作并非易事，而且现实情况根本不允许你去制订严格的选拔标准去“挑三拣四”。而且，在那么短的面试时间内，你也无从考察应聘者是否能熟练待客或具有较高的服务意识。换而言之，迪士尼乐园的工作人员，只是住在离位于千叶县浦安市的迪士尼乐园距离较近的人而已，正式员工亦是如此。

如今的迪士尼乐园成了求职者心中的热门企业，然而在建设之初，迪士尼乐园远没有如今这样声名显赫。由此可见，是当时最早的一批员工树立了迪士尼乐园在人们心中的地位，迪士尼乐园并非由特殊精英搭建而成。从事餐饮业等服务业的经营者和管理层经常会称赞迪士尼的高品质服务，实际上，迪士尼和其他从事服务业的企业之间差别，其实只有一点点。

那么，迪士尼和其他从事服务业的企业之间究竟有什么不同之处？其不同之处在于：员工在工作时，是否理解自身的“使命”是什么。所谓使命，即“职责”。

首先，明确制订公司的使命（职责）。把使命内容传达给每一位员工，不断培养员工的使命感。树立公司的良好风气，让每位员工都思考“自己的使命是什么”。

其次，让每个员工理解公司理念的重要性。对于迪士尼而言，其使命（目的）是“给予幸福”，就是提供幸福感。

而给予幸福的对象，并不仅仅是游客，还包括员工在内。因此，员工的目标不仅仅是让游客拥有幸福感，还要让自己的同事们也拥有幸福感。

三、让员工学习迪士尼乐园的历史

华特·迪士尼创造这一切的动机是什么？米老鼠是怎样诞生的？华特·迪士尼想通过米老鼠向游客提供什么？

在一开始，就让员工彻底地了解这些基础性的内容。然后向员工传达其所属工作岗位的相应事业使命。例如，如果员工将被分配到商品部（负责销售纪念品的部门），简单来说，“让游客把在迪士尼乐园内的美好回忆带回家”便是其使命所在。

这便是迪士尼的员工们一开始所接受的培训。其目的是让员工理解工作的目的是为了追求理念。换言之，是让员工懂得：真正的工作内容应该是“给予幸福感”。

而后，这些新员工会学习各种作业内容和技巧，会在岗位上开展工作。以被分配到餐饮店的员工为例，洗盘子、烹饪、上菜……他们必须记住这些作业内容和技巧，并且出色地完成。但这些说到底只是作业，而非真正的“工作”。这样的理念在一开始就向员工传达了。

在不知不觉中，“作业”成了“工作”本身。这样的例子在我们身边其实很多。例如，“今天好累，不过好在酱油拉面卖得不错”“由于努力推荐菜式，作为新品的某某拉面卖出了好几碗”，等等。因为“这碗拉面是否让客人吃得开心”才是重要的。比起眼前的营业额，增加回头客才是做生意时更应该重视的事情。只有让客人吃得开心，才算是完成了工作。眼前的营业额也很重要，但并非最重要的因素。

四、思考工作的意义

华特·迪士尼希望员工在工作时能够时刻思考“自己为什么要做这份工作”。这是一切的基础，比知识和技能重要得多。思考“这份工作为何会存在”，以及更为深层次的

“为什么在茫茫人海中,偏偏是我从事这份工作”之类的问题。永远不要停止对这些问题的思考。

这就是迪士尼风格的工作方式。“既然接受了这份工作,就要在工作岗位上发挥自己的独特才能,或者思考自己能够发挥怎样的独特才能。这既是为了客人也是为了一起工作的同事。”通过向员工灌输这种思想,等于是赋予了员工工作的意义。

从某种意义上讲,这等于是在一开始就给员工打了一针强力的“兴奋剂”。作为其结果,员工能以充满活力和热情的状态享受工作,从而爱上自己的工作岗位。技术和技能固然重要,但首先要让员工明确自身工作的意义所在。

(案例来源:https://www.sohu.com/a/165203592_369444. 2017-08-16 17:30)

案例思考题:

1. 迪士尼在员工的选聘上有哪些独到之处?
2. 迪士尼在员工的培训上遵循的理念是什么?
3. 了解迪士尼乐园的历史对于现任的员工有何意义?

思考题

1. 旅行社人力资源管理包括哪些内容,其人力资源管理有何特点?
2. 如何对旅行社的员工进行培训?
3. 激励员工的方法有哪些?
4. 企业文化的建设和作用有哪些?
5. 旅行社企业文化构建的途径有哪些?

12 旅行社信息技术管理

学习目标→

通过本章学习，了解信息技术发展的态势，熟悉信息技术对旅行社经营影响；了解信息技术在国内外旅行社业中应用情况，熟悉携程网、淘宝旅行、去哪儿等新型在线旅行业务服务商；熟悉我国旅行社信息化建设阻碍因素，理解我国旅行社信息化发展对策。

学习难点→

旅行社信息化技术　旅行社信息化发展对策

随着社会的发展和人民生活水平的提高，我国旅游业已经越来越大众化。当前，旅游者的消费需求越来越个性化、多样化，旅游企业也需要越来越多地提供一站式综合化旅游产品，这些都必须借助强大的信息咨询服务平台和信息传输网络来支撑。奈斯比特在《大趋势》中预言："电信通讯、信息技术和旅游业将成为21世纪服务行业中经济发展的原动力。"这三者的结合即旅游业信息化将成为一种更大的驱动力，不仅给电信通讯、信息技术等提供更广阔的舞台，同时更赋予旅游业发展以无限的生机和活力。目前，世界范围内旅游电子商务已成大势，低成本、高效率的电子商务已开始引领旅游产业的未来。要实现我国旅游业从传统向现代、从粗放向集约转变，实现由"旅游大国"变为"旅游强国"的目标，利用信息化对传统旅游业加以改造提升已经刻不容缓。

12.1 旅行社信息技术管理概述

12.1.1 信息技术概念及发展阶段

12.1.1.1 旅行社信息化的概念

信息技术（Information Technology，简称IT）是主要用于管理和处理信息所采用的各种技术的总称。它主要是应用计算机科学和通信技术来设计、开发、安装和实施信息系统及应用软件,它也常被称为信息和通信技术(Information and Communications Technology,ICT)。主要包括传感技术、计算机技术和通信技术。根据最新公布的2006—2020年国家信息化发展战略,信息化就是充分利用信息技术,开发利用信息资源,促进信息交流和知识共享,提高经济增长质量,推动经济社会发展转型的历史进程。

对于旅行社信息化,郭鲁芳(2003)认为:“旅行社信息化是以旅行社为主题,以现代信息技术为基础,以信息为战略资源,以人力资源及相应的组织模式为内容,大幅度提高旅行社服务能力,以增强旅行社的竞争力,更好地满足旅游者的需要。简言之,旅行社信息化就是指信息革命对旅行社的影响迅速扩大的现象。”

12.1.1.2 信息技术发展阶段

信息技术的发展分为四个阶段,每个阶段都对企业有不同的贡献,要求不同的资源和投入,对企业的战略和运营也会产生不同程度的影响。

第一阶段:数据处理阶段。这个阶段的技术的主要目的是通过自动化的信息处理提高企业的经营效率。这一阶段始于20世纪60年代,主要采用的设备是大型机和微机,硬件和软件都非常昂贵,当时主要是用于航空公司。

第二阶段:管理信息系统(MIS)阶段。这个阶段技术主要应用是通过满足企业对信息的需求达到提高企业管理效率和效益的作用。这一阶段始于20世纪70年代,信息系统主要用于满足企业内部管理和协调需要。

第三阶段:战略信息系统(SIS)阶段。战略信息系统主要目标是通过转变企业的经营机制实现提高企业竞争力的目的。利用互联的信息技术网络实现企业的战略目标,提高经营业绩,把相关活动融入企业的功能和生产流程中去,同时支持企业与外部的互动,使企业获得竞争优势。

第四阶段:网络阶段。始于20世纪90年代,这个阶段特征是企业内部和企业间网络大量涌现。局域网(LAN)、广域网(WAN)、互联网、内部网和外部网给企业的沟通领域带来了一次革命,促成了多层次多方面的互联互动和有效的协作。信息技术成了从采购生产到营销几乎所有的企业功能所必不可少的工具。

12.1.2 在线旅游(OTA)

在线旅游(OTA,全称为Online Travel Agency),是旅游电子商务行业的专业词语。指“旅游消费者通过网络向旅游服务提供商预定旅游产品或服务,并通过网上支付或者线下付费,即各旅游主体可以通过网络进行产品营销或产品销售”。

移动互联时代,用户群体从PC端向智能手持设备方面的大量转移,旅游用户预订习惯发生转变,移动互联在OTA模式中占据了重要位置。

第一,移动定位服务。基于位置的服务LBS(Location Based Service)被称作为移动定位服务,通过一组定位技术获得移动终端的位置信息,以移动通信网络和卫星定位的系统结合来实现,实现各种与位置相关的业务。在旅游中基于位置的移动定位服务包括导航服务、位置跟踪服务、安全救援服务、移动广告服务,相关位置的查询服务等。比如根据当前定位位置,通过在线旅游服务商的App等相关应用,可以查询附近酒店、旅游景点、娱乐设施等相关信息,可以进行选择预订的同时,可以地图应用的导入,实现空间到达。

第二,移动支付。移动支付通常称为手机支付,就是用户使用移动终端(一般是手机)对所消费的商品或服务进行账务支付的一种服务方式。移动支付对实物货币有着可替代性作用,不受时空限制,具有先天的优势,在当前的消费行为中起着重要作用,移动支付服务的水平,将成为改善用户体验的重要组成部分。

第三,移动信息服务。移动信息服务是指用户在移动过程中自动接收得到的来自广告商或其他以目标客户为群体的组织的相关针对性信息。很多人会有进入到某地自动收到当地的欢迎信息。移动互联网最关键的应用是高度个性化、高度相关性的信息传递,这些信息由客户定制的,包括客户个人信息及其想达到的目的。因而,对目标客户或者是进入到一定旅游区域的用户进行相关信息的推送,可以引导其进行消费行为的产生。

12.1.3 互联网为核心的信息技术对传统旅行社经营的影响

12.1.3.1 互联网削弱了旅行社的传统职能

互联网的发展对旅行社的传统职能带来了冲击。一方面,互联网削弱了旅行社的中介职能。代订机票、酒店等曾是旅行社的重要职能之一,但随着互联网的普及,越来越多的航空公司、酒店等开创了自己的主页,并在主页中设置了预订功能。另外,也有众多的在线旅游预订网站,专门从事旅游产品的预订业务。网上预订业务的市场规模越来越大,网络的预订功能让游客随时随地、足不出户地进行旅游产品预订,比去旅行社进行预订更为方便。随着互联网应用的深度发展,旅行社的传统中介职能将受到越来越大的冲击。另一方面,互联网削弱了旅行社的咨询服务功能。在互联网时代之前,由于信息获取和交流的不便,旅游者对旅游目的地的了解十分有限,只能求助于旅行社所掌握的市场信息和经验。然而随着科技的发展,人们已经置身于信息的时代、网络的世界,特别是百度、Google 等搜索引擎的出现更是大大方便了人们对信息的查询。如今,人们只需输入旅游目的地的关键词,网络上立即会出现有关旅游目的地的大量资料。方便快捷、信息丰富、无须费用等优点使互联网正逐渐削弱旅行社的咨询职能。

12.1.3.2 互联网改变了旅游者的购买方式

在互联网时代以前,旅游者要想购买旅游产品,必须亲自到旅行社的销售网点购买。但随着互联网的应用普及,旅游者的购买方式发生了变化。网络预订的即时性和方便性,促使越来越多的人选择网络购买方式。2017 年,我国网上预订机票、酒店、火车票或旅游度假产品的网民规模达到 3.48 亿,较 2016 年底增长 4 847 万人,增长率为 16.2%。数据显示, 2012—2017 年我国在线旅游市场用户规模增长迅速,六年年均复合增长率为 25.5%。2017 年中国在线旅游市场交易规模达 8286 亿元,同比增长 35%。在线旅行预订市场规模的增长主要归结为以下三个因素:①政府相关部门的大力支持。②社会资本对旅游较高的投资热度,以及行业内部投资并购活跃,促进旅游行业整体环境的改善和服务质量的提升。③旅游产品的完善、企业宣传促销力度加大、移动 APP 的推广应用激发消费者的旅行需求,并促使大量线下旅行预订用户向线上转移。随着经济和社会的发展,网上旅行预订的用户规模会越来越大,网络购买方式逐渐成为旅游购买的主导方式。互联网的发展,使得旅行社传统、单一的线下营销方式无法充分满足旅游者的需求。

12.1.3.3 互联网改变了旅行社的经营模式

在传统的旅游服务管理模式中,旅行社只提供标准化的团体旅游线路,极少针对旅游者的个体需要进行产品设计。在我国大力推进"互联网+"的发展战略背景下,很多旅行社企业都开始探索在线旅游的经营思路。互联网技术的应用,大大地提高了信息沟通效率,拓宽了信息沟通渠道。旅行社可通过互联网及时地与旅游者进行沟通,充分了解旅游者的需求,有针对性地提供个性化的服务,变"被动营销"为"主动营销",这样就推动了旅游业从以产品质量为中心的经营模式,向以游客满意度为中心的模式转变。

12.1.4 旅行社信息化对旅行社经营管理的作用

12.1.4.1 旅行社信息化建设是加强企业管理,增强核心竞争力的必然选择

旅行社信息化建设,有助于提高企业内部管理效率和控制能力,按照多层次需求智能化设计产品,加强与其他旅游企业的联系与合作,加强资金电子结算和信用审核,有效降低旅行社内部及业内运行成本,实现集团化和网络化经营,做大做强旅行社,达到"优化流程,业务运行电子化;畅通渠道,管理运行成本降低;规范运作,团队运行随时掌控;信息交互,业务往来信息实时记录"的目标。目前,我国旅行社信息化建设处在一个转型期,存在着信息技术的应用层次较低、信息化动力不足、信息化程度不高等问题。因此,在这个起步阶段,谁抢先起步,占领了旅游信息化的制高点,谁就具有了竞争优势,谁就拥有在竞争中胜出的有力武器。

12.1.4.2 旅行社信息化管理是维护市场秩序,提升服务质量的有效手段

加强旅行社信息化管理建设,就是要通过行业业务系统的应用,从四个方面着力:一是通过数字认证、行业数据交互,杜绝黑社、黑车、黑导;二是通过代理机制和电子合同,规范企业行为,提高游客满意度;三是通过结算体系,发现并处理零负团费违规违法行为,解决旅游线路恶性竞争,解决"三角债"等老大难问题;四是通过数据采集终端定位团队轨迹,规范团队运行,准确及时地提供紧急救援的基础信息,从而维护行业发展秩序,提高行业服务质量,提升行业形象,提高旅游企业整体效益。旅行社信息化管理,是加强旅游市场管理、规范旅游市场秩序、提升旅游服务质量和应急管理水平的新举措,也是旅行社行业的一项重大改革。

12.1.4.3 旅行社信息化为旅行社实现规模扩张和规模经济提供了可能

旅行社中介性业务特点决定了旅行社对相关信息的依赖度很强,而信息技术无疑可以帮助旅行社提高信息使用效率,并由此极大提高旅行社的业务操作能力和经营效率,从而使旅行社的规模扩张和规模经济的实现变得更加简易可行。如美国罗森布鲁斯(Rosenbluth Travel),在1980年时还是一个名不见经传的旅行社,由于率先力推信息化的应用,其销售额实现快速增长,从1980年的4 000万美元猛增到1990年的10亿美元,一举成为美国五大旅行社之一。

12.1.4.4 旅行社信息化能够简化旅行社集团的业务流程,提高新流程中的合作程度

对于传统的旅行社集团公司,在业务流程的环节往往比较复杂,信息传递效率低。旅行社信息化的应用有助于提高合作程度,简化业务流程。如旅行社建立数据库中心,信息传递方式就会发生根本性、革命性的变化。各机构可以通过数据库中心及时获得相关资

料,部门间原本错综复杂的文件往来改为与数据库单点接触,缩短了信息传递中介过程,降低了对各环节进行衔接、协调、监督和控制所带来的成本,增强了工作的互动性,这就为旅行社企业再造业务流程提供了基础。另外,还能提高新流程的合作程度。以采购预订为例,旅行社企业集团可以建立标准的预订系统,使每个子旅行社均能根据自己的需求量订票、订房、订餐,总公司的计调部门将根据所辖旅行社的总预订量向供应商争取大宗预订合同和折扣,降低经营成本,同时也能解决以往总公司与各子公司之间在订购流程中出现的种种矛盾,提高整个订购流程的绩效。

12.1.4.5 旅行信息化可以帮助旅行社更好满足顾客需要,提供专业化服务

罗森布鲁斯旅行社开发 READOUT 系统,改变了预订系统中航班表排列方式,按照票价高低而非按照传统的起飞时间排列航班顺序。有助于为旅客在复杂多变的航空价格中更方便发现低价机票,满足某些旅客最大限度地节省旅行费用的需求,从而也为旅行社获得更广阔的客源市场。

12.2 信息技术在旅行社业的应用

12.2.1 信息技术在国外旅行社业中的应用

国外旅行社业信息化进程始于 20 世纪 50 年代。1959 年美利坚航空公司和 IBM 开发了世界上第一个电脑预订系统 SABIE。SABIE 最初用于改善电话和电传的使用,提高业务管理的效率,后来逐步演变为一个复杂的电脑预订系统。此后,各航空公司迫于竞争的压力都逐步开发了自己的电脑预订系统。到了 20 世纪 70 年代,随着美国推出航空管制取消法案及游客选择机票范围的日益扩大,电脑预订系统(computerized reservation system ,简称 CRS)延伸至旅行社代理商,并开始在旅行社业发展中独领风骚。经过多年的不断完善,至今已形成 Galilio、Sabie、Amadeus、Worldspan 等多个著名的国际预订系统。其终端已遍及销售客票的各航空公司销售点及各个旅行社,仅 Amadus 一家在 1996 年 6 月就通过世界范围内的 106 394 家旅游代理商的 162 329 个终端展示了可作用的 432 家航空公司、29 000 家饭店和 55 家租车公司。除机票以外,饭店客房、车票、游船票,机场接送及其他服务项目也可以通过它进行销售,从而使旅行社的整个销售都实现信息化和自动化。

从 20 世纪 80 年代开始,CRS 开始向全球分销体系(globe distribution system,简称 GDS)过渡。GDS 是应用于民用航空运输及整个旅游业的大型计算机信息服务系统。随着因特网的日益普及,GDS 已经通过互联网遍及世界各处角落。依托开放平台,通过与旅游等领域商务运作,实现了民航和旅游等信息的整合,从而能够为出行者提供包括旅游线路策划、景点选择、机票预订、汽车租赁、网上支付及其他后续服务等一条龙、全方位的服务。1994 年,美国开始推行“无票旅行”,乘客只需使用航空公司发出的一张卡片直接办理登机手续。至 1996 年 7 月,美国已有 53% 的旅行社商提供无票旅行服务,21% 的旅行社商接上了因特网。1997 年底,美国共有的 56% 旅行社接通因特网或加入商业性网络服务。在上网的旅行社中,有 42% 的旅行社在网上建立了自己的主页,占旅行社总量的

25%。2004年,美国全年的网络在线旅游服务市场达到520亿美元,占整个美国旅游市场份额的23%。目前,美国几乎所有旅行社都已使用上全球分销系统GDS,欧洲也有大约40%的旅行社拥有GDS,可以说,欧美国家旅行社信息化建设已经步入繁荣阶段。

12.2.2 信息技术在我国旅行社业中的应用

我国旅行社运用信息技术起步于20世纪80年代初期。1981年,中国国际旅行社引进美国PRI-ME550型超级小型计算机系统,用于旅游团数据处理、财务管理、数据统计。近年来,随着电脑在我国的普及,越来越多的旅行社开始采用电脑进行信息处理。在运用信息技术中,已全面步入了旅行社管理信息系统(MIS)阶段。MIS在旅行社管理中起着相当大的作用,大大提高旅行社工作效率。国家旅游局从1990年起开始抓信息化管理并筹建信息中心,先后投资了1 000多万元用于机房改造和设备配置,并根据客观实际与发展的可能,建设了一些旅游信息网络及信息传递系统。为迎接电子商务对旅游业的冲击,帮助旅游企业向电子商务化运作转型,国家旅游局于2001年启动的"金旅工程",成为中国旅游业国家级"电脑网络系统"开始建设的标志。"金旅工程"包括内部办公、管理业务和公共商务等3个网络,争取最大限度地整合国内外旅游信息资源,在三五年内建设和完善政府管理旅游的系统办公自动化网络与面向旅游市场的电子商务系统。其中,公共商务网主要建立一个可供各旅游企业进行供求信息交换、电子商务运作的中国电子商厦,向旅游企业提供整套的电子商务解决方案。

旅行社管理信息系统包含一个庞大的资源信息库,由自组团销售与接待管理系统、地接团管理系统、散客销售系统、财务管理系统、人事档案管理系统、办公室管理系统、总经理管理系统、旅游信息管理系统等子系统构成。目前,我国旅行社信息技术使用程度很不平衡,由于信息技术建设启动资金较高,有的小旅行社仍然停留在一台计算机、一台传真机和一部电话的初级阶段。在信息技术应用走在行业前列的主要为一些大旅行社,如中青旅、上海春秋等。一些新型旅游代理商已经基本与世界接轨,如携程旅行网。下面从旅游咨询服务、预订服务和旅游企业内部管理三个方面对我国旅行社信息化应用状况做一介绍。

在咨询服务方面,目前中国已经有很多大中型旅行社建立了自己的公司网站和信息中心,将各国的旅游风光、旅游活动项目、各种包价旅游线路、日程、价格、旅游饭店设施、等级和房价等在网页上展示。旅游者只需要上网就可查询旅游方面的有关信息。

旅游预订服务和内部管理系统主要表现在中国国际旅行社总社、上海春秋国际旅行社、中国青年旅行社总社等大社。他们在应用信息技术方面在行业中处于相对领先的地位,具有一定的代表性。中国国际旅行社总社是我国最早涉足信息技术应用的旅行社企业。国旅总社有自己的计算机中心,总社还通过与澳大利亚的JETSET联网运营加入了全球预订系统(GDS)。

在预订管理系统上,做得相对比较好的应该数上海春秋国旅。1994年,在国内大多数企业的电脑还仅仅派打字用场时,上海春秋国际旅行社就研发了春秋广域网软件,直接建立电脑终端联网,并且不断降低门槛,吸收全国近100个城市的近400家春秋以外的旅行社与之联网,代理春秋的产品、网点的铺设,使得春秋的辐射力也越来越广。以上海地区为例,周边200千米以内,都能做到电话预订后免费送票上门。网络成员运用规模优势,抓住日渐扩大的散客旅游市场,真正促进了旅游消费市场的形成。中国青年旅行社自1990年起就开始进行信息化建设,信息化项目涉及公司的公民旅游业务,包括公民旅游管理系统、财务系统、连锁店的订单系统,实现青旅在线与母体中青旅的联网,成功地建成了旅行社B2C的电子商务平台、入境旅游部门和青旅在线的CRM系统,逐步实现全面的办公自动化系统。

但总体上来说,中国国内绝大多数旅行社信息化应用还只是处于初级阶段。与饭店业、交通运输业等相关部门的联网系统也不发达,与世界上影响巨大的计算机系统更是缺乏足够密切的联系。

12.2.3 新型在线旅游服务商

12.2.3.1 门户网站旅游频道

以新浪旅游网站为例,依托新浪网站,涉及国内游、出境游、周边游等多种旅游类型,提供丰富的旅游信息,同时提供线路预订和酒店预订,开设博客与论坛,与网友互动。

12.2.3.2 专业在线旅游网站

(1)旅游垂直搜索平台　以去哪儿、酷讯旅游网为代表。垂直搜索引擎只针对细分领域的信息进行深度挖掘,专注于细分领域的深度和精确度,垂直搜索是针对特定内容的搜索,并进行结构化的整理,确保准确度和实用性,以便于特定需求的消费者利用。这些企业基于大量机票、酒店等旅游产品供应商的数据,为用户提供多个供应商之间的旅游产品价格比较,帮助用户做出消费决策,为消费者节省时间和金钱,"去哪儿"网的商业模式的特点是仅提供旅游垂直搜索信息,不涉及产品交易环节,不以佣金为盈利来源,主要的收入来源为广告费和酒店直通车业务的电话费。第一种是针对上游厂商及代理商,按消费者实际点击收费。消费者通过"去哪儿"网搜索相关产品信息时,通过点击可以将消费者直接引导至相关提供商的网站,根据消费者的实际点击情况,"去哪儿"网向上游厂商及代理商收取一定费用。第二种则是针对广告投放商,按广告展示收费,通过展示广告收取一定费用。

(2)旅游企业直销网站　对于大型的航空公司,大型酒店管理公司,他们会利用网络去中介化,开展电子商务进行产品直销。拿机票销售来说,目前国内的机票销售方式一般有三种:①通过中国航信息网络股份有限公司(中航信)的分销代理渠道销售;②通过携程、艺龙等大型电子商务平台销售;③各航空公司直销。传统模式下,航空公司跟消费者沟通必须经过层层代理,这中间需要大量成本,2008年,代理商从东航拿走了高达10亿元利润。国家规定的机票代理佣金为票价3%,但实际操作中,佣金普遍在票价5%~8%。而网络直销让航空公司跟消费者直接沟通,压缩了渠道成本,成本只占1%左右,网络直销可节省80%的销售成本。

(3)网上旅行服务商　目前网上旅行服务商主要有B2B和B2C两种模式网站。同程网作为专业B2B旅游网站,自从2004年创立至今,已经成为国内最大的旅游电子商务平台,也是目前中国唯一拥有B2B旅游企业间平台和B2C大众旅游平台的旅游电子商务网站。公司运营网站作为中国最大的旅游B2B交易平台,搭建包括旅行社、酒店、景区、交通、票务等在内的旅游企业间的交流交易平台，目前注册旅游企业会员 13 万余家，其中 VIP 会员 6 000 余家。2008 年，同程网进入旅游软件行业，目前基于 SAAS 平台的旅行社、酒店、航空软件用户遍布全国，市场占有率超过 70%，正在成为国内旅游信息化的标准软件。其“六合一”旅行社信息化整体解决方案获得 2007 年度最佳旅游创新模式奖。荣获了 2010 年度中国优秀专业旅游网站。B2C 模式网上旅行服务商，以携程网、艺龙商务旅行网为代表。携程旅行网成功整合了高科技产业与传统旅行业，向超过 3 亿会员提供集酒店预订、机票预订、度假预订、商旅管理、特惠商户及旅游资讯在内的全方位旅行服务，被誉为互联网和传统旅游无缝结合的典范。携程目前占据中国在线旅游 50% 以上市场份额，是绝对的市场领导者。

12.2.3.3 传统旅行社在线销售平台

很多大型传统旅行社为适应信息时代的需要，建立电子商务平台。如中国青年旅行社建立青旅在线，香港中旅在线销售平台芒果网等。

12.2.3.4 网购平台、呼叫中心

主要是依托 C2C 电子商务平台或大型信息呼叫中心开展在线旅游业务，如淘宝网、拍拍网等电子商务平台，如中国移动 12580 呼叫平台。2018 年，天猫淘宝活跃用户数超过 6 亿。瞄准淘宝庞大的网购用户群，目前不仅东航、深航，联航、幸福航空等航空公司已在淘宝旅行平台开设官方旗舰店，还有包括不夜城航空、网逸航空、滕邦国际、深圳达志成等 200 多家一线机票代理商入驻，这些代理商占据了当前国内机票市场 70% 以上的市场份额。

12.3 推进我国旅行社信息化建设策略

12.3.1 旅行社信息化建设阻碍因素

12.3.1.1 经营管理模式落后导致信息化动力不足

由于多数旅行社分散经营，旅行社业进入门槛不高，市场集中度低，导致了很大比例的旅行社不具备现代企业的基本特征。尤其中小旅行社，以短期利益为重，经营管理模式相对落后，存在着手工作坊式的生产方式，强调对有经验的员工和人际关系的依赖，靠价格策略来进行竞争，员工习惯于手工操作。此外，旅游业曾经在较长时期内利润比较丰厚，旅行社认为没有信息化的必要性。因此，多数旅行社对于信息化缺乏足够的热情和动力，这与旅行社对信息的高度依赖性正好相背离。

12.3.1.2 旅行社规模偏小阻碍了信息化程度的提高

多数旅行社规模偏小，资金实力、员工素质、营业场所等条件都有欠缺，客观上也限制了信息化的发展。一些旅行社租一间门市房，开通一条电话线，配上电脑、电话、传真机、复印机等，配备一到两名工作人员，就开始营业了；一旦经营不利，则迅速关门停业。以购买旅行社软件为例，价格从几千到几万不等，比饭店管理软件的价格要低很多。由于多数中小旅行社缺乏长期经营的打算，经营的短期性、目的性较强，很多旅行社不愿在软件等方面投资，使用的软件仅限于常用的普通办公软件。

12.3.1.3 旅游者的消费习惯影响

旅游者在线预订存在感知风险，其感知风险分为6个维度：①主要涉及旅游者在线购买产品时担心所享受的基本服务能否得到基本保证的“服务风险”；②主要涉及旅游者担心在线购买产品所花费的搜寻时间长、购买的程序复杂等的“时间风险”；③主要涉及旅游者担心在线购买酒店产品的价格波动、支付安全等的“经济风险”；④主要涉及旅游者担心在线购买酒店产品软、硬件设施等方面存在的风险的“功能风险”；⑤主要涉及旅游者担心个人的在线消费习惯、信息泄露的“隐私风险”；⑥主要涉及旅游者担心在线购买行为对个人形象、社会身份地位的影响的“社会风险”。由于国内的电子商务环境并未十分成熟，网上交易见不到交易对象，所以在线旅游服务商不容易如传统旅行社那样给人感觉真实可信。相对而言，对网络和信息化方式不熟悉的旅游者，更倾向于选择传统的消费方式：到旅行社门市店咨询、预订和付费。虽然国内上网的人数很多，但进行旅游信息浏览、产品预订、在线支付的比例还不够高，这与旅游者使用网络的习惯和旅游消费习惯都有关系。

12.3.1.4 旅行社信息化建设人才缺乏

旅行社信息人才应具有特殊的知识智能结构，包括熟悉专业，能较深入地研究科研、旅行社管理所涉及的领域；知识面广，具有社会视野和市场感知能力，对国际国内形势有较强的观察力；掌握信息分析方法，能去粗取精，对竞争对手的意图、实力等因素做出准确判断，成为企业伸向社会的触角的一种复合型人才。但目前这种复合型人才在旅行社企业中比较奇缺，因此各旅行社应该重视信息人才的培养，树立“人才是根本”的信息化人才观。

12.3.2 我国旅行社信息化发展对策

12.3.2.1 鼓励大型旅行社进行信息化建设

从旅行社业整体看，依然存在着“散、小、弱、差”的局面。中小型旅行社往往没有足够的能力和动力进行信息化，大型旅行社出于发展电子商务、管理门市网点、控制代理商等原因，更愿意进行信息化建设。对于这些大型旅行社，旅游行政管理部门、旅游行业协会等部门和组织，可以给予相应的资金、政策、技术等方面的支持，可以帮助联系相应的信息技术企业进行集中采购，从而鼓励这些旅行社率先启动信息化建设。此外，有条件的大型旅行社还可以进行自主研发。大型旅行社的信息化建设可以包括局域网、ERP、网站、呼叫中心、短信平台等内容，这些必然会起到良好的示范效果，带动中小旅行社的信息化建设，最终提升整个旅行社业的素质和管理水平。

对于小型旅行社而言，应从事旅游代理服务，雇员在10人以下，可以委托旅游网站完成其网络化需求的那一部分工作。旅游网站可以向旅游企业提供使用该企业的资源规划(ERP)系统，包括业务流程再造(ERP)、客户管理系统(CRM)、生产管理系统(PMS)和管理信息系统(MIS)等。企业只要在线租用即可，不用花巨资去做系统开发、维护工作，这就是目前流行的ASP概念。

12.3.2.2 建立第三方旅行社电子商务平台

对于旅行社来说，最直接的信息化动力来自于销售业绩，因而多数旅行社重视通过信息化方式改进营销环节,尤其是电子商务。对于中小旅行社来说,可以选择第三方旅行社电子商务平台。这个第三方可以是一个商业性的公司,也可以是具有一些官方背景的公司,从而使这些旅行社以较低的成本应用先进的信息技术。目前,国家旅游局正在推进的中国目的地营销系统(DMS)总平台已经初具规模,旅游城市数量、旅游企业数量、产品信息数量等已经达到较大的规模,其影响力和知名度在逐步提高。旅行社可以选择在具体的目的地城市中出现,通过在线销售等方式在网站上销售自己的产品。此外,中小旅行社可以选择联合组建电子商务平台,共同销售旅行社产品。

12.3.2.3 鼓励旅游者改变消费习惯

旅游者对旅行社信息化的要求影响着旅行社的决策。目前,一些年轻旅游者在出游之前,已经习惯于通过网站、电话、实时聊天工具等进行信息查询,其中一部分人通过网上银行、电话银行等方式进行支付。仍有旅游者对于信息化的应用缺乏了解和信任,这就要求旅行社加大宣传力度,通过价格优惠、付款条件、积分赠礼、顾客忠诚计划等措施,鼓励旅游者采用自助的、信息化的方式完成查询、预订、电子支付等环节。

12.3.2.4 推进旅游电子政务的发展

旅游行政管理部门可以通过电子政务等形式,提高工作效率,并对旅行社产生示范作用。在旅游电子政务方面,可以通过电子政务网站完成旅行社注册、年检、上报统计数据、质量保证金管理以及导游员的管理,这些都会促使旅行社朝信息化方面转型。此外,旅游行政管理部门可以考虑对旅行社的信息化建设提出指导意见,对信息化建设设定相应的指标,将信息化程度作为评定旅行社等级、百强旅行社等的一项指标,并鼓励更多的信息技术企业研发旅行社信息化的产品。

12.3.2.5 提高旅行社业的进入门槛

今后的旅行社业将逐步形成大型旅行社主导、中小旅行社分散经营的格局,逐步形成批发——零售、委托——代理的业务模式,旅行社业的竞争将更加激烈。为保证市场的有序竞争,对于新申请的旅行社,除了资金、场地等要求以外,可以考虑对其信息化提出相应的硬件、软件和人员要求。尤其是新设立的外资、合资旅行社和新组建的旅行社企业集团等,可以设定更严格的具体的信息化要求。当新进入的旅行社达到较高的信息化水平时,可以具有较强的竞争优势,有利于这些旅行社在行业中的竞争和发展。

【本章小结】

(1)信息技术主要包括传感技术、计算机技术和通信技术。信息技术发展经历四个阶段:数据处理阶段、管理信息系统(MIS)阶段、战略信息系统(SIS)阶段、网络阶段。

(2)互联网为核心的信息技术对传统旅行社经营的有重大影响和变革,主要表现在互联网削弱了旅行社的传统职能、互联网改变了旅游者的购买方式、互联网改变了旅行社的经营模式。

(3)旅行社信息化对旅行社经营管理作用巨大。能在旅行社企业管理、提升服务质量、实现规模扩张、业务流程重组、更好满足顾客需求等多方面发挥作用。

(4)国外旅行社业信息化进程始于 20 世纪 50 年代,逐步形成 Galilio、Sabie、Amadeus、Worldspan 等多个著名的国际预订系统。目前欧美国家旅行社信息化建设已经步入繁荣阶段。我国旅行社运用信息技术起步于20世纪80年代初期，我国旅行社信息技术使用程度很不平衡，大型旅行社信息化水平较高，中小型旅行社信息化应用水平比较低。总体上来说，中国国内绝大多数旅行社信息化应用还只是处于初级阶段。

(5)新型旅行业务服务商主要有门户网站旅游频道、专业在线旅游网站、传统旅行社在线销售平台、网购平台、呼叫中心等几种形式。

(6)我国旅行社信息化建设阻碍因素很多，主要体现在经营管理模式落后、旅行社规模偏小、旅游者的消费习惯影响、旅行社信息化建设人才缺乏。推进我国旅行社信息化发展，可以从五个方面着力：鼓励大型旅行社进行信息化建设；建立统一的旅行社电子商务平台；引导旅游者改变消费习惯；推进旅游电子政务的发展；提高旅行社业的进入门槛等。

【重点概念】

旅行社信息化　OTA

【案例分析】

案例12-1

在线旅游攻城略地，传统旅行社路在何方?

2014年在线旅游市场风起云涌，BAT(百度、阿里巴巴、腾讯)大举进军在线旅游，途牛在纳斯达克上市，万达高调投资旅游业，携程投资华远，商家频繁推出“0元签证”“1元门票”等营销活动，通过白热化的价格竞争，占领市场。

易观国际报告数据显示，携程、去哪儿、阿里旅行、活力天汇(航班管家、高铁管家)四家厂商包揽了中国在线旅游移动端市场总份额的77.1%。其中，携程以424.8亿元交易额(占比37.3%)继续稳坐第一，去哪儿以324亿元(25.1%)紧随其后，阿里旅行·去啊(9.6%)排名第三。为了抢占用户和市场份额，他们也不惜亏损。财报显示，2014年去哪儿网亏损18.5亿元，艺龙网亏损2.7亿元，途牛网亏损4.6亿元，仅携程网盈利2.4亿元。

在线旅游企业攻势咄咄逼人。随之而来的价格战更是触动了线下旅行社敏感的神经。2015年4月23日，17家旅行社联合声称停止向途牛供应2015年7月15日及以后出发的旅游产品，抵制途牛旅游低价扰乱市场的行为。

互联网时代，传统旅行社路在何方? 对于传统旅行社来说，它们在服务方面，特别是门店服务和地接服务方面都优于在线旅游平台。转型OTA(在线旅行社)、自己开网店，传统旅行社选择旅游电商的B2C平台来实现销售渠道的多样化，“网站+传统旅行社”模式正逐渐成为传统旅行社争夺市场的新渠道。一些大的在线旅游网站也开始收购或以合作的形式走“网站+传统旅行社”的商业模式。2015年，同程已连续收购了3家线下旅行社，据同程透露，后续还将投资并购这样的旅行社，其目的就是通过收购能直接完成旅游目的地的资质的完善，同时能在旅行社所在地构建自己的线下服务中心。

案例思考题：

1. OTA与传统旅行社是什么关系?

2. OTA与传统旅行社能否融合共生发展?

案例12-2

台湾雄狮旅行社:全面E化的旅行社

经过20年的积累,台湾雄狮旅行社股份有限公司(以下简称雄狮)已经打造了自己的E化平台,打通了供应商、票务中心、订房中心、渠道旅行社、旅客的产业链。2009年,雄狮来自电子商务的收入(纯网单)为60亿元新台币,而2010年预计这部分收入将达到70亿元新台币。

传统旅行社出身的雄狮,目前近50%的票务业务收入来源于电子商务;包装式旅游中高达70%的收入份额由电子商务贡献。这样的比例让其他传统旅行社羡慕不已。

旅行社每天打交道的是票务、酒店这样的核心资源,而这些资源的信息是零散的、瞬息万变的。雄狮集团董事长王文杰很头痛如何能管理好这些瞬息万变的信息,并把它们用得更好。1990年,王文杰果断引入陈宪祥和裴新佑两位骨干组建IT部门,目的是为了更好地管理这些信息,提升雄狮的竞争力。

这是雄狮E化的开始。迫切的需求催生了更关键的在线订团、订位系统。1995年,雄狮社成为全世界华人旅行社中第一家可以实现网络下单、网上B2C交易的旅行社。雄狮兼营直销与分销,50%的收入来自直销,50%则来自下游旅行社和经销商。台湾2000多家中小旅行社是雄狮的下游企业,通过雄狮来购票、订酒店。

自20世纪90年代末开始,雄狮的下游旅行社也可以直接上雄狮的在线订位、订团系统来查询出票、出团的情况。此外,雄狮在台北地区的几百家下游旅行社基本上每家都拥有雄狮旅游的网络账号。这样一组专属的账号和密码,可以登录雄狮的B2B网站,查看出团的具体情况,价格、人数等细节也都一目了然,再也不用互相打电话,反复更新、确认,极大节省了沟通的成本和时间。

如果说在线订团、订位系统是雄狮对传统旅行社人工作业模式的首次颠覆,那么针对各类客户(下游经销商、个人客户、企业客户)的分类深化应用催生出来的B2B、B2C和B2E模式,则是雄狮对传统旅行社业务的再次颠覆。

鉴于雄狮的分销和直销业务各占半壁江山,雄狮有的放矢地针对3类电子商务进行差异化运营:B2B专注于经营管理——涵盖网站上架管理、流量管理、业务进度管理、教育训练管理等;B2C和B2E则聚焦服务每一位旅行者。

有意思的是,雄狮打造的B2B延伸至B2B2C,也是旅游业里全球首创的新模式。以往是最终消费者会告诉经销商,经销商再告诉雄狮,才能完成一次预订。在这样断裂的流程里,信息在周转中常常发生丢失或者失误。而B2B2C则将整个流程打通,即便最终消费者在网上预订酒店,整条信息也能直接到达雄狮的上游供应商,成为一个完整的链条,加速了整个旅游产业链条的运作,提升了整体服务质量和效率。

雄狮还用Web 2.0与电子商务相融合发展。现在的旅行者出门之前,大部分都会利用网络做充足的准备工作,在互联网上寻找相应景点的旅行博客、帖子。一些知名旅行达人的博客、帖子往往有很大的影响力。雄狮就是利用Web2.0来匹配电子商务的发展,精准瞄准顾客。

过去3年,雄狮电子商务的业务平均增长率超过15%,而2009—2011年,电子商务业务的平均增长率预计会达到20%以上。在电子商务的发展道路上,雄狮不仅仅是发现了一个新的渠道和营销手段,还真正从一家传统旅行社脱胎成了一家完全E化的酷公司。

案例思考题:

1. 雄狮旅行社信息化之路给你什么启示?

2. 谈谈你对雄狮打造的B2B延伸至B2B2C模式的看法,雄狮旅行社是如何做到全面E化的?

思考题

1. 信息技术对传统旅行社经营产生什么样影响?

2. 旅行社信息化对旅行社经营管理的作用有哪些?

3. 如何推动我国旅行社业信息化发展?

4. 去哪儿、携程网与淘宝旅行电子商务平台模式有什么区别,它们各自优势在什么地方?

5. 请实地调查某旅行社信息化应用状况,并为此旅行社信息化应用提出建议。

附录

附录一　旅行社条例(2017年第二次修订)

(2009年2月20日中华人民共和国国务院令第550号公布　根据2016年2月6日《国务院关于修改部分行政法规的决定》第一次修订　根据2017年3月1日《国务院关于修改和废止部分行政法规的决定》第二次修订)

第一章　总　　则

第一条　为了加强对旅行社的管理,保障旅游者和旅行社的合法权益,维护旅游市场秩序,促进旅游业的健康发展,制定本条例。

第二条　本条例适用于中华人民共和国境内旅行社的设立及经营活动。

本条例所称旅行社,是指从事招徕、组织、接待旅游者等活动,为旅游者提供相关旅游服务,开展国内旅游业务、入境旅游业务或者出境旅游业务的企业法人。

第三条　国务院旅游行政主管部门负责全国旅行社的监督管理工作。

县级以上地方人民政府管理旅游工作的部门按照职责负责本行政区域内旅行社的监督管理工作。

县级以上各级人民政府工商、价格、商务、外汇等有关部门,应当按照职责分工,依法对旅行社进行监督管理。

第四条　旅行社在经营活动中应当遵循自愿、平等、公平、诚信的原则,提高服务质量,维护旅游者的合法权益。

第五条　旅行社行业组织应当按照章程为旅行社提供服务,发挥协调和自律作用,引导旅行社合法、公平竞争和诚信经营。

第二章　旅行社的设立

第六条　申请经营国内旅游业务和入境旅游业务的，应当取得企业法人资格，并且注册资本不少于 30 万元。

第七条　申请经营国内旅游业务和入境旅游业务的，应当向所在地省、自治区、直辖市旅游行政管理部门或者其委托的设区的市级旅游行政管理部门提出申请，并提交符合本条例第六条规定的相关证明文件。受理申请的旅游行政管理部门应当自受理申请之日起 20 个工作日内做出许可或者不予许可的决定。予以许可的，向申请人颁发旅行社业务经营许可证；不予许可的，书面通知申请人并说明理由。

第八条　旅行社取得经营许可满 2 年，且未因侵害旅游者合法权益受到行政机关罚款以上处罚的，可以申请经营出境旅游业务。

第九条　申请经营出境旅游业务的，应当向国务院旅游行政主管部门或者其委托的省、自治区、直辖市旅游行政管理部门提出申请，受理申请的旅游行政管理部门应当自受理申请之日起 20 个工作日内做出许可或者不予许可的决定。予以许可的，向申请人换发旅行社业务经营许可证；不予许可的，书面通知申请人并说明理由。

第十条　旅行社设立分社的，应当向分社所在地的工商行政管理部门办理设立登记，并自设立登记之日起 3 个工作日内向分社所在地的旅游行政管理部门备案。

旅行社分社的设立不受地域限制。分社的经营范围不得超出设立分社的旅行社的经营范围。

第十一条　旅行社设立专门招徕旅游者、提供旅游咨询的服务网点（以下简称旅行社服务网点）应当依法向工商行政管理部门办理设立登记手续，并向所在地的旅游行政管理部门备案。

旅行社服务网点应当接受旅行社的统一管理，不得从事招徕、咨询以外的活动。

第十二条　旅行社变更名称、经营场所、法定代表人等登记事项或者终止经营的，应当到工商行政管理部门办理相应的变更登记或者注销登记，并在登记办理完毕之日起 10 个工作日内，向原许可的旅游行政管理部门备案，换领或者交回旅行社业务经营许可证。

第十三条　旅行社应当自取得旅行社业务经营许可证之日起 3 个工作日内，在国务院旅游行政主管部门指定的银行开设专门的质量保证金账户，存入质量保证金，或者向做出许可的旅游行政管理部门提交依法取得的担保额度不低于相应质量保证金数额的银行担保。

经营国内旅游业务和入境旅游业务的旅行社，应当存入质量保证金 20 万元；经营出境旅游业务的旅行社，应当增存质量保证金 120 万元。

质量保证金的利息属于旅行社所有。

第十四条　旅行社每设立一个经营国内旅游业务和入境旅游业务的分社，应当向其质量保证金账户增存 5 万元；每设立一个经营出境旅游业务的分社，应当向其质量保证金账户增存 30 万元。

第十五条　有下列情形之一的，旅游行政管理部门可以使用旅行社的质量保证金：

（一）旅行社违反旅游合同约定，侵害旅游者合法权益，经旅游行政管理部门查证属实的；

（二）旅行社因解散、破产或者其他原因造成旅游者预交旅游费用损失的。

第十六条 人民法院判决、裁定及其他生效法律文书认定旅行社损害旅游者合法权益，旅行社拒绝或者无力赔偿的，人民法院可以从旅行社的质量保证金账户上划拨赔偿款。

第十七条 旅行社自交纳或者补足质量保证金之日起三年内未因侵害旅游者合法权益受到行政机关罚款以上处罚的，旅游行政管理部门应当将旅行社质量保证金的交存数额降低50%，并向社会公告。旅行社可凭省、自治区、直辖市旅游行政管理部门出具的凭证减少其质量保证金。

第十八条 旅行社在旅游行政管理部门使用质量保证金赔偿旅游者的损失，或者依法减少质量保证金后，因侵害旅游者合法权益受到行政机关罚款以上处罚的，应当在收到旅游行政管理部门补交质量保证金的通知之日起5个工作日内补足质量保证金。

第十九条 旅行社不再从事旅游业务的，凭旅游行政管理部门出具的凭证，向银行取回质量保证金。

第二十条 质量保证金存缴、使用的具体管理办法由国务院旅游行政主管部门和国务院财政部门会同有关部门另行制定。

第三章 外商投资旅行社

第二十一条 外商投资旅行社适用本章规定；本章没有规定的，适用本条例其他有关规定。

前款所称外商投资旅行社，包括中外合资经营旅行社、中外合作经营旅行社和外资旅行社。

第二十二条 外商投资企业申请经营旅行社业务，应当向所在地省、自治区、直辖市旅游行政管理部门提出申请，并提交符合本条例第六条规定条件的相关证明文件。省、自治区、直辖市旅游行政管理部门应当自受理申请之日起30个工作日内审查完毕。予以许可的，颁发旅行社业务经营许可证；不予许可的，书面通知申请人并说明理由。

设立外商投资旅行社，还应当遵守有关外商投资的法律、法规。

第二十三条 外商投资旅行社不得经营中国内地居民出国旅游业务以及赴香港特别行政区、澳门特别行政区和台湾地区旅游的业务，但是国务院决定或者我国签署的自由贸易协定和内地与香港、澳门关于建立更紧密经贸关系的安排另有规定的除外。

第四章 旅行社经营

第二十四条 旅行社向旅游者提供的旅游服务信息必须真实可靠，不得作虚假宣传。

第二十五条 经营出境旅游业务的旅行社不得组织旅游者到国务院旅游行政主管部门公布的中国公民出境旅游目的地之外的国家和地区旅游。

第二十六条 旅行社为旅游者安排或者介绍的旅游活动不得含有违反有关法律、法规规定的内容。

第二十七条 旅行社不得以低于旅游成本的报价招徕旅游者。未经旅游者同意，旅行社不得在旅游合同约定之外提供其他有偿服务。

第二十八条 旅行社为旅游者提供服务，应当与旅游者签订旅游合同并载明下列事项：

（一）旅行社的名称及其经营范围、地址、联系电话和旅行社业务经营许可证编号；

（二）旅行社经办人的姓名、联系电话；

（三）签约地点和日期；

（四）旅游行程的出发地、途经地和目的地；

（五）旅游行程中交通、住宿、餐饮服务安排及其标准；

（六）旅行社统一安排的游览项目的具体内容及时间；

（七）旅游者自由活动的时间和次数；

（八）旅游者应当交纳的旅游费用及交纳方式；

（九）旅行社安排的购物次数、停留时间及购物场所的名称；

（十）需要旅游者另行付费的游览项目及价格；

（十一）解除或者变更合同的条件和提前通知的期限；

（十二）违反合同的纠纷解决机制及应当承担的责任；

（十三）旅游服务监督、投诉电话；

（十四）双方协商一致的其他内容。

第二十九条 旅行社在与旅游者签订旅游合同时，应当对旅游合同的具体内容做出真实、准确、完整的说明。

旅行社和旅游者签订的旅游合同约定不明确或者对格式条款的理解发生争议的，应当按照通常理解予以解释；对格式条款有两种以上解释的，应当做出有利于旅游者的解释；格式条款和非格式条款不一致的，应当采用非格式条款。

第三十条 旅行社组织中国内地居民出境旅游的，应当为旅游团队安排领队全程陪同。

第三十一条 旅行社为接待旅游者委派的导游人员，应当持有国家规定的导游证。

取得出境旅游业务经营许可的旅行社为组织旅游者出境旅游委派的领队，应当取得导游证，具有相应的学历、语言能力和旅游从业经历，并与委派其从事领队业务的旅行社订立劳动合同。旅行社应当将本单位领队名单报所在地设区的市级旅游行政管理部门备案。

第三十二条 旅行社聘用导游人员、领队人员应当依法签订劳动合同，并向其支付不低于当地最低工资标准的报酬。

第三十三条 旅行社及其委派的导游人员和领队人员不得有下列行为：

（一）拒绝履行旅游合同约定的义务；

（二）非因不可抗力改变旅游合同安排的行程；

（三）欺骗、胁迫旅游者购物或者参加需要另行付费的游览项目。

第三十四条 旅行社不得要求导游人员和领队人员接待不支付接待和服务费用或者支付的费用低于接待和服务成本的旅游团队，不得要求导游人员和领队人员承担接待旅游团队的相关费用。

第三十五条 旅行社违反旅游合同约定，造成旅游者合法权益受到损害的，应当采取必要的补救措施，并及时报告旅游行政管理部门。

第三十六条 旅行社需要对旅游业务做出委托的，应当委托给具有相应资质的旅行社，征得旅游者的同意，并与接受委托的旅行社就接待旅游者的事宜签订委托合同，确定接待旅游者的各项服务安排及其标准，约定双方的权利、义务。

第三十七条 旅行社将旅游业务委托给其他旅行社的，应当向接受委托的旅行社支付不低于接待和服务成本的费用；接受委托的旅行社不得接待不支付或者不足额支付接待和服务费用的旅游团队。

接受委托的旅行社违约，造成旅游者合法权益受到损害的，做出委托的旅行社应当承担相应的赔偿责任。做出委托的旅行社赔偿后，可以向接受委托的旅行社追偿。

接受委托的旅行社故意或者重大过失造成旅游者合法权益损害的，应当承担连带责任。

第三十八条 旅行社应当投保旅行社责任险。旅行社责任险的具体方案由国务院旅游行政主管部门会同国务院保险监督管理机构另行制定。

第三十九条 旅行社对可能危及旅游者人身、财产安全的事项，应当向旅游者做出真实的说明和明确的警示，并采取防止危害发生的必要措施。

发生危及旅游者人身安全的情形的，旅行社及其委派的导游人员、领队人员应当采取必要的处置措施并及时报告旅游行政管理部门；在境外发生的，还应当及时报告中华人民共和国驻该国使领馆、相关驻外机构、当地警方。

第四十条 旅游者在境外滞留不归的，旅行社委派的领队人员应当及时向旅行社和中华人民共和国驻该国使领馆、相关驻外机构报告。旅行社接到报告后应当及时向旅游行政管理部门和公安机关报告，并协助提供非法滞留者的信息。

旅行社接待入境旅游发生旅游者非法滞留我国境内的，应当及时向旅游行政管理部门、公安机关和外事部门报告，并协助提供非法滞留者的信息。

第五章　监督检查

第四十一条 旅游、工商、价格、商务、外汇等有关部门应当依法加强对旅行社的监督管理，发现违法行为，应当及时予以处理。

第四十二条 旅游、工商、价格等行政管理部门应当及时向社会公告监督检查的情况。公告的内容包括旅行社业务经营许可证的颁发、变更、吊销、注销情况，旅行社的违法经营行为以及旅行社的诚信记录、旅游者投诉信息等。

第四十三条 旅行社损害旅游者合法权益的，旅游者可以向旅游行政管理部门、工商行政管理部门、价格主管部门、商务主管部门或者外汇管理部门投诉，接到投诉的部门应当按照其职责权限及时调查处理，并将调查处理的有关情况告知旅游者。

第四十四条 旅行社及其分社应当接受旅游行政管理部门对其旅游合同、服务质量、旅游安全、财务账簿等情况的监督检查，并按照国家有关规定向旅游行政管理部门报送经营和财务信息等统计资料。

第四十五条 旅游、工商、价格、商务、外汇等有关部门工作人员不得接受旅行社的任何馈赠，不得参加由旅行社支付费用的购物活动或者游览项目，不得通过旅行社为自己、亲友或者其他个人、组织牟取私利。

第六章　法律责任

第四十六条　违反本条例的规定，有下列情形之一的，由旅游行政管理部门或者工商行政管理部门责令改正，没收违法所得，违法所得10万元以上的，并处违法所得1倍以上5倍以下的罚款；违法所得不足10万元或者没有违法所得的，并处10万元以上50万元以下的罚款：

（一）未取得相应的旅行社业务经营许可，经营国内旅游业务、入境旅游业务、出境旅游业务的；

（二）分社超出设立分社的旅行社的经营范围经营旅游业务的；

（三）旅行社服务网点从事招徕、咨询以外的旅行社业务经营活动的。

第四十七条　旅行社转让、出租、出借旅行社业务经营许可证的，由旅游行政管理部门责令停业整顿1个月至3个月，并没收违法所得；情节严重的，吊销旅行社业务经营许可证。受让或者租借旅行社业务经营许可证的，由旅游行政管理部门责令停止非法经营，没收违法所得，并处10万元以上50万元以下的罚款。

第四十八条　违反本条例的规定，旅行社未在规定期限内向其质量保证金账户存入、增存、补足质量保证金或者提交相应的银行担保的，由旅游行政管理部门责令改正；拒不改正的，吊销旅行社业务经营许可证。

第四十九条　违反本条例的规定，旅行社不投保旅行社责任险的，由旅游行政管理部门责令改正；拒不改正的，吊销旅行社业务经营许可证。

第五十条　违反本条例的规定，旅行社有下列情形之一的，由旅游行政管理部门责令改正；拒不改正的，处1万元以下的罚款：

（一）变更名称、经营场所、法定代表人等登记事项或者终止经营，未在规定期限内向原许可的旅游行政管理部门备案，换领或者交回旅行社业务经营许可证的；

（二）设立分社未在规定期限内向分社所在地旅游行政管理部门备案的；

（三）不按照国家有关规定向旅游行政管理部门报送经营和财务信息等统计资料的。

第五十一条　违反本条例的规定，外商投资旅行社经营中国内地居民出国旅游业务以及赴香港特别行政区、澳门特别行政区和台湾地区旅游业务，或者经营出境旅游业务的旅行社组织旅游者到国务院旅游行政主管部门公布的中国公民出境旅游目的地之外的国家和地区旅游的，由旅游行政管理部门责令改正，没收违法所得，违法所得10万元以上的，并处违法所得1倍以上5倍以下的罚款；违法所得不足10万元或者没有违法所得的，并处10万元以上50万元以下的罚款；情节严重的，吊销旅行社业务经营许可证。

第五十二条　违反本条例的规定，旅行社为旅游者安排或者介绍的旅游活动含有违反有关法律、法规规定的内容的，由旅游行政管理部门责令改正，没收违法所得，并处2万元以上10万元以下的罚款；情节严重的，吊销旅行社业务经营许可证。

第五十三条　违反本条例的规定，旅行社向旅游者提供的旅游服务信息含有虚假内容或者作虚假宣传的，由工商行政管理部门依法给予处罚。

违反本条例的规定，旅行社以低于旅游成本的报价招徕旅游者的，由价格主管部门依法给予处罚。

第五十四条 违反本条例的规定，旅行社未经旅游者同意在旅游合同约定之外提供其他有偿服务的，由旅游行政管理部门责令改正，处1万元以上5万元以下的罚款。

第五十五条 违反本条例的规定，旅行社有下列情形之一的，由旅游行政管理部门责令改正，处2万元以上10万元以下的罚款；情节严重的，责令停业整顿1个月至3个月：

（一）未与旅游者签订旅游合同；

（二）与旅游者签订的旅游合同未载明本条例第二十八条规定的事项；

（三）未取得旅游者同意，将旅游业务委托给其他旅行社；

（四）将旅游业务委托给不具有相应资质的旅行社；

（五）未与接受委托的旅行社就接待旅游者的事宜签订委托合同。

第五十六条 违反本条例的规定，旅行社组织中国内地居民出境旅游，不为旅游团队安排领队全程陪同的，由旅游行政管理部门责令改正，处1万元以上5万元以下的罚款；拒不改正的，责令停业整顿1个月至3个月。

第五十七条 违反本条例的规定，旅行社委派的导游人员未持有国家规定的导游证或者委派的领队人员不具备规定的领队条件的，由旅游行政管理部门责令改正，对旅行社处2万元以上10万元以下的罚款。

第五十八条 违反本条例的规定，旅行社不向其聘用的导游人员、领队人员支付报酬，或者所支付的报酬低于当地最低工资标准的，按照《中华人民共和国劳动合同法》的有关规定处理。

第五十九条 违反本条例的规定，有下列情形之一的，对旅行社，由旅游行政管理部门或者工商行政管理部门责令改正，处10万元以上50万元以下的罚款；对导游人员、领队人员，由旅游行政管理部门责令改正，处1万元以上5万元以下的罚款；情节严重的，吊销旅行社业务经营许可证、导游证：

（一）拒不履行旅游合同约定的义务的；

（二）非因不可抗力改变旅游合同安排的行程的；

（三）欺骗、胁迫旅游者购物或者参加需要另行付费的游览项目的。

第六十条 违反本条例的规定，旅行社要求导游人员和领队人员接待不支付接待和服务费用、支付的费用低于接待和服务成本的旅游团队，或者要求导游人员和领队人员承担接待旅游团队的相关费用的，由旅游行政管理部门责令改正，处2万元以上10万元以下的罚款。

第六十一条 旅行社违反旅游合同约定，造成旅游者合法权益受到损害，不采取必要的补救措施的，由旅游行政管理部门或者工商行政管理部门责令改正，处1万元以上5万元以下的罚款；情节严重的，由旅游行政管理部门吊销旅行社业务经营许可证。

第六十二条 违反本条例的规定，有下列情形之一的，由旅游行政管理部门责令改正，停业整顿1个月至3个月；情节严重的，吊销旅行社业务经营许可证：

（一）旅行社不向接受委托的旅行社支付接待和服务费用的；

（二）旅行社向接受委托的旅行社支付的费用低于接待和服务成本的；

（三）接受委托的旅行社接待不支付或者不足额支付接待和服务费用的旅游团队的。

第六十三条 违反本条例的规定，旅行社及其委派的导游人员、领队人员有下列情形之一的，由旅游行政管理部门责令改正，对旅行社处2万元以上10万元以下的罚款；对导游人员、领队人员处4000元以上2万元以下的罚款；情节严重的，责令旅行社停业整顿1个月至3个月，或者吊销旅行社业务经营许可证、导游证：

（一）发生危及旅游者人身安全的情形，未采取必要的处置措施并及时报告的；

（二）旅行社组织出境旅游的旅游者非法滞留境外，旅行社未及时报告并协助提供非法滞留者信息的；

（三）旅行社接待入境旅游的旅游者非法滞留境内，旅行社未及时报告并协助提供非法滞留者信息的。

第六十四条 因妨害国（边）境管理受到刑事处罚的，在刑罚执行完毕之日起五年内不得从事旅行社业务经营活动；旅行社被吊销旅行社业务经营许可的，其主要负责人在旅行社业务经营许可被吊销之日起五年内不得担任任何旅行社的主要负责人。

第六十五条 旅行社违反本条例的规定，损害旅游者合法权益的，应当承担相应的民事责任；构成犯罪的，依法追究刑事责任。

第六十六条 违反本条例的规定，旅游行政管理部门或者其他有关部门及其工作人员有下列情形之一的，对直接负责的主管人员和其他直接责任人员依法给予处分：

（一）发现违法行为不及时予以处理的；

（二）未及时公告对旅行社的监督检查情况的；

（三）未及时处理旅游者投诉并将调查处理的有关情况告知旅游者的；

（四）接受旅行社的馈赠的；

（五）参加由旅行社支付费用的购物活动或者游览项目的；

（六）通过旅行社为自己、亲友或者其他个人、组织牟取私利的。

第七章 附 则

第六十七条 香港特别行政区、澳门特别行政区和台湾地区的投资者在内地投资设立的旅行社，参照适用本条例。

第六十八条 本条例自2009年5月1日起施行。1996年10月15日国务院发布的《旅行社管理条例》同时废止。

附录二　旅行社条例实施细则

（2009 年 4 月 2 日国家旅游局第 4 次局长办公会议审议通过，国家旅游局令第 30 号公布，自 2009 年 5 月 3 日起施行。根据 2016 年 12 月 6 日国家旅游局第 17 次局长办公会议审议通过，2016 年 12 月 12 日国家旅游局令第 42 号公布施行的《国家旅游局关于修改〈旅行社条例实施细则〉和废止〈出境旅游领队人员管理办法〉的决定》修改）

第一章　总　则

第一条　根据《旅行社条例》（以下简称《条例》），制定本实施细则。

第二条　《条例》第二条所称招徕、组织、接待旅游者提供的相关旅游服务，主要包括：

（一）安排交通服务；

（二）安排住宿服务；

（三）安排餐饮服务；

（四）安排观光游览、休闲度假等服务；

（五）导游、领队服务；

（六）旅游咨询、旅游活动设计服务。

旅行社还可以接受委托，提供下列旅游服务：

（一）接受旅游者的委托，代订交通客票、代订住宿和代办出境、入境、签证手续等；

（二）接受机关、事业单位和社会团体的委托，为其差旅、考察、会议、展览等公务活动，代办交通、住宿、餐饮、会务等事务；

（三）接受企业委托，为其各类商务活动、奖励旅游等，代办交通、住宿、餐饮、会务、观光游览、休闲度假等事务；

（四）其他旅游服务。

前款所列出境、签证手续等服务，应当由具备出境旅游业务经营权的旅行社代办。

第三条　《条例》第二条所称国内旅游业务，是指旅行社招徕、组织和接待中国内地居民在境内旅游的业务。

《条例》第二条所称入境旅游业务，是指旅行社招徕、组织、接待外国旅游者来我国旅游，香港特别行政区、澳门特别行政区旅游者来内地旅游，台湾地区居民来大陆旅游，以及招徕、组织、接待在中国内地的外国人，在内地的香港特别行政区、澳门特别行政区居民和在大陆的台湾地区居民在境内旅游的业务。

《条例》第二条所称出境旅游业务，是指旅行社招徕、组织、接待中国内地居民出国旅游，赴香港特别行政区、澳门特别行政区和台湾地区旅游，以及招徕、组织、接待在中国内地的外国人、在内地的香港特别行政区、澳门特别行政区居民和在大陆的台湾地区居民出境旅游的业务。

第四条　对旅行社及其分支机构的监督管理，县级以上旅游行政管理部门应当按照

《条例》、本细则的规定和职责,实行分级管理和属地管理。

第五条 鼓励旅行社实行服务质量等级制度;鼓励旅行社向专业化、网络化、品牌化发展。

第二章 旅行社的设立与变更

第六条 旅行社的经营场所应当符合下列要求:

(一)申请者拥有产权的营业用房,或者申请者租用的、租期不少于1年的营业用房;

(二)营业用房应当满足申请者业务经营的需要。

第七条 旅行社的营业设施应当至少包括下列设施、设备:

(一)2部以上的直线固定电话;

(二)传真机、复印机;

(三)具备与旅游行政管理部门及其他旅游经营者联网条件的计算机。

第八条 申请设立旅行社,经营国内旅游业务和入境旅游业务的,应当向省、自治区、直辖市旅游行政管理部门(简称省级旅游行政管理部门,下同)提交下列文件:

(一)设立申请书。内容包括申请设立的旅行社的中英文名称及英文缩写,设立地址,企业形式、出资人、出资额和出资方式,申请人、受理申请部门的全称、申请书名称和申请的时间;

(二)法定代表人履历表及身份证明;

(三)企业章程;

(四)经营场所的证明;

(五)营业设施、设备的证明或者说明;

(六)工商行政管理部门出具的《企业法人营业执照》。

旅游行政管理部门应当根据《条例》第六条规定的最低注册资本限额要求,通过查看企业章程、在企业信用信息公示系统查询等方式,对旅行社认缴的出资额进行审查。

旅行社经营国内旅游业务和入境旅游业务的,《企业法人营业执照》的经营范围不得包括边境旅游业务、出境旅游业务;包括相关业务的,旅游行政管理部门应当告知申请人变更经营范围;申请人不予变更的,依法不予受理行政许可申请。

省级旅游行政管理部门可以委托设区的市(含州、盟,下同)级旅游行政管理部门,受理当事人的申请并做出许可或者不予许可的决定。

第九条 受理申请的旅游行政管理部门可以对申请人的经营场所、营业设施、设备进行现场检查,或者委托下级旅游行政管理部门检查。

第十条 旅行社申请出境旅游业务的,应当向国务院旅游行政主管部门提交经营旅行社业务满两年且连续两年未因侵害旅游者合法权益受到行政机关罚款以上处罚的承诺书和经工商行政管理部门变更经营范围的《企业法人营业执照》。

旅行社取得出境旅游经营业务许可的,由国务院旅游行政主管部门换发旅行社业务经营许可证。

国务院旅游行政主管部门可以委托省级旅游行政管理部门受理旅行社经营出境旅游业务的申请,并做出许可或者不予许可的决定。

旅行社申请经营边境旅游业务的，适用《边境旅游暂行管理办法》的规定。

旅行社申请经营赴台湾地区旅游业务的，适用《大陆居民赴台湾地区旅游管理办法》的规定。

第十一条 旅行社因业务经营需要，可以向原许可的旅游行政管理部门申请核发旅行社业务经营许可证副本。

旅行社业务经营许可证及副本，由国务院旅游行政主管部门制定统一样式，国务院旅游行政主管部门和省级旅游行政管理部门分别印制。

旅行社业务经营许可证及副本损毁或者遗失的，旅行社应当向原许可的旅游行政管理部门申请换发或者补发。

申请补发旅行社业务经营许可证及副本的，旅行社应当通过本省、自治区、直辖市范围内公开发行的报刊，或者省级以上旅游行政管理部门网站，刊登损毁或者遗失作废声明。

第十二条 旅行社名称、经营场所、出资人、法定代表人等登记事项变更的，应当在办理变更登记后，持已变更的《企业法人营业执照》向原许可的旅游行政管理部门备案。

旅行社终止经营的，应当在办理注销手续后，持工商行政管理部门出具的注销文件，向原许可的旅游行政管理部门备案。

外商投资旅行社的，适用《条例》第三章的规定。未经批准，旅行社不得引进外商投资。

第十三条 国务院旅游行政主管部门指定的作为旅行社存入质量保证金的商业银行，应当提交具有下列内容的书面承诺：

（一）同意与存入质量保证金的旅行社签订符合本实施细则第十五条规定的协议；

（二）当县级以上旅游行政管理部门或者人民法院依据《条例》规定，划拨质量保证金后3个工作日内，将划拨情况及其数额，通知旅行社所在地的省级旅游行政管理部门，并提供县级以上旅游行政管理部门出具的划拨文件或者人民法院生效法律文书的复印件；

（三）非因《条例》规定的情形，出现质量保证金减少时，承担补足义务。

旅行社应当在国务院旅游行政主管部门指定银行的范围内，选择存入质量保证金的银行。

第十四条 旅行社在银行存入质量保证金的，应当设立独立账户，存期由旅行社确定，但不得少于1年。账户存期届满1个月前，旅行社应当办理续存手续或者提交银行担保。

第十五条 旅行社存入、续存、增存质量保证金后7个工作日内，应当向做出许可的旅游行政管理部门提交存入、续存、增存质量保证金的证明文件，以及旅行社与银行达成的使用质量保证金的协议。

前款协议应当包含下列内容：

（一）旅行社与银行双方同意依照《条例》规定使用质量保证金；

（二）旅行社与银行双方承诺，除依照县级以上旅游行政管理部门出具的划拨质量保证金，或者省级以上旅游行政管理部门出具的降低、退还质量保证金的文件，以及人民法院做出的认定旅行社损害旅游者合法权益的生效法律文书外，任何单位和个人不得动用质量保证金。

第十六条 旅行社符合《条例》第十七条降低质量保证金数额规定条件的,原许可的旅游行政管理部门应当根据旅行社的要求,在 10 个工作日内向其出具降低质量保证金数额的文件。

第十七条 旅行社按照《条例》第十八条规定补足质量保证金后 7 个工作日内,应当向原许可的旅游行政管理部门提交补足的证明文件。

第三章 旅行社的分支机构

第十八条 旅行社分社(简称分社,下同)及旅行社服务网点(简称服务网点,下同),不具有法人资格,以设立分社、服务网点的旅行社(简称设立社,下同)的名义从事《条例》规定的经营活动,其经营活动的责任和后果,由设立社承担。

第十九条 设立社向分社所在地工商行政管理部门办理分社设立登记后,应当持下列文件向分社所在地与工商登记同级的旅游行政管理部门备案:

(一)分社的《营业执照》;

(二)分社经理的履历表和身份证明;

(三)增存质量保证金的证明文件。

没有同级的旅游行政管理部门的,向上一级旅游行政管理部门备案。

第二十条 分社的经营场所、营业设施、设备,应当符合本实施细则第六条、第七条规定的要求。

分社的名称中应当包含设立社名称、分社所在地地名和“分社”或者“分公司”字样。

第二十一条 服务网点是指旅行社设立的,为旅行社招徕旅游者,并以旅行社的名义与旅游者签订旅游合同的门市部等机构。

设立社可以在其所在地的省、自治区、直辖市行政区划内设立服务网点;设立社在其所在地的省、自治区、直辖市行政区划外设立分社的,可以在该分社所在地设区的市的行政区划内设立服务网点。分社不得设立服务网点。

设立社不得在前款规定的区域范围外,设立服务网点。

第二十二条 服务网点应当设在方便旅游者认识和出入的公众场所。

服务网点的名称、标牌应当包括设立社名称、服务网点所在地地名等,不得含有使消费者误解为是旅行社或者分社的内容,也不得作易使消费者误解的简称。

服务网点应当在设立社的经营范围内,招徕旅游者、提供旅游咨询服务。

第二十三条 设立社向服务网点所在地工商行政管理部门办理服务网点设立登记后,应当在 3 个工作日内,持下列文件向服务网点所在地与工商登记同级的旅游行政管理部门备案:

(一)服务网点的《营业执照》;

(二)服务网点经理的履历表和身份证明。

没有同级的旅游行政管理部门的,向上一级旅游行政管理部门备案。

第二十四条 分社、服务网点备案后,受理备案的旅游行政管理部门应当向旅行社颁发《旅行社分社备案登记证明》或者《旅行社服务网点备案登记证明》。

第二十五条 设立社应当与分社、服务网点的员工,订立劳动合同。

设立社应当加强对分社和服务网点的管理,对分社实行统一的人事、财务、招徕、接待制度规范,对服务网点实行统一管理、统一财务、统一招徕和统一咨询服务规范。

第四章 旅行社经营规范

第二十六条 旅行社及其分社、服务网点,应当将《旅行社业务经营许可证》、《旅行社分社备案登记证明》或者《旅行社服务网点备案登记证明》,与营业执照一起,悬挂在经营场所的显要位置。

第二十七条 旅行社业务经营许可证不得转让、出租或者出借。

旅行社的下列行为属于转让、出租或者出借旅行社业务经营许可证的行为:

(一)除招徕旅游者和符合本实施细则第四十条第一款规定的接待旅游者的情形外,准许或者默许其他企业、团体或者个人,以自己的名义从事旅行社业务经营活动的;

(二)准许其他企业、团体或者个人,以部门或者个人承包、挂靠的形式经营旅行社业务的。

第二十八条 旅行社设立的办事处、代表处或者联络处等办事机构,不得从事旅行社业务经营活动。

第二十九条 旅行社以互联网形式经营旅行社业务的,除符合法律、法规规定外,其网站首页应当载明旅行社的名称、法定代表人、许可证编号和业务经营范围,以及原许可的旅游行政管理部门的投诉电话。

第三十条 《条例》第二十六条规定的旅行社不得安排的活动,主要包括:

(一)含有损害国家利益和民族尊严内容的;

(二)含有民族、种族、宗教歧视内容的;

(三)含有淫秽、赌博、涉毒内容的;

(四)其他含有违反法律、法规规定内容的。

第三十一条 旅行社为组织旅游者出境旅游委派的领队,应当具备下列条件:

(一)取得导游证;

(二)具有大专以上学历;

(三)取得相关语言水平测试等级证书或通过外语语种导游资格考试,但为赴港澳台地区旅游委派的领队除外;

(四)具有两年以上旅行社业务经营、管理或者导游等相关从业经历;

(五)与委派其从事领队业务的取得出境旅游业务经营许可的旅行社订立劳动合同。

赴台旅游领队还应当符合《大陆居民赴台湾地区旅游管理办法》规定的要求。

第三十二条 旅行社应当将本单位领队信息及变更情况,报所在地设区的市级旅游行政管理部门备案。领队备案信息包括:身份信息、导游证号、学历、语种、语言等级(外语导游)、从业经历、所在旅行社、旅行社社会保险登记证号等。

第三十三条 领队从事领队业务,应当接受与其订立劳动合同的取得出境旅游业务许可的旅行社委派,并携带导游证、佩戴导游身份标识。

第三十四条 领队应当协助旅游者办理出入境手续,协调、监督境外地接社及从业人员履行合同，维护旅游者的合法权益。

第三十五条 不具备领队条件的，不得从事领队业务。

领队不得委托他人代为提供领队服务。

第三十六条 旅行社委派的领队，应当掌握相关旅游目的地国家（地区）语言或者英语。

第三十七条 《条例》第三十四条所规定的旅行社不得要求导游人员和领队人员承担接待旅游团队的相关费用，主要包括：

（一）垫付旅游接待费用；

（二）为接待旅游团队向旅行社支付费用；

（三）其他不合理费用。

第三十八条 旅行社招徕、组织、接待旅游者，其选择的交通、住宿、餐饮、景区等企业，应当符合具有合法经营资格和接待服务能力的要求。

第三十九条 在签订旅游合同时，旅行社不得要求旅游者必须参加旅行社安排的购物活动或者需要旅游者另行付费的旅游项目。

同一旅游团队中，旅行社不得由于下列因素，提出与其他旅游者不同的合同事项：

（一）旅游者拒绝参加旅行社安排的购物活动或者需要旅游者另行付费的旅游项目的；

（二）旅游者存在的年龄或者职业上的差异。但旅行社提供了与其他旅游者相比更多的服务，或者旅游者主动要求的除外。

第四十条 旅行社需要将在旅游目的地接待旅游者的业务做出委托的，应当按照《条例》第三十六条的规定，委托给旅游目的地的旅行社并签订委托接待合同。

旅行社对接待旅游者的业务做出委托的，应当按照《条例》第三十六条的规定，将旅游目的地接受委托的旅行社的名称、地址、联系人和联系电话，告知旅游者。

第四十一条 旅游行程开始前，当发生约定的解除旅游合同的情形时，经征得旅游者的同意，旅行社可以将旅游者推荐给其他旅行社组织、接待，并由旅游者与被推荐的旅行社签订旅游合同。

未经旅游者同意的，旅行社不得将旅游者转交给其他旅行社组织、接待。

第四十二条 旅行社及其委派的导游人员和领队人员的下列行为，属于擅自改变旅游合同安排行程：

（一）减少游览项目或者缩短游览时间的；

（二）增加或者变更旅游项目的；

（三）增加购物次数或者延长购物时间的；

（四）其他擅自改变旅游合同安排的行为。

第四十三条 在旅游行程中，当发生不可抗力、危及旅游者人身、财产安全，或者非旅行社责任造成的意外情形，旅行社不得不调整或者变更旅游合同约定的行程安排时，应当在事前向旅游者做出说明；确因客观情况无法在事前说明的，应当在事后做出说明。

第四十四条 在旅游行程中，旅游者有权拒绝参加旅行社在旅游合同之外安排的购物活动或者需要旅游者另行付费的旅游项目。

旅行社及其委派的导游人员和领队人员不得因旅游者拒绝参加旅行社安排的购物活动或者需要旅游者另行付费的旅游项目等情形，以任何借口、理由，拒绝继续履行合同、提供服务，或者以拒绝继续履行合同、提供服务相威胁。

第四十五条 旅行社及其委派的导游人员、领队人员，应当对其提供的服务可能危及旅游者人身、财物安全的事项，向旅游者做出真实的说明和明确的警示。

在旅游行程中的自由活动时间，旅游者应当选择自己能够控制风险的活动项目，并在自己能够控制风险的范围内活动。

第四十六条 为减少自然灾害等意外风险给旅游者带来的损害，旅行社在招徕、接待旅游者时，可以提示旅游者购买旅游意外保险。

鼓励旅行社依法取得保险代理资格，并接受保险公司的委托，为旅游者提供购买人身意外伤害保险的服务。

第四十七条 发生出境旅游者非法滞留境外或者入境旅游者非法滞留境内的，旅行社应当立即向所在地县级以上旅游行政管理部门、公安机关和外事部门报告。

第四十八条 在旅游行程中，旅行社及其委派的导游人员、领队人员应当提示旅游者遵守文明旅游公约和礼仪。

第四十九条 旅行社及其委派的导游人员、领队人员在经营、服务中享有下列权利：

（一）要求旅游者如实提供旅游所必需的个人信息，按时提交相关证明文件；

（二）要求旅游者遵守旅游合同约定的旅游行程安排，妥善保管随身物品；

（三）出现突发公共事件或者其他危急情形，以及旅行社因违反旅游合同约定采取补救措施时，要求旅游者配合处理防止扩大损失，以将损失降低到最低程度；

（四）拒绝旅游者提出的超出旅游合同约定的不合理要求；

（五）制止旅游者违背旅游目的地的法律、风俗习惯的言行。

第五十条 旅行社应当妥善保存《条例》规定的招徕、组织、接待旅游者的各类合同及相关文件、资料，以备县级以上旅游行政管理部门核查。

前款所称的合同及文件、资料的保存期，应当不少于两年。

旅行社不得向其他经营者或者个人，泄露旅游者因签订旅游合同提供的个人信息；超过保存期限的旅游者个人信息资料，应当妥善销毁。

第五章 监督检查

第五十一条 根据《条例》和本实施细则规定，受理旅行社申请或者备案的旅游行政管理部门，可以要求申请人或者旅行社，对申请设立旅行社、办理《条例》规定的备案时提交的证明文件、材料的原件，提供复印件并盖章确认，交由旅游行政管理部门留存。

第五十二条 县级以上旅游行政管理部门对旅行社及其分支机构实施监督检查时，可以进入其经营场所，查阅招徕、组织、接待旅游者的各类合同、相关文件、资料，以及财务账簿、交易记录和业务单据等材料，旅行社及其分支机构应当给予配合。

县级以上旅游行政管理部门对旅行社及其分支机构监督检查时，应当由两名以上持有旅游行政执法证件的执法人员进行。

不符合前款规定要求的，旅行社及其分支机构有权拒绝检查。

第五十三条 旅行社应当按年度将下列经营和财务信息等统计资料，在次年4月15日前，报送原许可的旅游行政管理部门：

（一）旅行社的基本情况，包括企业形式、出资人、员工人数、部门设置、分支机构、网络体系等；

（二）旅行社的经营情况，包括营业收入、利税等；

（三）旅行社组织接待情况，包括国内旅游、入境旅游、出境旅游的组织、接待人数等；

（四）旅行社安全、质量、信誉情况，包括投保旅行社责任保险、认证认可和奖惩等。

对前款资料中涉及旅行社商业秘密的内容，旅游行政管理部门应当予以保密。

第五十四条 《条例》第十七条、第四十二条规定的各项公告，县级以上旅游行政管理部门应当通过本部门或者上级旅游行政管理部门的政府网站向社会发布。

质量保证金存缴数额降低、旅行社业务经营许可证的颁发、变更和注销的，国务院旅游行政主管部门或者省级旅游行政管理部门应当在做出许可决定或者备案后20个工作日内向社会公告。

旅行社违法经营或者被吊销旅行社业务经营许可证的，由做出行政处罚决定的旅游行政管理部门，在处罚生效后10个工作日内向社会公告。

旅游者对旅行社的投诉信息，由处理投诉的旅游行政管理部门每季度向社会公告。

第五十五条 因下列情形之一，给旅游者的合法权益造成损害的，旅游者有权向县级以上旅游行政管理部门投诉：

（一）旅行社违反《条例》和本实施细则规定的；

（二）旅行社提供的服务，未达到旅游合同约定的服务标准或者档次的；

（三）旅行社破产或者其他原因造成旅游者预交旅游费用损失的。

划拨旅行社质量保证金的决定，应当由旅行社或者其分社所在地处理旅游者投诉的县级以上旅游行政管理部门做出。

第五十六条 县级以上旅游行政管理部门，可以在其法定权限内，委托符合法定条件的同级旅游质监执法机构实施监督检查。

第六章　法律责任

第五十七条 违反本实施细则第十二条第三款、第二十三条、第二十六条的规定，擅自引进外商投资、设立服务网点未在规定期限内备案，或者旅行社及其分社、服务网点未悬挂旅行社业务经营许可证、备案登记证明的，由县级以上旅游行政管理部门责令改正，可以处1万元以下的罚款。

第五十八条 违反本实施细则第二十二条第三款、第二十八条的规定，服务网点超出设立社经营范围招徕旅游者、提供旅游咨询服务，或者旅行社的办事处、联络处、代表处等从事旅行社业务经营活动的，由县级以上旅游行政管理部门依照《条例》第四十六条的规定处罚。

第五十九条 违反本实施细则第三十五条第二款的规定，领队委托他人代为提供领队服务，由县级以上旅游行政管理部门责令改正，可以处1万元以下的罚款。

第六十条 违反本实施细则第三十八条的规定，旅行社为接待旅游者选择的交通、住宿、餐饮、景区等企业,不具有合法经营资格或者接待服务能力的,由县级以上旅游行政管理部门责令改正,没收违法所得,处违法所得3倍以下但最高不超过3万元的罚款,没有违法所得的,处1万元以下的罚款。

第六十一条 违反本实施细则第三十九条的规定,要求旅游者必须参加旅行社安排的购物活动、需要旅游者另行付费的旅游项目,或者对同一旅游团队的旅游者提出与其他旅游者不同合同事项的,由县级以上旅游行政管理部门责令改正,处1万元以下的罚款。

第六十二条 违反本实施细则第四十条第二款的规定,旅行社未将旅游目的地接待旅行社的情况告知旅游者的,由县级以上旅游行政管理部门依照《条例》第五十五条的规定处罚。

第六十三条 违反本实施细则第四十一条第二款的规定,旅行社未经旅游者的同意,将旅游者转交给其他旅行社组织、接待的,由县级以上旅游行政管理部门依照《条例》第五十五条的规定处罚。

第六十四条 违反本实施细则第四十四条第二款的规定,旅行社及其导游人员和领队人员拒绝继续履行合同、提供服务,或者以拒绝继续履行合同、提供服务相威胁的,由县级以上旅游行政管理部门依照《条例》第五十九条的规定处罚。

第六十五条 违反本实施细则第五十条的规定,未妥善保存各类旅游合同及相关文件、资料,保存期不够两年,或者泄露旅游者个人信息的,由县级以上旅游行政管理部门责令改正,没收违法所得,处违法所得3倍以下但最高不超过3万元的罚款;没有违法所得的,处1万元以下的罚款。

第六十六条 对旅行社做出停业整顿行政处罚的,旅行社在停业整顿期间,不得招徕旅游者、签订旅游合同;停业整顿期间,不影响已签订的旅游合同的履行。

第七章 附 则

第六十七条 本实施细则由国务院旅游行政主管部门负责解释。

第六十八条 本实施细则自2009年5月3日起施行。2001年12月27日国家旅游局公布的《旅行社管理条例实施细则》同时废止。

参考文献

[1]刘荣.旅行社经营管理[M],郑州:郑州大学出版社,2013.
[2]姚延波.旅行社经营管理[M].北京:北京师范大学出版社,2010.
[3]戴斌,杜江,乔花芳.旅行社管理[M].北京:高等教育出版社,2010.
[4]迪米特里斯·布哈利斯.旅游电子商务[M].北京:旅游教育出版社,2004.
[5]李鹏军.旅行社运营与管理实务[M].上海:上海人民出版社,2013.
[6]赵文明.旅行社管理工具箱[M].北京:中国铁道出版社,2015.
[7]朱明远,徐力,旅行社业务[M],南京:南京大学出版社,2015.
[8]万晓.市场营销学[M].北京:机械工业出版社,2016.
[9]王聚贤,李厚忠.旅行社运营实务[M].南京:南京大学出版社,2013.
[10]刘晓杰,常永翔.旅行社经营与管理[M].北京:旅游教育出版社,2018.
[11]陈建斌.旅行社经营管理[M].武汉:华中科技大学出版社,2017.
[12]陈永发.旅行社实务与管理[M].上海:上海交通大学出版社,2002.
[13]韩勇.旅行社经营管理[M].北京:北京大学出版社,2006.
[14]科特勒,阿姆斯特朗.市场营销原理[M].北京:人民大学出版社,2010.
[15]楼嘉军.旅行社经营管理[M].上海:立信会计出版社,2003.
[16]朴松爱,吴鸣崎.旅行社管理[M].北京:中国旅游出版社,2007.
[17]王曼.消费者行为学[M].北京:机械工业出版社,2014.
[18]刘爱月.旅行社经营与管理[M].北京:对外经济贸易大学出版社,2010.
[19]李幼龙.旅行社业务与管理[M].北京:中国纺织出版社,2009.
[20]梁智,李红,刘宏飞.旅游投诉与旅游事故案例精选解析[M].北京:旅游教育出版社,2009.
[21]王杨.旅行社经营管理实务[M].北京:清华大学出版社,2009.
[22]张凌云.旅行社服务质量管理理论与实践[M].北京:社会科学文献出版社,2009.
[23]陈道山,阮跃东.旅行社经营管理实务[M].北京:中国发展出版社,2009.
[24]张君升,张宝星.旅行社经营管理[M].北京:科学出版社,2008.
[25]方澜.旅行社经营管理[M].上海:上海财经大学出版社,2008.
[26]王咏.旅行社业务与管理[M].安徽:安徽师范大学出版社,2010.
[27]孙宗虎,肖书民.旅行社流程设计与工作标准[M].北京:人民邮电出版社,2008.
[28]郭春慧.旅行社计调实务[M].上海:复旦大学出版社,2010.
[29]孙娈.旅行社计调业务[M].上海:上海交通大学出版社,2011.
[30]刘涛,曾蓓.旅行社经营管理[M].北京:经济管理出版社,2011.
[31]叶娅丽,王媛琳.旅行社经营与管理[M].北京:北京理工大学出版社,2010.

[32]徐虹,唐晓梅.旅游企业财务管理[M],大连:东北财经大学出版社,2007.
[33]马桂顺.财务管理[M].北京:旅游教育出版社,2008.
[34]谢洪忠,胡锡茹.旅行社经营与管理[M].北京:中国旅游出版社,2016.
[35]余志勇.旅行社经营管理[M].北京:北京大学出版社,2015.
[36]方增福.旅行社管理[M].2版.北京:科学出版社,2011.
[37]苏朝晖.客户关系管理[M].2版.北京:高等教育出版社,2016.
[38]李兴荣.旅行社经营与管理[M].2版.成都:西南财经大学出版社,2011.
[39]王广宇.客户关系管理[M].2版.北京:清华大学出版社,2010.
[40]赵冰,陶峻.客户关系管理[M].北京:经济管理出版社,2010.
[41]扈健丽.客户关系管理[M].北京:北京理工大学出版社,2010.
[42]刘德艳.旅游危机管理[M].上海:上海人民出版社,2010.
[43]邵金萍.旅游企业核心竞争力:创新与提升[M].北京:中国经济出版社,2012.
[44]陈建华.如何解决投诉难题[M].北京:中国经济出版社,2010.
[45]国家旅游局人事劳动教育司.旅行社经营管理[M].北京:旅游教育出版社,2006.
[46]徐东文.旅行社管理[M].武汉:武汉大学出版社,2004.
[47]中国旅行社协会在线:http://cats.org.cn/.
[48]米学俭,尚永利,王国瑞.旅行社计调操作标准教程[M].北京:旅游教育出版社,2010.
[49]王鹏飞.企业如何制定战略[Z].中华会计网校,2009.
[50]胡宇橙.旅行社经营管理[M].北京:清华大学出版社,2014.
[51]陈志军,张磊.企业战略管理[M].北京:中国人民大学出版社,2016.
[52]蓝海林.企业战略管理[M].北京:科学出版社,2018.
[53]贾旭东.现代企业战略管理——思想、方法与实务[M].北京:清华大学出版社,2018.
[54]陈启杰.市场调研与预测[M].上海:上海财经大学出版社,2004.
[55]詹姆斯·伯克,巴里·雷斯尼克.旅游产品的营销与推销[M].2版.北京:电子工业出版社,2004.
[56]戴斌,张扬.旅行社管理[M].北京:高等教育出版社,2018.
[57]钟栎娜.小众旅游时代:中国旅游细分市场深度解读[M].北京:知识产权出版社,2019.
[58]李宏,杜江.旅行社经营与管理[M].3版.天津:南开大学出版社,2016.
[59]詹兆宗.旅行社运营实务(新编)[M].北京:旅游教育出版社,2017.
[60]吴国清.旅游线路设计[M].北京:旅游教育出版社,2006.
[61]王聚贤,李厚忠.旅行社运营实务[M].南京:南京大学出版社,2013.
[62]郑红,张踏青.财务部操作实物[M].北京:旅游教育出版社,2006.
[63]何慧.旅游企业财务管理[M].郑州:郑州大学出版社,2002.
[64]李晓标,解程姬.旅行社管理实务[M].北京:北京理工大学出版社,2015.
[65]李胜芬,侯志强.旅行社经营与管理——理论、方法与案例[M].北京:中国科学技术

出版社,2008.
[66]杨雷,戴卫东. 旅行社经营与管理[M]. 北京:电子工业出版社,2008.
[67]史静. 旅行社企业文化建设——以天津国际旅行社为例[D]. 天津:天津商业大学,2014.
[68]特伦斯·迪尔. 企业文化[M]. 北京:中国人民大学出版社,2015.
[69]桂学文,王伟军. 电子商务案例分析[M]. 北京:高等教育出版社,2010.
[70]姚志国,鹿晓龙. 智慧旅游:旅游信息化大趋势[M]. 北京:旅游教育出版社,2013.
[71]马爱萍. 信息化、全球化背景下的旅行管理[M]. 北京:旅游教育出版社,2016.
[72]葛晓滨. 旅游电子商务教程[M]. 3 版. 北京:中国人民大学出版社,2018.